普通高等教育"十二五"规划教材
全国高等院校财经管理类规划教材

产业经济学教程

主　编　王丙毅
副主编　梁树广

北京大学出版社
PEKING UNIVERSITY PRESS

内容简介

本书紧密联系中国产业经济发展实际，详细阐述了产业经济学的基本理论与基本研究方法。其中，包括企业组织、市场结构、市场行为、市场绩效、寡头博弈、新经济与产业组织变革、产业结构、产业关联、产业布局、产业集群、产业竞争力、政府规制和产业结构政策等章。本书把那些与产业经济实际问题紧密相关的基本理论、基本概念和基本研究方法作为课程的重点内容，把深奥的理论案例化和通俗化，把复杂的现象系统化、条理化，做到逻辑清晰、言简意赅、通俗易懂，突出了产业经济学本身所具有的应用性和创新性，可作为应用型财经人才培养的参考用书。

图书在版编目(CIP)数据

产业经济学教程/王丙毅主编.—北京：北京大学出版社，2016.11
（全国高等院校财经管理类规划教材）
ISBN 978-7-301-27381-4

Ⅰ.①产… Ⅱ.①王… Ⅲ.①产业经济学—高等学校—教材 Ⅳ.①F062.9

中国版本图书馆 CIP 数据核字（2016）第 186557 号

书　　　名	产业经济学教程
著作责任者	王丙毅　主编
责 任 编 辑	王慧馨
标 准 书 号	ISBN 978-7-301-27381-4
出 版 发 行	北京大学出版社
地　　　址	北京市海淀区成府路 205 号　100871
网　　　址	http://www.pup.cn　　新浪微博：@北京大学出版社
电 子 信 箱	zyjy@pup.cn
电　　　话	邮购部 62752015　发行部 62750672　编辑部 62756923
印 刷 者	北京大学印刷厂
经 销 者	新华书店
	787 毫米×1092 毫米　16 开本　21.75 印张　510 千字
	2016 年 11 月第 1 版　2016 年 11 月第 1 次印刷
定　　　价	48.00 元

未经许可，不得以任何方式复制或抄袭本书之部分或全部内容。
版权所有，侵权必究
举报电话：010-62752024　电子信箱：fd@pup.pku.edu.cn
图书如有印装质量问题，请与出版部联系，电话：010-62756370

前　言

产业经济学是一门理论性与实践性都很强的应用经济学科,也是目前国内众多高校经济与管理类本科专业的核心课程之一。本书按照"产业组织""产业结构""产业发展""产业管理"四个板块,有选择性地安排了产业经济学的课程内容。

产业组织板块主要包括企业组织、市场结构、市场行为、市场绩效、新经济与产业组织变革及寡头博弈等章节。企业组织部分在揭示企业性质和成因,解释企业规模与边界的基础上,阐述了企业内部组织形态、治理结构、激励监督机制及其对企业运行效率的影响;市场结构部分主要阐述了市场结构形态及其影响因素,分析了市场内企业间的规模差异与规模结构;市场行为部分主要分析了某一市场结构形态下的企业一般性定价和策略性定价行为,以及并购、纵向约束、研发、广告促销等非价格行为;市场绩效部分侧重于市场绩效的评价方法和衡量指标研究,同时还阐述了市场绩效对市场结构和企业行为的影响;新经济与产业组织变革部分主要阐述了新经济的新型运行规则、企业组织及企业行为的变化趋势,以及这种变化趋势对市场结构和产业绩效的影响;寡头博弈部分主要以博弈论为基础分析了寡头企业的策略性行为及其对市场结构和市场绩效的影响。

产业结构板块主要包括产业结构、产业关联、产业布局等章节。产业结构主要阐述了产业结构演变的影响因素、演变规律和产业结构优化升级等问题;产业关联主要运用投入产出数学模型,分析一国或地区在一定时期内社会再生产过程中各产业间的比例关系及其特性,为产业间的经济技术联系分析提供基本方法与基本分析工具;产业布局主要阐述了一国或地区产业分工和空间布局问题,包括区域产业布局的影响因素,区域产业布局的机制与模式及其对整个国民经济的影响等内容。

产业发展板块从理论体系上来讲应当包括产业发展的基本理论、产业转移、融合与聚集、生态产业和生态工业园、产业技术创新与战略新兴产业发展、产业竞争力评价等内容。但因其中的部分内容与其他课程(如发展经济学、区域经济学和生态经济学等)的内容有交叉之处,加上篇幅所限,所以,本书只安排了产业集群和产业竞争力两章内容。在产业集群一章分析了产业集群的形成机理、运行机制及其社会经济功能;产业竞争力一章主要阐述产业竞争力的影响因素、产业竞争力及产业发展水平的评价方法与模型,目的是为产业发展水平预测与竞争力评价提供工具性方法。

产业管理板块一般来说应当包括产业政策、产业规制和行业管理等内容。由于这部分内容十分庞杂,且产业政策与产业规制在某些具体内容上又是交叉重叠的,再考虑到国内的行业管理理论及具体政策措施尚未发展成熟,所以,本书在这一板块只安排了政府规制和产业结构政策两个章节。其中,政府规制一章主要阐述了政府对微观企业组织及其行为,对中观产业市场结构实施规制与调控的依据与政策等内容;而产业结构政策主要阐述了产业发展、结构调整及产业布局等政策措施。

本书通过以上内容安排,力求呈现出以下特色:

一是继承性和创新性相结合。在体系架构上，本书一方面沿用了国内以往大多数教材"产业组织—产业结构—产业发展—产业管理"的逻辑范式，以便于其他院校老师按照习惯安排教学；另一方面也突出了结构主义思路，力求以结构分析为切入点，按照"从微观结构，到中观结构，再到宏观结构"的逻辑思路构建教材的框架体系。在内容上，本书在继承了国内外同类教材的核心内容和共同优点的基础上，增添了国内外产业经济研究的新成果，诸如企业组织安排及其对效率的影响、新经济时代企业组织的变革趋势、行为特征及企业间的竞争性合作问题，反垄断及政府规制问题，等等。

二是知识性与趣味性相结合。本书在注重基本知识与基本理论的同时，更注重学生学习兴趣的培养。教材紧密联系中国产业经济发展的实践过程，把那些与产业经济实际问题紧密相关的基本理论、基本概念和基本研究方法作为课程的重点内容，把深奥的理论通俗化和案例化，把复杂的现实系统化、条理化。做到了言简意赅，逻辑清晰，循序渐进，通俗易懂。可大大提高学生的学习兴趣，调动学生学习的主动性和积极性。

三是理论性与实践性相结合。本书不仅系统梳理了产业经济研究的基础理论及其最新研究进展，而且还把这些理论与我国经济发展的实践相结合，力求体现出产业经济理论研究与实践发展的一致性。特别是在重点章节提供了大量最新案例材料，便于师生通过实际案例的思考与分析，来理解和把握产业经济基本理论，达到学以致用、理论与实践相结合的目的。同时，每一章节之后还安排了思考题目，便于师生在课堂或课后开展讨论，以巩固和加深对产业经济基本原理与基础知识的理解和把握。

四是方法提炼与方法运用相结合。本书特别注重产业经济分析方法的提炼与运用，增强教材的实用性和人才培养的针对性。例如，教材在阐述产业经济研究方法时，不仅阐述了产业经济学这一特定学科领域的研究方法，而且还把经济研究的方法予以系统化、层次化，将其分为"一般方法论""特殊领域的特殊方法"和"具体研究工具"三个层次。使学生能够针对其所要分析问题的层次与学科领域，选择相应的研究方法和研究工具。再如，在阐述企业定价策略、市场集中度、进入退出壁垒、产品差别化、产业运行绩效、产业结构变动效应、政府规制强度等问题时，还提供了简单而实用的量化分析工具，能够使学生充分认识数量分析方法在产业经济分析中的重要地位与作用，有助于学生提升分析问题的能力与技术水平。

本书在编写过程中参考了大量国内外产业经济学教材以及相关研究成果，并在注释或参考文献中一一列出。在此对有关作者和出版社深表谢意。同时，非常感谢北京大学出版社及王慧馨编辑在本书出版过程中所给予的热情帮助和大力支持。我们殷切希望本书能够在我国经济转型升级及应用型人才培养过程中发挥其应有作用，做出其应有贡献，也恳请选择本书的业内外同人和广大师生提出宝贵建议。下列邮件地址恭候您的批评指正：wangbingyi@lcu.edu.cn。

王丙毅
2016 年秋于江北水城

目　　录

第一章　导　论 …………………………………………………………… (1)
　　一、产业经济学及其研究对象 ……………………………………… (2)
　　二、产业经济学的理论体系 ………………………………………… (3)
　　三、产业经济学的学科性质与地位 ………………………………… (7)
　　四、产业经济学的研究方法 ………………………………………… (9)

第二章　理论演进 ………………………………………………………… (13)
　　一、产业组织理论的形成与发展 …………………………………… (14)
　　二、产业结构理论的形成与发展 …………………………………… (18)
　　三、产业经济理论在中国的发展 …………………………………… (22)

第三章　企业组织 ………………………………………………………… (27)
　　一、新古典企业理论 ………………………………………………… (28)
　　二、现代企业理论 …………………………………………………… (32)
　　三、利益相关者论和社会责任论 …………………………………… (38)
　　四、企业组织结构类型及其效率 …………………………………… (40)
　　五、企业产权制度与治理结构 ……………………………………… (48)

第四章　市场结构 ………………………………………………………… (57)
　　一、市场结构类型及其决定因素 …………………………………… (58)
　　二、市场集中度及其度量方法 ……………………………………… (60)
　　三、规模经济与范围经济 …………………………………………… (64)
　　四、产品差异化 ……………………………………………………… (67)
　　五、进入与退出壁垒 ………………………………………………… (71)

第五章　市场行为 ………………………………………………………… (79)
　　一、企业定价行为 …………………………………………………… (80)
　　二、企业并购行为 …………………………………………………… (92)
　　三、纵向约束行为 …………………………………………………… (99)
　　四、广告促销行为 …………………………………………………… (103)

第六章　市场绩效 ………………………………………………………… (109)
　　一、市场绩效评价的准则 …………………………………………… (110)
　　二、市场绩效的度量指标 …………………………………………… (110)
　　三、市场绩效的综合评价 …………………………………………… (112)
　　四、技术创新与研发 ………………………………………………… (116)
　　五、SCP之间的关系 ………………………………………………… (121)

第七章 寡头博弈 (124)
一、博弈的含义、构成要素及类型 (125)
二、寡头企业完全信息静态博弈 (129)
三、寡头企业完全信息动态博弈 (140)
四、寡头企业不完全信息静态博弈 (148)
五、寡头企业不完全信息动态博弈 (151)

第八章 新经济与产业组织变革 (161)
一、新经济:一种新的经济形态 (162)
二、新经济的基本特征 (163)
三、新经济的运行机制与规则 (166)
四、新经济时代的企业组织变革 (168)
五、新经济下的规模经济与范围经济 (173)
六、新经济下的企业行为和市场结构 (175)

第九章 产业结构 (182)
一、产业分类与产业结构 (183)
二、结构演变与经济发展 (186)
三、产业结构演变的影响因素 (191)
四、结构演变的规律与趋势 (195)

第十章 产业关联 (202)
一、产业关联与投入产出 (203)
二、产业关联分析的基本工具 (206)
三、产业关联分析的主要内容 (213)
四、产业波及效果分析 (218)

第十一章 产业布局 (227)
一、产业布局的理论基础 (228)
二、产业布局的机制与模式 (233)
三、产业布局效果评价 (239)

第十二章 产业集群 (249)
一、产业集群的含义、特征与类型 (250)
二、产业集群的演化过程与形成机理 (256)
三、产业集群的运行机制与竞争优势 (262)

第十三章 产业竞争力 (273)
一、产业竞争力的相关概念 (274)
二、产业竞争力研究的理论基础 (277)
三、产业竞争力的决定因素与形成机制 (280)
四、产业竞争力评价体系 (288)

第十四章 政府规制 ··· (293)
    一、政府规制的概念与类型 ··· (294)
    二、政府规制的理论依据 ·· (298)
    三、政府规制的现实依据与政策措施 ·· (302)
    四、规制失灵和规制改革与重构 ·· (312)

第十五章 产业结构政策 ··· (320)
    一、产业结构政策概述 ·· (321)
    二、主导产业选择和战略产业扶持政策 ···································· (323)
    三、传统产业改造和衰退产业调整政策 ···································· (327)
    四、产业布局政策 ·· (330)

参考文献 ··· (335)

导 论

本章在介绍产业经济学的研究对象和理论体系的基础上，进一步阐述产业经济学的学科性质、课程特点、学科地位及其研究方法，以便于大家对产业经济学的逻辑框架、基本内容和研究方法有一个全面的了解。

一、产业经济学及其研究对象

产业经济学是一门关于产业问题的经济学科。它主要研究国民经济发展过程中的产业组织、产业结构、产业发展和产业管理等问题，是一门应用性和实践性相对较强的经济学科。由于产业经济是介于微观经济和宏观经济之间的中观经济，因此，有人又把产业经济学称为"中观经济学"。

（一）产业经济学的研究对象

产业经济学的研究对象就是产业。但"产业"一词在不同历史时期和不同理论研究领域有不尽相同的含义。古代汉语中，产业有时是指"财富"，有时则指"财产"，还有的时候是指"生产"活动。《史记·高祖本纪》中就提及"产业"的概念，其含义是指财富。孟子提出"恒产"的概念，并认为"民之为道也，有恒产者有恒心，无恒产者无恒心"。这其中的"产"是指产业，即财产。管子主张以农为本，提出了"经产"的概念。而"经产"的"产"则指生产，谓"民之经产"。现代汉语中的"产业"一般是指行业部门。例如，"农业""工业""交通运输业"等。在英文中，"产业""工业""行业"等都可翻译为Industry，比汉语中的产业概念更为模糊。这意味着，对产业进行定义并不是简单的事情，对于不同目的的研究，必须给"产业"以特定的解释。

在我国，产业经济学的主要内容一般由两大部分组成：一是产业组织理论与政策，侧重于产业内企业市场关系及其相关政策研究；二是产业结构理论与政策，侧重于产业间的结构与关联关系及其相关政策研究。因此，产业经济学对于"产业"概念的理解也有两种：一是在产业组织理论与政策中，产业往往被理解为"生产同类或有密切替代关系的产品（服务）的企业集合"。因为只有生产同一或具有密切替代关系的产品或服务的企业组成的企业集合，彼此间才会发生竞争关系，才能进行竞争和垄断的分析。在这种情况下，"产业"是"市场"的同义语。一个产业也就是指一个市场，比如我们在谈论汽车产业时，同时也是在谈论汽车市场；我们分析家电产业时，同时也是在分析家电市场。二是在产业结构理论中，当我们考察某一产业的整体发展状况和不同产业间的结构关系与关联状况时，产业的含义则被理解为"具有某种同类属性的经济活动的集合"。这里的"某种同类属性"，一般是指：要么在经济活动中使用相同或类似的原材料，要么在生产过程中采用相同的生产工艺和生产技术；或者，生产出的产品具有相同用途，产品具有同类或相互密切竞争关系和替代关系。可见，产业结构理论对产业定义有较大的伸缩性，既可以是较广义的，如三次产业，又可以是较狭义的，如机械产业、汽车产业等。

（二）产业经济学的研究范围

从产业的含义来看，产业经济学具有相对独立且十分具体的研究对象和研究范围。一方面,产业经济学要把单一产业作为一个整体,研究单一产业的形成与发展问题,探索某一产业的成长与发展规律;另一方面,还要研究同一产业内部及企业内部各构成要素之间的相互关系问题,也即企业组织、产业组织和企业间市场关系及其演变规律问题。另外,产业经济学还要研究国民经济中产业与产业之间的结构与关联关系,以及产业地理分工和空间分布规律,即研究产业结构演进、产业布局与集聚的客观条件与发展趋势等。

针对产业经济本身所具有的多层次性,产业经济学又有不同的具体研究范围,包括产业组织、产业结构、产业关联、产业布局、产业发展、产业政策等。产业组织是指生产同类产品(严格地说,是生产具有密切替代关系的产品)的企业之间的相互关系结构,该结构决定了该产业内企业规模经济效益的实现与企业竞争活力的发挥之间的平衡。产业结构是指产业与产业之间的数量关系结构及技术经济联系方式,产业结构的变化主要是由需求结构、生产结构、就业结构和贸易结构及其关联机制的变化体现出来。产业关联是指最终产品产业与生产这些最终产品所投入的中间产品产业之间以及这些中间产品产业之间的技术经济和数量结构联系,是产业结构最主要的表征之一,产业结构的关联过程是判断产业结构和宏观经济结构均衡与否的主要观察对象。产业布局是指一国(或地区)的产业在地理上分工和空间上的分布与组合,是产业的空间结构,其合理与否将影响该国家或该地区经济优势的发挥及经济的发展速度。产业发展是指某一单个产业从诞生到被淘汰或进一步更新的全过程以及其对其他产业演变的影响过程,包括产业本身的发展规律、发展周期、产业发展的影响因素等。产业政策是指国家或地区政府为了实现一定的经济目的或社会目的,应用产业经济学的原理,以全产业为对象所实施的能够影响产业发展进程的一整套政策的总称,产业政策是产业经济学的应用及研究目的之一。

二、产业经济学的理论体系

自从产业经济学作为一门相对独立的学科而形成以来,其研究成果不断丰富,其理论体系日臻完善。与研究范围相对应,产业经济学的理论体系一般由产业组织理论、产业结构理论、产业发展理论和产业管理理论四个方面构成(如图1-1所示)。

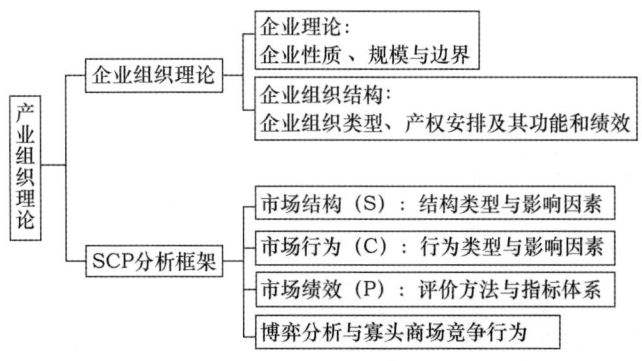

图1-1 产业经济学的理论体系

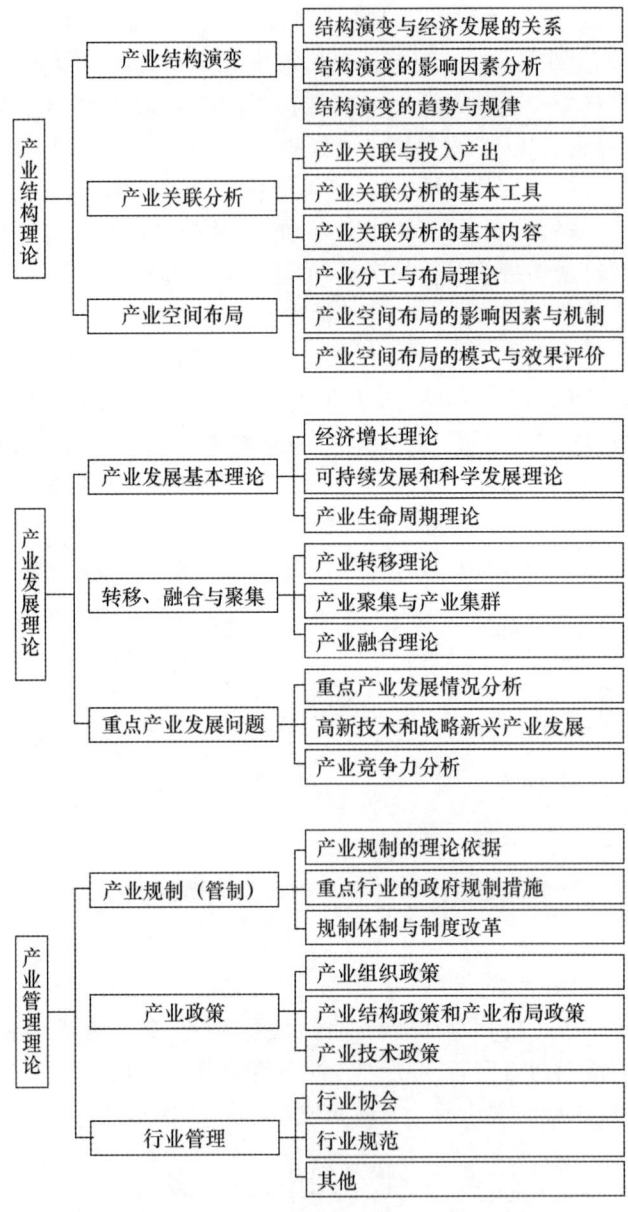

图 1-1 产业经济学的理论体系(续)

(一)产业组织理论

产业组织(Industrial Organization,IO)是指同一产业内企业间的组织或者市场关系。这种市场关系包括交易关系、行为关系、资源占用关系和利益关系等。产业组织理论主要是以竞争和垄断及规模经济关系为基本线索,对企业之间的这种现实市场关系进行具体描述和说明。从产业经济学的发展趋势来看,现代产业组织理论由企业组织理论和SCP分析框架两部分内容构成。

企业组织理论侧重于企业内部组织与治理结构研究，打破了企业"黑箱"，并较为合理地解释了企业的性质与成因、规模与边界问题。特别是在企业内部组织形态、治理结构及其对企业运行效率的影响方面，取得了巨大研究进展，形成了新的企业理论——现代企业理论。该理论使得产业组织理论从原来的企业间垄断与竞争关系研究，延伸至企业内部的组织制度和激励监督机制等内部关系研究，极大地拓展了产业组织理论的研究范围，丰富了产业组织理论的研究内容。

SCP即市场结构(S)、市场行为(C)和市场绩效(P)范式。这一范式虽然是由哈佛学派最早建立的，却在以后的各派产业组织理论中得到了进一步发展。SCP范式侧重于SCP之间的相互关系分析。其中，市场结构理论主要研究某一产业市场的结构形态，分析该市场内企业间的规模差异与规模结构，重点研究形成这一市场形态的决定性因素（包括企业规模及其规模经济性、进入与退出壁垒、产品差别化等），同时还分析某一市场结构形态对企业市场行为和产业运行绩效的影响。市场行为理论主要分析某一市场结构形态下的企业行为问题，而且现代产业组织理论侧重于分析寡头企业博弈行为和策略性行为，同时也分析企业行为对市场结构和市场绩效的影响。市场绩效理论重点分析某一市场结构条件下的产业运行绩效问题，侧重于市场绩效的评价方法和衡量指标研究，同时还研究市场绩效对市场结构和企业行为的影响。

（二）产业结构理论

产业结构理论主要研究国民经济中各产业之间的相互关系及其变化规律，探讨经济结构状况及其变化对经济发展的影响。它主要包括产业结构演变理论、产业关联分析理论和产业空间布局理论等。

产业结构演变理论主要研究产业结构的演变规律及其对经济发展的影响，为制定产业结构规划与优化政策提供理论依据。产业结构研究一般不涉及过于细致的产业分类及产业之间的中间产品的交换、消费、占有问题，所以可以被看作产业经济学的"宏观"部分。产业结构演变理论一般包括以下内容：一是产业结构演变的影响因素，二是产业结构演变的趋势与规律，三是产业结构优化升级问题，四是主导产业或战略产业的选择及其政策等。另外，还要涉及产业规划和产业结构调整等应用性研究内容。

产业关联分析理论侧重于研究产业之间的投入与产出关系。主要运用投入产出表和投入产出数学模型，分析一个国家或地区在一定时期内社会再生产过程中的各种比例关系及其特性。其目的是通过各产业间的量化比例关系分析，揭示产业间的关联方式、关联程度及关联效应，探讨产业结构演化发展的技术水平和各产业在国民经济中的地位与作用。产业关联理论还可以分析产业的波及效果，包括产业感应度和影响力、生产的最终依赖度以及就业和资本需求量等。

产业空间布局理论主要研究一个国家或地区的产业分工和空间布局对整个国民经济的影响。一个国家或地区的产业发展最终要落实到一定的经济区域来进行，这样就形成了产业在不同地区的地理分工和空间布局结构。产业空间布局是一个国家或地区经济发展规划的基础，也是其经济发展战略的重要组成部分，更是实现国民经济持续、稳定发展的前提条件。所以，产业布局也是产业经济学研究的重要领域。产业布局理论主要研究影响产业布局的因素，产业布局与经济发展的关系，产业布局的基本原则、基本原理、一般规律，以及产业布局的指向性和产业布局政策等。

(三) 产业发展理论

产业发展理论主要研究产业发展的影响因素、产业发展周期、产业发展规律,以及产业的转移、融合、聚集和产业发展政策等问题。产业发展规律主要是指一个产业的诞生、成长、扩张、衰退、淘汰的各个发展阶段所需具备的条件和环境,以及这些条件和环境因素之间内在的必然联系。一个产业在各个不同发展阶段都会有不同的发展规律,同时,处于同一发展阶段的不同产业也会有不同的发展规律。对产业发展规律的研究有利于决策部门根据产业发展各个不同阶段的发展规律采取不同的产业政策,也有利于企业根据这些规律采取相应的发展战略。例如,一个新兴产业的诞生往往是由某项新发明、新创造开始的,而新的发明、创造又有赖于政府和企业对研究和开发支持的政策和战略。所以,只有深入研究产业发展规律,才能更好地利用规律促进产业的发展、进而促进整个国民经济的发展。目前,伴随着科技的进步和生产力水平的提高,产业的知识化、融合化、集群化和生态化发展趋势日益增强。因此,产业集群理论、产业融合理论和产业技术创新与产业竞争力理论便构成了产业发展理论的重要内容。

(四) 产业管理理论

产业管理理论主要研究政府及相关部门与产业(企业)之间的管理关系,主要涉及产业规制(管制)、产业政策和行业管理等问题。

产业规制研究旨在解决政府与市场的相互关系问题。它主要分析政府实施产业规制的根据、范围与边界,以及相应的政策措施如何设计与实施等问题。政府规制从内容上来区分,主要包括经济性和社会性规制。经济性规制包括价格规制、准入规制、企业财务会计和内部运营规制等;社会性规制包括产品质量规制、卫生、健康与安全规制以及环境规制等。政府规制从方式上又可分为直接规制和间接规制。如监管机构对企业产品的直接定价就属于直接规制的范畴,而针对企业市场行为的反垄断和反不正当竞争规制则属于间接规制的范畴。

产业政策的研究领域从纵的方向来看包括产业政策调查(事前经济分析)、产业政策制定、产业政策实施方法、产业政策效果评估、产业政策效果反馈和产业政策修正等内容;从横的方向来看包括产业发展政策、产业组织政策、产业结构政策、产业布局政策和产业技术政策等几个方面的内容。

行业管理是宏观经济管理与企业微观经济管理之间的管理层次,也是一种适应社会化大生产和市场经济需要的社会经济管理形式,是市场经济体制的有机组成部分。具体地说,就是按照行业规划、行业组织、行业协调以及按照行业沟通形成的一种行业管理体制。这种体制包含行业管理的两个层次,即组织行业协会,通过行业协会来统一规划、协调、指导和沟通相同行业企业的生产经营活动,促进行业发展,同时要根据重点行业的发展方向和目标对各行业进行规划、协调和指导。实现这种管理的主体就是行业协会以及相关企业联合会,并与政府部门密切配合。行业管理研究主要涉及行业协会的组织模式、管理模式及其管理行为与绩效等内容。

三、产业经济学的学科性质与地位

（一）学科性质——应用经济学

产业经济学是一门应用性很强的经济学科。说它具有应用性，主要是因为其内容所涉及的问题，大都与经济现实密切相关，它比其他经济学更贴近经济发展的实际情况。比如，2008年金融危机之后，我国提出了十大产业振兴规划（汽车、纺织、化工、物流等）。其中的汽车产业振兴规划，强调要推动汽车企业兼并重组，组建企业集团，推进科技创新，发展新能源汽车等。为什么采取这些政策？这需要从产业经济学理论中得到答案。还有，我国目前的经济结构失衡，分配不公问题的存在，主要是一些垄断性行业的垄断所致，那么如何改革垄断性行业的管理体制，采取什么措施才能促进市场公平竞争，对于铁路、自来水、煤气供应等领域的价格调整与体制改革，如何进行？如此等等，都需要从产业经济学中得到答案，或者说，需要通过学习产业经济学才能更好地理解这些问题。

（二）产业经济学的课程特点

与其他经济学课程相比，产业经济学课程有以下特点：一是研究内容的综合性。从上述理论体系我们可以看出，产业经济学所涉及的研究内容十分宽泛。它既涉及经济学的内容，又涉及管理学的内容。与微观经济学、宏观经济学、发展经济学、区域经济学等课程有很多交叉贯通之处。产业经济学内容既涉及微观经济内容（企业、企业组织及企业行为），又涉及宏观经济内容（宏观产业结构和产业区域布局），更为重要的是它还涉及中观经济问题（产业结构和市场结构）。二是研究视角的特殊性。与微观经济学研究个量和宏观经济学研究总量的数量研究不同，产业经济学是从结构、组织、制度或关系角度来研究资源配置的，总体上可以说是一种结构主义经济学。三是研究方法的多样性、集成性和领先性。产业经济学既继承了微观经济学的一些研究方法，诸如规范分析、实证分析、均衡分析等，还吸收了宏观经济学一些研究方法，诸如总量分析、趋势预测等。另外，还采取了现代经济分析的最新方法，集各种新方法于一身，如高级计量分析、博弈分析、CGE模型分析等。可以说，现代经济研究的许多新方法都可以在产业经济研究中得以应用。

（三）产业经济学的学科地位

由于产业经济是介于宏观经济与微观经济之间的中观经济，因此，产业经济学往往被认为是中观经济学，是西方微观经济学和宏观经济学的延伸与发展。它既继承了微观经济学、宏观经济学等其他经济学科的一般的理论与方法，又具有自身的研究视角并开拓了自身特有的研究领域，具有其独立的研究对象、研究范围和方法。对于经济社会发展和经济决策具有十分重要的指导意义。那么，产业经济学在整个经济学学科中的地位如何？它与微观经济学、宏观经济学及政治经济学课程有什么关系呢？

第一，产业经济学与微观经济学。产业经济学中的产业组织理论是微观经济学的发展和具体应用。如果说微观经济学是价格理论,那么产业组织理论就是应用价格理论①。微观经济学的重要特点是个量分析,它研究单个经济主体(企业)如何利用其有限的资源,决定生产什么、生产多少以及如何生产的问题,同时考察个人或家庭如何在收入有限的约束下做出消费决策,以获得自身效用的最大化。其研究方法主要是边际分析、均衡分析和最大化分析等。产业组织理论则使用微观经济学模型来解释现实中有差别的企业行为以及现实中的市场结构,侧重于经验分析、结构分析和差别化分析。应当指出,经过近几十年的发展,两者关系已经突破了以上的描述。目前,两者的研究对象和内容在某种程度上有所交集,如对交易费用、产权、效率、信息、博弈等的研究,学科的边界似乎变得模糊起来。

第二,产业经济学与宏观经济学。产业经济学中的产业结构理论与宏观经济学较为接近,是宏观经济学的延伸与发展。宏观经济学的特点是总量分析,它以国民经济中的经济总量的变化及其规律作为分析对象,考察总产值、总收入、总投入、总消费、货币发行量、物价水平、外汇收支等总量变动及相互关系。这种分析,基本上抽象掉了经济运行过程中不同产业部门之间的相互差异与结构问题。不过,从方法论上看,产业结构理论在某种程度上继承了经济总量之间的因果关系研究,只不过是把这种总量分析限定在了产业层面上,而不是宏观经济层面上,如人均收入与产业结构演变的关系,技术进步与产业高度化之间的关系等。

第三,产业经济学与政治经济学。与政治经济学相比,产业经济学并不研究社会生产关系的一般经济规律,而是以政治经济学为基础,研究产业发展变化的规律,并按照产业发展变化的规律,提出合理的产业政策,以促进社会经济中各产业的协调健康发展。产业经济学内容中与政治经济学最密切的是产业结构理论中的投入-产出分析。马克思的两大部类分类法及其社会再生产理论对里昂惕夫的投入-产出分析方法有重要影响,同时也影响了后人的产业分类和产业结构演进的分析。如霍夫曼把工业部门划分为生产生产资料的部门、生产消费资料的部门和其他部门,并按照现实经济活动中具体生产部门所生产产品的最大用途——用于消费还是用于生产,把这些具体产业部门归类到以上三大部门中去,以此为基础,分析了生产生产资料的部门、生产消费资料的部门之间的演进规律,揭示了工业化进程中的某种趋势。

另外,产业经济学与管理学学科中的市场营销学、生产运作管理、战略管理等课程密切相关,也与经济学学科中的发展经济学、国际贸易理论、区域经济学等课程在很多内容上是交叉重叠的。如管理学中的市场营销策略、生产运作管理中的组织管理、战略管理理论中的企业战略决策行为,都与产业组织理论的市场行为和市场结构研究密切相关,为产业组织研究企业行为和市场结构政策提供了典型案例与素材;发展经济学中经济增长理论、经济结构理论,与产业经济学中的产业发展和产业结构理论基本是交叉重叠的;区域经济学中的区域主导产业选择理论、区域产业分工与贸易理论、产业发展规划和产业布局理论等,也都与产业经济学的产业结构理论有交叉,只是研究的视角与范围有所不同而已。

总之,通过学习产业经济学,有利于我们进一步学习和理解管理学的相关知识,也有利于加深对微观经济学、宏观经济学、发展经济学和区域经济学等经济学基本知识的把握与理解,进一步提升我们对经济现实问题的认识水平和分析能力。也正因如此,产业经济学被视为经济学与管理学课程体系中的基础课程或核心课程。

---

① 臧旭恒,徐向艺,杨蕙馨.产业经济学[M].北京:经济科学出版社,2005:6.

四、产业经济学的研究方法

(一) 科学研究的方法

一般来说,科学研究的方法可分为三个层次:一是一般方法论;二是特定领域中的特殊方法;三是具体研究工具。

1. 一般方法论

一般方法属于哲学层次的方法论,是人们对自然界、人类社会和人类思维活动的最基本的认识与观点,是系统化、理论化了的世界观。它是人们从事研究工作的最一般的指导思想、基本原则、思维逻辑和程序。如哲学思想中的唯物史观与唯物辩证法,实证主义与现实主义、结构主义与建构主义、人本主义与行为主义、系统论与控制论等。方法论并不是抽象和空洞的,科学研究者总是自觉或不自觉地在某种方法论的指导下进行研究工作。如自然科学工作者往往在科学哲学的指导下从事科学研究,而管理学者和经济学者却往往分别在管理哲学和经济哲学的指导下思考问题。如西方经济学中著名的"经济人"假设,就是西方古典和新古典经济学家对人类经济行为的最基本认识,也是指导其从事经济研究的基本指导思想,可以说是一种经济哲学。如果没有"经济人"假设,现有西方经济理论大厦就不会得以建立。同样,如果没有"社会人"假设,也就没有马克思主义政治经济学。

2. 特殊方法

特定领域中的特殊方法,是指某一学科领域或某一学科层次上的基本方法。说它特殊,是指这种方法在很大程度上只是适用于某一特定学科领域,而不一定适用于其他学科领域。但是就特定学科领域而言,这种方法却在该领域是一般的方法。如科学实验方法,在很大程度上只适用于自然科学,而不大适合社会科学。对于自然科学来说是较为一般的方法,而对于哲学层次的方法论来说则是特殊方法。当然,社会科学领域有时候也采用实验方法,但这种实验方法与自然科学中的实验方法有着很大区别。就经济学领域而言,经济研究常用的基本方法包括:规范分析与实证分析相结合、定性分析与定量分析相结合、动态分析与静态分析相结合、统计与计量分析相结合的方法等。

3. 具体研究工具

具体研究工具,也可称为具体研究方法,是指研究过程中,在某一研究阶段或某一具体问题上所采用的具体工具与技术。如资料收集与分析、实地调研、抽样调查、逻辑推理与归纳、均衡分析、边际分析、统计分析、对比分析、博弈分析、案例分析、数学建模和计量分析等,都是经济学领域中的具体研究工具。

(二) 产业经济学的研究方法

产业经济学的基本方法论是建立在结构主义思想和行为主义思想基础之上的。结构主义的主要特征是把研究对象当作一种由各种组成部分构成的"体系",即考察一个经济整体的各个部分之间的相互联系,而不是孤立地研究各个部分。关注经济发展中的结构性矛盾,注重经济问题的深层结构分析和系统分析,是结构主义的最基本原则。行为主义则在产业组织研究中体现得比较突出。行为主义注重一定环境约束下的人的行为及其所产生的后果研究,主要通过观察和实验的方法或者采取博弈分析的方法,探讨经济主体的行为决策、行为特征、行为模式与行为规律,以及行为主体之间的行为依存关系和策略依存关系。

除了采用经济学领域常用的基本方法之外,产业经济学还广泛采用了以下具体研究方法。

1. 实证分析方法

实证分析方法是运用大量的、丰富的统计资料,借助一定的数理统计方法和图表,对产业组织与产业结构关系进行描述和分析判断。实证分析又分为理论分析和经验分析两个部分。理论分析是通过考察实际经济运作状况,从中归纳出可能的经济运行规律,然后从一定的先验假设出发,以严密的逻辑推理演绎和证明这些经济规律并推演可能有的规律。经验分析则往往是用理论分析得到的经济规律考察经济运作中的实际例子,来进一步验证理论分析得到的经济规律并指导实际的经济管理。产业经济研究中往往要调查统计各种经济变量的实际数值与理论规律比较,用理论规律加以解释以加深对实际产业运作规律的认识。实证分析往往要用到较多的数学工具,现代产业经济分析往往要用到图形图表、统计描述、线性代数等工具来研究产业组织、产业结构及其相互关联中的规律。

2. 计量分析方法

计量分析方法在产业经济学研究中被广泛应用。在研究市场结构和市场行为对市场绩效的影响时,在研究产业间的关联程度时,特别是在研究投资、消费、进出口和科技进步对产业结构的影响以及结构调整对经济增长的影响时,计量分析方法具有特别重要的意义,它能够揭示不同要素之间的数量关联,从而验证相关理论在实证层次上的有效性。横断面回归分析方法是计量分析方法中最常用的一种方法,不过这一方法近年来有所衰落。20世纪80年代以来,时间序列分析、面板数据分析和非参数分析得到了很大发展,并被认为是非常有发展前途的计量经济分析方法。

3. 博弈分析方法

博弈分析方法主要研究经济主体在相互依存的情况下,是如何做出决策并最终实现均衡的。在产业组织理论中,市场结构的极端状态是完全竞争和完全垄断,而处于这两种极端状态之间的市场,则表现为垄断竞争和寡头垄断。在这样的市场结构中,决策主体的行为是相互依存的,其收益的状态不仅取决于决策主体的行为,也与竞争对手的反应有关。因此,决策者不仅要考虑自身决策问题,而且还要考虑竞争对手的反应,这种决策以及由此形成的均衡就是博弈分析的内容。泰勒尔认为,产业组织已成为一门相当理论化的学科,而这种理论的推进最主要归因于博弈分析在产业组织研究中的应用,从而为产业组织领域带来了一种统一的方法论。20世纪70年代后,产业经济学从重视市场结构的研究转向重视企业行为的研究,而博弈分析方法尤其是非合作博弈分析方法,则恰恰是处理不完备市场信息和企业策略性行为问题的理想方法。正是博弈分析方法的应用,使产业组织学成为20世纪70年代中期以来经济学中最富生机的领域之一。

第一章 导 论

4. 案例分析方法

在产业组织理论产生的早期阶段,案例分析方法应用的比较多。它用实际发生的案例,定性与定量相结合地分析说明某一经济规律,特别适用于无法精确定量分析的实际复杂经济事例。案例分析方法还能揭示出普遍经济规律在不同的实际环境中表现出的不同形式,能培养经济研究人员对实际经济事务中所蕴含的经济规律的敏感性。20世纪50年代,哈佛学派将案例分析方法率先引入产业经济学中,而后的芝加哥学派也很推崇这种方法,由此产生了许多重大的学术成果。目前,很多学者在产业定位、产业发展规划与产业布局等产业结构问题研究方面也采取案例分析方法,大大提升了产业结构研究的层次与水平。

5. 投入-产出分析方法

投入产出分析方法是研究产业结构问题的基本方法。它借助于投入产出表和投入产出模型,对产业之间在生产、交换和分配过程中发生的技术关联关系进行分析,探讨产业间的关联效应和各个产业在经济体系中的地位与作用,具体揭示各产业部门的比例关系及其特征,使产业经济分析数量化,进而可以为经济预测和宏观决策服务。

学习要点

1. 产业经济学主要研究国民经济发展过程中的产业组织、产业结构、产业发展和产业管理等问题,是一门应用性和实践性很强的经济学科。

2. 产业经济学对于产业概念的理解有两种:一是在产业组织理论与政策中,产业往往被理解为"生产同类或有密切替代关系的产品(服务)的企业集合"。在这种情况下,"产业"是"市场"的同义语。二是在产业结构理论中,产业则被理解为"具有某种同类属性的经济活动的集合"。

3. 产业经济学的研究对象就是产业。针对产业经济本身所具有的多层次性,产业经济学又有不同的具体研究对象与范围,包括产业组织、产业结构、产业关联、产业布局、产业发展、产业政策等。

4. 产业经济学的理论体系包括四大板块:一是产业组织理论,包含企业组织理论和SCP分析框架;二是产业结构理论,包含产业结构演变、产业关联分析、产业空间布局等;三是产业发展理论,包含产业发展基本理论、产业转移、融合与聚集理论以及有关重点产业发展问题的理论;四是产业管理理论,包含行业管理、产业政策和产业规制等内容。

5. 从学科性质上来看,产业经济学是一门应用性和实践性很强的经济学学科。其课程具有以下特点:一是研究内容的综合性;二是研究视角的特殊性(结构主义视角);三是研究方法的多样性、集成性和领先性。

6. 从学科地位来讲,产业经济学是介于宏观与微观之间的中观经济学。它是微观经济学和宏观经济学的延伸与发展,并与管理学、区域经济学、发展经济学以及政治经济学有密切联系,是很多大学经济学与管理学类相关专业的核心课程或基础课程。

7. 一般来说,科学的研究方法分为三个层次:一是一般方法论;二是特定领域中的特殊方法;三是具体研究工具方法。现代产业经济研究的方法论是建立在结构主义思

想和行为主义思想基础之上的,其基本方法是规范分析与实证分析相结合。除此之外,还广泛采用了诸如实证分析方法、计量分析方法、博弈分析方法、案例分析方法和投入-产出方法等。

思考:

1. 产业经济学的研究对象与范围是什么?
2. 简述产业经济学的理论体系。
3. 如何认识产业经济学的学科性质与地位?
4. 产业经济研究的基本方法论是什么?其具体方法有哪些?

第二章

理论演进

产业经济理论从诞生到现在已有70多年的发展历程。它不仅在理论上取得了丰富的成果,而且在实践中也得到了广泛应用。其理论指导作用得到了众多国家的政府与企业的普遍认可,并为世界各国产业政策制定与经济社会发展提供了重要的智力支撑。本章首先介绍产业组织理论的形成与发展,然后介绍产业结构理论的形成与发展,最后再简单地阐述产业经济理论在中国的发展情况。

一、产业组织理论的形成与发展

(一) 产业组织理论的思想渊源

产业组织理论的思想渊源可以说有三个:一是古典经济学中的产业组织思想;二是新古典经济学中的产业组织思想;三是不完全竞争理论中的产业组织思想。

1. 古典经济学中的产业组织思想

产业组织理论的起源最早可以追溯到亚当·斯密(A. Smith)的"经济人"假说、劳动分工理论和市场竞争理论。"经济人"假说可以说是经济学对企业性质和企业行为的最早也是最基本的认识,为后人研究企业及其市场行为奠定了基础;劳动分工理论构成了产业分工和以后的分工专业化理论的基础;而亚当·斯密有关市场机制及"看不见的手"的论述则是对企业市场关系和市场结构问题的早期探索,也是以后的市场结构理论的基础。

2. 新古典经济学中的产业组织思想

自亚当·斯密之后,经济学界有关产业组织问题的研究大多集中于竞争理论和所谓理想竞争状态的确定等方面。英国著名经济学家,新古典经济学奠基人马歇尔(A. Marshall)与其夫人在1879年合著的《产业经济学》中将产业组织正式定义为产业内部的结构。其后,在《经济学原理》(1890)中,他以大量的篇幅讨论了有关产业组织的问题,包括组织与分工、产业集中、大规模生产及企业的经营管理、企业形态以及规模经济等问题。特别是在分析规模经济的成因时,马歇尔发现了被后人称之为"马歇尔冲突"的矛盾,即大规模生产能为企业带来规模经济性,而企业追求规模经济性的过程又必然会导致市场中垄断因素的不断增强,进而阻碍竞争机制的资源配置作用,也就是形成了规模经济与完全竞争之间的矛盾。这一冲突和矛盾,则是后来的产业组织理论形成与发展的逻辑起点。

3. 不完全竞争理论

在19世纪末20世纪初,随着现代大型制造业的兴起和企业兼并浪潮的爆发,很多产业不再是自由竞争市场,相反却呈现出近乎垄断的格局,从而导致了人们对垄断的畏惧与担心。基于此,经济学家以完全竞争与垄断为焦点开始了广泛的研究,并逐步形成了不完全竞争理论。现代产业组织理论中的一些重要概念或思想,如垄断程度、潜在竞争、垄断效应、规模经济与规模不经济、寡占、价格歧视等得到了深入讨论,并在20世纪30年代后继续被深化。1932年,美国经济学家伯利(A. Berle)和米恩斯(C. Mecens)深入分析了20世纪20年代到30年代的美国垄断产业和寡占产业,从而为后来产业组织理论体系的形成提供了许多有重要参考价值的实证资料。1933年,哈佛大学教授张伯伦(N. W. Chamberlain)和剑桥大学教授罗宾逊夫人(J. Robinson)分别出版了《垄断竞争理论》和《不完全竞争经济学》,不约而同地提出了所谓的不完全竞争理论。该理论彻底否定了以往要么垄断、要么竞争的一种极端和互相对立的观点,认为在现实世界中,通常是各种不同程度的竞争与垄断交织并存的各种形式。他们所提出的一些概念与观点成为现代产业组织理论的来源与基础。

(二) SCP框架的形成

20世纪30年代,经济学家们围绕着不完全竞争和马歇尔冲突问题展开了一场大争论。许多经济学家对马歇尔的完全竞争概念和价格理论进行了猛烈抨击,并提出了解决马歇尔冲突的办法。其中,美国经济学家克拉克(J. M. Clark)于1940年提出了"有效竞争"概念。这一概念对产业组织理论的发展和体系的构建产生了深刻影响。所谓有效竞争,简单说就是既有利于维护竞争又有利于发挥规模经济作用的竞争格局。其中,政府的公共政策将成为协调两者关系的主要方法或手段。但是,克拉克在理论上没有解决有效竞争的评估标准和实现条件问题。只是其后,人们开始围绕着有效竞争的定义与判断标准问题展开了深入研究。哈佛大学的梅森(E. S. Mason)教授最初提出了两大类基本的有效竞争标准:一是将能够维护有效竞争的市场结构的形成条件归纳为市场结构标准;二是将从市场绩效角度来判断竞争有效性的标准归为市场绩效标准。这就是有效竞争标准的"二分法"。继梅森之后,一些经济学家将有效竞争的标准从"二分法"扩展为"三分法",即市场结构标准、市场行为标准和市场绩效标准,并采用"三分法"概括了判断有效竞争的标准,SCP框架由此诞生。

梅森及其弟子贝恩(J. S. Bain)对产业组织理论的形成做出了卓越贡献。梅森在哈佛大学成立了产业组织研究小组,开始以明确的目标和稳定的组织研究产业组织问题,取得了大量研究成果。1959年,贝恩以前期研究为基础,出版了《产业组织》一书,第一次系统地阐述了产业组织理论的SCP分析框架[①],被认为是这一理论的开山之作,也标志着传统产业组织理论的形成。由于SCP研究主要是以哈佛大学为中心展开的,因此也被称为产业组织的哈佛学派。

20世纪70年代以前的SCP分析框架有如下特点:一是将市场结构作为产业组织理论的分析重点,因此信奉哈佛学派理论的人,通常被称为"结构主义者";二是以新古典价格理论为基础,注重实证分析,侧重于市场结构问题的实证研究;三是形成了"集中度-利润率"假说,认为市场结构—行为—绩效之间存在着单向、静态的因果关系,即市场结构决定企业行为,从而市场结构通过厂商行为影响经济运行绩效。也就是说,市场集中度越高,垄断企业利润率就越高,进而市场绩效和资源配置效率就越低。因而应通过控制集中度来确保较高的市场绩效。四是在政策主张上,以"集中度-利润率"假说为依据来制定产业组织政策,强调控制市场结构,反对垄断,禁止可能导致垄断的市场结构和厂商行为,如横向并购等。

(三) 产业组织理论的发展

20世纪70年代以后,许多经济学家认为SCP三者之间的关系远不是哈佛学派认为的那样简单和确定,而是错综复杂的。特别是伴随着信息经济学、博弈分析等现代经济研究方

---

① J. S. Bain. Industrial Organization, New York, John Wiley. 1959.

法的应用与发展,加上其他学派对传统产业组织理论的反思与质疑,传统的 SCP 分析框架被突破,使得产业组织理论得到了巨大发展。对产业组织理论发展做出突出贡献经济学流派主要包括以下几个:

1. 芝加哥学派的贡献

芝加哥学派是在整个西方世界颇具影响力的重要经济学派。其主要代表人物有斯蒂格勒(G. J. Stigler)、德姆塞茨(H. Demsetz)等。其理论特点体现在:一是在基本方法论上推崇经济自由主义和社会达尔文主义,信奉竞争机制的作用,认为市场竞争过程是市场力量自由发挥作用的过程,是一个适者生存、优胜劣汰,即"生存检验"的过程;二是在分析视角上注重市场行为和市场绩效分析,被称为产业组织研究的"行为主义者"和"效率主义者";三是在 SCP 关系上,认为效率与行为决定结构,进一步强调了效率标准,同时还区分了垄断结构与垄断行为的差异性;四是在政策主张上,反对政府干预市场结构、分割过度集中的大企业、控制企业兼并的做法,认为反托拉斯政策的重点应当是反垄断行为。

芝加哥学派在许多方面推进和拓展了产业组织理论。其贡献集中体现在施蒂格勒 1968 年出版的《产业组织》一书中。首先,强调了效率的作用。认为集中度较高的市场中的大厂商一般具有较高的效率,而产生较高效率的主要原因在于大规模生产带来的规模经济、先进技术和生产设备、完善的厂商内部组织和管理制度等。因此,高利润不一定是反竞争定价的结果,而完全可能是高效率的结果。其次,通过解释非标准合约及其相关厂商行为,开辟了行为主义分析思路,改写了传统的市场行为理论,被称之为"新产业组织理论"。最后,对哈佛学派的进入壁垒理论与政策提出了批评,认为规模经济、最低资本需求量和产品差异等不属于进入壁垒,只有人为壁垒,主要是政府管制的作用才是进入的最大障碍。另外,德姆塞茨还提出了"所有权壁垒"概念,认为只要产权存在,壁垒就存在,所有权进入壁垒不是保护原有厂商,就是保护新进入厂商。因此,问题不在于是否应该有这种保护,而在于以总效率是否提高为标准,判断给哪一方以什么样的保护。

2. 可竞争市场理论的贡献

可竞争市场理论又称进退无障碍理论,由美国经济学家鲍莫尔(W. J. Baumol)等人在 20 世纪 80 年代创立。其最大的特点是以完全可竞争市场及沉淀成本等概念为重心,注重长期均衡分析,通过沉淀成本去推导可持续和有效率的市场形态及其内生形成过程,突破了传统的 SCP 分析框架。

该理论认为,沉淀成本或沉没成本是指企业进入某一市场所投入的全部成本中,在退出时所无法收回的成本。完全可竞争市场是指市场内的企业当其从该市场退出时完全不用负担不可回收的沉没成本,从而企业进入和退出完全自由的市场。完全可竞争市场的重要标志是在位企业对快速进入市场的新进入者缺乏阻止力。该理论还认为,构成市场进入壁垒的因素中除了政府政策之外,只有沉淀成本。市场是否是完全可竞争的,只取决于是否存在沉没成本,而与产业内企业数量的多少无关。即使是寡头市场甚至是垄断市场,只要保持市场进入的完全自由,只要不存在特别的进出市场成本,潜在竞争的压力就会迫使任何市场结构条件下的企业采取竞争行为。只要沉淀成本为零,任何市场都是完全可竞争的。

按照可竞争市场理论,在近似完全可竞争市场中,自由放任政策比政府规制政策更为有效。少数几家大企业的纵向并购或横向并购被传统理论认为会带来垄断弊端,而在可竞争市场条件下,则变成了无害的甚至可能是更有效率的。因此,该理论主张一方面要积极研究能够减少沉没成本的新技术、新工艺,另一方面要排除一切人为的进入与退出壁垒。

3. 新制度经济学的贡献

新制度经济学是20世纪60—70年代形成的一门经济学科。它把制度作为第四经济要素,主要是运用经济学的方法去分析制度的构成、制度的效率及其演进在经济发展中的作用,代表人物包括科斯(R. H. Coase)、诺斯(D. C. North)、阿尔钦(A. A. Alchian)、德姆塞茨(H. Demsetz)等。

新制度经济学对产业组织理论的贡献主要体现在其对企业组织制度的研究上。一是把制度作为第四要素,注重对微观组织及其制度的分析,形成了新的制度分析方法。二是以交易费用和产权概念为基础,深刻分析了企业的性质、成因和规模与边界问题,探讨了企业内部的激励监督机制和产权组织形式及其对企业运行绩效的影响等问题,在企业组织研究上打开了企业"黑箱",拓展了产业组织理论研究的范围,形成了现代企业组织理论。包括交易费用企业理论、产权理论和委托代理理论。三是在进入壁垒方面,德姆塞茨等人更加强调了人为壁垒和制度性壁垒对于市场竞争的影响。

4. 竞争优势理论的贡献

竞争优势理论是由美国著名管理学家和经济学家,哈佛大学教授迈克尔·E. 波特(Michael E. Porter)提出的。竞争优势理论的全部内容主要体现在波特的三部曲《竞争优势》《竞争战略》和《国家竞争优势》之中。该理论是把产业组织理论与管理学巧妙结合的典范。其中,竞争优势理论旨在指导企业如何恰当地进行市场定位,有效地组织资源,以便在目标市场上获得控制价格的市场势力;竞争战略理论旨在研究企业获得竞争优势的战略;国家竞争优势理论则是把国内竞争优势理论应用到国际竞争领域。

竞争优势理论对产业组织理论的主要贡献表现在:一是提出了价值链理论,认为企业竞争优势的关键来源是价值链的不同。二是提出了企业获取竞争优势的三种战略:即总成本领先战略、差别化战略和目标集聚战略。三是认为有五种作用力对产业的竞争强度、利润率水平和企业竞争战略的形成起着关键作用。这五种作用力是:竞争对手和现有企业间的竞争状况、新进入者的威胁、卖方的砍价能力、买方的砍价能力、替代品和服务的威胁。四是提出了"钻石模型",分析了一国特定产业获取持久竞争力的原因。五是把钻石理论与区位理论结合,分析了产业聚集的原因与发展趋势。

(四)产业组织理论的发展趋势

20世纪90年代以来,随着经济知识化、信息化、网络化及全球化发展趋势的日益增强,产业组织领域的一些新现象、新问题逐渐映入经济学家的研究视野,也使产业组织研究呈现出与以往有所不同的发展趋势。

第一,研究视角的变化和研究范式的转换。当今的产业组织理论从重视市场结构研究转向了重视市场行为研究,特别是寡头市场的企业策略性行为研究;研究范式也从以往静态的垄断竞争范式转向了动态的合作竞争范式。

第二,从研究方法上看,现代产业组织理论在继承以往结构主义和实证分析方法的基础上,吸收了大量现代经济研究的最新方法。高级计量分析方法、博弈论与信息经济学的方法、数理经济学的方法等相继被引入到产业组织理论之中。例如,博弈论为经济学家理解和分析多元垄断和寡占状态下的市场结构、不完全竞争市场的定价、企业战略行为以及反垄断规制等领域提供了强有力的分析工具。随着博弈论自身的完善和发展,以法国学者泰勒尔(Jean Tirole)为代表的西方学者利用博弈论的分析方法对整个产业组织理论体系进行了再造。

第三,研究领域的拓展。20世纪90年代以来,产业组织学者运用其基本原理和研究方法开始分析一些新的经济问题,极大地丰富了产业组织理论的内容。一是研究企业内部治理结构和制度安排,探讨企业组织的新型结构、动态规模和边界问题,形成了新的企业组织理论。二是研究新型的网络组织演变及其绩效问题,形成了知识经济条件下的网络经济理论。三是研究寡头垄断市场结构的稳定性及其绩效问题,形成了新的市场结构观。四是关注企业间合作问题,研究企业(跨国)并购、战略联盟、企业研究与开发、业务外包、流程再造等非价格竞争行为和企业策略性行为,形成了新的市场行为理论;五是研究领域从以往的工业经济领域扩展到服务业领域和知识型产业领域。

第四,向其他学科渗透。产业组织理论开始向区域经济学、市场营销学、企业战略管理、国际贸易等学科领域渗透,使得产业组织理论与这些学科的边界模糊化。同时,作为微观经济学基础上发展起来的产业组织理论,目前已经成为中高级微观经济学主要内容的重要组成部分。

第五,在政策主张上,以往的反垄断政策指向发生了转变,即从反对垄断结构转向反垄断行为。

二、产业结构理论的形成与发展[①]

产业结构理论最初是被视为发展经济学的一个分支而存在的。在发展经济学中,产业结构理论也被称为结构主义经济学。结构主义经济经济学的形成与发展从一定意义上说也就是产业结构理论的形成与发展。

(一)产业结构理论的思想渊源

1. 配第的发现

英国古典政治经济学创始人威廉·配第(William Petty)早在17世纪就发现,世界各国国民收入水平之所以存在差异,各国经济发展之所以处于不同的阶段,其关键原因则在于各国的产业结构是不同的。他在1672年出版的《政治算术》中,通过考察得出结论:工业比农业的收入多,商业又比工业的收入多,即工业比农业、商业比工业附加价值高。这可以说是对产业结构与经济增长之间关系的最早的阐述,也被后人称之为"配第的发现"。

2. 魁奈的经济表

法国古典政治经济学的主要代表、重农学派的创始人魁奈(Qnesnay)分别于1758年和

[①] 本部分内容转自:苏东水.产业经济学[M].北京:高等教育出版社,2005:170—176.

1766年发表了重要论著《经济表》和《经济表分析》。他根据自己创立的"纯产品"学说,提出了关于社会阶级结构的划分:生产阶级,即从事农业和创造"纯产品"的阶级,包括租地农场主和农业工人;土地所有者阶级,即通过地租和赋税从生产阶级那里取得"纯产品"的阶级,包括地主及其仆从、君主、官吏等;不生产阶级,即不创造"纯产品"的阶级,包括工商资本家和工人。他的突出贡献是以"纯产品"学说为基础,对社会资本再生产和流通问题做出了深入分析。这种分析无疑也构成了产业结构理论的一个重要思想来源。

3. 瓦尔拉斯的一般均衡理论

一般均衡理论是1874年法国经济学家瓦尔拉斯(Walras)在他的《纯粹经济学要义》中创立的。瓦尔拉斯认为,整个经济体系处于均衡状态时,所有消费品和生产要素的价格将有一个确定的均衡值,它们的产出和供给,将有一个确定的均衡量。他还认为在"完全竞争"条件下,出售一切生产要素的总收入和出售一切消费品的总收入必将相等。瓦尔拉斯的一般均衡体系是按照从简单到复杂的路线一步步建立起来的。他首先撇开生产、资本积累和货币流通等复杂因素,集中考察了所谓交换的一般均衡。之后又讨论了生产以及交换的一般均衡。但是,生产的一般均衡仍然不够"一般",它只考虑了消费品的生产而忽略了资本品的生产和再生产。因此,瓦尔拉斯进一步提出了关于"资本积累"的第三个一般均衡。他的最后一个模型是"货币和流通理论",考虑了货币交换和货币窖藏的作用,从而把一般均衡理论从实物经济推广到了货币经济。瓦尔拉斯一般均衡理论为投入-产出分析提供了理论基础,构成了产业关联理论的思想渊源。

4. 马克思社会再生产图式

马克思的社会生产两大部类分类法以及各部门之间均衡发展的理论,精辟地分析了产业结构及其变动的规律,是产业结构理论的基本渊源之一。马克思在考察社会总资本的再生产和流通过程时,按照实物形态,把社会总产品(总生产)分成两大部类。随后又分析了它的价值构成,提出这两个大部类每一部类生产的全部年产品的价值都分成三部分:C(生产消耗掉,并转移到产品中去的不变资本);V(补偿预付可变资本);M(超过可变资本而形成剩余价值的部分)。这样,每一部类全部年产品的价值=C+V+M。马克思以两大部类之间的产品交换关系为中心,考察了社会简单再生产与扩大再生产的实现条件,分析了社会再生产达到均衡的条件,构建了社会再生产图式(或模型),为现代产业关联分析提供了思想基础。

(二) 产业结构理论的形成

产业结构理论形成于20世纪三四十年代。日本经济学家赤松要、美国经济学家库兹涅获(S. S. Kuznets)、里昂惕夫(W. W. Leontif)和英国经济学家克拉克(Colin. G. Clark)等人对产业结构理论的形成做出了突出贡献。

赤松要早在1935年就提出了产业发展的"雁行形态理论"。该理论认为本国产业发展要与国际市场紧密地结合起来;后起国家一般要通过引进、进口替代、出口、成熟、返内销等几个阶段来加快本国工业化进程;产业发展的政策就是要根据雁行形态的特点来制定①。

库兹涅茨在1941年出版的《国民收入及其构成》一书中,阐述了国民收入与产业结构之

---

① 李善明. 外国经济学家辞典[M]. 深圳:海天出版社,1993:356.

间的重要联系。他通过对大量经济史料的研究,得出的结论是:产业结构和劳动力的部门结构将随着经济增长而不断发生变化;劳动收入在国民经济中所占的比重趋于上升,财产收入的比重则趋于下降;政府消费在国民生产总值中的比重趋于上升,个人消费比重趋于下降①。

里昂惕夫在1941年对美国的经济结构进行了深入和系统的分析,并出版了《1919—1929年美国经济结构》一书,成了产业结构理论的经典之作②。

克拉克在1940年出版的《经济发展条件》一书,通过对40多个国家和地区不同时期三次产业劳动投入和总产出资料的整理和比较,总结出了劳动力在三次产业中的结构变化与人均国民收入的提高存在一定的规律性③。

这些经济学家和学者对产业结构的研究从最初的实证分析逐步转到理论研究方面,促进了产业结构理论的形成。

(三) 产业结构理论的发展

20世纪五六十年代,结构主义分析方法被正式引入了经济研究之中,使得传统结构主义思想和产业结构理论得以深入发展。这一时期对产业结构理论做出突出贡献的代表人物包括里昂惕夫、库兹涅茨、刘易斯(W. A. Lewis)、赫希曼(A. O. Hirschman)、罗斯托(W. W. Rostow)、钱纳里(H. B. Chenery)、霍夫曼(W. C. Hoffman)等人。

里昂惕夫在原有研究成果的基础上,分别于1953年和1956年出版了《美国经济结构研究》和《投入产出经济学》两书,创立了投入-产出分析方法,并用这一分析法分析了经济体系中各个部门在生产中的关系,研究了经济结构的动态发展以及技术变化对经济增长的影响,探讨了对外贸易与国内经济的关系、国内各地区间的经济关系以及各种经济政策所产生的影响。

库兹涅茨在经济增长与产业结构之间的关系方面,也进行了更为深入的研究,出版了《现代经济增长》《各国经济增长》等重要论著。

美国发展经济学创始人刘易斯于1954年在《曼彻斯特学报》发表了论文——《劳动无限供给条件下的经济发展》,提出了著名的"二元经济结构理论"。该理论认为发展中国家的整个经济由弱小的现代资本主义部门与强大的传统农业部门所组成。经济的发展就是要扩大现代资本主义部门,缩小传统的农业部门。发展中国家可以利用劳动力丰富这一有利条件,加速经济的发展④。他对经济结构特别是产业结构的论述比较多,内容丰富,论述深刻。

美国发展经济学家赫希曼于1958年出版了《经济发展战略》一书,创立了著名的"不平衡增长理论"。该理论借用大量的拉丁美洲国家的发展经验,否定了发展中国家必须按照一个谨慎控制的平衡增长路线来发展经济的观点,并设计了一个不平衡增长模型,认为发展中国家应按照"关联效应"(包括前向关联效应和后向关联效应)和"最有效次序"来制定产业发展规划,优先、重点发展那些关联效应最强和有效次序最高的行业部门。他的"关联效应"理论和"最有效次序"理论,已经成为发展经济学中的重要分析工具⑤。

---

① 李善明. 外国经济学家辞典[M]. 深圳:海天出版社,1993:387.
② 李善明. 外国经济学家辞典[M]. 深圳:海天出版社,1993:398—399.
③ 李善明. 外国经济学家辞典[M]. 深圳:海天出版社,1993:374.
④ 李善明. 外国经济学家辞典[M]. 深圳:海天出版社,1993:264.
⑤ 李善明. 外国经济学家辞典[M]. 深圳:海天出版社,1993:871—872.

美国经济学家、经济史学家罗斯托提出了著名的主导产业扩散效应理论和经济成长阶段理论。他认为,产业结构的变化对经济增长具有重大的影响;在经济发展中要重视发挥主导产业的扩散效应。他同时还认为,决定社会经济发展的最终动因是人的主观倾向:发展科学的倾向、把科学应用于经济目的的倾向、创新的倾向、寻求物质进步的倾向、消费的倾向、生儿育女的倾向。他的这些理论有着广泛的影响力,反映他在这方面突出贡献的主要著作有《经济成长的过程》和《经济成长的阶段》等[①]。

美国著名的发展经济学家钱纳里对产业结构问题也进行了深入的研究,提出了著名的"标准结构"概念和工业化阶段论。他认为,经济发展中资本与劳动的替代弹性是不变的,从而发展了柯布—道格拉斯的生产函数学说。他指出,在经济发展过程中产业结构会发生变化,对外贸易中初级产品出口将会减少,逐步实现进口替代和出口替代。他的研究成果有《产业关联经济学》《发展计划研究》《发展的模式》《结构变化与发展政策》和《工业化和经济增长的比较研究》等[②]。

德国经济学家霍夫曼对在工业化进程中产业结构的演进问题进行了开创性的研究。他把结构型变量引入需求方程式,并成功地论证了它在统计学中的实际意义;同时也对进口替代在经济发展中的作用进行了重点研究,在产业结构理论方面做出了重要的贡献。例如,他提出的霍夫曼比例和霍夫曼工业化经验法则具有很大的应用价值和广泛的影响力。他在这方面的主要成果有《发展中国家的进口替代和经济增长——以阿根廷、巴西、智利和哥伦比亚为重点》和《马来西亚半岛的工业增长、就业与外国投资》等[③]。

另外,日本经济学家筱原三代平、马场正雄、宫泽健一、小官隆太郎、池田胜彦、佐贯利雄、筑井甚吉等人在经济结构特别是产业结构理论与政策研究方面成就斐然,并为日本经济的崛起做出了突出贡献。

(四)产业结构理论的发展趋势

20世纪80年代中期以来,产业结构研究实现了从传统结构主义向新结构主义的转变。新结构主义在继承传统结构主义合理内核的同时,充分吸收新自由主义的营养成分,寻求市场机制与国家干预的统一,以保证短期和长期的经济稳定和发展。近些年来,新结构主义针对经济发展中的一些紧迫问题,不断进行"正统经济理论和非正统经济理论的结合",推动了结构经济学的形成与发展。主要代表性成果包括美国经济学家兰斯·泰勒的《结构主义宏观经济学》和杜钦的《结构经济学:技术、生活方式和环境变化的度量》,我国经济学家林毅夫最近出版的《新结构经济学》等。与此同时,伴随着可计算的一般均衡模型(CGE)的形成与发展及其在经济结构研究中的应用,产业结构理论在研究工具上与分析方法上也必将向前迈出更大的步伐。

产业结构理论的发展趋势主要体现在以下几个方面:

第一,从研究方法上看,现代产业结构理论在继承以往结构主义和实证分析方法的基础上,吸收了大量现代经济研究的最新方法,开始采用新制度经济学、机制设计理论和高级计

---

① 李善明. 外国经济学家辞典[M]. 深圳:海天出版社,1993:517—518.
② 李善明. 外国经济学家辞典[M]. 深圳:海天出版社,1993:701—702.
③ 李善明. 外国经济学家辞典[M]. 深圳:海天出版社,1993:893.

量经济学的方法研究产业结构演变的制约因素、演变规律及其与经济增长的关系等问题。

第二,从研究内容上看,现代产业结构理论的研究范围日趋广泛,内容更加丰富。不仅包括产业结构与经济增长的关系、产业结构变动的影响因素及演变规律、产业关联、产业布局、产业结构优化、主导产业选择和产业结构调整战略与政策等传统内容,而且还包括了当代经济变革中出现的新问题和新现象。诸如产业国际(区域)转移、产业集群、产业融合、产业结构软化和生态化、产业竞争力、高新技术产业发展和战略新兴产业发展以及投入产出分析的动态化等。形成了一系列新的产业结构理论,包括产业转移理论、产业融合理论、产业集群理论、产业竞争力理论等。

第三,从政策主张看,现代产业结构理论的政策体系日臻完善,并进一步规范化与系统化,呈现出较强的可操作性和实际应用性。对各国的产业结构调整与优化升级以及产业政策实践,起到了积极推动作用。

三、产业经济理论在中国的发展

在中国,产业经济学最初并非是作为一门独立的经济学科而存在的,而是以"工业经济学""农业经济学""流通经济学""消费经济学"等部门经济学的形式而存在的。现今的中国产业经济学则是在改革开放之后形成的,是由中国经济学者在借鉴国外产业经济研究优秀成果的基础上结合中国国情而建立的,是国外产业经济理论在中国运用与发展,也是中国化了的产业经济理论在经济学学科体系中的集中体现。

(一) 产业组织理论在中国的发展

产业组织理论在中国,已经走过了 30 多年的发展历程。根据其时代背景,大致可分为三个阶段①:

第一阶段(1980—1990 年)这个阶段主要是引进和学习阶段,同时,一些学者也开始尝试运用西方理论来研究中国的一些产业组织问题。1985 年,世界银行经济发展学院和清华大学经济学院联合编写的《产业组织经济学》,可以说是最早较为系统地介绍西方产业组织理论的教材。同年,人民大学杨治教授编著的《产业经济学导论》出版,这是国内第一本以产业经济学为名的著作。1988 年卢东斌翻译的日本学者植草益的《产业组织》出版。这是国内第一部系统介绍国外产业组织理论的译著。随后,国内又陆续翻译出版了几本西方学者研究产业组织的著作,如克拉克森和米勒的《产业组织理论、证据和公共政策》、施蒂格勒的《产业组织与政府管制》等,对我国产业组织研究在中国的兴起起到了很大推动作用。1988 年胡汝银的专著《竞争与垄断:社会主义微观经济分析》,完全以中国经济的竞争与垄断为研究对象,被蒋学模评价为"我国第一部系统地研究社会主义竞争和垄断的专著,填补了一个空白点"。与此同时,邹东涛和杨秋宝 1989 年出版了专著《经济竞争论》,系统地论证了中国经济竞争模式问题。史正富的论文《产业组织的转换与产权制度的改革》(《经济研究》1987

---

① 以下内容转自:牛丽贤,张寿庭. 产业组织理论研究综述[J]. 技术经济与管理研究,2010(6):137—139.

年第 10 期)、陆德明的论文《改造产业组织,建立垄断竞争市场》(《经济研究》1988 年第 1 期)、复旦大学课题组的论文《通过产业组织的改革与创新,建立社会主义垄断竞争市场》(《复旦学报》1989 年第 1 期),则是运用产业组织理论范式对中国现实问题特别是垄断与竞争问题的先例。

第二阶段(1991—2001 年)。随着我国改革开放的深入和社会主义市场经济改革目标的确立,垄断与竞争以及竞争与效率之间的关系逐渐成为经济发展中的突出问题。学者们对市场结构与市场分割问题、产业运行绩效问题、市场结构的适度集中问题和反垄断与管制政策问题进行了深入研究,提出了一些独到的见解,形成了一批较为优秀的研究成果。例如,1991 年陈小洪、金忠义出版的《产业市场关系分析——产业组织理论及其应用》一书和王慧炯主编的《产业组织及有效竞争—中国产业组织的初步研究》一书。1993 年马建堂的《市场结构与行为——中国产业组织研究》出版。1994 年夏大慰的《产业组织》出版,这是国内第一部系统介绍和分析产业组织理论、方法以及产业组织政策的教材。1995 年,王俊豪出版了《市场结构与有效竞争》。1997 年,泰勒尔的教科书《产业组织》和美国经济学家丹尼斯·卡尔顿等著的《现代产业组织》两部著作的中译版均被出版。为中国产业经济学界带来了新的分析方法。从此,应用博弈论和信息经济学方法研究中国产业组织问题的文献逐渐增多。同时,王俊豪的专著《政府管制经济学导论》对中国电信、电力和自来水这三种自然垄断产业的价格形成机制作了系统研究,通过构建模型提出了中国自然垄断产品价格管制的政策目标,对我国产业组织政策研究产生了较大影响。总之,这一时期,国内产业组织理论与政策研究逐步趋于多样化、规范化和系统化。中国的产业组织理论体系已初步形成。

第三阶段(2001 年至今)。进入新世纪,随着博弈论分析工具的引入,产业经济学对企业竞争行为、竞争战略选择等领域的研究越来越普遍、研究越来越具体和深入。SCP 分析框架仍然是中国学者研究产业组织使用的主要研究工具,较多的中国产业经济研究者以中国经济转轨作为研究背景,引入制度变量,对特定产业的市场结构、企业行为和市场绩效之间的相关性进行实证检验。案例研究越来越多。而且,随着研究的深入,在总体研究的基础上,产业经济研究开始针对具体行业,如国际贸易、金融、保险、证券、中介机构和出版等具体行业领域。此外,随着社会主义市场经济改革进程的深入,在深化垄断行业改革和反垄断、政府规制体制改革、产业安全与社会性管制等问题上,许多学者的研究兴趣日趋渐浓,这方面的成果也开始大量涌现。一方面推动着中国产业组织研究向纵深发展,另一方面也为中国经济改革与发展提供了理论依据。

(二)产业结构理论在中国的发展

中国的产业结构研究相比产业组织研究来说起步要早。经历了从传统模式下的研究到引进吸收再到理论创新的发展历程[1]。

第一阶段,从中华人民共和国成立之初到改革开放——传统模式下的研究。在这一时期,我国经济理论研究工作刚刚起步,主要是在苏联社会主义经济理论研究范式下展开经济研究。当时,我国没有"产业结构"的提法,只有"经济结构"之说。有关产业结构的研究基本

---

[1] 以下内容主要转引自:江小娟. 理论、实践、借鉴与中国经济学的发展——以产业结构理论研究为例[J]. 中国社会科学,1999(6):4—18.

上归结为"社会再生产理论"、两大部类和农、轻、重的比例关系研究之中。这一时期,在理论研究方面主要做了两件事:一是译介、编著和阐述苏联政治经济学的内容。其中与产业结构有关的是再生产理论中两大部类的关系,重点是"生产资料优先增长的规律";二是讨论如何优先发展重工业,如何处理农、轻、重的比例关系。

第二阶段,改革开放之初到20世纪80年代中期。这时期的产业结构理论研究主要做了以下工作:一是对马克思两大部类关系进行再讨论,主要反思优先发展重工业的理论和马克思的所谓"生产资料优先增长的规律"。二是一些西方产业结构理论文献和研究方法开始被介绍到我国。其中影响比较大的是由中国社会科学出版社1980年组织翻译出版的《外国经济结构文集》和1981年组织翻译出版的《主要资本主义国家的经济结构》、联合国发展组织编写,中国对外翻译出版公司1980年出版的《世界各国工业概况和趋势》。这些成果虽非前沿,但使中国学者大开眼界。三是开始对中国现实问题进行研究。1979年国务院财经委员会组织了三次规模比较大,影响也比较大的经济结构调查研究工作,组织了400余名从事实际工作和200多名从事理论研究的同志,按部门组成调查组,同时集中了100多人组成的经济结构综合调查直属队,分别到十几个省进行调查。最后由孙尚清、马洪主编成《中国经济结构问题研究》(1981年版)一书。该书对农、轻、重的结构,各主要部门的内部结构,就业结构,企业规模结构等问题进行了全面系统的实证分析,使产业结构研究从传统的理论讨论转向了对实际问题的研究。四是产业分类方法发生变化,由两大部类分类法和农、轻、重分类法转向三次产业分类法,许多学者开始用三次产业分类法研究我国产业结构。

第三阶段,从20世纪80年代中期开始到90年代初。这个时期,我国产业结构问题的理论研究更多的是在进一步借鉴和吸收国外产业结构研究的理论与方法的基础上,开始尝试在新的范式下进行。一是系统引进和吸收国外产业结构研究成果。1985年,杨治的《产业经济学导论》对西方产业结构理论和产业组织理论进行了系统介绍。库兹涅茨的《各国的经济增长》、罗斯托的《经济成长的阶段》、H.钱纳里等的《工业化和经济增长的比较研究》等影响较大的产业结构研究专著陆续在我国被翻译和出版。这些译著提供了新的研究角度和研究方法,提供了许多国家结构演变的经验材料,对我国学者影响深远,对研究范式的转换起了重要的推动作用。二是国内的产业结构研究开始在新的范式下进行。其特点是以三次产业分类为基础,从静态理论演绎转向动态实证研究,将产业结构状况及其变化与经济发展的阶段、水平、要素禀赋以及政府干预等因素联系在一起进行分析。开始研究经济发展过程中的产业结构变动脉络、经济发展周期与结构变动的关系、产业结构的国际比较研究、产业优先发展顺序、第三产业的发展等问题。其中产业政策成了重点研究内容。

第四阶段。20世纪90年代中期至今。这个时期,我国产业结构摆脱了"短缺"经济带来的瓶颈制约,经济模式开始向市场经济转型,产业结构与经济结构日趋完整化和高度化,同时,经济发展中的结构性问题也日趋显现。产业结构研究也呈现出新的特点和趋势。一是理论背景进一步拓宽,开始用公共选择理论、制度经济学和博弈论等现代西方经济理论与方法分析产业经济问题。二是普遍采用比较符合西方学术规范的方法进行研究。三是对我国产业结构问题的研究进一步系统化、深入化。在继续关注产业结构变动趋势、产业结构变动效应、区域主导产业选择、第三产业发展、产业结构与经济周期的关系等问题的基础上,把产业组织与产业结构研究结合起来,开始研究经济全球化、信息化、知识化、网络化条件下的主导产业选择、传统产业改造和战略新兴产业发展问题;研究新形势下的投资、消费、劳动就业、能源、环境、技术创新、国际贸易、体制改革等因素与产业结构演变与升级的关系;分析产业转移、产业融合和产业集群的机制与规律;探讨我国产业发展战略与规划,分析产业高新技术化和生态化发展的路径与对策等。

> **学习要点**

1. 产业经济学诞生70多年来,不仅在理论上取得了丰富研究成果,而且在实践中也得到了广泛应用。

2. 产业组织理论形成于20世纪50年代,其思想渊源有三个:一是古典经济学中的产业组织思想;二是新古典经济学中的产业组织思想;三是不完全竞争理论中的产业组织思想。

3. 哈佛大学的梅森及其弟子贝恩对产业组织理论的形成做出了卓越贡献。1959年,贝恩以前期研究为基础,出版了《产业组织》一书,第一次系统地阐述了产业组织理论的SCP分析框架,标志着传统产业组织理论的形成。

4. 传统SCP框架有如下特点:一是将市场结构作为产业组织分析重点,因此被称为"结构主义者";二是以新古典价格理论为基础,侧重于市场结构问题的实证研究;三是形成了"集中度-利润率"假说。并认为市场结构决定企业行为,从而市场结构通过厂企业行为影响经济运行的绩效。四是在政策主张上,强调控制市场结构,反对垄断,禁止可能导致垄断的市场结构和厂商行为,如横向并购等。

5. 20世纪70年代以后,许多经济学派在产业组织研究方面取得了巨大进展,为该理论的发展做出了贡献。其中芝加哥学派、可竞争市场理论、新制度经济学和竞争优势理论,都功不可没。

6. 20世纪90年代以来,随着经济知识化、信息化、网络化及全球化发展趋势的日益增强,产业组织理论呈现出与以往不同的发展趋势;一是研究视角的变化和研究范式的转换;二是研究方法的创新,包括高级计量分析、博弈论及与其相关的信息经济学、数理经济学、福利经济学等方法相继被引入到产业组织理论之中;三是研究领域的拓展;四是向其他学科渗透;五是反垄断政策指向发生了转变,即从反对垄断结构转向反垄断行为。

7. 产业结构理论形成于20世纪三四十年代,其思想渊源包括配第的发现、奎奈的经济表、瓦尔拉斯一般均衡理论和马克思社会再生产理论。对产业结构理论的形成做出突出贡献的学者主要有日本经济学家赤松要、美国经济学家库兹涅茨、里昂惕夫和英国经济学家克拉克等人。

8. 产业结构理论在20世纪五六十年代得到了较快的发展。这一时期对产业结构理论研究做出突出贡献的代表人物包括里昂惕夫、库兹涅茨、刘易斯、赫希曼、罗斯托、钱纳里、霍夫曼等人。

9. 目前,产业结构理论研究呈现出新特点:一是研究方法上吸收了大量现代经济研究的最新方法;二是研究内容上,现代产业结构理论的研究范围日趋广泛,内容更加丰富,形成了一系列新的产业结构理论,包括产业转移理论、产业融合理论、产业集群理论、产业竞争力理论等;三是现代产业结构理论的政策体系日臻完善,并进一步规范化与系统化,呈现出较强的可操作性和实际应用性。

> **学习要点**
>
> 10. 在中国,产业经济学最初并非是作为一门独立的经济学科而存在的,而是以"工业经济学""农业经济学""流通经济学""消费经济学"等部门经济学的形式而存在的。现今的中国产业经济学则是在改革开放之后形成的,是由中国经济学者在借鉴国外产业经济研究优秀成果的基础上,结合中国国情而建立的,是国外产业经济理论在中国运用与发展,也是中国化了的产业经济理论在经济学学科体系中的集中体现。

思考:

1. 简述哈佛学派产业组织理论的特点。
2. 试述芝加哥学派对产业组织理论的贡献。
3. 简述新制度经济学对产业组织理论的贡献。
4. 概述产业组织理论的发展趋势。
5. 概述产业结构理论的发展趋势。

企业组织

企业是市场经济的微观主体,企业组织则是产业组织的重要构成部分。企业的性质与成因、规模与边界,以及企业内部组织结构是影响企业运行效率和产业运行绩效的重要因素,也是企业理论研究的主要问题。本章在阐述新古典企业理论和现代企业理论的基础上,主要分析企业内部组织结构形态和治理结构及其对企业运行绩效的影响,为我们进行企业组织和治理结构选择与设计,提高企业管理效率,提供参考和借鉴。

一、新古典企业理论

企业理论是关于企业性质、企业成因、企业规模和边界,以及企业内部组织结构问题的理论学说。从西方经济思想史的角度来看,企业理论经历了由古典到新古典,再到现代企业理论的演进历程。古典经济学对于企业或厂商的认识,可以归结为一个"经济人"假说。而对于企业的最优规模、合理边界以及企业内部组织问题,古典经济学家并没有论及。因此,严格来讲,古典经济学并没有真正的企业理论。所以,我们在这里首先介绍新古典企业理论。

新古典企业理论主要涉及三个方面的内容:一是对企业性质的认识;二是对企业最优规模与边界的分析;三是初步分析了企业规模经济与范围经济问题。

(一) 企业的性质

新古典企业理论是在继承"经济人"假说基础上发展起来的。他们同样也认为,所有的企业、厂商和消费者都是"原子"式的无差别的经济人。并在这一假设下,把企业作为一个生产函数,把消费者视为消费函数,主要从技术的角度对其展开研究。认为企业或厂商是在技术和市场的约束下追求利润最大化;消费者的行为准则则是在收入和价格的约束下追求效用最大化。

单就企业这一生产函数而言,它是描述在生产技术状况给定的条件下,生产要素的投入量与产品的产出量之间的物质数量关系的函数式,一般记为:

$$Q = f(X_1, X_2, \cdots, X_n)$$

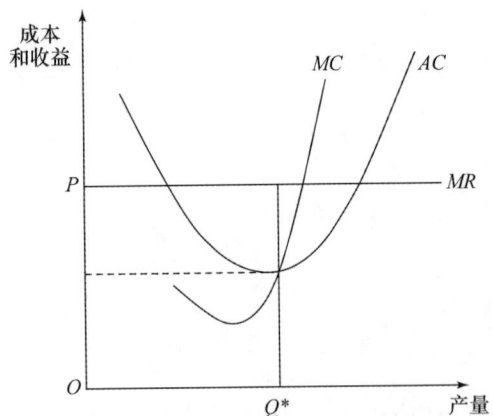

图 3-1 企业最优利润最大化

其中,$X_1, \cdots, X_n$ 表示生产某种产品所需各种生产要素的投入量,Q 表示任一给定数量的各种生产要素投入产品组合在既定生产技术条件下所能生产出的该产品产量。

在目标产出水平给定的情况下,通过求解下列问题使成本最小化:

$$\min \sum_{i=1}^{n} W_i X_i \quad s.t \quad f(X_1, X_2, \cdots, X_n) \geqslant Q$$

如果再假设产品市场是完全竞争的,那么在 $MR=MC=P$ 时,利润最大化(如图 3-1 所示)。

新古典企业理论认为,企业或厂商的主宰是具有绝对决策权的业主,业主即所有者资本家,同时也是拥有经营管理权的企业家。新古典企业理论假定,一切组织和经营管理问题,都能通过购买生产要素的价格或支付的报酬来解决;业主能充分地掌握信息,不仅充分了解厂商过去的历史、目前的状况和未来的发展,而且准确地了解自己产品的需求曲线和成本曲线;业主处理问题所需要的时间是充裕的和没有限制的,有能力在各种可供选择的行为中,做出最优选择,实现利润最大化。

(二)企业的最优规模与边界

对于企业的规模与边界,新古典企业理论是在完全竞争市场的假设下进行分析的。下面,我们以单一产品的完全竞争市场为例,来阐述新古典企业理论对于企业最优规模与边界的论述。

1. 短期行业均衡与企业最优规模

这里所谓的短期是指这样的一段时期,在这个时期内,市场上企业数量及其厂房设备规模(即固定成本)是不变的,技术水平也是不变的。它只能通过调整可变生产要素投入量来调整产出量(生产规模)。短期内,当一个行业(市场)的需求与供给状况基本稳定时,行业产量和价格基本保持稳定,该行业处于短期均衡状态。这时,$MR=MC=P=D$。企业的最优规模和边界也由此被决定。

如图 3-2(a),图中,D 表示市场需求曲线,S 表示市场供给曲线,它们相交于 e 点,从而决定了市场价格 P_e,市场均衡数量为 Q_e。我们知道,在完全竞争市场上,企业只能是价格的接受者,而不是价格决定者。因此,需求曲线是一条平行于横轴的直线,并且它与横轴的距离等于市场均衡价格 P_e。同时,我们还知道,这时:$MR=P_e$,所以企业的需求曲线 $D=MR=P_e$。在图 3-2(b)中,对于一个完全竞争市场中的企业来说,e 点是该企业在市场均衡时,其边际成本曲线与边际收益曲线的交点,它所对应的产量就是该企业的最优产出规模。可见,完全竞争市场的企业规模是由企业的边际成本与边际收益决定的。

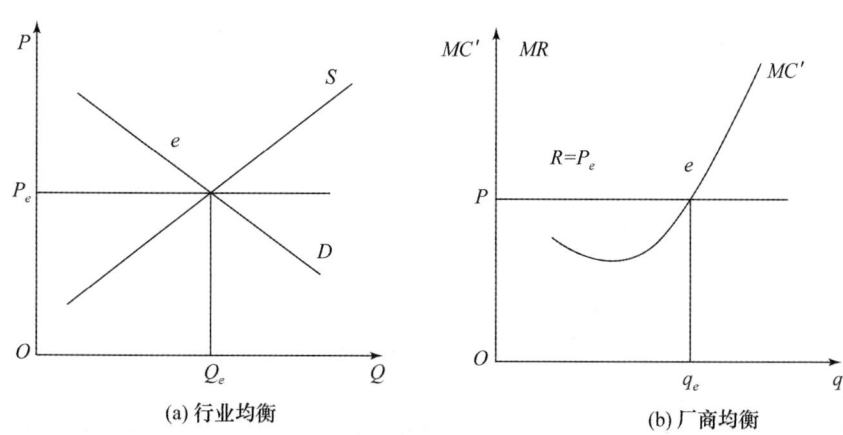

图 3-2 短期行业均衡与企业最优规模的决定

2. 长期行业均衡和企业最优规模

所谓长期,是指这样一段时期,在该时期内,市场总体规模和企业数量、厂房设备规模都是可变的。长期内,只要现有在位企业可获得超额利润,就会吸引新厂商进入,反之则退出,从而引起该行业厂商数量变化。当市场中的企业规模和数量以及市场价格稳定时,长期均衡得以实现。企业的最优规模和边界也由此被决定。这时,$LAC=LMC=P$。在达到长期均衡时,留存下来的每个企业都具有最高的经济效率,只能获取正常利润,所选用的厂房设备的规模在当时技术条件下也处于最优规模,并且所提供的产量是对应该厂房设备之平均成本最低点的产量。对此,可用图3-3来说明。在长期均衡条件下,每个企业提供的产量不仅必然位于其短期平均成本曲线(SAC)最低点(因为企业进入该行业所产生的竞争压力,总是迫使产品价格降低到等于其平均成本的位置,以消除超额利润的存在)。而且也必然位于其长期平均成本曲线(LAC)之最低点[如图3-3(a)所示]。也就是说,每个企业选用的厂房设备的规模必然是在当时技术条件下效率最高的最优规模,并且,它们提供的产量也必然是该厂房设备规模之平均成本最低点的产量[如图3-3(b)所示]。这是因为,在开始时,效率最高的企业选用的厂房设备规模的效率可能小于最优规模时的效率,比如LAC左侧的某一点G,这时,如果市场价格是P,该企业就会获得超额利润。由于这时企业的平均成本处于递减阶段,所以,该企业会通过进一步扩大规模而获取更多利润,进而使得厂房设备规模达到平均成本最低点e。就是说,只要企业的规模处于平均成本下降阶段,企业就会选择效率更高即平均成本较低的厂房设备规模,获取规模经济效益,直至达到平均成本最低点即$P_1=LAC$。因此,当市场达到长期均衡时,$LAC=LMC=P$。

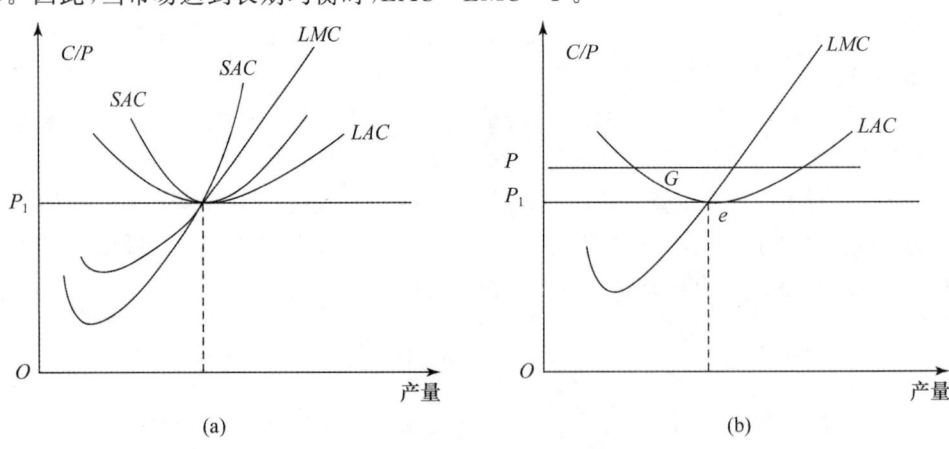

图3-3 长期内企业最优规模的决定

(三)规模经济与范围经济

按照新古典的理论,规模经济性或规模利益是指伴随着企业生产能力的扩大而出现的生产批量的扩大,以及由此而带来的平均成本的降低和企业盈利的收益递增现象。规模经济最核心的含义是指在投入增加的同时,产出增加的比例超过投入增加的比例,单位产品的平均成本随产量的增加而降低,即规模收益(或规模报酬)递增。这种对规模经济的定义侧重于技术角度。但是,规模经济并不局限于生产领域,目前的研究发现,规模经济也可以扩展到诸如市场销售、资金筹集、人员培训等方面。

规模经济的实现受许多因素影响,除了企业运行成本、企业规模和组织管理效率之外,还受市场容量和市场结构等因素的影响。首先,规模经济与市场容量和市场需求弹性密切相关。新古典经济学原理告诉我们,任何产出规模的扩大或收缩都受市场容量的制约。市场容量大,企业容易实现规模经济,反之则不容易实现规模经济。规模经济的实现与产品需求弹性呈正相关关系,即产品需求弹性越大,就越有可能在规模扩张的过程中获得规模经济效应。反之则相反。因此,产出规模的扩张不能简单地与规模经济画等号。其次,规模经济还受市场结构状况的影响。扩大产出规模、追求规模经济是在市场份额随之扩大的情况下实现的,但是,市场份额的扩大并不必然带来规模经济。规模经济的实现还与市场结构形态有关。对处于垄断地位的生产者而言,一般不会盲目地追求规模扩大。而是追求单位产出的盈利水平最高,或者在保持垄断地位的前提下追求超额利润的最大化。对于非垄断者而言,如果试图以追求规模扩大来获取更多的利润,则需要考虑在规模扩大的同时,分析市场需求弹性和价格变化对产品需求的综合影响。

新古典经济学还对企业的范围经济性进行了分析。范围经济存在于单个企业的联合产出超过了两个各自生产一种产品的企业所能达到的产量之时(假定两个企业的投入相等)。如果多个企业的联合生产低于独立企业所能达到的产量,那么其生产过程就涉及范围不经济。当然,范围经济可以一般化到多产品企业。就是说,当一个企业联合生产两种或多种产品时,其成本比两个或多个企业各自单独生产一种产品的总成本来得低,这个企业就存在范围经济性,或称为范围经济。假设 Q 表示生产总量或生产计划集,$Q=q_1+q_2+\cdots+q_n$,如果存在如下情况:$C(Q) < C_1(q_1) + C_2(q_2) + \cdots + C_n(q_n)$,那么,联合生产多种产品的企业就存在范围经济性。

后来,很多学者对范围经济问题进行了进一步研究。新制度经济学者潘扎尔(J. C. Panzar)和威利格(R. D. Willig)(1981)对此进行了更为准确的界定,他们指出,"范围经济是由于企业的范围(而不是规模)而产生的成本节约。只要在一个企业中将两条或更多的生产线合并到一起比分开生产更能节约成本的话,就存在范围经济"[1]。我国学者熊贤良(1997)认为,企业生产的单一产品产量增加时产生的成本节约是企业内部的规模经济,当企业规模的扩大使产品品种增加时,这种企业内部的规模经济又常被称为"范围经济"[2]。

(四) 新古典企业论的贡献与局限

从以上阐述中可以看出,新古典企业理论不把企业看成是一种组织,而是一个可行的生产计划集,它主要从技术角度出发,以"经济人"和完全竞争市场为前提,利用边际分析方法研究了一个产业的最佳产出规模和市场价格的决定问题,同时还研究了企业最优规模与最佳生产范围的决定问题。

对此,后来的经济学家,特别是新制度经济学者对其进行了总结与评价。其贡献主要表现在:一是该理论在一般意义上强调技术的作用,在特定的意义上强调规模经济和范围经济作为企业规模的重要决定因素。这无疑是正确的[3]。二是在利润最大化目标和完全竞争

---

[1] John C. Panzer and Robert D. Willig. Economics of Scope [J]. American Economics Review. 1981,71(2): 268—272.
[2] 熊贤良. 区分规模经济的层次及其对策[J]. 管理世界. 1997(4): 28—32.
[3] 费方成. 企业的产权分析[M]. 上海:上海三联书店,上海人民出版社,1998.

的假设下,该理论在分析企业最优生产选择如何随着投入和产出价格变动而变动方面,在理解一个产业(或企业)的整体行为方面,在研究企业之间策略相互作用的结果方面,都是十分有用的①。其理论缺陷主要有:一是它在关注价格体系的时候,忽略了市场,或者说是忽略了制约交易过程中的制度安排,忽略了与交易相关的交易成本问题。二是它在强调企业功能的同时,忽略了企业的制度结构,所以不能解释生产活动为什么和如何在企业内部进行组织起来的。这个理论没有涉及企业的内部组织——它的层级组织如何、决策如何委托、谁拥有权威等。企业被视为一个完全有效的"黑匣子",完全忽略了其内部激励问题。三是这个理论并未令人满意地解决企业的边界及其决定问题②。

二、现代企业理论

现代企业理论是在对新古典企业理论的反思与批判中发展起来的。科斯1937年的《企业性质》一文,被公认为是现代企业理论的开山之作。20世纪70年代之后,现代企业理论得到了丰富与发展。它主要关注三大问题:一是为什么存在企业,企业的本质是什么,企业与市场的边界如何确定;二是什么是企业所有权的最优安排,在企业内部,谁是委托人,谁是代理人;三是委托人与代理人之间的契约如何安排,委托人如何监督和控制代理人。围绕这三大问题,现代企业理论形成了三大理论分支:交易成本理论、委托代理理论和产权理论。交易成本理论主要是以交易成本概念为基础来解释企业的性质与成因、规模与边界,以及企业内部结构形态的重要性;委托代理理论侧重于企业内部委托代理关系的分析和企业内部治理制度(激励与监督机制)的研究;产权理论主要探讨了企业内部产权界定与权力分配及其对企业效率的影响。

下面,我们在阐述现代企业理论关于企业契约性质这一观点的基础上,分别按照这三个理论分支,对现代企业理论的基本内容进行简要介绍。

(一) 企业的"契约人"性质

与古典和新古典经济学"经济人"假设不同,现代企业理论提出了"契约人"假设,认为企业是一系列不完全契约的有机组合。这一假定是现代企业理论对企业或厂商性质的基本认识。威廉姆森认为,"契约人"的行为特征不同于"经济人"的理性行为③,主要体现在两个方面:一是有限理性;二是机会主义。

所谓有限理性,按照西蒙的解释,是指"主观上追求理性,但客观上只能有限地做到这一点"④的行为特征。有限理性主要表现在两个方面,其一是人的认知能力是有限的,人不具备无限的计算能力;其二是表现在语言上的障碍,不管人们多么努力,人在使用文字、数字、图表等表达自己的知识和情感时是有限制的。有限理性意味着合约的商谈、签订与履行都

---

① 哈特.企业、合同与财务结构[M].费方域,译.上海:上海三联出版社,1998.
② R. H. Coase. The Nature of the Firms [J]. Economics. (Blackwell Publishing)1937, 4(16): 385—405.
③ O. E. Williamson. The Economic Institutions of Capitalism[M]. New York: Free Press, 1985.
④ 赫伯特·A.西蒙.管理行为[M].杨砾,韩春立,译.北京:北京经济学院出版社,1988.

要付出比完全理性时更高的成本,现实生活中一切可行范围内的合约都不可能是完全的。

机会主义这一概念是指人们以欺诈的手段谋取自身利益最大化的行为。每个行为人都是以自我为本位的,在可能的情况下他们都将以牺牲其他人的利益为代价来谋求自己的利益。机会主义行为分为事前和事后两种,前者以保险学中的"逆向选择"为典型,是指投保人尤其是风险较大的投保人不愿意坦率地披露与自己的真实风险条件有关的信息,甚至还会制造扭曲的、虚假的或模糊的信息;后者以保险学中的"道德风险"为典型,是指已经取得保险的投保人往往不以完全负责的态度行事,不采取应当采取的降低风险的行为。由于机会主义行为,一种经济组织或治理结构必须保障交易不受机会主义行为的损害,交易才能顺利进行。

"契约人"行为的这两个基本假定的重要意义在于,当二者同时存在时,企业间的交易成本会很高,严重的契约困难就会产生,从而使治理结构或经济组织的选择成为必要。

(二) 交易成本与企业的成因及边界

交易成本概念是由科斯首先提出来,并由威廉姆森、克莱茵、张五常等人加以发展的。这一概念为现代企业理论解释企业的规模与边界,回答企业组织为什么会存在,以及为什么企业的边界未能扩大到整个经济等这样一些基本问题奠定了基础。

1. 交易成本的含义

交易成本是利用市场机制进行交易(形成契约)的成本。阿罗从契约的角度将交易成本定义为"经济体系的运行成本"。威廉姆森认为交易成本是"在可选择的规制结构下,计划、修改和监督任务完成的比较成本"①。他认为,交易成本区分为事前成本、事后成本。通俗地讲,交易费用包括交易双方事前的信息搜寻费用、交易协议协商过程中发生的费用、交易协议执行过程中的费用以及因协议的不完全性导致的事后修改协议发生的费用。

2. 交易成本的成因

交易成本来源于三个方面的因素:一是交易所涉及的资产专用性。资产专用性描述的是这样一种状态,在双方交易的过程中,有些投资是专门为特定的交易过程进行的投资,这些专用性投资无法挪作他用,或者挪作他用的成本很高,也或者是挪作他用会导致资产的大幅度贬值。专用性资产包括地点的专用性、物质资产的专用性、人力资本的专用性及品牌资本等。契约双方中的一方投入专用资产时,交易的另一方一旦采取机会主义行为(即敲竹杠)而提前终止交易,投资方就会蒙受损失。资产专用性对于认识企业纵向一体化具有重要意义,只有弄清了资产专用性对交易成本的影响,才能理解为什么有些市场采购会让位给企业自己生产。企业之所以会出现,是因为当合约不可能完全时,纵向一体化能够消除或至少减少资产专用性所产生的机会主义问题。二是交易的不确定性和机会主义行为。不确定性是造成人类有限理性的主要原因,只要人们决策的可能结果不止一个,就会产生不确定性,这样预期交易发生的各种可能方式将会非常困难,机会主义行为的威胁就大。不确定性的意义在于使应变性的、连续的决策成为必要。当交易受制于不同程度的不确定性时,对治理结构的选择变得重要起来,因为不同的治理结构有不同的应变能力。三是交易频率。任何交易协调方式的确立与运转都是要花费成本的,这些成本在多大程度上能被所带来的收益

---

① O. E. Williamson. The Economic Institutions of Capitalism[M]. New York: Free Press, 1985.

所抵消，取决于这种交易方式中所发生的交易的频率。

3. 降低交易成本的措施

如果交易双方交易量大且正常的不间断进行，交易双方就有必要花费资源做出特定安排，即形成某种治理结构。这一安排的费用通过分摊到无数次连续不断的交易中，就会降低相应的交易费用。为避免或节约、降低过高的交易成本，可以采取以下应对措施：一是放弃交易；二是存在一个协调交易各方利益冲突的第三方机构（如法院、仲裁机构等），即建立一种"三边治理机制"；三是外部交易内部化（包括垂直一体化）；四是设计长期契约关系，形成合理的治理结构，以降低信息不对称带来的违约风险，防止机会主义行为。由此可见，交易成本是影响企业内部组织结构和外部交易方式的重要因素。

4. 企业的成因

企业和市场是执行相同职能因而可以相互替代的配置资源的两种机制。"在企业之外，价格变动指挥生产，对生产的协调是通过一系列市场交易来实现的。而在企业内部，这些市场交易不存在了，与这些交易相联系的复杂的市场结构被企业家这种协调者所取代，企业家指挥生产。显然，十分清楚的是以上两者是可以相互替代的协调生产的方式"①。换言之，在市场体系中，专业化的经济活动由"看不见的手"协调，分散的资源由价格信号配置。而在企业内部，专业化的经济活动由"看得见的手"协调，分散的资源由企业权威和行政指令来配置。

无论是运用市场机制还是运用企业组织来协调生产，都是有成本的。市场经济中企业存在的原因在于有些交易在企业内部进行比通过市场所花费的成本要低。因此，企业在某种情况下是对是市场机制的替代。这是因为，其一，若不存在企业，各生产要素的所有者通过市场机制进行合作生产，必须签订一系列相互交易、相互合作的契约。而当由企业来组织合作生产时，这一系列契约就被一个契约所替代，这无疑会降低交易成本。其二，企业较稳定的长期契约可以降低有些重复交易发生的频率，减少不确定性，从而节省部分交易费用。其三，企业内部契约具有这样的特征，即生产要素尤其是劳动力的所有者为获得一定报酬而同意在一定限度内服从企业家指挥。这使得企业家有可能指挥其雇用的生产要素在最有价值的用途上运作，从而提高效率，减少生产费用。总之，企业产生的原因在于市场交易成本大于企业组织成本，企业的生产取代了市场上价格机制对生产要素的调节，而代之以企业内部的组织协调。

5. 企业的规模与边界

企业的规模和边界取决于内部组织成本与市场交易成本的比较。市场机制被替代是由于市场交易有成本，企业没有无限扩张成为一家巨大企业而取代整个市场，同样是因为企业组织也有成本。市场与企业的界限是由以下原则决定的：当一个企业扩张到一定规模，以至于再多组织一项交易所引起的成本既等于别的企业组织这项交易的成本，又等于市场机制组织这项交易的成本时，企业与市场的界线就划定了。

(三) 委托代理与激励监督机制

委托代理关系是指一个或多个行为主体根据一种明示或隐含的契约，指定、雇佣另一些

---

① R. H. Coase. The Nature of the Firms [J]. Economics. (Blackwell Publishing)1937, 4(16): 385—405.

行为主体为其服务,同时授予后者一定的决策权利,并根据后者提供的服务数量和服务质量对其支付相应的报酬。授权者就是委托人,被授权者就是代理人。委托代理理论认为,企业内部的组织安排从总体上来看是一种委托代理关系或委托代理合约。企业中主要存在两类的委托代理关系:所有者与经营者的委托代理关系;经营者与普通雇员的委托代理关系。

1. 激励与监督的必要性

委托代理理论的中心任务是研究在利益相冲突和信息不对称的环境下,委托人如何设计最优契约以激励和约束代理人。这是因为,委托代理关系起源于"专业化"的存在。当存在"专业化"时,代理人就有可能由于相对优势而代表委托人行动。也就是说,委托代理关系是随着生产力大发展和规模化大生产的出现而产生的。一方面是生产力发展使得分工进一步细化,权利所有者由于知识、能力和精力等原因不能行使所有的权利了;另一方面专业化分工产生了一大批具有专业知识的代理人,他们有精力、有能力代理行使好被委托的权利。但是,在委托代理的关系当中,委托人与代理人的效用函数是不一样的。委托人追求的是自身财富更大化,而代理人追求自己的工资津贴收入、奢侈消费和闲暇时间的最大化,这必然导致两者的利益冲突。在没有有效的制度安排下代理人的行为很可能最终损害委托人的利益。因此,企业内部必须建立激励与监督机制。

阿尔钦和德姆塞茨则从另一个角度解释了企业内部激励与监督问题的成因。他们认为,企业实质上是一种"队生产"过程。也就是这样一种状态:每一队成员都对团队整体成果的创造产生直接影响,队成果是队所有成员努力程度的函数,但是无论是队个体成员的努力程度还是其对队整体成果的贡献程度,都没有办法准确计量。如果对个体成员的收益分配是根据队整体成果的某一比例而不是个体成员最终贡献大小进行的,那么,搭便车和偷懒的行为便会产生,这在客观上就存在了对个别成员自利行为的激励。因此,直接的推论是,队生产过程中必须要有监督,或者说,正是因为有了激励与监督机制,队生产这种组织才能产生与留存下来。

2. 激励与监督机制的相关研究

如何进行激励与监督?或者说,设计什么样的委托代理契约,构建什么样的制度机制来实施激励与监督?对此,很多经济学者进行了大量研究,形成了规范的委托代理理论和实证的委托代理理论。

规范的代理理论追求特定形式的合同设计,注重对问题的数学模型化处理,从效用函数,不确定信息分布和报酬安排出发,构造风险适当分担的合同关系。该理论认为企业的所有权和分配是给定的,重点在于事前雇佣合同和信息系统的设计。为此,规范的委托代理理论构建了许多数学模型,既有适用于一般性分析的基本模型,又有适用于具体代理关系的具体模型,还有静态的和动态的模型。其中,具体模型包括重复博弈模型、信息传递与代理人市场声誉模型、棘轮效应模型、强制退休模型、最优委托权安排模型、多项任务模型、信息甄别模型、道德风险模型和逆向选择模型、相对绩效评估模型和监督模型,等等①。对规范理论的基本模型可以作如下表述:在对称信息情况下,代理人的行为是可以被观察到的。委

---

① 部分模型的分析参见:张维迎.博弈论与信息经济学[M].上海:上海人民出版社,2004。或参阅:梁媛,冯昊.委托代理理论综述[J].中国经济评论,2004(1):62—67。

托人可以根据观测到的代理人行为对其实行奖惩。此时,帕累托最优风险分担和帕累托最优努力水平都可以达到。在非对称信息情况下,委托人不能观测到代理人的行为,只能观测到相关变量,这些变量由代理人的行动和其他外生的随机因素共同决定。因而,委托人不能使用"强制合同"(Forcing Contract)来迫使代理人选择委托人希望的行动,委托人的问题是选择满足代理人参与约束和激励兼容约束的激励合同以最大化自己的期望效用。

实证的代理理论是由阿尔钦和德姆塞茨(1972),詹森和麦克林(1976)开拓的,又称代理成本理论。其侧重点在于寻找以最小的代理成本构造可观测合同的方法。该理论认为代理成本是企业所有权结构的决定因素,来源于管理人员不是企业的完全所有者这样一个事实。在部分所有的情况下:①当管理者尽力工作时,他可能承担全部成本而仅获取一部分利润;②当他消费额外收益时,他得到全部好处但只承担一小部分成本,由此,其工作积极性不高,热衷于追求额外消费,故企业的价值小于他是完全所有者时的价值,这两者之间的差异被称为代理成本。代理成本一般包括三个部分:一是委托人的监督成本,是指委托人为了激励和控制代理人,使后者为前者的利益尽力的成本[这里又包括董事会、监事会的运作成本、聘请会计事务所进行审计的成本、给代理人的奖励或分工;赋予代理人的职务消费;委托人为以上而花费的时间与精力(机会成本)等]。二是担保成本,指代理人用来保证其不采取损害委托人行为所付出的费用,以及采取了那种行为将支付的赔偿,又包括承包责任制的承包保证金、投资机构代客户理财时的担保金。三是剩余损失,指委托人因代理人代行决策而产生的一种价值损失,大小等于由代理人决策与委托人在假定具有代理人相同信息和才能的情况下决策所获得的价值的差额。它实际上是代理人偷懒(不尽力)而产生的损失。

3. 实践中的激励与监督机制

实践中的激励与监督机制大多是根据代理成本理论而设计的。委托人对代理人的激励机制一般包括物质激励和非物质激励两个方面。物质激励如基本工资、奖金、补贴和福利、年薪制、股票期权、分享制等,后三者是让代理人拥有部分剩余索取权。非物质激励主要有职位消费激励和精神激励。委托人对代理人的约束和监督机制主要包括内部约束和外部约束两个方面。内部约束机制又包括经营决策制度、财务控制制度和内部监督制度。其中,经营决策制度包括决策的主体、范围、程序,责任和风险防范等方面的制度与规则,主要是对董事长、总经理等的权力进行详细、定量的规定,形成权力合理分配,互相制衡的机制;财务控制制度包括各项经费开支规定,分级审批,财务审计等,以形成对经理人员的财务监督;内部监督制度包括公司董事会,监事会,企业财务总监事,分工检查和监督各项规章制度内的执行情况,监事会或董事会用手投票,防止经理人员做出有损于公司的行为。外部约束机制包括产品市场的绩效检验和资本市场的股东用脚投票、经理市场的信誉与声誉约束,等等。

(四)产权安排与企业组织效率

1. 产权的含义

产权是财产权利的简称,是指财产所有权以及与财产所有权有关的财产权利总和。对于产权,不同的学者从不同的角度进行了解释,但归纳起来,以下三点含义却是共同的:第一,产权是一种权利,并且是一种排他性的权利。这种权利必须是可以平等交易的法权,而不是不能进入市场的特权,否则就没有市场经济。第二,产权是规定人们相互行为关系的一种规则,并且是社会基础性的规则。第三,产权是一种权利束,它可以分解为多种权利并统一呈现一种结构状态。产权不仅包括排他性的所有权、排他性的使用权、收入的独享权、自由的转让权,而且还包括资产的安全权、管理权、毁坏权等。承认产权是由多种权利构成的权利束,并随着社会经济生活演变而不断扩张这一权利束,是当代西方学者关于产权定义及其变化的重要倾向。而产权权利束扩张是向着权利和责任两个方向同步展开的①。

2. 产权的特征

产权具有如下特征:一是排他性。德姆塞茨指出:"产权的排他性,是指决定谁在一个特定的方式下使用一种稀缺资源的权利。……,即除了'所有者'外没有其他任何人能够坚持使用资源的权利。"②。二是可转让性,指产权可以转让给他人,是私有产权的内在属性,它是以产权的排他性和有限性为基础的。三是有限性,包括两个方面的含义:一方面是指任何产权与其他产权之间必须有清晰的界限;另一方面是指任何产权必须有限度。前者是指不同产权之间的界限,后者是特定权利的数量大小或范围。任何产权都是有限度的。四是可分解性,指对特定财产的各项产权可以分属于不同主体。五是可明晰性,是指不同产权或不同主体的产权,其边界非常明确,其所有者是确定的且是唯一的。共有产权的所有者尽管是确定的,但是并不是唯一的,这就容易产生产权的模糊。六是行为性。就是产权主体在财产权利的界区内有权做什么,不能做什么,有权阻止别人做什么,它是针对产权权能而言。也正因为产权具有权能的内容,才表现出行为性。

3. 产权的权能及表现形式

产权的权能包括占有权、使用权、收益权和处分权,即人们通称的"四权",是指产权主体对客体拥有的不同权能和责任,以及由它们形成的利益关系。这四种权利可分可合,共同构成产权的基本内容。

产权的表现形式主要有两种:一是私有产权;二是共有产权。私有产权是将产权权利分配给一个特定的人,它可以与附着在其他物品上的类似权利相交换。私有产权的强度由实施它的可能性与成本来衡量,这些又依赖于政府、非正规的社会行动以及通行的伦理和道德规范。在私有产权下,任何共同协议的合约条件都是得到许可的,尽管它们不一定都要得到政府执行机构的支持。如果有些合约协议在一定程度上受到禁止,私有产权就被否定了。共有产权是指将产权权利分配给共同体的所有成员,即共同体的每一个成员都有权分享同样的权利,但排除了共同体之外的其他人员对共同体内的任何成员行使这些权利的干扰。共有产权的特点是,某个人对一种资源行使权利时,并不排斥他人对该资源行使同样的权利,或者说,这种产权是共同享有的。由于共同产权在共同体内部不具有排他性,因此,这种产权常常给资源利用带来外部效用。例如,水草丰美的草场是共有的,但每个牧民过度放牧,就造成了"公共地悲剧"。

4. 产权制度与企业组织效率

产权或产权制度对于企业组织效率、社会经济关系和经济运行都具有重要作用。这种

---

① 李明义,段胜辉.现代产权经济学[M].北京:知识产权出版社,2008.
② 德姆塞茨.一个研究所有制的框架[M]//科斯(Coadse R.),阿尔钦(Alchain A.),诺斯(North D.).财产权利与制度变迁.刘守英,译.上海:上海三联书店,上海人民出版社,2004.

作用也称为产权的功能，主要表现在：一是可以减少不确定性，降低交易成本。这是相对于无产权或产权不清而言的。通过确立或设置产权，把原来不明晰的产权明晰化，就可以确定不同资产的权利边界，使不同主体对不同资产有不同的、确定的权利。这样就会使人们对经济交往的环境有比较确定的认知，更能够明白自己和别人的选择空间，从而减少人们从事经济活动所面临的不确定性，并降低交易费用。二是产权具有激励功能。产权体现了人与人之间的一种经济利益关系。在经济运行过程中，各当事人的利益若通过明确产权得到肯定与拥护，主体行为的内在动力也就有了保证。这时，产权的激励功能就通过利益机制而得到实现。相反，若不对各生产经济主体进行产权界定，明确产权利益，或者产权边界模糊，整个利益关系就会变得模糊，结果必然导致生产经营单位或个人失去动力，失去生产经营的积极性。三是产权具有约束功能。产权具有有限性，即对任何资产的任何产权，无论其多少或大小，都是有限的，其权能或作用空间有界区，利益有限度，可计量。这种有限性同时具有了对产权主体的约束功能。四是产权的资源配置功能。产权安排或产权结构调整，直接形成资源配置状况或驱动资源配置状况的调整与改变。另外，产权还具有收入分配的功能。产权的安排和调整可以改变利益格局和收入分配，这是不言而喻的。

5. 科斯定律与产权安排

对于产权的功能与作用，以及产权安排对企业组织效率和经济运行效率的影响，科斯曾进行了系统分析，得出了被后人概括为科斯定律的两个结论。科斯第一定律可以表述如下：如果市场交易费用为零，不管权利初始安排如何，当事人之间的谈判都会导致那些财富最大化的安排，即市场机制会自动地驱使人们谈判，使资源配置实现帕累托最优。科斯第二定理有两层含义：一是指在交易成本大于零的现实世界，产权初始分配状态不能通过无成本的交易向最优状态变化，因而产权初始界定会对经济效率产生影响；二是指权利的调整只有往有利于总产值增长时才会发生，而且必须在调整引起的产值增长大于调整时所支出的交易成本时才会发生。科斯提出了两种权利调整的方式：用组织企业或政府管制代替市场交易方式。科斯认为，这两种权利调整方式同样是有成本的，只有调整带来的收益大于成本时，企业或政府管制方式才会替代市场交易方式。总之，在交易成本大于零的情况下，产权的清晰界定将有助于降低交易成本，改进经济效率。换言之，如果存在交易成本，没有产权的界定、划分、保护、监督等规则，即没有产权制度，则产权交易与经济效率的改进就难以展开。对于企业组织而言，它本身就是一种产权安排或产权制度，只有构建科学的产权制度，才能提高企业组织管理绩效。企业最有效率的产权安排是剩余索取权归资产所有者所有。私有企业的产权人享有剩余利润占有权，产权人有较强的激励动机去不断提高企业的效益。所以在利润激励上，私有企业比传统国有企业要强。

企业的产权制度主要包括业主制、合伙制和股份制。不同的制度安排，其效率是不同的。对此，我们将在"企业产权制度与治理结构"一节中作详细阐述。

三、利益相关者论和社会责任论

在现有企业理论中，除了西方现代企业理论之外，还有企业利益相关者理论和社会责任论。

(一) 企业利益相关者理论

企业是一系列关系契约的集合,但具体地讲,企业表现为不同的治理结构模式或者说不同的企业体制。参与企业活动的当事人追求的是自身利益的最大化,要实现整体效率就必须通过合理的权利配置来实现激励兼容,并促进当事人之间的信任与合作关系的形成。相关的权利配置既可以通过正式的契约确定,又可以通过非正式关系来确定。作为关系契约的企业本质上是利益相关者围绕权益的获得和保护形成的权利网,由于利益相关者各自的谈判力不同,决定了其在企业中的权益份额的差别,并且随着当事人谈判力的变化,不可避免地导致企业所有权结构的改变,从而导致企业治理结构的形成和演变。参与到企业经营过程中的利益相关者,可以包括企业员工、债务所有者、企业产品和服务的最终消费者、供给者及企业所在社区等[①]。

詹森(Michael C. Jensen)和麦克林(William Meckling)认为,公司内部的利益冲突与对立除了存在于管理者和所有者之间外,资产的所有者和债权所有者之间也存在利益冲突,资产所有者倾向于将通过负债获取的资本投向高风险项目中,如果项目成功,资产所有者获取收益的大部分而债权所有者亦获得固定的债息,如果投资项目失败,因为"有限"责任的规则,债权所有者将承担重大损失[②]。因此,从债权的安全性与收益考虑,公司债权所有者也存在参与或者影响公司内部治理过程的利益驱动。在日本的主银行体制中,公司治理结构中充分体现出银行对公司经营过程的参与和控制,并且银行与管理者有共同的一致性的利益,这种银行与管理者的一致性利益,造成对公司所有者利益的损害。这是因为,公司管理者和银行只是关注公司的现金流,而对公司的利润最大化问题相对漠视,他们更愿意将公司资本投向风险较低的项目。

对公司员工利益实现的考虑及其对决策过程的参与体现了公司员工对公司治理过程的影响。共同决策机制及由此演化而来的员工持股计划,都可被视为公司治理过程中的具体实践形式。起源于欧洲的共同决策制度,最初是从工作过程中的社会伦理的角度予以强调的,如工作过程中人的尊严、社会公正的实现等。员工对公司决策过程的参与不仅体现在通过员工持股从而影响董事会选举这一机制上,德国《股份公司法》甚至强制公司内部必须为员工设置相当数量的董事席位。德国1937年的《股份有限公司法》就明确强调,公司管理者不仅要对公司所有者的利益负责,而且要对公司员工和社会公众负责。一直到现在,德国公司的管理者仍然认为自己应对公司员工的利益实现负责。

(二) 企业社会责任论

企业社会责任理论与利益相关者理论密切相关。企业社会责任理论以两个假设为前提,其一,企业要实现生存,其经济活动必须满足社会的要求,其行为和经营过程必须遵循已有的一系列社会规则,换言之,企业与社会有一个契约,这个契约暗含着一系列的权利与义

---

① 杨瑞龙,周业安. 企业的利益相关者理论及其应用[M]. 北京:经济科学出版社,2000.
② M. C. Jensen, Willam H. Meekling. Theory of the Firm: Managerial Behavior, Ageney Costs and Ownership Structure[J]. Journal of Financial Economics. 1976,3(4):305—306.

务。其二,企业在社会中扮演着一个类似道德机构的角色,其行为最终体现为对某种社会认同价值的遵循或者强化。在这两个前提下,企业的社会责任可分为企业的经济责任、公共责任和社会反应三个方面。企业的经济责任类似于古典经济学对企业理性的认识,即企业只是要满足其所有者利润实现的需要,企业的经济责任具体体现为管理者使企业充分实现利润最大化;企业的公共责任是指企业除了满足利润最大化要求外,还要体现出对社会公共政策过程的参与,这些公共政策可以包括公平的就业机会、劳动者的安全保障与健康、环境的保护等;企业的社会反应则是强调企业对社会责任的态度从被动的遵从向积极响应的转变,企业主动响应的行动产生对某些社会认同价值准则的强化,更明显地体现出上述第二个前提强调的企业职责①。

从利益相关者理论与社会责任理论的角度理解企业的治理问题,在单纯的所有者与管理者利益冲突与协调的机制中增加了有关谋求其他主体利益和社会利益实现的力量,在企业内部治理结构的形成过程中体现出了更丰富的内容。

四、企业组织结构类型及其效率

企业组织结构就是企业内部构成要素相互作用的联系方式或形式,是企业资源和权力分配的载体,是一种决策权的划分体系以及各部门的分工协作体系。企业组织结构在企业活动中处于基础地位,发挥关键性作用。它在人的能动行为下,通过信息传递,承载着企业的业务流动,推动或者制约企业运行状况及其效率的改善。企业的变革都必须首先在组织结构上开始。实践中,企业组织结构的类型分为以下几种。

(一)科层制组织结构

科层制也叫直线制、等级制或层级制,是一种最早也是最简单的组织形式。它的特点是企业各级行政单位从上到下实行垂直领导,下属部门只接受一个上级的指令,各级主管负责人对所属单位的一切问题负责。厂部不另设职能机构(可设职能人员协助主管人工作),一切管理职能基本上都由行政主管自己执行。在科层组织内部,信息传递是纵向的,处于顶层的总经理可以获得来自各个不同部门的信息,因此总经理的决策往往可以综合反映出不同部门要求,对公司总体经营状况具有决定意义。然而,这种组织结构在信息传输过程中也会产生信息扭曲和丢失的问题:处于生产或者营销环节的副总经理对于本职位状况有充分的信息,但他不可能将这些信息完全向总经理传递,必须对这些信息进行筛选,这就难免出现信息的丢失。重要的是,处于各环节上的副总经理无法确定他在信息筛选过程中丢失的信息是否对于总经理的决策更有价值。因此,科层制组织结构的优点是:结构比较简单,责任分明,命令统一。其缺点是:它要求行政负责人通晓多种知识和技能,亲自处理各种业务。这在业务比较复杂、企业规模比较大的情况下,把所有的管理职能都集中到最高主管一人身上,显然是难以胜任的。因此,科层制只适用于规模较小、生产技术比较简单的企业,对生产

---

① 臧旭恒,徐向艺,杨蕙馨. 产业经济学[M]. 北京:经济科学出版社,2005.

技术和经营管理比较复杂的企业并不适宜。

(二) 职能制组织结构

职能制组织结构又称部门化组织或 U 型组织结构（Unitary or U-form），是指企业对于每一项职能行为都设有独立的部门,比如生产、销售、财务、技术开发、人力资源管理等（如图 3-4 所示）。这种结构要求行政主管把相应的管理职责和权力交给相关的职能部门,各职能部门有权在自己业务范围内向下级行政单位发号施令。因此,下级行政负责人除了接受上级行政主管人指挥外,还必须接受上级各职能机构的领导。

职能制的优点是能够适应现代化工业企业生产技术比较复杂、管理工作比较精细的特点,管理工作分工明细,责任清晰;所有的职能部门只是承担具有相对独立性和确定性内容的活动,可以充分利用分工与专业化带来的好处,发挥职能机构的专业管理作用,减轻直线领导人员的工作负担,带来专业知识的累积并产生相应的规模和学习效应。但其缺点也很明显:它妨碍了必要的集中领导和统一指挥,形成了多头领导;不利于建立和健全各级行政负责人和职能科室的责任制,在中间管理层往往会出现有功大家抢,有过大家推的现象;另外,在上级行政领导和职能机构的指导和命令发生矛盾时,下级就无所适从,影响工作的正常进行,容易造成纪律松弛,生产管理秩序混乱。由于这种组织结构形式的明显的缺陷,现代企业一般都不单纯地采用职能制,而是采用直线-职能制组织结构（如图 3-4 所示）。

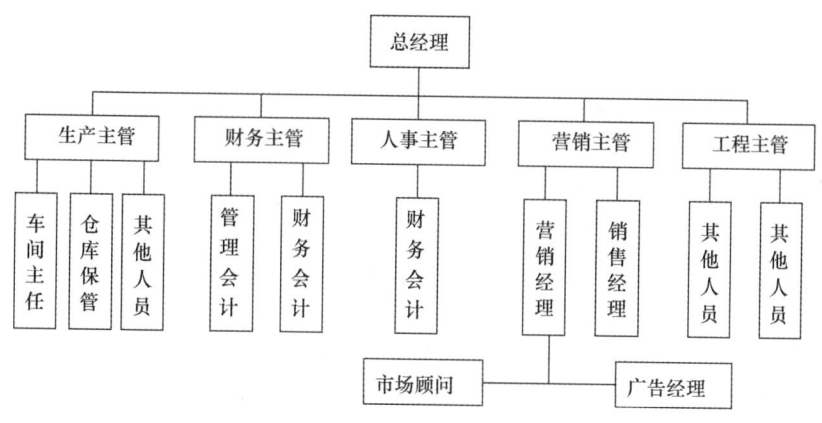

图 3-4 直线-职能制组织结构

(三) 事业部制组织结构

事业部制组织结构又称 M 型组织结构（Multidivisional Structure）。事业部制组织结构是在总公司领导下设立多个事业部,各事业部有各自独立的产品和市场（如图 3-5 所示）。事业部制最早是由美国通用汽车公司总裁斯隆于 1924 年提出的,故有"斯隆模型"之称,也叫"联邦分权化",是一种高度（层）集权下的分权管理体制。它适用于规模庞大、品种繁多、技术复杂的大型企业,是国外较大的联合公司所采用的一种组织形式,近几年我国一些大型企业集团或公司也引进了这种组织结构形式。事业部制是分级管理、分级核算、自负盈亏的一种形式,即一个公司按地区或按产品类别分成若干个事业部,从产品的设计,原料采购,成本核算,产品制造,一直到产品销售,均由事业部及所属工厂负责,实行单独核算,独立经营,公司总部只保留人事决策、预算控制和监督大权,并通过利润等指标对事业部进行控制。也有的事业部只负责指挥和组织生产,不负责采购和销售,实行生产和供销分立,但这种事业部正在被产品事业部所取代。还有的事业部则按区域来划分。因此,事业部制组织结构又有多种类型,包括区域事业部制、产品或品牌事业部制、市场细分事业部制,等等。

这种组织结构优点是,组织最高层管理摆脱了具体的日常管理事务,有利于集中精力做好战略决策和长远规划;由于组织最高层与事业部的责权利划分比较明确,能较好地调动经营管理人员的积极性,提高了管理的灵活性和适用性;有助于提高资源在不同业务单位之间配置的效率,刺激那些经营绩效落后的业务单位努力寻找改善经营状态的途径。

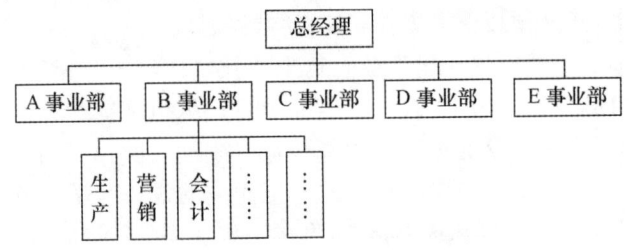

图 3-5　事业部制组织结构

(四) 战略业务单位组织结构

战略业务单位组织结构(Strategic Business Unit,SBU)是对事业部制组织结构的一种发展(如图 3-6 所示)。企业的成长最终需要将相关产品线归类为事业部,然后将这些事业部归类为战略业务单位。战略业务单位组织结构尤其适用于规模较大的多元化经营的企业。战略业务单位组织结构的优点是:①降低了企业总部的控制跨度。采用这种结构后,企业层的管理者只需要控制少数几个战略业务单位而无须控制多个事业部;②由于不同的企业单元都向总部报告其经营情况,因此控制幅度的降低也减轻了总部的信息过度情况;③这种结构使得具有类似使命、产品、市场或技术的事业部之间能够更好地协调;④由于几乎无须在事业部之间分摊成本,因此易于监控每个战略业务单位的绩效(在职能式结构下也如此)。战略业务单位组织结构的缺点:①由于采用这种结构多了一个垂直管理层,因此总部与事业部和产品层的关系变得更疏远;②战略业务单位经理为了取得更多的企业资源会引发竞争和摩擦,而这些竞争会变成职能性失调并会对企业的总体绩效产生不利影响。

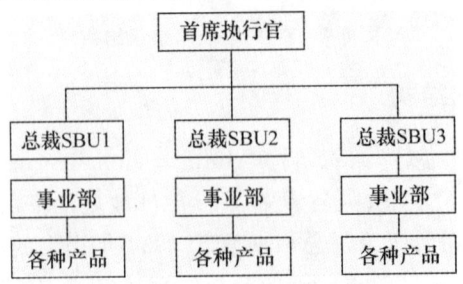

图 3-6　战略业务单位组织结构

(五) 矩阵型组织结构

在组织结构上,把既有按职能划分的垂直领导系统,又有按产品(项目)划分的横向领导关系的结构,称为矩阵型组织结构。矩阵型组织结构是为了改进直线职能制横向联系差,缺乏弹性的缺点而形成的一种组织形式。它的特点表现在围绕某项专门任务成立跨职能部门的专门机构上，例如组成一个专门的产品（项目）小组去从事新产品开发工作，在研究、设计、试验、制造各个不同阶段，由有关部门派人参加，力图做到条块结合，以协调有关部门的活动，保证任务的完成。这种组织结构形式是固定的，人员却是变动的，需要谁，谁就来，任务完成后就可以离开。项目小组和负责人也是临时组织和委任的。任务完成后就解散，有关人员回原单位工作。因此，这种组织结构非常适用于横向协作和攻关项目。

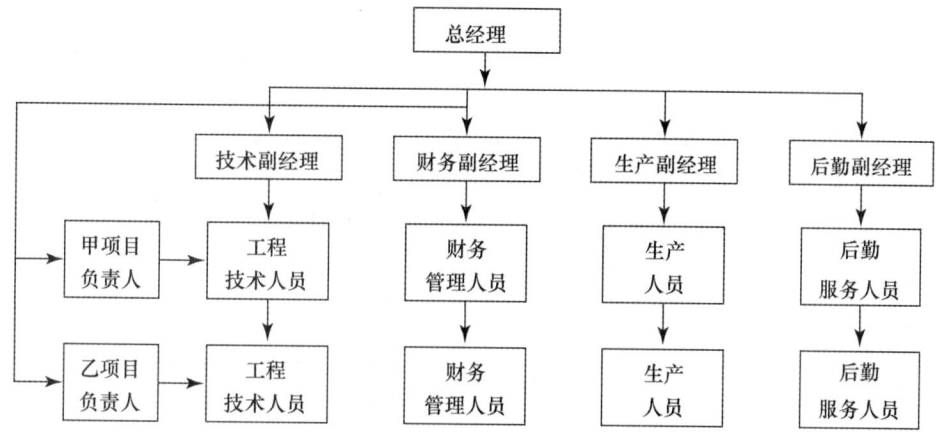

图 3-7 矩阵型组织结构

矩阵型组织结构的优点是：机动、灵活，可随项目的开发与结束进行组织或解散；由于这种结构是根据项目组织的，任务清楚，目的明确，各方面有专长的人都是有备而来。因此在新的工作小组里，能沟通、融合，能把自己的工作同整体工作联系在一起，为攻克难关，解决问题而献计献策，由于从各方面抽调来的人员有信任感、荣誉感，使他们增加了责任感，激发了工作热情，促进了项目的实现；它还加强了不同部门之间的配合和信息交流，克服了直线职能结构中各部门互相脱节的现象。矩阵型组织结构的缺点是：项目负责人的责任大于权力，因为参加项目的人员都来自不同部门，隶属关系仍在原单位，只是为"会战"而来，所以项目负责人对他们管理困难，没有足够的激励手段与惩治手段，这种人员上的双重管理是矩阵型组织结构的先天缺陷；由于项目组成人员来自各个职能部门，当任务完成以后，仍要回原单位，因而容易产生临时观念，对工作有一定影响。

矩阵型组织结构适用于一些重大攻关项目。企业可用来完成涉及面广的、临时性的、复杂的重大工程项目或管理改革任务。特别适用于以开发与实验为主的单位，例如科学研究，尤其是应用性研究单位等。

（六）网络型组织结构

伴随着经济的知识化、信息化发展，传统的多层次的组织结构正在向减少中间层次的方向发展，组织中原有的大单位划分为小单位，形成相互连接的网络型组织。网络型组织结构是相对于传统的职能型垂直式等级组织提出的，网络型组织结构产生的本质在于现代信息科学技术高度发达，互联网技术的广泛应用，使得企业与外界的联系大为增强，企业的经营地理范围不再局限于一个国家、一个地区，而是通过互联网与世界相连。基于这一条件，企业可以重新审视自身的边界,不断缩小内部生产经营活动的范围,相应地扩大与外部单位之间的分工协作。这就产生了基于契约关系的新型组织结构形式,即网络型组织结构。

网络组织是企业之间利用现代信息技术,基于核心能力和信任关系而建立的网络系统,表现为一种扁平化、虚拟化的企业组织或企业(战略)联盟。网络型组织结构的特征是:它是基于核心能力形成的优势互补型网络联盟;成员之间关系是平等的,不存在严格的等级与职能层级分工;成员根据自主优势决定和控制与网络的关系;其边界是动态的。在企业运行方面其特征是:第一,以信任为基础的合作;第二,合作式竞争;第三,以先进信息技术为支持手段。网络型企业的实质是一种介于纯市场与纯科层企业之间的中间性组织,其特点可从表3-1中略见一斑。

表3-1 纯科层、纯市场和中间性组织的比较

协调的制度形式	纯市场	中间性组织	纯科层
协调机制	价格机制	价格机制与权威机制	权威机制
协调方式	自动协调	联合协调	强制协调
协调参考点	价格	契约	权威
协调力量来源	供求	谈判	计划
合作稳定性	弱	较强	强

网络型组织结构可根据不同的标准划分为不同的类型:根据有无核心企业可以分为有核心网络结构和无核心网络结构(如图3-8所示);有核心网络结构又可以根据核心企业的数目区分为单核心网络结构和多核心网络结构(如图3-9所示)。

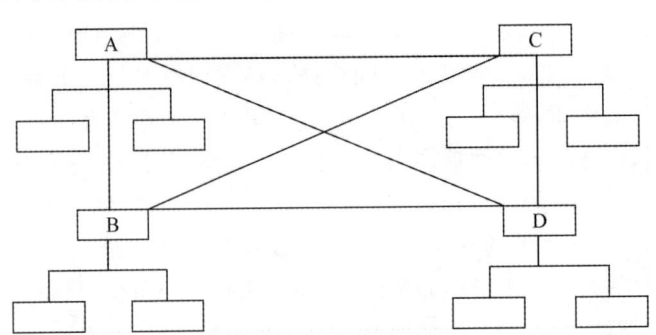

图3-8 无核心网络结构

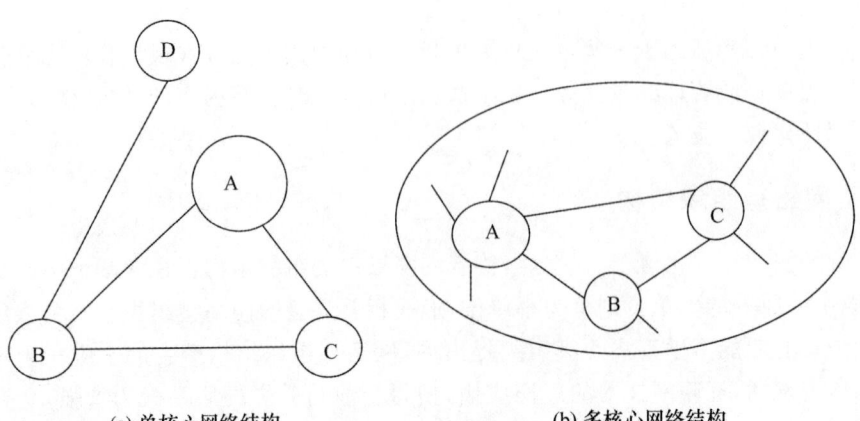

(a) 单核心网络结构 (b) 多核心网络结构

图3-9 有核心网络结构

案例3-1

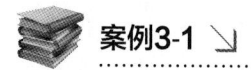

海尔的组织结构演变

海尔集团创立于1984年，目前已发展成为在海内外享有较高美誉的大型国际化企业集团。产品从1984年的单一冰箱发展到如今的拥有白色家电、黑色家电、米色家电在内的86大门类1.3万多个规格的产品群，并出口到世界160多个国家和地区。其首席执行官张瑞敏曾先后登上美国的哈佛大学、沃顿商学院和哥伦比亚大学讲台，纵论“海尔圣经”。

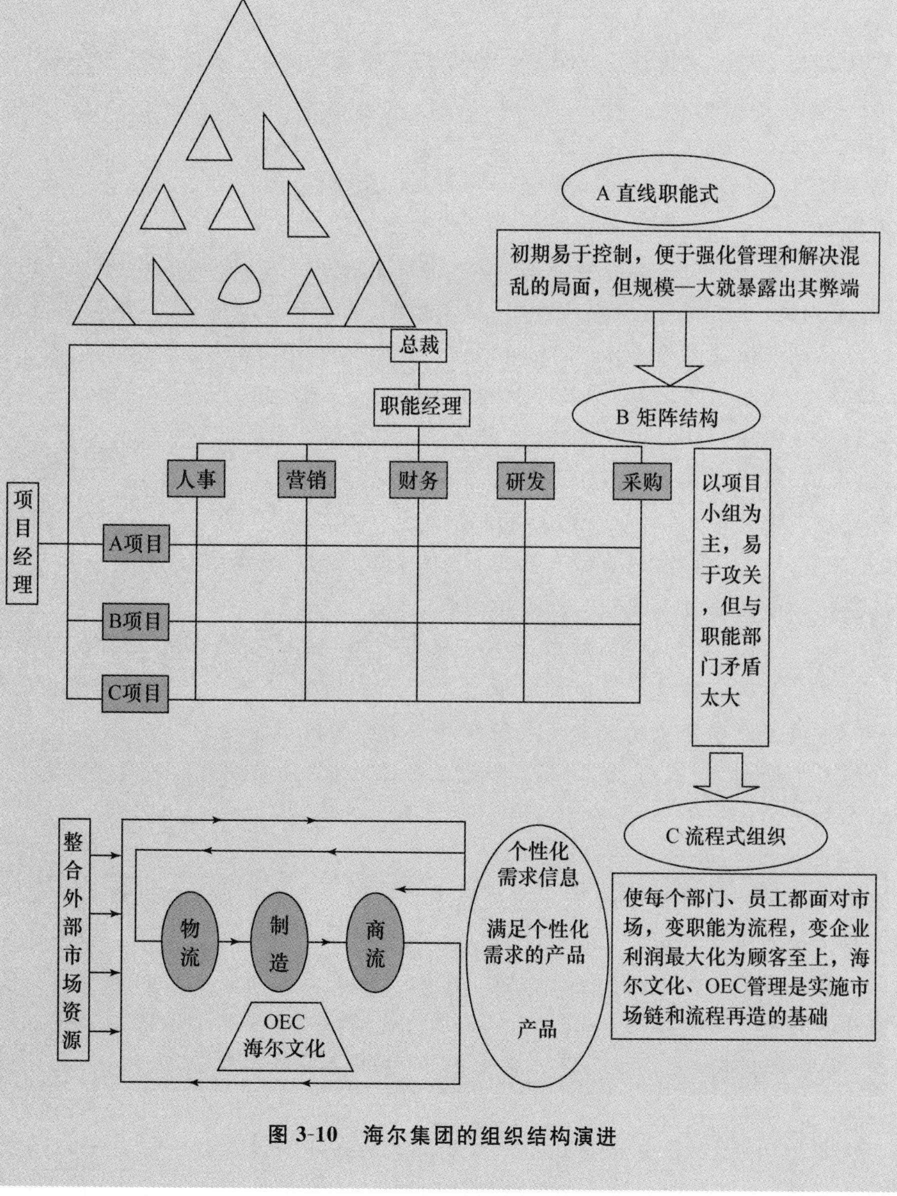
A 直线职能式
初期易于控制，便于强化管理和解决混乱的局面，但规模一大就暴露出其弊端
总裁
职能经理
B 矩阵结构
人事
营销
财务
研发
采购
项目经理
A项目
B项目
C项目
以项目小组为主，易于攻关，但与职能部门矛盾太大
C 流程式组织
使每个部门、员工都面对市场，变职能为流程，变企业利润最大化为顾客至上，海尔文化、OEC管理是实施市场链和流程再造的基础
整合外部市场资源
物流
制造
商流
OEC
海尔文化
个性化需求信息
满足个性化需求的产品
产品

图3-10 海尔集团的组织结构演进

在海尔的发展进程中,其组织结构也在不断调整,大的调整一年会有一两次,小的就更不必说了。张瑞敏认为,一个企业应建立一个有序的非平衡结构,一个企业如果是有序的平衡结构,这个企业就是稳定的结构,是没有活力的,但如果一个企业是无序的非平衡结构,肯定就是混乱的。我们在建立一个新的平衡时就要打破原来的平衡,在非平衡时再建立一个平衡。

海尔最早的组织结构是直线职能式结构,后来是矩阵结构,第三阶段就是流程式组织,其组织结构变迁如图3-10所示。直线职能式结构就像一个金字塔。下面是最普通的员工,最上面是厂长、总经理,它的好处就是容易控制到终端。直线职能式结构如前所述,在企业小的时候,"一竿子抓到底",反应非常快。但企业大了以后,这样就不行了,最大的弱点就是对市场反应太慢。这种结构在海尔发展的初期起了很大的作用,当时海尔内部局面混乱,纪律涣散,员工素质低,如果不采用这种组织结构,张瑞敏的领导魅力无法展现,海尔无法发展。到1996年,这种结构在海尔发展到了顶峰。

1996年海尔开始实行事业部制。这是一种分权结构的运作形式。在企业运作方式上,海尔集团采取"联合舰队"的运作机制。集团总部作为"旗舰",以"计划经济"的方式协调下属企业。下属企业在集团内部是事业本部,对外则是独立法人,独立进入市场经营。但在企业文化、人事调配、项目投资、财务预决算、技术开发、质量认证及管理、市场网络及服务等方面必须听集团统一协调。用海尔人人都熟悉的话说,各公司可以"各自为战",不能"各自为政"。张瑞敏说,集团所要求的,你必须执行,有问题我来负责,我来订正,你可以提出建议,但绝不允许阳奉阴违。这正如前所述,实行事业部制,也必须要有一个强有力的"中央"。但是,随着海尔的壮大,张瑞敏发现海尔染上了"大企业病",反应迟钝,效率低下,企业由上到下都是行政隶属关系,一级传递一级,集团是决策中心,事业部是利润中心,分厂是成本中心,班组是质量中心。结果,所有的人只面对上级,都没有面对市场,没有责任对整个过程负责,各司其职,根本无法对大规模企业灵活管理。

在1998年9月8日的会上,海尔多年来的直线式"金字塔"管理结构彻底动摇,海尔人对此结构提出了质疑。经过一段时间的酝酿,1999年3月,海尔开始动组织结构的第一刀:把"金字塔式"的直线职能式结构转变成矩阵结构的项目流程。这种结构仍然保留了所有的事业部和事业部的研发、采购、销售等完整的业务流程,但是集团的整个管理职能不再是程序化的由上到下的统一指令,各个事业部不再各自为政。它们会因为项目而发生关联,事业部包揽全部业务流程的权利被肢解。

集团把所有的事业部业务流程分成若干项目小组,成立专门的组织结构调整小组。项目小组有权力面对市场和用户,组织生产订单,而后的各事业部职能部门抽调人员组成小组完成整个业务流程(从研发到销售)。这在一定程度上是集团通过项目的形式把分散在各事业部的业务集中起来进行管理。

虽然,项目小组同样代表集团区开展业务,但它不是一个实体,职能松散,往往赋予项目管理部门的权力太大,彼此没有制约。职能部门的人员要听命于他的头,如果有几个项目这个部门的头不愿意做,就会影响到项目的进展。这种通过项目来捏合业务管理的模式也无法搭建信息平台,更不利于实现真正的市场链管理。问题越来越突出,各个项目小组的问题又不统一,总部的统一管理职能极其乏力,于是,仅仅试运行几个月的矩阵式项目管理结构被废除了。

1999年8月,海尔成立超事业部结构,开始了组织结构的深度变革。第一步,把原来分属于每个事业部的财务、采购、销售业务全部分离出来,整合成独立经营的商流推进本部、物流推进本部、资金流推进本部,实行全集团范围内统一营销、统一采购、统一结算;第二步,把集团原来的职能管理资源进行整合,如人力资源开发、技术质量管理、信息管理、设备管理等职能管理部门全部从各事业部分离出来,成立独立经营的服务公司。整合后集团形成直接面对市场的、完整的物流、商流、资金流等核心流程体系和企业基础设施、研发、人力资源等支持流程体系。第三步,把这些专业化的流程体系通过"市场链"连接起来,设计索酬、索赔、跳闸标准,经过对原来的职能结构和事业部进行重新设计,把原来的职能型组织结构转变成流程式的网络体系结构,垂直业务结构转变为水平业务流程,形成首尾相接和完整连贯的新业务流程,如图3-11所示。

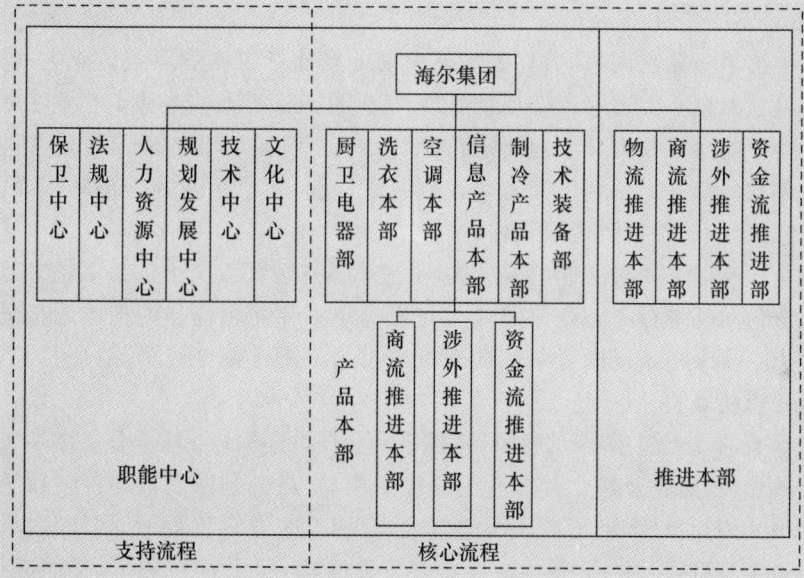

图3-11 海尔集团流程再造后的组织创新

当然,在各流程内部要建立自己的子流程,例如:物流内部建立了采购事业部、储运事业部、配送事业部。采购事业部的业务流程的任务主要是从分供方采购产品事业部所需要的零配件,并对分供方进行管理;储运事业部的业务流程主要是仓储和运输采购事业部的零配件,以供产品事业部制造产品所用;配送事业部的业务流程主要是从储运事业部的仓库把零配件直接送到产品事业部的生产线上,同时把产品成品配送到销售中心和客户手中,这样物流管理使海尔实现在全球范围内采购零配件和原材料,为全球生产线配送物资,为全球销售中心配送成品。降低了成本,提高了产品的竞争力。

讨论:请从理论上来说明不同组织结构形式都有哪些优势和不足,你认为这种优势和劣势在海尔公司的组织结构的变革过程中都有哪些体现?企业组织结构创新与再造需要考虑哪些因素?

五、企业产权制度与治理结构

（一）企业产权制度

所谓产权制度，是指既定产权关系和产权规则结合而成的且能对产权关系实现有效的组合、调节和保护的制度安排。产权制度的最主要功能在于降低交易费用，提高资源配置效率。企业产权制度是指企业的财产制度，是企业三大制度（财产制度、组织制度和管理制度）的核心，它决定了企业财产的组织形式和经营机制。企业产权制度的发展经历了三种形态，即业主制产权制度、合伙制产权制度和公司制产权制度。

1. 业主制产权制度

业主制也称单一业主制，是历史上最早出现的企业产权制度形式。业主制企业是由个人出资独自设立的企业。出资者就是企业主，是企业产权的唯一主体。在业主制企业中，业主掌握着企业的全部权力，既是企业财产的所有者，又是企业的经营管理者，实现了企业所有权与经营权的统一。企业主拥有企业剩余索取权，独享企业的全部利润和独自承担所有的风险，并对企业的债务负无限责任。

业主制企业一般采用科层制组织结构，一般不具备现代意义上的法人治理结构，全凭企业主的个人资信对外进行业务往来。业主与雇员是一种互为选择的简单的报酬合约关系，对业主的约束主要来自市场的竞争和向雇员支付的报酬这两个因素；对雇员的约束则是报酬加减和被辞退的威胁。

业主制企业的优点包括：一是产权主体唯一、结构完整统一且十分完整清晰，产权能够较为自由地转让；二是企业建立与歇业的程序简单易行；三是所有权与经营权重叠合一，内部的组织管理结构简单，节省了激励与监督成本；四是企业自负盈亏，利润独享，风险自担，既能激励企业主具有强烈的投资冲动以实现企业目标，努力扩充资本，又能督促其兢兢业业、精打细算，谨慎管理。业主制企业的缺点表现在：一是企业主要承担无限的责任；二是企业规模一般不大，产品单一，竞争力不强；三是抗风险能力弱，企业的寿命往往不长。

2. 合伙制产权制度

合伙制企业是指两个以上的财产所有者按照协议，各自提供资金、实物、技术等，共同设立企业，合伙经营，共同劳动，利益分享、风险共担的经济组织。所有的合伙人对合伙企业债务承担连带责任。在个人的资金有限、投资能力和管理能力不高的情况下，合伙制企业则是可行的选择。

与业主制企业一样，合伙制企业一般也采用科层制组织结构，也不具备现代意义上的法人治理结构，全凭合伙人的共同资信对外进行业务往来。合伙人之间的关系全靠合伙协议来确定。合伙协议是合伙企业进行企业治理的基础，并按协议分配企业管理权利。

合伙制企业分为一般合伙制和有限合伙制。一般合伙制企业由普通自然人组成，而有限合伙制企业则由普通合伙人和有限合伙人组成。在有限合伙制企业中，有限合伙人作为真正的投资者,投入绝大部分资金,但不得参与经营管理,并且只以其投资的金额承担有限责任;而一般合伙人作为真正的管理者,只投入极少部分资金,但全权负责经营管理,并要承担无限责任。在一般合伙制企业中,如果一个一般合伙人不能履行自己出资的承诺,不足部分由其他一般合伙人承担。当一个一般合伙人死亡或撤出时,一般合伙制随之终结。对于一个合伙制企业,在没有宣布解散的情况下转让产权是很难的。一般来说,所有的一般合伙人必须一致同意。但在有限合伙制企业中,管理控制权归属于一般合伙人。重大事件,如企业利润的留存数额,通常需要通过多数投票表决来确定。在企业不解散的情况下,有限合伙人可以出售他们在企业中的利益。

合伙制企业的优点:一是与业主制一样,合伙制企业创办费用一般也比较较低;二是相比单一业主制企业,合伙制可以解决单一业主资金不足、管理能力有限和技术水平不高等方面的局限性。但其局限性也是很明显的:一是难以解决合伙人之间的搭便车问题;二是合伙人一致同意原则,致使产权转让不如业主制企业来得容易,进而导致企业融资困难;三是其他与业主制企业同样的局限性,包括仍然较小的规模、对债务的无限责任和有限的企业生命等。

3. 公司制产权制度

公司制企业或称为股份公司是依照法定条件和程序设立的、以盈利为目的的法人企业。公司将资本分成若干股份,持有公司股份的人称为股东。股份公司有两种形式,一种是有限责任公司,另一种是股份有限公司。二者的主要区别体现在公司资本是否划分为等额股份,以及公司设立的方式上。股份有限公司的资本划分为均等股份,在设立过程中采用募集设立,往往被称为上市公司或公众公司。

公司制产权制度包括如下内容:

(1) 公司制企业拥有独立的法人财产。公司制企业的资本由股东投资形成,企业作为一个独立的主体拥有由股东投资形成的全部法人财产权,并以其全部法人财产自主经营,自负盈亏。公司制企业拥有的全部法人财产权称法人所有权。法人所有权表现为四种权能,即占有权、使用权、处置权和收益权。

(2) 公司制企业的所有权与经营权分离。公司制企业的股东以其投入资本的多少享有相应份额的财产所有权,即投资者所有权。投资者所有权表现为三种权能:收益权、重大决策权和选择管理者的权力。投资者向企业投资以后,再无权直接从企业财产中抽回属于自己的那份投资,也无权直接处置由于自己投资形成的企业财产,而只能通过股息分红获得投资回报,或者通过在市场上转让自己拥有的公司股份来收回投资和取得资本增值收益。这就是投资者所有权与法人所有权的分离。而且公司制企业由于投资主体多元化,投资者不一定直接从事企业的经营管理活动,企业的经营管理者可以不是股东,但股东可以通过行使重大决策权、选择管理者或通过法人治理机构的运作来约束和监督经营管理者的行为,这就形成了投资者所有权与经营权在一定程度上的分离。

(3) 公司制企业的投资者有限责任制度。根据《中华人民共和国公司法》的规定,有限责任公司的股东以其出资额为限对公司债务承担责任,公司则以其全部资产对公司的债务负责。股份有限公司的股东以所持股份为限对公司承担责任,公司以其全部资产对公司的债务承担责任。当公司破产时,股东不必用其个人资产清偿债务,股东损失的最大限额是他的出资额或购买的股票数额。股东也可以通过股权的转让和交易变现自己的股权,或者在交易过程中谋利。上市公司的股东股权交易在证券交易所进行,非上市公司的股权交易则常常采用自主交易的方式。另外,公司制和其他两种企业制度在税收待遇上有重要差别。公司在向股东分配红利之前,其收入必须纳税,股东分得红利后,还须缴纳个人所得税。而业主制和合伙制企业的收入不需缴纳直接税,企业收入只需作为所有者的收入缴纳个人所得税。

(二) 公司法人治理结构

法人治理结构又译为公司治理(Corporate Governance),香港地区称为"督导结构",日本称为"统治结构",我国业界通常称它为"组织机构""管理体制"或"机关构造"等。根据经合组织(OECD,1999年)的定义,公司治理是指公司内不同参与者(包括董事会、经理、股东及其他利益相关者)的权利与责任分配,以及为处理公司事务而制定的一套规范和程序。狭义的公司治理主要是指公司内部股东、董事、监事及经理层之间的权利关系,广义的公司治理还包括利益相关者(如员工、客户、债权人和消费者等)之间的权利关系。

1. 法人治理结构的构成

法人治理结构,一般由四个部分组成:一是股东会或者股东大会,由公司股东组成,所体现的是所有者对公司的最终所有权;二是董事会,由公司股东大会选举产生,对公司的发展目标和重大经营活动做出决策,维护出资人的权益;三是监事会,是公司的监督机构,对公司的财务和董事、经营者的行为发挥监督作用;四是经理,由董事会聘任,是经营者、执行者。公司法人治理结构的这四个组成部分,一般都是依法设置的,它们的产生和组成、它的职权、办事的规则等都是由公司法来具体规定。所以说,公司法人治理结构是以法制为基础,按照公司本质属性的要求形成的。但是,由于各国法律、文化和主体价值观的不同,再加上公司的规模、公司所属行业性质和技术水平、公司发展的阶段与所处环境等也不同,导致各国公司治理结构的构成及其职权分配也不尽相同,也就是说公司治理模式是不一样的,是动态变化的。

2. 法人治理结构的演化与发展

从权力中心的定位来看,公司法人治理结构则相继经历了股东中心主义、经理中心主义和董事中心主义三个历史演变阶段。股东中心主义诞生于公司制发展的早期(19世纪初),股东大会高度控制董事会和经理阶层,资本的话语权决定一切。进入20世纪,随着生产力水平的提高,公司规模迅速扩大,股权日趋分散,公司的控制权逐步集中在高管人员手中,从而产生了"弱股东、强管理者"的经理中心主义。随着20世纪末美国世通、安然等公司财务丑闻的揭露以及纽交所总裁格拉索操纵董事会为自己发放上亿美金高薪的事件曝光,人们开始认真反思公司少数高管人员大权独揽、缺乏监督的缺陷。在股东中心主义的推动下,全球范围内兴起了建立强有力董事会的浪潮。

3. 法人治理结构的典型模式

公司法人治理结构的典型模式通常有三种:英美模式、欧洲大陆模式(以德国为代表)和亚洲模式(以日本、中国台湾为代表)。

(1) 英美模式。英美模式最初是在19世纪形成的,它奉行股东中心主义,是一种"股东治理"模式或称为"单层治理"模式。这个时期,英美国家崇尚股东利益至上,认为公司股东是公司的最终所有者,从而股东会也就是公司的最高权力机关,而董事会只不过是公司代理人并受股东会控制。在这种模式中,公司治理实行单一委员会制,其最大的特点是股东会下设董事会,不设监事会(如图3-12所示)。公司董事经由股东会选举产生;公司增资、减资和章程的修改须由股东会批准;公司经营的重大事项由股东会决定;董事或董事会只不过是一个执行机构。股东会的权力不仅可以控制董事会,而且还可以对抗与公司做交易的第三人。进入20世纪后,伴随着生产力水平提高、公司规模的扩大、股东数量的增多,股权日趋分散化。美国的公司治理转向了董事会中心主义,董事会取代了股东会的大部分权力。但它仍然不设监事会,而设有独立董事、执行董事和各种专业委员会,仍然是一种单边治理(如图3-13所示)。即董事会集战略决策、执行职能和监督职能于一身。董事会可聘用高级职员负责具体经营,并负责监督高级职员(含总经理、副总经理、财务主任、总务主任)的经营活动。董事会对公司的内部激励与监督职能很大程度上是通过独立董事制度来完成的;而外部的激励与监督主要是通过股票市场的股东"用脚投票"方式来实现的。

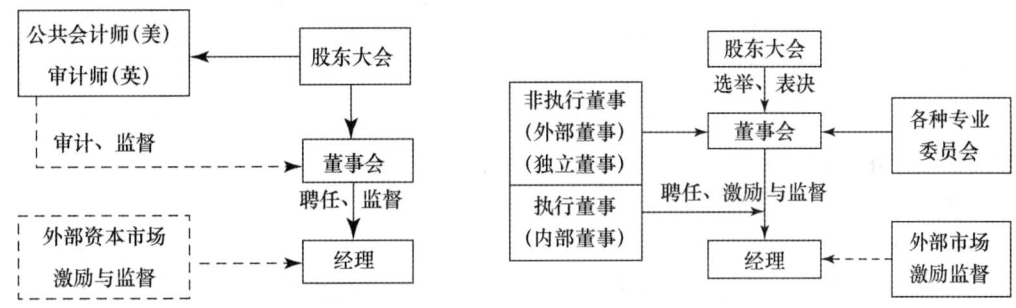

图3-12　英美治理结构模式1　　　　图3-13　英美治理结构模式2

　　(2) 欧洲大陆模式。以德国为例,德国公司治理结构是一种垂直式"双层治理"模式(见图3-12)。不仅设有董事会,而且还设有监事会,董事会和监事会完全分离。德国的董事会成员由监事会选任和罢免。监事会则由股东代表和职工代表组成,其职责是行使监督权,任命和解聘董事,监督管理董事会是否按公司章程经营。董事会的决策控制权分由监督董事会和管理董事会行使。德国公司治理机制有别于英美国家的重要特征是员工参与决策。

　　(3) 亚洲模式。以日本为例,日本的公司治理模式兼具德国模式和英美模式的特点。在日本公司中,监事会和董事会是两个平行机构,股东大会是公司中的最高权力机构。监事会和董事会的人员由股东大会选举产生。监事代表股东监督董事的工作,监事会的成员不能同时担任董事会的成员,也不能是公司员工。因此,日本公司中的监事会是代表股东利益对公司经营活动进行监督。

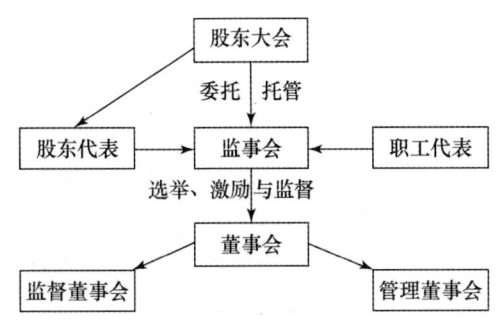

图3-14　德国公司治理模式

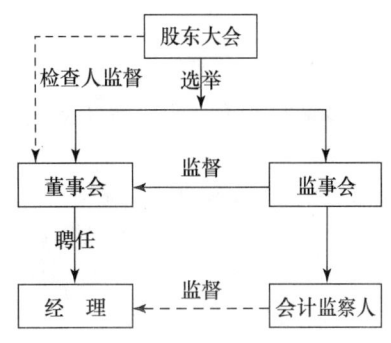

图3-15　日本的公司治理模式

4. 公司治理结构的趋同趋势

进入21世纪,公司治理结构有趋同的趋势。这是因为,伴随着经济全球化趋势的增强,各国企业间的竞争日趋激烈,而公司治理结构又是事关公司成败的基本制度。因此,如何设计科学的公司治理结构,才能使企业立于不败之地,则是摆在各国企业面前的共同问题。但无论如何,公司治理结构要解决涉及公司成败的两个基本问题。一是如何保证投资者(包括众多的小股东)的投资回报,即如何协调股东与企业的利益关系,防止企业被内部人(即管理者)控制而侵犯股东利益,引起投资者不愿投资或股东"用脚投票",进而损害企业的长期发展。二是如何协调企业内各利益集团的关系。这包括对经理层与其他员工的激励,以及对高层管理者的制约。这个问题的解决有助于处理企业各集团的利益关系,又可以避免因高管决策失误给企业造成的不利影响。

对此,早在1999年5月,经合组织(OECD)理事会正式通过了《公司治理结构原则》,它是第一个政府间为公司治理结构开发出的国际标准,并得到国际社会的积极响应。为各国政府部门制定有关公司治理结构的法律和监管制度框架提供了参考,也为证券交易所、投资者、公司和参与者提供了指导,为各国公司治理结构的趋同化设计奠定了基础。其主要内容包括:①公司治理结构框架应当维护股东的权利;②公司治理结构框架应当确保包括小股东和外国股东在内的全体股东受到平等的待遇;如果股东的权利受到损害,他们应有机会得到补偿;③公司治理结构框架应当确认利益相关者的合法权利,并且鼓励公司和利益相关者为创造财富和工作机会以及为保持企业财务健全而积极地进行合作;④公司治理结构框架应当保证及时准确地披露与公司有关的任何重大问题,包括财务状况、经营状况、所有权状况和公司治理状况的信息;⑤公司治理结构框架应确保董事会对公司的战略性指导和对管理人员的有效监督,并确保董事会对公司和股东负责。

从以上几点可以看出,这些原则是建立在不同公司治理结构基础之上的,该原则充分考虑了各个利益相关者在公司治理结构中的作用,认识到一个公司的竞争力和最终成功是利益相关者协同作用的结果,是来自不同资源提供者特别是包括职工在内的贡献。实际上,一个成功的公司治理结构模式并非仅限于"股东治理"或"共同治理",而是吸收了二者的优点,并考虑本公司环境,不断修改优化而成的。

案例3-2

国美控股权之争与治理结构问题[①]

国美的股权结构变化

国美电器集团是黄光裕于1987年创立的。创业初期只不过是一家家族式小型电器商店,主要经销外国品牌彩电。1999年,国美采取跳跃式布局战略,迅速完成了以京津为中心的华北经济区、以上海为中心的华东经济区、以广深为中心的华南经济区的大三角战略布局。2004年6月,国美电器有限公司(HK.0493)成功在香港上市。

---

① 转自百度文库,有修改。

随着公司规模越来越大,公司股权越来越分散,国美由家族企业制度向现代企业制度的转变也就成为必然。然而,在这个转变过程中,包括黄光裕在内的许多家族企业的创始人并未真正认识到家族企业和公众公司在治理结构上的差异,再加上法律制度的缺失、观念及追求的目标不一致等,带来了一系列公司治理问题。2006年,在香港召开的国美周年股东大会上,持有国美电器约70%股权的黄光裕利用其绝对控制权对国美电器公司章程进行了最大的一次修改,授予董事会如下权力:可以随时任命董事,而不必受制于股东大会设置的董事人数限制;可以各种方式增发、回购股份,包括增股、发行可转债、实施对管理层的股权激励,以及回购已经发行的股份。

通过修改公司章程,黄光裕利用董事会特权,在2006—2008年期间先后通过向其他公司出售股份,换股收购其他企业、配股等形式逢高套现,持股比例由原来的70%下降至39.48%。2008年11月,黄光裕被警方抓捕。当年年末,陈晓出任国美董事长。之后,国美董事会开始在未经黄氏家族充分同意的情况下做出了一系列重大决定:2009年6月,国美引入贝恩资本,融资不少于32.26亿港元,而后向其发行15亿港元的可转换债券,并确保贝恩资本的三位人员成为非执行董事,同时向老股东配发23亿港元股份;此后又推出了"管理层股权激励方案",向国美电器的100多位管理人员发放了相当于总股份3%的股权。2009年8月,国美增股完成,黄光裕持股比例为34%。2010年9月,贝恩资本宣布实施15亿元的"债转股",正式成为国美电器的第二大股东,创始人黄光裕夫妇的持股比例被稀释至32.47%,失去了对国美的控制权。

国美的控制权之争

在贝恩投资入股国美电器8个多月后,国美电器大股东在2010年5月11日的年度股东大会上突然发难,向贝恩投资提出的三位非执行董事投出了反对票。但董事会一致同意推翻股东大会结果。8月4日,黄光裕发布公告,要求召开临时股东大会,撤销陈晓董事局主席职务、撤销国美现任副总裁孙一丁执行董事职务。8月5日,国美电器在港交所发布公告,宣布将对公司间接持股股东及前任执行董事黄光裕进行法律起诉,针对其于2008年1月及2月前后回购公司股份中被指称的违反公司董事的信托责任及信任的行为寻求赔偿。8月18日,黄光裕一方发表致全体国美员工的一封公开信,对陈晓进行了批判:其一,联手贝恩资本,签订了极为苛刻的融资协议;其二,"慷股东之慨",不按业绩考核,盲目给部分管理人员期权,变相收买人心;其三,控制董事局后,他还想利用股东大会的信任,继续发行新股,联手国外资本,妄图使国美电器这个来之不易的民族品牌沦为外资品牌。面对黄光裕的指责,国美董事局同样通过致员工信的方式逐一进行了批驳。这样的争斗持续了55天,在2010年9月28日的国美特别股东大会上有了结果:陈晓留任、撤销增发授权,实质上是维持原状,股东们选择了一种折中的手段来维护国美的发展。

国美控制权之争的启示

黄陈之争凸显了国美及我国企业普遍存在的公司治理缺陷。

首先,董事会中心主义忽视中小股东的利益。在股权相对集中的上市公司,出现"一股独大"现象。在这种情况下,大股东(或控股股东)可能会漠视公司治理的原则和规则,滥用其大股东或控股地位,违背诚信和忠实义务,通过不公允的关联交易、违规担保、占用上市公司资金等方式直接或间接侵吞上市公司和中小股东的合法权益。上市公司"三会"运作和内部控制也易因此流于形式,此案例中,黄光裕早期以家长式作风给予董事会以绝对权力,以及后来陈晓主导的董事会决定向贝恩资本发行可转股债券、任命了三名来自贝恩公司的人员做董事。这都是大股东肆意践踏公司治理制衡制度的结果,也是家长式管理作风在中国公司中继续作怪的结果。黄光裕最初为了自己的利益,修改公司章程为董事会设立特殊权利,并最终酿成苦果。

其次,董事会制度不完善,缺乏内部监督制衡机制。中国许多公司的治理结构是在董事会中既有代表股东的董事,又有代表职业经理人的董事,但不设独立的监事会。这一模式存在的一个重要缺陷就是模糊了决策权与执行权及监督权之间的制衡关系。在此次事件中,国美电器向贝恩资本发行18亿港元的可转股债券、任命三名贝恩公司的人做董事、推出"管理层股权激励计划"等都是内部人控制的结果。

最后,外部治理弱化,社会监督约束机制缺失。上市公司外部治理主要包括市场约束、道德约束、法律约束、媒体约束等来自公司外部的监督约束力量。从我国上市公司的情况来看,资本市场仍不健全,经理人市场还未成熟,职业道德约束效果有限,法律约束执行不力,媒体的触角尚未触及,因此这些环节的外部约束都比较薄弱。在此次事件中,国美董事会对黄光裕2008年2月回购公司股份中被指的违反公司董事的信托责任及信任的行为提起法律诉讼,从侧面反映了黄光裕凭借自身的国美电器创始人和大股东身份,做了涉嫌侵犯公司及中小股东利益的事件,而这在当时既没有受到有效的内部约束,更没有面临强有力的外部约束。而在这次双方争夺国美控制权的最后阶段,正是由于媒体的大量参与,双方才没有做出两败俱伤的行动,而是相互妥协,达成谅解。

讨论:请根据上述材料总结我国公司法人治理结构存在的主要问题以及法人治理模式选择需要遵循的原则。

学习要点

1. 企业理论是关于企业性质、企业成因、企业规模和边界,以及企业内部组织结构问题的理论学说。从西方经济思想史的角度来看,企业理论经历了由古典到新古典,再到现代企业理论的演进历程。

2. 新古典企业理论是在继承"经济人"假说基础上发展起来的。他们认为,所有企业都是"原子"式的经济人,是一个把投入转化为产出生产函数;企业的最优规模取决于企业的生产技术和成本;在技术既定的情况下,最优规模是通过边际成本和边际收益的比较而确定的。

3. 现代企业理论提出了"契约人"假设,认为企业是一系列不完全契约的有机组合。"契约人"的行为特征主要体现在两个方面,一是有限理性,二是机会主义。当二者同时存在时,企业间的交易成本会很高,严重的契约困难就会产生,从而使治理结构或经济组织的选择成为必要。现代企业理论形成了三大分支:交易成本理论、委托代理理论和产权理论。

4. 交易成本理论认为,交易成本是利用市场机制进行交易(形成契约)的成本。企业和市场都是执行相同职能因而可以相互替代的配置资源的两种机制,无论是运用市机制还是运用企业组织来协调生产,都是有成本的。企业组织存在的原因在于有些交易在企业内部进行比通过市场所花费的成本要低,企业是对是市场机制的替代。企业的规模和边界取决于内部组织成本与市场交易成本的比较。

5. 委托代理理论认为,企业内部的组织安排从总体上来看是一种委托代理关系或委托代理合约。企业中主要存在两类的委托代理关系:所有者与经营者的委托代理关系、经营者与普通雇员的委托代理关系。在委托代理的关系当中,委托人与代理人的效用函数是不一样的,这必然导致两者的利益冲突。在没有有效的制度安排下代理人的行为很可能最终损害委托人的利益。因此,企业内部必须建立激励与监督机制。

6. 产权理论认为产权是财产权利的简称,是指财产所有权以及与财产所有权有关的财产权利总和。具体而言,第一,它是一种权利,并且是一种排他性的权利;第二,它规定人们相互行为关系的一种规则;第三,产权是一种权利束,产权包括所有权、占有权、支配权、使用权。产权的表现形式有两种:私有产权和共有产权。产权的功能:一是可以减少不确定性,降低交易成本;二是激励功能;三是约束功能;四是资源配置功能和收入分配功能。产权的功能有利于人们通过制定有效的产权制度来提高企业组织效率和经济运行效率。

7. 利益相关者理论认为,作为关系契约的企业本质上是利益相关者围绕权益的获得和保护形成的权利网,由于利益相关者各自的谈判力不同,决定了其在企业中的权益份额的差别,并且随着当事人谈判力的变化,不可避免地导致企业所有权结构的改变,从而导致企业治理结构的形成和演变。而社会责任论则认为企业要生存与发展必须承担三种责任:经济责任、公共责任和社会反应。这两种理论对于现代企业治理结构的设计与形成具有重要影响。

8. 企业组织结构分为科层制组织结构、职能制组织结构、事业部制组织结构、战略业务单位组织结构、矩阵型组织结构和网络型组织结构。各种结构具有不同的优点和缺点,为企业组织带来的管理效率也不尽相同,不同规模、不同行业、不同性质的企业应当根据自身情况选择合理的组织结构。

9. 企业产权制度是指既定产权关系和产权规则结合而成的,且能对产权关系实现有效的组合、调节和保护的制度安排。产权制度的最主要功能在于降低交易费用,提高资源配置效率。它决定了企业财产的组织形式和经营机制。企业产权制度的发展经历了三种形态,即业主制产权制度、合伙制产权制度和公司制产权制度。

10. 公司法人治理结构是指公司内不同参与者(包括董事会、经理、股东及其他利益相关者)的权利与责任分配,以及为处理公司事务而制定的一套规范和程序。从权力中心的定位来看,公司治理结构相继经历了股东中心主义、经理中心主义和董事中心主义三个历史演变阶段。目前,公司法人治理结构的典型模式有三种:英美模式、欧洲大陆模式(以德国为代表)和亚洲模式(以日本、中国台湾为代表)。这三种模式对于企业组织的管理绩效各有利弊。因此,公司法人治理结构也在不断地发展与演化之中。但在公司治理结构的设计与选择时,必须注意的是:一个公司的竞争力和最终成功是利益相关者协同作用的结果,是来自不同资源提供者特别是包括职工在内的贡献。实际上,一个成功的公司法人治理结构模式并非仅限于"股东治理"或"共同治理",而是吸收了二者的优点,并考虑本公司的环境,是不断修改优化而成的。

**思考**：

1. 新古典企业理论和现代企业理论在对企业性质的认识上有什么区别？
2. 现代企业理论是如何确定企业规模与边界的？
3. 什么是机会主义和资产的专业性，二者对企业组织结构各有什么影响？
4. 交易成本的含义与成因是什么？如何降低交易成本？
5. 简述企业组织结构的类型，概述职能型组织结构、M型组织结构和网络型组织结构的优缺点。
6. 什么是企业产权制度？比较业主制和合伙制与股份制企业的优缺点。
7. 什么是公司法人治理结构？典型的公司法人治理结构的模式有哪些？
8. 试举例分析我国公司法人治理结构的问题与改革方向。

第四章

市场结构

在产业组织理论中,市场结构是指某一产业市场的一种状态,它构成了企业的外部环境与市场条件,从根本上反映的是市场中企业间的相互关系,特别是垄断与竞争关系。市场结构对于企业决策及其行为选择,以及整个市场的运行绩效具有重要影响。学习市场结构理论,对于我们了解市场结构的决定因素、把握产业市场环境及其变动趋势、帮助企业进行市场定位,构建合理市场竞争秩序都具有重要意义。

一、市场结构类型及其决定因素

在微观经济学发展的过程中,经济学家们都十分重视对市场结构的研究。张伯伦和罗宾逊夫人提出了垄断竞争理论,并根据不同产业市场的竞争和垄断程度将市场结构划分为四种基本类型。此后,哈佛学派的代表人物贝恩和日本经济学家植草益等人在对本国产业市场的集中程度进行实证分析的过程中,将市场结构进一步划分为实用性更强的不同等级的竞争型和寡占型市场结构。

(一) 四种基本类型的市场结构

罗宾逊夫人在《不完全竞争经济学》一书中,将市场结构划分为完全竞争、完全垄断、垄断竞争和寡头垄断四种基本类型的市场结构。

1. 完全竞争市场

完全竞争市场是指市场上不存在任何垄断因素,这种市场结构的特点包括:一是产业集中度很低。市场拥有众多的买者和卖者,每个买者和卖者只是价格的接受者,而不是价格的影响者。二是产品同质性很高。每个企业生产的产品几乎是同质的无差异产品,产品之间具有完全的可替代性。三是不存在进入与退出壁垒。新企业进入该市场、原有企业退出该市场都是完全自由的。四是完备信息。买者和卖者掌握与交易有关的全部信息。在现实经济活动中,大多数农产品市场接近于完全竞争状态。

除此之外几乎没有一个行业真正具备上述四个条件,所以,完全竞争其实是一个理想的经济模型。当然,也可能有一些例外,例如在发达的期货市场中,交换的商品都是标准化了的"单元式"商品(例如,一级大豆、100公斤、于5月1日交货);市场上的买者和买者数量众多,交易量也很大,个别买者和买者操纵市场的可能性很小;交易价格随时出现在交易所电子屏幕和计算机网络上,市场信息较为完备。

2. 完全垄断市场

这种市场结构是与完全竞争相对应的另一种极端型市场结构,即市场上只有一个买者和卖者的市场,其特点是:一是市场中只有一家企业,产业集中度为100%。二是没有替代产品。完全垄断企业出售的产品没有替代品,所以它的产品的市场需求交叉弹性为零。三是进入与退出壁垒非常高。如果某一个行业市场的壁垒高不可越,且只有独家企业,那么,这个市场就是完全垄断的。比如初始规模很大,起点投资和初始资本很高,其他一般性企业难以达到这一水平,难以进入这个行业。再如在位的独家企业拥有其他企业所没有的技或诀窍,其他企业难以超越或掌握,因而形成技术壁垒而难以进入。还有政策与法律壁垒,即政府只允许某家企业进入某一行业独断经营,而不允许其他企业进入,这种政策就带来很高的政策性或法律性壁垒。

完全垄断在现实中也是一种非常罕见的市场结构。因为,在现实中,特别是在今天技术创新十分迅速的情况下,很难说有一种产品绝对没有替代品。只要有替代品或潜在的替代品,在位的垄断企业就会始终处于竞争的压力之下,从而导致独家垄断市场的不稳定。

3. 垄断竞争市场

这是一种比较接近于现实的市场结构。它是介于完全垄断与完全竞争之间,以竞争因素为主的市场结构。其主要特点有:①产业集中度较低。产业内企业数量较多,每个企业的市场占有率较低,市场力量弱。这是这种市场结构与完全竞争市场结构的共同之处。②存在一定的产品差异。这是垄断竞争市场与完全竞争市场的主要差别。市场内各个企业生产的产品在质量、外观、商标、售后服务和声誉等方面有差异,并且各个企业是它自己品牌的唯一生产者。产品差异的存在,使得企业间的不同品牌产品的替代性降低,竞争性增强。③进入与退出壁垒较低。该市场的企业初始资本和技术要求不是很高,企业可以较为自由但不是完全地进入该行业领域。这是与寡头垄断市场结构的一个重要差别。

4. 寡头垄断市场

这是一种介于完全竞争和完全垄断之间以垄断因素为主同时又具有竞争因素的市场结构,在这种市场结构中,少数大企业控制着大部分产品的供给,占据较高的市场份额。其特征是:①产业集中度高。市场中少数大企业的产出与市场份额较高,它们对市场具有一定的控制能力,使得集中度较高。②产品基本同质或差别较大。一种情况是几个大企业提供的产品基本同质,相互之间依存度很高;另一种情况是产品有较大差别,彼此相关度较低。③进入与退出壁垒较高。在寡头市场结构中,少数大企业在资金、技术、生产和销售规模、产品知名度和美誉度、销售渠道等方面具有绝对优势,因此,新企业很难进入这一领域与之竞争。同时,由于寡头企业生产规模大,投入资本量也大,所以,也不容易退出这一市场领域。

(二)贝恩和植草益的市场结构分类[①]

贝恩在从事产业组织理论的实证研究中,依据前4位和前8位厂商的市场集中度指标,将不同垄断、竞争结合程度的产业的市场结构作了更细致的划分(如表4-1所示)。

表4-1 贝恩的市场结构分类

结构类型	CR_4	CR_8
寡占Ⅰ型	$85\% \leqslant CR_4$	
寡占Ⅱ型	$75\% \leqslant CR_4 < 85\%$	$85\% \leqslant CR_8$
寡占Ⅲ型	$50\% \leqslant CR_4 < 75\%$	$75\% \leqslant CR_8 < 85\%$
寡占Ⅳ型	$35\% \leqslant CR_4 < 50\%$	$45\% \leqslant CR_8 < 75\%$
寡占Ⅴ型	$30\% \leqslant CR_4 < 35\%$	$40\% \leqslant CR_8 < 45\%$
竞争型	$CR_4 < 30\%$	$CR_8 < 40\%$

资料来源:贝恩. 产业组织[M].丸善1981年版.

[①] 苏东水.产业经济学[M].北京:高等教育出版社,2005.

由于各国的国情不同,各国学者对市场结构的分类标准也不尽相同。日本经济学者植草益运用本国数据对市场结构也进行了划分。但与贝恩的划分基本一致(如表4-2所示)。

表4-2 植草益的市场结构分类

市场结构		CR_8 %	产业规模状况(亿日元)	
粗分	细分		大规模	小规模
寡占型	极高寡占型	$70 < CR_8$	年产值>200	年产值<200
	高、中寡占型	$40 < CR_8 < 70$		
竞争型	低集中竞争型	$20 < CR_8 < 40$		
	分散竞争型	$CR_8 < 20$		

资料来源:植草益.产业组织论[M].筑摩1982年版,16.

(三)市场结构的决定因素

很明显,在现实经济活动中,影响和决定市场结构的因素很多。应该说,凡是影响市场供求的因素,包括企业规模、企业生产工艺与技术装备水平、生产经营成本、产品价格及其需求价格弹性、产品差别化程度、进入与退出壁垒、市场容量、消费者收入与偏好、企业策略性行为、政府政策与法律法规等,都对市场结构有影响。但根据以上著名学者对市场结构类型的划分,我们也不难发现一些决定市场结构的主要因素。这些因素包括:

(1)企业规模、数量及市场集中度;
(2)产品的差别化程度;
(3)进入与退出壁垒;
(4)产品需求的价格弹性;
(5)市场容量及其增长率;
(6)短期成本结构。

上述因素是相互影响的,其中一个因素发生变化就会导致其他因素发生变化,进而导致整个市场结构的特征的改变。下面我们主要讨论前三个因素及其对市场结构的影响。

二、市场集中度及其度量方法

(一)市场集中度的含义

所谓市场集中度,是指特定产业或市场中买者或卖者具有怎样的规模分布的一个指标,是产业组织理论用来反映市场竞争或垄断程度的最基本概念,也是产业组织理论用来划分市场结构类型的一个标准。市场集中度与市场中垄断力量的形成密切相关。在不同行业领域中,市场集中度高低是不同的;在特定产业发展的不同阶段,其集中度也是不同的,是动态变化的。市场的集中与分散状况,不仅决定着市场结构类型,而且还影响着市场中企业的行为选择和整个行业市场的运行绩效。因此,产业组织理论把市场集中度作为考察市场结构的首要因素。

由于市场是由卖方和买方组成的,所以,集中度还可分为卖方集中度和买方集中度。在理论研究中,由于买方的信息资料难以统计和测量,加上绝大多数买方购买活动相对分散,单个或少数买者并不足以影响市场运行的最终结果,因而,产业组织理论主要研究卖方集中度。

(二)市场集中度的度量

构成集中度指标的因素有两个:一是市场中的企业数量;二是市场中企业的市场份额及其分布。为了较为准确地度量出某一产业市场上的垄断或竞争程度,区分市场结构类型,产业组织理论围绕这两个因素构造出了很多衡量市场集中度计算公式和度量方法。常用的有行业集中度指标、洛伦兹曲线、基尼系数、赫芬达尔-赫希曼指数等。

1. 行业集中度指标

行业集中度指标是衡量市场集中程度最简单、最常用的指标。它是指行业内规模最大的前几位企业的市场销售额(用 X 表示)的累计占整个市场所有企业销售总额的比重,或者说是指行业内规模最大的前几位企业的市场份额占整个市场份额的比重。其计算公式为:

$$CR_n = \sum_{n=1}^{n} X_n / \sum_{N=1}^{N} X_N \tag{4-1}$$

式(4-1)中 CR_n 表示市场中规模最大的前几位企业的行业集中度(前 4 位或前 8 位,一般不能超过 8 位),该指标在 0 到 1 范围内变动;X 表示企业的销售额,也可以用产值、产量、销售量、资产总额、职工总数等来替换之;n 表示销售额处于前几位的企业数目;N 表示市场中全部企业的总数。

该指标的优点是能够综合反映企业数量与规模这两个决定市场结构的因素的作用。其局限性表现在:一是它只反映的是最大几个企业的总体规模状况,却忽略了这几个大企业之间的规模结构关系和其余企业规模的分布情况;二是没有反映进入与退出壁垒、产品差别化、企业行为等因素及市场份额变化对市场结构的影响。

2. 洛伦兹曲线和基尼系数

这两个指标是衡量市场集中度的两种相对法。洛伦兹曲线如图 4-1 所示。图 4-1 中,横轴是企业累计百分比,纵轴是企业市场份额的百分比,45°线为企业规模分布的绝对平均线,也即市场是一个均齐分布的结构(意味着 20% 的企业占有 20% 的市场份额,40% 的企业占有 40% 的市场份额),这时洛伦兹曲线将是一条 45°的对角线。右下角的 90°线为企业规模分布的绝对非平均线,也即独家垄断。处于 45°线和 90°线之间的洛伦兹曲线代表了企业规模分布的差异,是一条向下弯曲的曲线。如图 4-1 中的阴影部分下部的曲线代表企业规模分布的差异就比 45°线的差异大,却比 90°线的差异要小。图中的阴影部分的面积越大,企业规模分布的差异就越大。

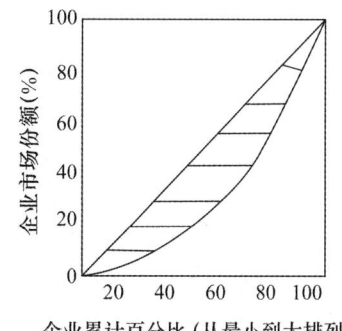

图 4-1 洛伦兹曲线

基尼系数是洛伦兹曲线反映出来的特定市场中企业规模的差异值,这是一种常用的对不均等现象进行度量的指标。基尼系数计算的就是洛伦兹曲线与绝对平均线(45°线)所包围的面积的比值。基尼系数越大,企业规模的差异越大;反之,基尼系数越小,企业规模的差异则越小。理论上基尼系数的取值范围是从 0 到 1。

这两个指标能够反映市场上全部企业的规模分布情况,但无法反映规模相同企业所组成的行业的市场结构状况,如等规模寡头垄断结构。再如,一个由两个企业分别占 50% 市场份额组成的市场与 100 个都占市场份额 1% 的企业组成的基尼系数都等于 1,但前者是寡头垄断结构,而后者实际上是企业规模分布十分分散的竞争性结构。而且,收集所有企业的信息资料是一件相当花费时间与精力的事情,成本较高。

3. 赫芬达尔-赫希曼指数

赫芬达尔-赫希曼指数(Herfindahl-Hirschman Index,HHI)是一种度量分析企业规模不均衡分布的指标。它等于市场上所有企业市场份额的平方和。它对企业之间市场份额的非均等分布非常敏感。该指数的计算公式是:

$$\mathrm{HHI} = \sum_{i=1}^{n} S_i^2; \quad S_i = X_i / \sum X_i \tag{4-2}$$

式(4-2)中,HHI 是赫芬达尔-赫希曼指数,其取值范围是 $0 \leqslant \mathrm{HHI} \leqslant 10\,000$。$X_i$ 是第 i 个企业的销售额(或产量、总资产等其他数值)。例如,假设某市场中有 4 个企业,其销售额分别是 5 亿元、10 亿元、40 亿元、90 亿元,则 HHI 指数为 0.467。当所有企业规模相等时,HHI=1/n,这说明产业内企业规模越接近,且企业数越多,HHI 值越接近于 0;当产业内只有 1 个企业时,HHI=1。

HHI 的直观性虽然较差,但却能够灵敏反映厂商规模分布对集中度的影响。具体地说,HHI 包含了所有企业的规模信息,能够反映出集中度系数所无法反映的集中度的差别;由于"平方和"计算的放大性,HHI 对规模最大的前几个企业的市场份额的变化反映特别敏感,因而能够真实地反映市场中企业之间规模的差距大小。当然,HHI 的优越性是有其代价的,要计算某一特定市场的 HHI,必须收集该市场上所有企业的市场份额信息,因而工作成本与洛伦兹曲线和基尼系数一样,是很高的。

(三)集中度的影响因素

从发展的角度看,任何产业在其发展过程中,其集中度是不断变化的,有些产业的市场集中度呈现上升趋势,而另一些产业的市场集中度则呈现下降趋势。其原因就在于市场集中度要受很多因素的影响。有的因素促使市场集中度提升,有的因素则阻碍市场集中度的提升;有的因素则有两重性,既有促进市场集中的一面,又有阻止市场集中的一面。事实上,所有影响市场结构的因素,都对市场集中度有影响。这些因素包括企业规模、数量及其规模经济性、产品差别化程度、进入与退出壁垒、必要的初始投资规模和短期资本结构、产品的市场需求弹性、市场容量及其增长率、企业竞争行为和政府的法律法规与政策等。这里,我们重点分析市场容量、企业规模、企业竞争行为和政府法律政策这些因素对集中度的影响。关于规模经济、产品差别化、进入与退出壁垒等因素对市场结构的影响,我们将在后续的章节中详细讨论。

1. 企业规模与市场集中度

在市场容量和其他因素不变的情况下,如果少数企业的规模越大,市场集中度就越高;如少数企业的规模不断上升,越来越大,那么,它就会挤占其他企业的市场份额,从而导致市场集中度提升。相反,如果市场内企业的规模分布比较均匀,则市场集中度就比较低。影响企业规模的因素很多,它们也间接地影响集中度的变化:一是企业追求规模经济的动机。在市场经济条件下,企业竞争的实质就是效率的竞争。在激烈的竞争环境中,只有效率高的企业才能生存与发展,低效率的企业最终必然被淘汰,而企业提高效率的一条基本途径就是通过扩大规模来获取规模经济性。二是特定产业的技术特征要求该行业的企业一开始就需要有较大的初始投资规模,并且最好由一家或几家大企业从事生产经济活动,该行业才具有效率性。也就是说,行业的技术特征决定了行业企业的较大规模和较高集中度。这种行业一般是指自然垄断行业。三是技术进步提供的可能和条件。企业技术创新与技术进步能力是企业竞争力的核心因素,而企业开展技术创新活动又受很多因素影响,比如研发投入、研发平台的建设情况、企业科研管理和国家科研体制等,这些因素影响企业竞争力,进而影响企业规模扩张的能力。另外,政府政策和法律也对企业规模有很大影响。

2. 市场容量与市场集中度

市场容量的变化会引发市场集中度的变化。一般来说,在其他因素不变的情况下,市场容量的扩大会降低单个或少数几个大企业在整个市场中的供给比重。这是因为随着市场容量的扩大,一方面会抵消企业通过自我积累或并购扩张所形成的市场集中度;另一方面也为新企业进入创造了条件,并为产业内小企业的规模成长提供了可能,从而有助于强化卖者之间的竞争,降低少数大企业的市场份额。相反,如果市场容量缩小、需求停滞,实力雄厚的大企业为争夺有限的市场需求,往往借助价格竞争或兼并、收购行动挤压竞争对手,迫使低效、较小的企业从市场中退出,同时,激烈竞争所导致的较低收益率也抑制了潜在竞争对手的进入,整个产业供给能力就会向优势企业集中,单个或少数几个大企业的相对份额会上升,导致集中度提高。

3. 企业竞争行为与市场集中度

企业存有提高其在某产业的相对地位,获取超额利润的动机。因此,企业总是力图采取各种行为与策略以减少竞争对手的竞争或威胁,扩大和巩固本企业的市场份额和市场势力。企业的竞争行为包括价格行为中的垄断定价、串谋定价、差别化定价、掠夺性定价、阻止进入定价和其他策略性定价行为,非价格行为中的技术研发、产品差别化、设置进入壁垒、兼并联合和串谋合作等行为都会影响市场集中度。

4. 政策、法律法规与市场集中度

政策与法律法规的目的或者是促进竞争,或者是限制竞争,因此,其对市场集中程度的影响是两重性的。例如,《反托拉斯法》是一种体现国家维护竞争的政策,在某种程度上是限制垄断和集中的因素。保护中小企业合法权益的《中华人民共和国中小企业法》,也在一定程度上有利于限制过度集中。与此相反,各种产业合理化政策一般有利于集中。《中华人民共和国专利法》是维护技术垄断的法律,它有利于巩固企业已有的优势,促成技术上的进入壁垒。关税和非关税保护政策及限制外资的政策法律等可以限制外国竞争者的进入。此外,政府采购、税制等方面的优惠政策以及生产许可证制度等也会影响集中度。

中国汽车产业的市场集中度

据国家工业和信息化部发布数据显示,截止到2011年年底,我国汽车整车企业数量共有171家(按集团统计77家)。相比之下,美国只有4家,日本和韩国分别只有3家。在美、韩、日等发达国家,按照前3家或前4家企业计算的汽车产业市场集中度已经高达94%以上。而在我国,近年来的汽车产业市场集中程度虽然有了大幅度提升,截止到2015年年底,按照前10家企业计算的市场集中度已经达到了80%以上(如表4-7所示)。但是,按照前3家或前4家企业计算的市场集中度仍然很低。中国汽车企业规模小、产量低、质量参差不齐的状况仍未得到根本改变,中国的汽车产业仍然属于分散竞争型市场。

表4-7　2015年分车型中国品牌汽车前十家生产企业销量排名

排名	汽车		乘用车		商用车	
	企业名称	销量(万辆)	企业名称	销量(万辆)	企业名称	销量(万辆)
1	上汽集团	229.01	上汽集团	190.07	北汽集团	49.48
2	中国长安	153.83	中国长安	118.18	东风集团	43.73
3	东风集团	121.85	东风集团	78.12	中国长安	35.64
4	北汽集团	115.07	长城汽车	75.32	上汽集团	30.64
5	长城集团	85.27	北汽集团	65.48	华晨汽车	25.26
6	安徽江淮	58.79	吉利控股	56.19	安徽江淮	24.18
7	华晨汽车	56.90	奇瑞汽车	49.86	一汽集团	17.52
8	吉利控股	56.19	比亚迪汽车	44.49	中国重型	15.82
9	奇瑞汽车	51.78	安徽江淮	34.62	重庆力帆	14.42
10	一汽集团	50.24	一汽集团	32.72	长城汽车	9.95
十家企业合计		978.93		753.45		266.64
品牌企业合计		1197.05		873.75		323.29
占行业比重		81.78%		86.23%		82.48%

注:以上企业数据均按集团口径统计

数据来源:中国汽车工业协会统计信息网:http://www.auto-stats.org.cn/

讨论:讨论:请根据表4-7的数据,分别计算中国汽车行业前3家和前4家企业的市场集中度(以品牌企业汽车销量的合计作为我国汽车市场总销量),阐述影响市场集中度的因素,并分析中国汽车产业市场集中度较低的原因及其对策。

三、规模经济与范围经济

规模经济和范围经济是影响市场结构的决定性因素之一。在经济理论的发展过程中,新古典经济学早已对企业获取规模经济和范围经济的条件进行过扼要分析,产业组织理论则深化了这一研究,进一步丰富了规模经济理论。

(一)规模经济与最低经济规模

规模经济是指在投入增加的同时,产出增加的比例超过投入增加的比例,单位产品的平均成本随着产量的增加而降低,即规模收益(规模报酬)递增;反之,产出增加的比例小于投入增加的比例,单位产品的平均成本随产量的增加而上升,即规模收益递减;如果投入与产出的比例保持不变,即规模收益不变。当规模收益递增时,称为规模经济,规模收益递减时,称为规模不经济。

最低经济规模或最优经济规模是指单一产品企业平均成本在一定范围内递减直至平均成本曲线最低点时的经济规模。最低经济规模是由行业的生产技术特征、企业生产工艺与装备技术水平决定的。企业规模达不到这一基本要求,就难以实现规模经济。如铁路、航空、钢铁、冶金和机械制造等行业,其初始投资规模很大,必须达到一定规模之后才有可能实现规模经济性。

规模经济对市场结构有重要影响。企业追求规模经济的结果可能导致垄断的产生和发展,垄断使价格机制受到人为因素的控制与扭曲,扼杀竞争,使经济失去活力,破坏资源的合理配置。但是,正如马克思所说,竞争孕育了它的对立物——垄断,而现代机器生产的突出特点就是规模经济,没有规模经济就谈不上资源配置的效率和社会福利的改善。可以这样说,规模经济既是竞争的起点又是竞争的结果。

(二)规模经济的实现条件

从上述分析中可以看出,规模经济的实现不仅需要企业具备一定的最低经济规模,而且受许多因素的影响。这些因素包括企业的生产技术装备水平、生产经营成本(包括要素采购成本——流动资产和固定资产的投资成本、融资成本、库存成本、运输成本、营销与交易成本、组织管理成本等)、企业内分工专业化情况、企业产权安排和治理结构、组织管理效率、企业所属行业属性、市场需求情况以及国内外政治与经济环境等。所以,企业规模经济的实现不能简单地与企业规模画等号。规模是实现规模经济的前提。企业要想实现规模经济,获取规模经济利益,首先必须达到一定的规模。没有规模肯定就没有规模经济。但有了规模不一定能够实现规模经济。因为,伴随着企业规模的扩大,企业内部组织管理成本和其他相关成本会大幅度上升,同时,竞争压力的降低也有可能削弱技术创新和成本节约的动力。因此,由于规模扩张而带来的一些成本降低将被另外一些成本的上升所抵消。所以,企业要想实现规模经济,就必须在扩大规模的同时,不断地进行技术创新,提升产品技术含量,推进产品差别化;必须不断地完善内部组织管理制度与激励约束机制,搞好专业化分工和内部资源整合与配置,提升组织管理效率;必须了解和把握市场需求状况及其变动趋势,了解和把握法律法规与政府政策导向,制定科学的规模扩张战略与发展规划,明确企业发展的方向。

(三)企业最佳规模的确定方法

1. 客观因素的考量

确定合理的企业规模是企业确保经济效益的基础。首先应当考虑以下客观条件:一是产业生产工艺和技术装备的特点。不同产业的生产技术水平和生产工艺特点,直接制约着企业合理规模的大小。在生产工艺简单、前后生产过程之间依赖程度低、生产要素易于分割的产业中，企业合理规模的范围较大，可以在合理规模的上限和下限区间内确定新建（扩建）企业的规模；在生产工艺复杂、前后生产过程间依赖程度高、生产要素不易分割的产业中，企业合理规模的区间较小。在一定的生产技术条件下，企业合理规模的最低限度是采用各生产设备加工能力的最小公倍数。二是市场规模及需求成长率。市场需求量大，或者虽然目前市场的需求量尚小，但是，由于产品的市场需求成长率很高，预期几年内市场将有很大的扩展时，企业的规模设计宜相对较大，以便能通过扩大生产批量，满足市场需求成长的要求。市场规模小而且需求成长率低的产品，企业的设计规模则应相对较小。三是生产要素的供给条件。原料、能源、资金、劳动力的供给规模是决定企业生产经营规模的重要条件。在原料、资金等供应紧张，市场上竞争对手林立的条件下，应慎重建立大企业；在企业资金来源有保障，原料、能源、劳动力供给充裕的条件下，可以考虑建立较大规模的企业。四是生产的专业化协作水平。生产社会化程度和专业化协作的水平较高，意味着企业可以通过社会生产协作获得必需的中间产品，因此，可以放弃大而全的生产组织形式，相应缩小企业规模；当生产专业化协作的水平较低，并且市场不完善时，企业获得中间产品的交易成本较高，因此要将外部生产分工协作内部化，形成较大的企业规模。

2. 定量分析方法

确定一个产业的最佳规模较为复杂，因为生产力水平不同、产业生产技术特点不同、市场环境不同和生产专业化水平不同，最佳规模的差距很大。用定量方法分析个别产业生产的最佳规模时，一般主要是通过对不同的成本效益比较来进行的。

（1）平均成本比较法。根据规模经济原理，不同规模企业都有自己的最佳批量，比较产业内不同规模企业在达到最佳批量时的平均成本，可以选出资源利用效率最佳的规模。其计算公式如下：

$$AC = (TFC + TVC)/Q \qquad (4-3)$$

式(4-3)中：AC 为最佳批量的平均成本；TFC 为总固定成本；TVC 为总可变成本；Q 为最佳批量。把不同规模企业最佳批量的平均成本相互比较，平均成本最低的规模为最佳规模。

（2）盈利水平比较法。不同企业的产品按相同价格销售时，单位产品利润水平最高的规模，可视为最佳规模。

（3）增量成本分析法（也称成本弹性系数法）。增量成本是指企业规模扩大所导致总成本增加的量。增量成本分析是寻找成本增加比率低于生产规模增长比率的规模区间，在这个区间内企业规模扩大会带来收益的增加。成本弹性系数等于主营业务收入变动率与主营业务成本变动率的比率。一般地讲，成本弹性系数小于 1 是适宜的规模区间，其中成本弹性系数小于 0.75 为最佳规模收益递增区间。

（4）生存技术法。生存技术法是通过比较不同规模企业的生存能力来挑选出最佳规模。其分析过程是：首先把产业内的企业按规模、档次进行分类，然后列出基期各类不同规模、档次的企业在产业总产出中所占的比重，再分析一段时期内各类不同规模档次的企业在产业总产出中所占比重的变化趋势，最后挑选出在产业总产出中所占比重不断上升的规模与档次。利用生存技术法的条件是：第一，产业内所有企业拥有相同的资源，如果企业拥有不同的资源，则产业的最佳规模应有多个。第二,产业内的企业必须在同一市场销售产品。因为如果市场环境不同,便不能比较企业的竞争性及生存能力。第三,产业内企业的数量较多,每一规模、档次有若干企业。否则难以排除其他因素对生存能力的影响,使分析结果具有不确定性。

(四) 范围经济及其成因

范围经济是指当一个企业联合生产两种或多种产品时,其成本比两个或多个企业各自单独生产一种产品的总成本来得低。假设 Q 表示生产总量或生产计划集,$Q=q_1+q_2+\cdots+q_n$,如果存在如下情况:$C(Q) < C_1(q_1) + C_2(q_2) + \cdots + C_n(q_n)$,那么,联合生产多种产品的企业就存在范围经济性。"范围经济是由于企业的范围(而不是规模)而产生的成本节约。只要在一个企业中将两条或更多的生产线合并到一起比分开生产更能节约成本的话,就存在范围经济"[1]。

范围经济的形成与投入要素的多用性有关。范围经济产生的主要原因:一是投入要素具有多重使用价值。在工业生产过程中,通用机械、标准化零部件和一般原材料等要素,大部分具有多种使用功能,可以适应多种产品的生产。例如,机械、电子等产品生产企业中的自动化生产线、加工配套设施等,可以用于加工同类的各种产品,同时,某些工艺也具有广泛的适应性,利用企业的现有技术装备联合生产多种产品,有利于减少重复投资,降低产品的平均固定成本。还有,零部件和中间产品的多种组装性,决定了其可以用于多个产品生产。在制造业中还经常可以见到,生产某种产品的原材料能够同时生产系列副产品,当在一个企业中生产多种产品时,可以充分利用原材料的使用价值。二是充分利用品牌优势和营销网络。企业增加经营品种,可以使价值链中的关联部分得到利用。例如,企业在长期经营过程中培育的品牌信誉,具有扩散效应,同时经营多个产品,可以共享广告效应和品牌效应。另外,在建立了完善的营销网络的企业,利用专销网络销售多种产品,可以降低平均销售成本。如果单一产品的市场需求不足以满足采购和销售经济规模要求,经营多种产品,可以分摊企业仓储设施的成本和运输成本,分摊收集信息的成本。三是组织管理效率的覆盖面扩大。如果企业的管理者具有丰富的管理经验和很强的管理能力,扩展企业的经营范围,增加其他产品和业务,可以使经营管理者的潜力得到最大限度的发挥,而不必增加新的投入。

四、产品差异化

(一) 产品差异化的含义

所谓产品差异化,是指企业在其提供给顾客的产品上,通过各种方法造成足以引发顾客偏好的特殊性,使顾客能够把它同其他竞争性企业提供的同类产品有效地区分开来,从而达到使企业在市场竞争中占据有利地位的目的。产品差异化是一种有效的非价格竞争手段。

---

[1] John C. Panzer and Robert D. Willig, 1981. *Economics of Scope*, American Economics Review, Vol. 71, No. 2. p.268—272.

其意义在于,通过让顾客感知企业产品独特的差异性而影响他们的购买行为,使顾客对本企业提供的特定的产品产生偏好和忠诚,甚至不惜为此支付更高的价格。企业制造产品差异的途径有许多,比如设计与众不同的产品外观、包装,赋予不同的品牌,提供特殊的服务,创造不同的分销渠道,或者是新颖独特的产品广告和促销活动。

产品差异化的实质是产业内相互竞争的企业所生产的产品之间不可完全替代。产业内不同企业的产品之所以具有密切的替代性,是因为这一产业的产品性能和使用目的相似或相同。例如,彩色电视和黑白电视都能够满足消费者同种特定的消费要求——收视新闻和各种节目,所以这些产品基本上面对的是具有同一消费要求的购买者群体。企业产品差别化活动就是要降低产品之间的可替代性,以形成企业自身的特有市场空间。

(二) 产品差异的度量方法

产品差异化程度可以通过以下两种方式来度量。

1. 需求的交叉弹性

产品差异化会导致产品的可替代性降低,微观经济理论正是用需求的交叉弹性来表示产品之间可替代性的大小。需求的交叉弹性的计算公式是:

$$e_{xy} = \frac{dQ_x}{dP_y} \cdot \frac{P_y}{Q_x} \tag{4-4}$$

对于同一产业市场上的 x 产品和 y 产品而言,当 y 产品的价格变化而 x 产品的价格不变时,如果 x 产品的需求量有较大变化,说明 x 产品与 y 产品有较高的替代性,也说明这两种产品的差异不大,反之则说明这两种产品的差异较大。由于收集计算需求交叉弹性所需要的数据难度很大,这一指标的实用价值相当有限。

2. 广告密度

之所以使用广告的有关数据来衡量产品差异化的程度,是因为广告能够向顾客传递有关产品的价格、质量、功能、服务等多方面的产品特性信息,因此对于顾客感知产品差异、扩大顾客的心理偏好作用很大,特别是消费品的广告,对顾客的购买决策有很大程度的影响。可以认为,广告是企业用来传递产品差异信息的最重要和最常用的手段。因此,产业组织学重视企业的广告活动,并用广告费用的绝对额和广告密度两个指标衡量产品差异程度。广告密度的计算公式为:

$$广告密度 = AD/SL \tag{4-5}$$

式(4-5)中,AD 表示产品广告费用的绝对额;SL 表示产品销售额。

日本著名产业组织学者植草益对日本 31 个产业的广告费用(1997 年)和广告密度进行实证研究,并用广告费用的绝对额和广告密度两项指标对衡量产业市场的产品差异程度的标准作了如下分类[①]:

$AD/SL \geqslant 3.5\%$ 或 $AD \geqslant 20$ 亿日元,为很高产品差异产业,并且产业市场中存在重要的

---

① 苏东水. 产业经济学[M]. 北京:高等教育出版社,2005.

非广告性的产品差异因素。

$1\% \leqslant AD/SL < 3.5\%$ 或 10亿日元 $\leqslant AD < 20$ 亿日元,为高产品差异产业,并且产业市场上存在较为重要的非广告性的产品差异因素。

$AD/SL < 1\%$ 或 $AD < 10$ 亿日元,为中产品差异产业。

由于广告对产品差异化程度影响较大,同时也由于广告活动的数据相对比较容易收集,因此在产业组织研究中,主要是通过广告费用的有关指标来分析产品差异化程度。

(三) 产品差异化的决策方法

1. 产品主体差异化

在市场营销学中,产品包括核心产品、中间产品和延伸产品三个层次。一般来说,同类竞争性产品的核心产品部分是基本一致的,也正是这种一致性使这些产品相互之间形成了一定的可替代性。但是,它们的中间产品和延伸产品部分却给企业提供了一个很大的产品差异化的空间,比如企业为它们各自的产品赋予不同的品牌,设计不同的外观和包装,还可以通过提供不同的服务让顾客对产品产生不同寻常的感觉。产品主体差异化是企业最经常使用的差异化手段,也是最为有效的一种手段。

2. 品牌差异化

品牌差异化实际上是产品主体差异化的一个部分,但近年来企业普遍对品牌策略给予更高程度的重视,因而这里把它作为一种独立的差异化手段。所谓品牌差异化,不仅是要企业给自己的产品设计和注册一个不同的品牌名称,而且是更强调这个品牌名称必须能够让顾客对企业或企业的产品产生有效的联想,因此企业必须通过各种促销活动宣传产品品牌,丰富产品品牌的内涵,提高产品品牌的定位,树立良好的产品品牌形象,不断提高产品品牌的知名度和美誉度。

3. 价格差异化

企业通过为自己的产品制定不同的价格,即高于、低于竞争性产品的价格来提示顾客本企业产品差异的存在。如有的企业把自己的产品定位为高档产品,它的价格往往就会高于其他同类竞争性产品,这个高价格传递给顾客的信息,是这个企业或品牌的产品质量比其他同类竞争者的产品更好。有的企业采取市场跟随者的竞争策略,在模仿领先者产品主体特征的同时,其产品价格始终与市场领先者产品的价格保持一定距离,这一价格传递给顾客的信息是,我们的产品与市场领先者的产品差异不大,但我们的产品价格更便宜。

4. 渠道和促销差异化

企业通过选择产品不同的分销途径,也可实现一定程度的产品差异化,有的企业通过第三方中间商销售产品,有的企业通过建立自己的零售店直接销售产品,有的企业采用特许经营的分销网络等。促销差异化是企业通过利用独特的促销手段,包括广告、销售促进、人员推销和公共关系等,建立顾客对产品差异化的认知。有的企业重视广告媒体宣传,有的则重视人员推销,有的企业在利用公共关系方面获得很大成功,有的则擅长开展各种形式的销售促进。对不同促销手段的利用,可以让顾客感知到企业与众不同的特色。

5. 服务差异化

服务被视为是产品的延伸部分,但近年来,随着技术进步和激烈竞争,核心产品差异化的空间不断缩小,企业开始高度重视服务这个能为产品提供附加值的要素。尤其是对于有形商品相对的服务产品而言,服务差异化通常是一种更为重要的差异化手段。

(四) 产品差异化与市场结构

通过产品差异化,企业可以寻找到属于自己的稳定的目标市场,它所生产的产品被其他竞争性产品替代的可能性也就降低,结果可能是损害完全竞争的局面,使市场结构向着垄断竞争的趋势发展,最终可能导致寡头垄断甚至完全垄断的市场结构。产品差异化主要从以下两个方面影响市场结构。

(1) 影响市场集中度。市场上规模较大的企业通过扩大产品差异化程度,可以保持或提高企业的市场占有率,从而保持或提高市场集中度水平;市场上规模较小的企业也可以通过产品差异化提高自身的市场占有率,从而降低市场的集中度水平,或改变行业市场的规模分布结构。

(2) 形成市场进入壁垒。现有企业的产品差异化可以使顾客对该企业的产品形成偏好甚至一定的忠诚度,这对于企图进入市场的新企业来说,无疑构成了一定程度的进入壁垒,换言之,这些试图进入市场的企业也必须通过自己的产品差异化行为,寻找新的目标市场的顾客或者争取原有企业的顾客转换品牌。市场的产品差异化程度越高,新企业进入市场的壁垒就越高。

案例4-2

宝洁公司的水平差异化

针对消费者对洗衣粉的不同偏好,宝洁公司为了满足不同细分市场的特定需求,将洗衣粉划分为如下几个品牌,并赋予了不同的品牌个性,成功地占领了美国大半的洗涤剂市场。

(1) 汰渍。洗涤能力强,去污彻底。能满足洗衣量大的工作要求,是一种用途全的家用洗衣粉。汰渍一用,污垢全无。

(2) 奇尔。具有杰出的洗涤能力和护色能力,能使服装更显干净、明亮。

(3) 奥克多。含有漂白剂,可使白色衣服更洁白,花色衣服更鲜艳。

(4) 格尼。最初是宝洁公司的加酶洗衣粉。后重新定位为令衣服干净、如同太阳一样让人振奋的洗衣粉。

(5) 波德。加入了织物柔软剂,既能清洁衣服,柔软织物,又能控制静电,还具有新鲜香味。

(6) 象牙雪。纯度达到99.44%,碱性温和,适合洗涤婴儿尿布和衣服。

(7) 卓夫特。也用于洗涤婴儿尿布和衣服,但含有"天然清洁剂"硼石。

(8) 达诗。是宝洁公司的价值产品,能有效去除污垢,但价格相当低。

(9) 时代。

讨论: 请根据宝洁公司的做法,总结企业产品差别化的路径与方法。

案例4-3

海尔的差异化服务

人们在购买家电的时候,首先想到的就是海尔。在国内外著名家电品牌琳琅满目的市场当中,为什么海尔脱颖而出?是海尔的服务尤其是售后服务,在当年诚信比较缺乏的家电市场将海尔与其他品牌区别开来。

20世纪90年代中后期,中国以前所未有的态势融入世界经济体系,大量高质量、高科技的外国家电产品涌入中国市场。海尔在对世界先进企业和市场调研基础上,得出结论:在未来年代里,占有市场份额的多少将成为决定企业命运的关键,而企业服务水平的高低和产品的不断创新又在很大程度上决定了市场份额的占存。

在海尔看来,"消费—服务—生产"已经成为当今世界先进经营秩序的基本框架,服务起着沟通消费和生产的中介作用。因此,海尔决策层提出了"服务重于利润"的思想,并就此制定了二次创业的核心目标:以开展星级服务成为中国家电第一品牌为中心,以市场份额的不断扩大和产品的不断创新为重点,在2000年把海尔建设成为国际化的企业和跨国集团公司。

在"用户就是我们的衣食父母""用户永远是对的"这些服务理念的指导下,海尔订立了"高标准、精细化、零缺陷"的星级服务目标,设计了"售前、售中、售后"的星级服务内容。

售前服务——其实介绍产品的特性和功能,通过耐心讲解和演示,为顾客答疑解惑;售中服务——在有条件的地方实行"无搬动服务",提供送货上门、安装到位、现场调试、月内回访等项目;售后服务——通过互联网等先进手段和客户保持紧密联系,出现问题及时解决,以百分之百的热情弥补工作中可能存在的万分之一的失误。

正是服务使得海尔家电和其他品牌的家电形成了服务差异,赢得了消费者的偏好。当然,海尔的售后星级服务也不是尽善尽美的,也有消费者对海尔的售后服务表示不满,并进行投诉。这种不满只会激励海尔人以更大的热情去弥补工作中存在的失误,换来消费者百分之百的满意。

讨论:试分析服务差异化的方法与效果。

五、进入与退出壁垒

在市场经济条件下,某一行业领域企业数量与规模直接影响市场的集中程度与市场结构形态。而企业的进入与退出又会影响特定产业市场中企业的数量与规模。企业能否进入或退出某一产业市场,其中的关键因素之一就是进入与退出壁垒的高低。产业组织理论十分重视对进入与退出壁垒的研究,而且还把它作为市场结构的另一决定性因素来分析。其理论研究成果对于政府的产业组织政策产生了极为重要的影响。

(一) 进入壁垒的含义

对于进入壁垒,目前没有一个统一的定义。贝恩主要从结构角度进行了分析。他认为,进入壁垒就是"某一产业中的在位者相对于潜在进入者所具有的优势,这些优势反映在在位者能够把价格提高到竞争性价格水平之上,而又不会招致新厂商的进入"①。施蒂格勒则从社会福利和企业外部环境角度提出了一个建立在在位者与进入者之间成本不对称基础上的进入壁垒概念,他认为进入壁垒是指那些"新厂商进入一个市场所负担的,而这一市场中的在位者不负担的生产成本"②。冯·维茨塞克认为,"进入壁垒是一种生产成本,它必然是由谋求进入一个行业的企业承担,而不是由已处于该行业中的企业承担;并且从社会的角度看,这意味着资源配置的扭曲"③。尽管学者们对进入壁垒的解释各有侧重,但是,有一个共同点就是,进入壁垒就是新企业进入某一市场领域所遇到的障碍。

(二) 进入壁垒的成因与分类

进入壁垒的形成主要来自于市场内部在位企业的竞争优势及其策略性行为和市场外部的政府管制政策。我们可以把进入壁垒分为三类:一是结构性壁垒或经济性壁垒;二是行为性壁垒或策略性壁垒;三是制度性壁垒或政策性壁垒。

1. 结构性壁垒或经济性壁垒

结构性壁垒是由于在位者与潜在进入者之间存在经济与技术上的差异而形成的壁垒。一般情况下,这种壁垒主要是在位者在经济与技术方面比潜在进入者具有更为优越的客观条件和竞争优势,进而对潜在进入者形成进入障碍。贝恩分析的结构性壁垒或经济性壁垒有四种:一是在位者的绝对成本优势。源于在位者较大规模和稳健经营产生的低成本的大量资金来源、通过边干边学和研究开发而来的优越生产技术。这种进入的"规模壁垒"尤其会阻碍进入那些 MES 水平较高、资本密集型的产业。二是产品差异。产生于购买者对某一产品的偏好和忠诚、在位者已占领的合适的市场位置和产品空间。比如由于消费者信息的不完备,倾向于购买已熟悉的产品品牌,对新进入者的产品品牌不熟悉而不购买。在位者的这种优势属于"先动优势"。要克服消费者的这种偏见,进入者就得花费大量资金进行宣传,从而包括销售费用在内的总成本就会高于在位者的成本水平。三是规模经济。一方面规模经济使得大规模生产的成本降低,因此筹集大量资金建设经济规模工厂的必要性凸显;另一方面规模经济的存在也使进入后生存下来的难度增大。在位者为了阻止进入可能会威胁进入者,如果产业的规模经济显著,在位者占有较大市场份额,则这种威胁就是可置信的。四是特有资源。主要指专利权、特许权、对关键性原材料的控制以及一切可阻止进入的其他因素。

2. 行为性壁垒或策略性壁垒

行为性壁垒或策略性壁垒产生于在位者的行为,特别是在位者可以采取行动提高结构性壁垒,扬言一旦进入就采取报复行动。这种威胁必须具有可置信性,即一旦进入发生,在

---

① J. S. Bain. *Barriers to New Competition*, Harvard University Press, 1956: 3.
② J. 乔治·斯蒂格勒. 产业组织与政府管制[M]. 中译本,上海:上海三联书店,1999.
③ 臧旭恒,徐向艺,杨蕙馨. 产业经济学[M]. 北京:经济科学出版社,2005.

位者有积极性采取报复行动,如过剩生产能力的投资就是一种可置信的威胁。对策略性壁垒的研究具有重要的理论意义和现实意义,它直接影响潜在进入者的进入决策和在位者的竞争战略。贝恩认为,在位者面临进入威胁时可能采取三种策略,一是进入封锁,即在位者展开竞争,对意欲进入者故意不予理睬,造成市场对进入者不具有足够吸引力的表象。二是进入遏制,即在位者不能对进入者实行封锁,但可以调整自己的行为以挫败进入。三是进入容纳,即在位者发现容许进入比建立代价高昂的进入壁垒要合算。依据贝恩的分析,经济壁垒的高低可以用行业价格与平均成本的差额来衡量。行业价格与平均成本的差额越大,该行业的进入壁垒越高。从长期看,价格之所以能高于平均成本,厂商能获得超额利润,是因为进入壁垒阻碍了新厂商的进入,从而价格不能像完全竞争市场上那样与长期成本的最低水平保持一致。一旦价格高得超过了进入壁垒和规模经济所能保护的水平,在位者的超额利润高得诱人,进入就会发生。进入的结果是供给增加,价格逐步回落到接近完全竞争市场上的长期均衡价格,当价格等于边际成本等于平均成本时,超额利润消失,进入就会停止。因此,建立进入壁垒只是竞争战略的一个方面,诱导竞争对手退出则是同一问题的另一方面。

3. 制度性壁垒或政策性壁垒

这种壁垒是由于政府的进入管制或限制性条件而形成的壁垒。施蒂格勒将政府管制视为一种人为的壁垒,并据此提出了一系列改革政府管制政策和产业政策建议。波特在论述企业战略决策时同样强调政府在产业进入与退出中的作用,认为政府通过许可证和对空气、水、环境等的保护条例能够限制甚至封锁进入,反之,政府在某些领域提供的特惠政策或补贴则有助于进入。制度性壁垒或政策性壁垒一般包括工商登记注册制度、许可证制度、专利制度以及其他一些管制性措施。各国的工商登记制度都对企业和商户进入某一行业领域的进入条件(包括必要的注册资本、行业性质等)做出了明确规定,实际上也就是为企业设置了进入某一行业的进入门槛。只有达到或符合这些条件的企业才能进入,否则就不能进入或被视为非法生产经营。许可证是由政府部门颁发的进入某些行业的合法证明,例如航空、公路运输、电视、电信、特殊产品如药品的生产、医疗、卫生等,都必须取得政府部门相应的许可证明。没有获得许可证的企业就不能进入这些领域。专利是保护,是对新产品发明在一定期限内不被模仿的证明,其目的在于鼓励发明创造、促进投资和技术创新,并创制产权。但专利制度也构成了非专利所有人的技术壁垒。除此之外,政府还会对许多经济活动进行规制。例如,涉及生产安全、产品质量、生态环境等方面的管制,都对企业进入某一行业构成限制性条件和进入壁垒。

(三) 进入壁垒的度量

对于进入壁垒的高低,可以通过以下两种途径进行度量。

一是运用描述性指标进行综合评价。这些描述性指标有经济规模与市场总规模的比例、必要资本量、产品差别化程度、绝对费用、产业和企业专利特许数量、交易和审批等各方面的制度规定等。

例如,对于汽车行业的进入壁垒情况,我们可以从以下几个方面作综合性描述:首先,规模经济实现程度。国外经验表明,汽车行业最低经济规模一般要在年销售30万—40万辆之间。由此可以对比我国汽车企业年产规模,考察其是否达到了规模经济要求。其次,产品差别壁垒。汽车产业的产品差异化程度较高,这种差异主要是因为消费者对不同品牌的认知不同。例如,宝马、奔驰等这样一些品牌在消费者心中都具有不同的地位。汽车的销售与消费者对品牌的认识、忠诚度有着密切的关系。在这种情况下,新品牌的进入面临较大的困难。再次,必要资金壁垒。汽车生产需要前期购买生产用地、建设厂房、购买生产线、模具、雇用员工,打通原材料与销售环节等活动,需要大量的启动资金。在我国,每形成一辆轿车的生产能力需投资3万元人民币。还有,汽车产业的沉淀成本巨大。汽车产业的资产业专用性强,专业协作程度高,产品转换成本高。转换一条生产线需要上亿美元的投资。最后,分析技术壁垒。法拉利、本田等大型车企业每年的研发费用都在3亿美元以上;通用等企业的研发费用更是达到百亿美元。高新技术的开发需要大量资金的同时,也面临着结果不确定的风险。

二是运用阻止进入价格指标进行度量。一个特定产业的进入壁垒高低,可以用该产业的最高阻止进入价格高于该产业平均成本的百分比的大小来测定。所谓最高阻止进入价,是指能够阻止新企业进入的价格的最高值。在完全垄断条件下,由于垄断企业可以完全阻止新企业进入该领域,当企业把价格确定在完全垄断下利润最大化的价格水平时,新企业无能力或无意进入这个市场,这时的进入壁垒最高;如果在竞争性市场上,企业把价格确定在均衡价格水平之上,哪怕是略高一点,企业就有超额利润,新企业就可进入,说明进入壁垒相对较低。

(四)退出壁垒及其成因

退出壁垒是指当某一产业的在位者不能赚取到正常利润而决定退出时所遇到的障碍、所要负担的成本,或者说已经投资还未能收回的那部分投资在退出时依然还不能收回,即沉淀成本。

形成退出壁垒的因素是多样的,经济因素形成的退出壁垒主要表现为沉淀成本,政府的干预、法律法规等均能形成退出壁垒。具体来说,退出壁垒的构成因素包括:一是资产专用性和沉淀成本。如果企业投资的资产专用性很强,则在企业退出这一产业时,这些巨额资产往往难以出售或变现,如果这些资产根本无法转让或只能以相当低的价格出售,则其出售价格和企业投资额扣除折旧后的差价就是沉淀成本。沉淀成本越大,企业退出市场的壁垒也就越高。二是解雇费用。企业在退出某一市场时,必然会解雇员工。根据合同法或劳动法的规定,解雇员工须支付退职金、解雇工资,企业如果需要转产,员工继续留在企业工作,则须培训他们的新技能,培训费用由此发生。三是政策法律的限制。政府为了一定的目标,经常通过制定政策和法规限制某些行业的企业从市场上退出。波特曾经指出,政府在产业退出战略上常常会表现出一些政治上、经济上、战略上及情感上的反应,在某些情况下由于政府干预就业等问题,实现退出几乎是不可能的。[①]

研究表明,构成进入壁垒的因素往往与构成退出壁垒的因素紧密相关,因此一般情况下,进入壁垒低的行业,退出壁垒也可能较低,这种行业的竞争性就比较强;反之,进入壁垒高的行业,退出壁垒也可能较高,这种行业的垄断性就比较强。

---

① 迈克尔·波特.竞争优势[M].北京:华夏出版社,1997.

案例4-4

中国银行业的进入与退出壁垒[①]

一、政策性壁垒

1. 审批权限。商业银行及分支机构的设立、变更、终止及其业务范围,应当经国务院银行业监督管理机构审查批准。任何地方政府、单位、部门不得擅自审批或干预审批。

2. 准入原则。符合国民经济发展需要,符合金融业发展的政策和方向,符合分业经营、分业管理原则,符合金融机构合理布局、公平竞争原则,符合经济核算原则。

3. 注册资本。商业银行注册资本最低限额为10亿元人民币,城市商业银行的注册资本最低限额为1亿元人民币,农村合作商业银行注册资本最低限额为5000万元人民币。村级农村资金互助社注册资本最低10万元,乡(镇)级农村资金互助社注册资本最低30万元;贷款公司注册资本最低50万元;乡(镇)级村镇银行注册资本最低100万元,县(市)级村镇银行注册资本最低300万元;农村信用合作社注册资本最低100万元。近几年成立的新型农村金融机构实际注册资本大都远远超过最低注册资本要求,这说明最低注册资本要求基本不构成农村金融市场的进入壁垒。

4. 高管人员。本科以上学历,金融从业年限8年(国有银行10年);不得犯有贪污、贿赂、挪用财产等罪责,不对经营不善破产和违法吊销执照的公司负个人责任;熟悉有关法律,正确贯彻执行国家经济方针,有丰富专业知识,有很强管理、业务工作能力。

5. 分支行设立。设立股份制商业银行分行应由总行拨付不少于1亿元人民币的营运资金,支行不少于5000万元人民币,累计总拨付不能超过总行资本金的60%。

6. 其他有符合《中华人民共和国商业银行法》《中华人民共和国公司法》规定的章程,有健全的组织机构和管理制度,有符合要求的营业场所和其他设施。

二、经济性进入壁垒

1. 规模经济壁垒。近年来,国内学者对中国银行业规模经济状况进行了一系列研究,结论是,规模过大和规模过小的银行都存在规模不经济现象,因此银行的规模不必要过大。规模经济壁垒在一定范围存在,但不构成主要进入障碍。

2. 产品差异壁垒。中国银行业的产品差异主要体现在对国有四大银行的地位及规模偏好上。这是因为银行业提供的服务比较特殊,顾客对新银行容易产生不信任感,更偏好资本雄厚的大银行;再加上作为银行最主要客户的国有企业又与四大国有银行有着天生的密切联系,从而导致新银行进入困难。

3. 绝对成本优势。银行业的绝对成本优势壁垒,即在位银行与新进入银行相比,除了具有产品生产以外的费用优势,还有特殊的稀缺资源。一是客户资源是银行业的稀缺资源。与新进入的银行相比,在位银行拥有稳定的客户群和营销网络。新进入者首先需要建立一个完善的营销服务网络。二是在争取客户时需要寻找、采集及挑选潜在客户的信息,需要游说对方与自己签订合约,这些都需要新进入者比在位者付出更高的交易成本。特别是

[①] 于良春,王冠.中国银行业进入壁垒的理论与实证分析[J].当代财经,2007/07.

签订合约时，客户很可能是在位银行的老客户，新银行往往需要承诺更优厚的贷款条件和其他好处才能争取到别人的客户，从而导致费用支出过高。二是人力资源也是银行业的稀缺资源。在位银行一般都有熟练的操作人员、有良好人际网络的营销人员以及较高素质的管理人员。新银行必须花费大量的培训费用来培养新人才，或者提供更高的报酬来吸引有经验的工作人员。因此，新银行需要支付的额外费用越高，在位银行的绝对成本优势越大，银行业的进入壁垒就越强。

4. 必要资本量。必要资本量是指进入某一市场所必需的资本投资；必要资本量越大，筹资就越困难，这就形成了必要资本量进入壁垒。中国相关法律规定的商业银行最低注册资本金为10亿元人民币，按照2004年颁布的《商业银行资本充足率管理办法》对8%的资本充足率要求，实际需要的资本金更远远高于10亿元。然而，银行业对资本的需求规模相对于中国现在的游资规模来说，必要资本量壁垒并没有那么高。因此，与其说高资本需求造成银行业进入困境，不如说是由于没有合理的资金疏导渠道（主要是政策因素）造成银行业的高进入壁垒。

三、退出壁垒

具体来说：第一，银行业固定资产的专用性不强，有形资产的沉没成本不大；但银行业是收售信用的行业，品牌、商誉等无形资产是其重要的资产，银行长期积累的品牌优势、商誉等在退出时是无法收回的。第二，银行业存在显著的信息不对称，新银行没法很快取得客户的信息，也没法很快与客户形成稳定的关系，在位银行可以充分利用这种信息优势维持自身市场地位，阻止新银行进入；相反，当银行退出时，不但信息成本无法收回，客户信息这种重要的资源也将损失掉。第三，中国的银行进入受到国家的严格管制，新银行进入耗费大量的人力、物力，在银行退出时也会成为沉淀成本。第四，职工解雇困难也是银行退出的重要阻碍因素。一家银行机构撤销，不仅要支付员工的退休金、解雇工资等直接费用，而且由于中国的市场机制还不健全，解雇人员无法顺利转入其他行业，间接的协调成本也很大。第五，国家监管机构限制银行机构退出的制度政策造成了最大的退出障碍，中国对银行机构退出有严格的管制，目前退出的主要途径是由其他银行接管或兼并退出的银行。这些退出壁垒的因素，同时也会造成进入障碍。

讨论：请根据上述案例总结进入壁垒的具体类型，并进一步分析中国金融业的进入壁垒对金融业运行绩效的影响。

学习要点

1. 在产业组织理论中，市场结构是指某一产业市场的一种状态，它构成了企业的外部环境与市场条件，从根本上反映的是市场中企业间的相互关系，特别是垄断与竞争关系。市场结构对于企业决策及其行为选择，以及整个市场的运行绩效具有重要影响。

2. 影响和决定市场结构的因素很多，包括企业规模、企业生产工艺与技术装备水平、生产经营成本、产品价格及其需求价格弹性、产品差别化程度、进入与退出壁垒、市场容量、消费者收入与偏好、企业策略性行为、政府政策与法律法规等。但主要决定因素是市场集中度、产品的差别化程度、进入与退出壁垒、产品需求的价格弹性、市场容量及其增长率、短期成本结构等。

3. 市场集中度是指特定产业或市场中买者或卖者具有怎样的规模分布的一个指标,是产业组织理论用来反映市场竞争或垄断程度的最基本概念,也是产业组织理论用来划分市场结构类型的一个标准。构成集中度指标的因素有两个:一是市场中的企业数量;二是市场中企业的市场份额及其分布。衡量市场集中度的指标主要有行业集中度指标、洛伦兹曲线、基尼系数、赫芬达尔-赫希曼指数等。

4. 一般而言,集中度指标值越大,市场的垄断程度越高;集中度指标值越小,市场的垄断程度就越低,集中度与垄断是正相关关系。但是,我们不能简单地把集中度指标值与市场垄断程度画等号。也就是说,有些情况下,集中度高的市场领域,企业的垄断程度不一定就高;集中度低的市场领域,企业的垄断程度也不一定低。要考虑影响市场结构的其他因素进行综合分析。

5. 规模经济是指在投入增加的同时,产出增加的比例超过投入增加的比例,单位产品的平均成本随着产量的增加而降低,即规模收益(规模报酬)递增的现象。

6. 规模经济的实现不仅需要企业具备一定的最低经济规模,而且受许多因素影响。这些因素包括企业生产技术装备水平、生产经营成本(包括要素采购成本——流动资产和固定资产的投资成本、融资成本、库存成本、运输成本、营销与交易成本、组织管理成本等)、企业内分工专业化情况、企业产权安排和治理结构、组织管理效率、企业所属行业属性、市场需求情况以及国内外政治与经济环境等。所以,企业规模经济的实现不能简单地与企业规模画等号。

7. 确定企业最佳规模应当考虑以下客观条件:一是产业生产工艺和技术装备的特点;二是市场规模及需求成长率;三是生产要素的供给条件。确定企业最佳规模的定量分析方法有:平均成本比较法、盈利水平比较法、增量成本分析法、生存技术法等。

8. 范围经济是指当一个企业联合生产两种或多种产品时,其成本比两个或多个企业各自单独生产一种产品的总成本要低。范围经济产生的主要原因:一是投入要素具有多重使用价值;二是充分利用品牌优势和营销网络;三是组织管理效率的覆盖面扩大。

9. 所谓产品差异化,是指企业在其提供给顾客的产品上,通过各种方法造成足以引发顾客偏好的特殊性,是一种有效的非价格竞争手段。产品差异化的实质是产业内相互竞争的企业所生产的产品之间不可完全替代。产品差异化程度可以用产品需求的交叉弹性和广告密度来度量。产品差异化对市场结构有重要影响:一是影响市场集中度,二是形成差异化壁垒。产品差异化的决策方法有:产品主体差异化、品牌差异化、价格差异化、渠道和促销差异化、服务差异化等。

10. 进入壁垒就是新企业进入某一市场领域所遇到的障碍。进入壁垒分为三类:一是结构性壁垒或经济性壁垒;二是行为性壁垒或策略性壁垒;三是制度性壁垒或政策性壁垒。对于进入堡垒的高低,可以通过两种途径进行度量:一是运用描述性指标进行综合评价。这些描述指标有:经济规模与市场总规模的比例、必要资本量、产品差别化程度、绝对费用、产业和企业专利特许数量、交易和审批等各方面的制度规定等。二是运用阻止进入价格指标进行度量。

思考：

1. 什么是市场结构？其主要决定因素有哪些？
2. 什么是市场集中度？其度量方法有哪些？
3. 集中度与市场结构、市场垄断程度及企业获利能力各有什么关系？
4. 什么是规模经济？其实现条件各有哪些？
5. 什么是范围经济？其主要成因包括哪些？
6. 什么是产品差异化？它对市场结构有什么影响？如何进行产品差异化决策？
7. 什么是进入壁垒？进入壁垒的构成因素及其类型包括哪些？
8. 选择我国一些行业(如汽车、家电、服装、有色金属、化工、金融保险、医药、医疗服务和物流等行业)进行案例分析,分别从集中度、规模经济、产品差异化、进入壁垒、退出壁垒等几个方面,分析其市场结构状况及其对市场绩效的影响。

第五章

市场行为

市场行为是指企业在市场上为适应市场环境要求、实现自身目标而采取的各种战略性与策略性行动。企业行为复杂多样,按照其性质可分为一般性行为和策略性行为;按照其内容可分为价格行为和非价格行为,非价格行为又可分为以控制市场和影响价格为基本特征的合谋行为和纵向约束行为,以产权变动和组织调整为特征的并购行为,以提高竞争力、拓展市场为目的的促销行为等。本章主要对企业在市场上的一般性行为和部分策略性行为(如掠夺性定价、歧视性定价和限制性定价,以及企业并购和纵向约束行为等)进行阐述。而对于寡头企业的其他策略性行为,由于它涉及企业间的策略博弈问题,所以将在第七章中再行阐述。

一、企业定价行为

对产品或服务进行定价是企业在市场中的基本行为。企业定价行为可以划分为一般性定价行为和策略性定价行为。企业一般性定价方法可分为以成本为导向的定价方法、以竞争为导向的定价方法和以市场为导向的定价方法。策略性定价行为一般是指企业为打击竞争对手或阻止新企业进入而采取的策略性价格行为,主要表现为掠夺性定价、限制性定价、歧视性定价等。

(一) 企业定价的影响因素

影响或制约企业定价行为的因素很多,既包括企业自身的内部因素,又包括企业的市场因素、社会因素和政策因素等外部因素。

1. 企业自身因素

从企业内部来看,影响企业定价行为的因素包括:一是企业目标。企业目标各异,有的企业追求利润最大化,有的企业只为获取满意的收益率甚至只是为了维持生存;有的企业则追求市场份额最大化或产品质量最优化;还有的企业追求多目标效用最大化。正是因为企业所追求的总体目标不同,其定价所采取的策略与方法也就不同。同时,企业定价时还必须要有一个与企业总目标、市场营销目标相一致的定价目标,将其作为确定价格策略和定价方法的依据。二是产品成本。成本是影响产品价格的主要因素,包括生产成本、流通成本、营销成本、利润、税收等。在市场竞争中,产品成本低的企业,对价格制定拥有较大的灵活性,在市场竞争中将占有有利地位,能获得较好的经济效益。反之,在市场竞争中就会处于被动地位。三是产品特征。产品特征包括产品的质量、规格、包装、品牌、需求价格弹性和收入价格弹性等,是足以吸引消费者偏好的主要因素。另外,销售渠道与促销宣传以及企业的整体营销战略与策略也对企业定价有重要影响。

2. 外部环境因素

影响企业定价行为的外部因素包括:一是社会劳动生产率的变化会引起单位产品价值的变化,作为产品价值的货币表现的价格也要发生变化。二是市场容量和市场供求关系。供求关系决定价格背离或趋向价值的方向、程度和力度。三是社会经济状况与人们的收入水平。一般来说,经济高速发展,人们收入增长较快,易出现总需求膨胀,引起物价总水平上涨;而经济调整时期,经济发展速度放慢,人们收入增长减缓,易出现有效需求不足,引起物价总水平基本稳定。四是顾客需求。顾客的需求强度、需求层次对定价有很大影响。五是竞争对手的状况与行为。定价是一种挑战性行为,任何一次价格制定与调整都会引起竞争对手的关注,并导致竞争对手采取相应对策。六是市场结构状况。不同类型的市场有不同的运行机制和特点,对企业行为具有不同的约束力,因而在定价方面表现出显著的差异性。七是政府干预。每个国家都制定有关的经济法规,以约束企业的定价行为。这种约束反映在定价的种类、价格水平和定价的产品品种等方面。

(二) 一般性定价方法

企业一般性定价方法可分为以成本为导向的定价方法、以竞争为导向的定价方法和以市场为导向的定价方法。这里我们只介绍以成本为导向的定价方法。

1. 企业定价理论模型

我们知道,在完全竞争市场上,企业只是价格的接受者,对市场价格没有任何影响力,因此企业只要控制生产成本,并且按照边际成本等于市场价格的原则进行生产即可。这时 $P=MR=MC$。而另一种情况则是,企业只能根据自身能力和市场竞争状况保持收支平衡,无法获取利润,这种情况下的总体定价就是平均成本定价,这时 $P=AC$。

当企业具有一定市场力量时,企业就可以影响市场价格。完全垄断、寡头垄断和垄断竞争市场的垄断企业都可以影响市场价格,只是程度不同而已。寡头垄断和垄断竞争的企业不是价格的接受者,但也不能完全决定市场价格,而完全垄断中的企业则是市场价格的唯一决定者。因此,垄断企业除了要考虑生产成本外,还必须考虑产品定价问题,以攫取更多的消费者剩余,实现其利润最大化。当市场上只有一个供应者时,就出现独家垄断①。垄断企业所面临的需求曲线就是整个市场需求曲线。垄断企业的目标是利润最大化,即:

$$\max \pi(Q) = TR - C(Q) = PQ - C \tag{5-1}$$

利润最大化的条件为:

$$\frac{d\pi}{dQ} = P + Q \cdot \frac{dP}{dQ} - C' = P\left(1 + \frac{Q}{P} \cdot \frac{dP}{dQ}\right) - MC = 0 \tag{5-2}$$

由于需求弹性

$$e = -\frac{dQ}{dP} \cdot \frac{P}{Q},$$

则有,

$$\frac{d\pi}{dQ} = P\left(1 - \frac{1}{e}\right) - MC = 0$$

即

$$P_m = \frac{MC}{1 - \frac{1}{e}} \tag{5-3}$$

式(5-3)就是垄断企业的定价原则。该垄断定价的经济含义是:垄断产生了价格偏离边际成本的可能,其偏离的程度与产品的需求价格弹性成反比。如果价格需求弹性趋于无穷

---

① 垄断分为市场垄断、自然垄断和行政垄断。这里是指的市场垄断。

大,定价就接近于边际成本。由于 $P_m>0$,因此有 $|e|>1$。在完全竞争市场上,企业是价格的接受者,价格的微小的变动会导致(对企业)需求的巨大变动,因此需求的价格弹性 e 无限大,从而可知完全竞争市场上企业的定价原则为 $P=MC$。

2. 成本加成定价

成本加成定价法是指以企业成本为基础的一种定价方法,既适用于企业产品出厂定价,又适用于市场销售定价。其具体又包括完全成本加成定价法、加工成本加成定价法、变动成本加成定价法、边际成本加成定价法、平均成本加成定价法等。这里主要介绍完全成本加成定价法,它是企业以生产或销售的总成本为基础,加上一定的利润和税金,再以产品产出或销量相除,从而计算出单位产品价格的一种定价方法。其中,完全成本是由固定成本和变动成本 组成的。这种定价方法又称加额法或成本基数法,其计算公式如下[①]:

$$单位产品价格=(完全成本+利润+税金)\div 产品产量$$

或者,单位产品价格=单位产品完全成本$\times$(1+利税率)

在计算商业企业成本售价时,上述的产品产量可用产品销售量替代。

例如,某童装厂生产 1000 套童装,固定成本为 3000 元,单位变动成本为 45 元,确定成本利润率为 26%,综合税率为 4%,则其单位成本价格=(3000+1000$\times$45+48 000$\times$26%+48 000$\times$4%)$\div$1000=62.40(元),或者,[(3000+1000$\times$45)$\times$(1+26%+4%)]$\div$1000=62.40(元)。

完全成本加成定价法的优点包括:一是计算简单,手续简便。企业只需在产品成本基础上加上利润和税金即可。二是能缓和竞争。同业各个企业如果都采用此法,则在生产条件基本相同的情况下,产品的销价大体一致,不会引起较大的价格战。三是对买卖双方较公平,容易被双方接受。在完全成本加成定价法下,卖方"以本求利",可保持合理的收益,买方也不至于因需求强烈而付出高价。因此,这种定价方法是企业定价的一种基本而普通使用的方法,它是成本导向定价法的最基本形式。但这种方法也有明显的局限,即没有考虑市场需求的变化和竞争的影响。因而主要适用于卖方市场条件下的企业产品定价。

3. 目标利润定价

目标利润定价法是以总成本和目标利润作为定价基础。使用时先估算出来可能达到的销售量和总成本,在保本分析(收支平衡)的基础上,加上预期的目标利润额,或是加上预期的投资报酬额,然后再计算出具体的价格。其计算公式如下:

$$单位产品价格=(总成本+目标利润额)\div 预计销售量$$
$$投资报酬额=总投资额\times 投资回收率$$

例如,某产品预计销售量为 50 000 件,总成本为 25 万元,该产品的总投资额为 40 万元,要求五年收回投资,投资回收率为 20%,则该产品的售价为:投资报酬额=40$\times$20% = 8(万元);单位产品价格=(250 000+80 000)$\div$50 000=6.6(元)。

目标利润定价法简便易行,可提供获得预期利润时最低可能接受的价格和最低的销售量。

---

① 另外,完全成本加成定价还有两种计算方法,即外加法和内扣法。外加法的计算公式为:产品价格=完全成本$\times$(1+成本利润率)$\div$(1-税率);内扣法的计算公式为:产品价格=完全成本$\div$(1-销价利润率-税率)。

它常为一些大型企业和公用事业单位所采用。西方许多大型公司以此法定价。美国通用汽车公司就以总投资额的15%～20%作为每年的目标利润,计入汽车售价中。这种方法的缺点与收支平衡法相同,都是以销售量反过来推算出价格,而价格却是销售量的重要影响因素。

4. 收支平衡定价

收支平衡定价法又叫盈亏平衡定价法、损益平衡定价法、临界点定价法等,它是以产品销售收入和产品总成本保持平衡为原则的定价法。在已知产品销售量的情况下,收支平衡定价法的计算公式为:

$$单位产品价格=(固定成本÷收支平衡点销售量)+单位变动成本$$

在已知产品售价的情况下,收支平衡点的销售量计算公式为:

$$收支平衡点销售量=固定成本÷(单位产品价格-单位变动成本)$$

例如,假定某产品固定成本为15万元,单位变动成本为2元,预计销售量为5万件,收支平衡点的单位产品价格为:单位产品价格=(150 000÷50 000)+2=3+2=5(元)。根据计算,当单位产品售价为5元时,企业可以实现收支平衡,即产品总成本和总销售收入都为25万元。

5. 边际贡献定价法

边际贡献是指产品销售收入与产品变动成本之间的差额,用公式表示为:

$$边际贡献=销售收入-变动成本$$

边际贡献定价法又叫变动成本定价法、目标贡献定价法等,是以能够弥补变动成本和获取一定的边际贡献为原则的定价法。边际贡献定价法的具体计算公式为:

$$单位产品价格=单位变动成本+(边际贡献/产量)$$

若边际贡献>0,则其超过部分的收益可用以补偿固定成本。若边际贡献能全部补偿固定成本,则企业不盈不亏。若边际贡献>固定成本,则企业盈利;反之,若0<边际贡献<固定成本,只能补偿变动成本,不能全部补偿固定成本,企业就亏损。当然,如果边际贡献<0,企业就应当放弃该产品的生产,因为此时企业不仅不能够弥补固定成本,而且连变动成本也不能够弥补。

边际贡献定价法是企业在产品供过于求、生产任务不足、承接临时生产任务或产品生命周期处于衰落期时所采用的一种暂时定价方法,其目的是保证开工、维持生存和保住既有的市场,因此,它是一种短期和临时的定价方法。

(三)策略性定价方法

1. 掠夺性定价

掠夺性定价是指某一企业为了把现有其他企业挤出市场和吓退试图进入市场的潜在进入者而降低价格(甚至低于成本),待竞争对手退出市场后再行提价的策略行为。如图5-1所示,假设市场中有两家企业:一老一新;成本函数完全相同。老企业为逼迫新企业退出而将价格由P降至P'。在P'时,市场需求曲线显示企业必须生产Q_2单位产量才能满足市场

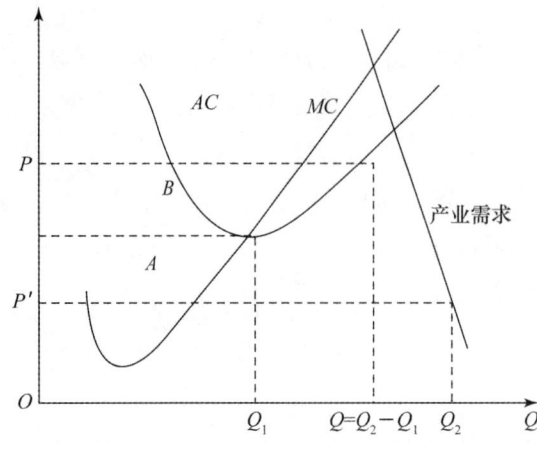

图 5-1 掠夺性定价

需求。如果新企业不退出而生产 Q_1，假设这时新企业的 $MC=P'$，则新企业损失为 A。为保持 P' 这个价格水平，老企业必须生产 $Q=Q_2-Q_1$，以便将总产出维持在 Q_2 水平。因此，老企业的 MC 和 AC 都比新企业高，它将损失 $A+B$，老企业比新企业多损失 B。

这种策略性价格行为有三个重要特征。第一，在掠夺性定价中出现的价格下降，一般是暂时性的。如果价格降低到成本水平以下，发起企业就要承担亏损，但是在把竞争对手驱逐出市场之后，发起企业往往会再度把价格提升到可获经济利润的水平上。这个过程通常是先亏损后盈利，因此掠夺性定价是企业以长期利润最大化为目标的策略性定价行为。第二，在掠夺性定价中企业发动暂时性降价，实质目的是要缩减供给量，而不是扩大需求量。这一点很重要，因为只有在有效控制供给量的前提下，发起企业在驱逐竞争对手后才能提高价格。第三，采用掠夺性定价策略的企业通常是市场上势力雄厚的大企业，因为竞争对手可能不相信企业发出的威胁信号，或者采用"硬拼"策略，因此发起企业必须要具备比其对手更长时期忍受低价造成的亏损，这样才能确保最后的成功。

如果两个企业是对称的，即它们具有相同的成本曲线，则其中实施掠夺性定价策略的一方将比竞争对手付出更大的代价。为维持较低的掠夺性价格，掠夺方企业必须满足在此价格水平上的所有需求，而其竞争对手这时则可自由地减产，以减少损失。这种情况下，掠夺性定价的目的是难以实现的。如果两家企业成本结构相同，在掠夺企业威胁竞争对手时，竞争对手还可能实施反威胁策略，这同样会导致掠夺性定价策略失效。另外，针对掠夺性企业的降价，竞争对手也可通过事前签订的长期合约，稳定客户和价格，以此降低掠夺方成功的可能性。还有，如果市场具有较强的可竞争性，企业退出市场无须承担太大成本，新企业可以采用"打了就跑"策略，多次进出市场，这也会导致掠夺性定价策略不能成功。

可见，掠夺性定价策略的成功，依赖于掠夺方企业具备比竞争对手更明显的竞争优势，如规模优势、成本优势、技术优势和品牌优势等。富登伯格和泰勒尔证明了在资本市场发育不成熟的条件下，规模较大的企业凭借其雄厚的资本实力，在实施掠夺性定价过程中，能够比小企业承受更长期的亏损。由于融资成本过高，小企业将难以在长时期内承受低价损失，从而可能被逐出市场。

2. 限制性定价

限制性定价又称阻止进入定价，是指现有企业通过制定低于诱发进入的价格来防范新企业进入，这一价格水平使潜在进入者认识到进入市场后，预期获得回报将与克服进入障碍以及遇到报复所付出的代价正好相抵，从而放弃进入。如图 5-2 所示①（一种早期解释）：市

---

① 这是一种早期的传统解释，在博弈论应用到该问题的分析之后，这种解释就显得不太准确了。

场中有两家企业：一老一新；成本函数完全相同。若老企业生产 Q_2 并且在新企业进入后仍想保持这一产量，那么新企业面对的是剩余需求曲线 $Q_1=Q-Q_2$，如果新企业不进入，老企业则以价格 P' 销售 Q_2；如果新企业进入，老企业则把价格定在 P_0。而新企业生产 Q_1 时，市场价格 P' 正好等于其平均成本。新企业进入与不进入是一样的。

企业采用限制性定价的直接目的是阻止新企业进入市场，但实质上这是一种牺牲部分短期利润以追求长期利润最大化的行为，因此限制性定价和掠夺性定价一样，都是企业长期定价的策略性行为。不同的是，采用限制性定价

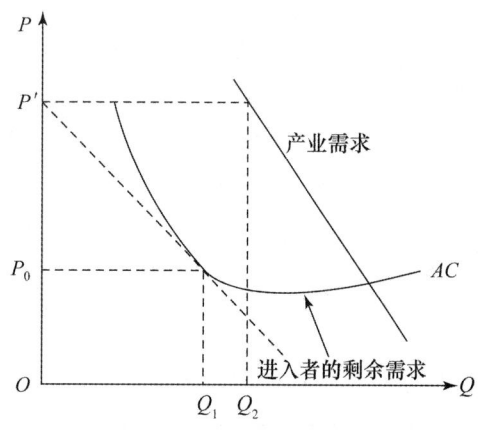

图 5-2　限止性定价

的企业在短期内仍有微利可图，而采用掠夺性定价的企业在短期内处于亏损状态。

如果一个企业在长期内确定价格或产量来减少或消除招致新企业进入它所在市场的动因，那么这个企业采取的就是动态限制性定价策略。例如，作为该行业价格制定者的一家大型主导企业会限定价格以减少或消除一些作为价格接受者的小型从属厂商。虽然主导企业有能力制定一个很高的价格并在短期内维持这个价格水平，但它们往往不愿意这样做，因为市场外潜在的进入者看到的利润越高，就越可能迅速进入，如此最终将导致价格的下降。但另一方面，如果主导企业为了阻止新企业进入而把价格定得很低，则它自身在短期和长期的盈利都会稀薄得多。所以，市场主导企业经常采取的一种做法是先订立一个高价，然后随着新企业的进入逐步降低价格，这样做最符合企业追求长期利润最大化的目标。现实经济活动中，经常看到这样的情况，新产品刚刚导入时价格定得很高，然后迅速回落到竞争性价格水平。新兴产业发展初期，一家或几家企业占有很大的市场份额且竞争者很少，然后随着新企业的不断进入，价格开始下降，最后一些新进入的跟随型企业由于无法承受低价造成的亏损，又不得不退出这个市场。

3. 歧视性定价

企业向不同的消费者以不同的价格销售完全相同的产品就是歧视性定价，或称为差别化定价。实施歧视性定价必须具备三个必要条件：市场力量、信息充分和防止套利。一是企业必须拥有一定的市场势力，否则，就不能自行定价，也就不可能对消费者收取高于竞争性价格水平的价格。二是企业必须了解或者能够推断消费者的支付意愿，而各个消费者的购买意愿必须是不同的，或者说消费者的购买意愿是随购买量而变化的。三是企业必须能够阻止或限制转卖行为，即以低价购买再以高价出售给另外的消费者。转卖的可能性对于任何类型的价格歧视都是关键性的因素。

歧视性定价可分为三种，即一级价格歧视、二级价格歧视和三级价格歧视。

（1）一级价格歧视，又称完全价格歧视，是指垄断企业对消费者索取愿意支付的最高价格，从而获取全部的消费者剩余。如图 5-3 所示，在没有实行价格歧视时，三角形 EP^mA 的面积等于消费者剩余，矩形 P^mACP^1 的面积为生产者剩余，三角形 ABC 的面积为社会福利净损失（DWL）。在短期，生产者剩余等于利润与固定成本之和，而可变利润等于总收入减

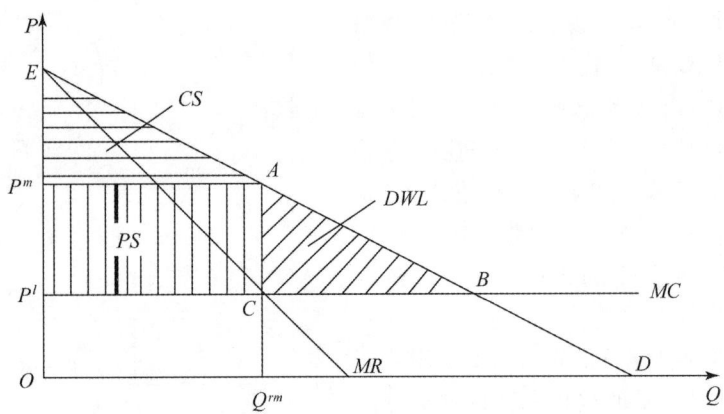

图 5-3　完全垄断市场的消费者剩余和生产剩余

去可变成本,由于总收入等于利润、固定成本与可变成本之和,因此不难看出可变利润就等于生产者剩余。在长期,非完全竞争企业的生产者剩余既包括经济租金,又包括经济利润。对于生产者来说,他们最想得到全部的消费者支付意愿,包括消费者剩余。

不同的消费者对同种商品具有不同的支付意愿,即保留价格(Reservation Price),记为 $v_1, v_2, \ldots, v_n$。根据需求定律,一般来讲。$v_1 > v_2 > \ldots > v_n$。若垄断企业能够清楚地知道每个消费者的支付意愿 v_i,并可以对第 i 个单位的商品收取价格 $P = v_i$,那么就可以获取全部的消费者剩余(如图 5-4 所示)。

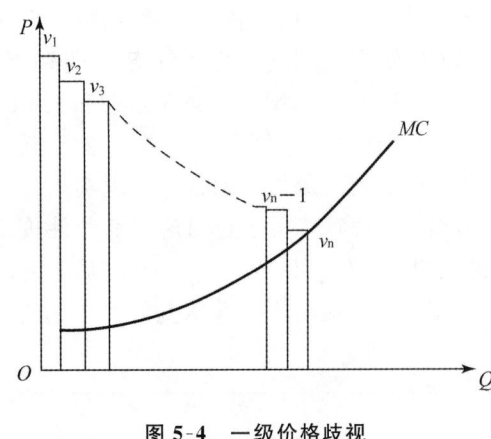

图 5-4　一级价格歧视

从图 5-4 中可以得出几点重要的性质。一是垄断企业获取了全部的消费者剩余,因此其可变利润就等于社会总剩余。二是具有最低支付意愿的消费者的保留价格恰好等于边际成本。因此垄断企业的产量与完全竟争情况下的产量是相等的。三是如果不考虑 CS 和 PS 的分配情况,在完全价格歧视下,垄断企业的生产决策会是社会最优的。

完全价格歧视需要以掌握消费者的偏好为前提,这在实施中是有困难的。因为一般来说企业所了解的关于消费者支付意愿的信息是不完全的,另一方面,垄断企业还必须防止套利行为的发生。

虽然存在上述困难,企业还是能够在预测消费者的保留价格的基础上实施(不完全的)一级价格歧视。特别是,一级价格歧视在企业向产品用户推销非标准化商品时得到了广泛运用。交易中企业代表通过讨价还价和用户达成最终价格协议。讨价还价过程就是企业对顾客的需求进行估计、摸底、试探、商议的过程。对顾客实行一级价格歧视的关键是视每个顾客的具体情况不同而确定不同的讨价还价的起点、让步幅度和妥协点。企业通过试探估计顾客个体对其产品价值的看法,然后确定报价起点。由于企业和顾客对产品成本信息的不对称性及产品满足顾客需要的紧迫性,顾客往往高估产品成本,因而错误地抬高了产品的心理价值。企业便能以一个高报价进一步抬高产品的心理价值,在此基础上以强硬的立场迫使顾客做出较大让步,成功地索要了保留价格,最大限度获取该顾客的消费者剩余,增加自己的盈利。

原联邦德国的公立小学在对学生收费时就是根据每个学生入学时填写的家庭收入情况确定该学生的收费数额;为其他企业定制大型机械设备的企业根据用户申请定制单中的自我介绍单独报价;集贸市场中的服装摊贩则根据潜在顾客的富有程度(如观察顾客的服饰或揣测其职业)做出不同的让步等。这些做法均是以尽可能多地掌握顾客信息从而提高一级价格歧视的准确性这一原理为出发点的。

(2) 二级价格歧视。二级价格歧视是指厂商根据产品的购买数量设定不同的价格,分批定价销售。顾客如果只购买很少数量,产品单价就较高;如果顾客购买数量超过一定的数量,则产品单价下降。现实经济中的数量折扣就是这种价格歧视的应用。二级价格歧视在现实生活中的运用主要有以下几种形式。

一是"区时定价"。这在服务业特别是旅游业中最为常见。例如,旅游旺季时,飞机票、火车票、景点门票和旅馆的住宿费都会不同程度的上涨,而旅游淡季时这些价格又会下调。又如,有些在周末飞往目的地的机票常常会打折,这是因为商务旅行通常发生在工作日,非高峰期票价折扣使航空公司可以间接地区分商务旅行者和休闲旅行者。

二是"优惠券"。"优惠券"的设计原理在于不同层次的消费者时间价值、消费观念不同。商家通过优惠券可以把顾客有效地区分开,从而实行价格歧视。

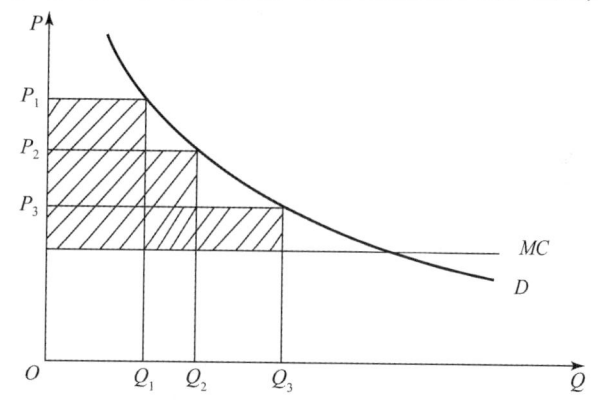

图 5-5 二级价格歧视

三是最常见的,即根据消费者购买数量的不同而定价。如图 5-5 中,厂商根据消费者购买量的不同区别定价。购买量为 Q_1 时,价格为 P_1;购买量为 Q_2 时,价格为 P_2……这就是所谓的"量大优惠",在批发市场和零售市场都很常见。

(3) 三级价格歧视。一级价格歧视和三级价格歧视都是直接对人的,要求垄断厂商能够通过信号来区别不同的消费者。但有时候厂商只是知道消费者具有不同的需求偏好,但不能确定谁属于哪一类,而二级价格歧视则是通过设计使消费者自动显示自身信号的选择机制来分离不同的消费者。一级价格歧视的要求太苛刻,所以现实生活中更多的是三级价格歧视,即生产者可能观察到某些与消费者的偏好相关的信号(如年龄、职业、所在地等),并利用这些信号把消费者分为具有不同需求的群体,进行价格歧视,因此,三级价格歧视也被叫作市场分割。一种常见的市场分割是以地理位置为基础进行空间价格歧视,如欧洲汽车市场定价。但是市场分割还有其他形式。例如,许多产品和服务根据顾客年龄不同进行定价:常见的是乘坐公交车的老年人免票,而 1.2 米以下的儿童也免票;火车票和

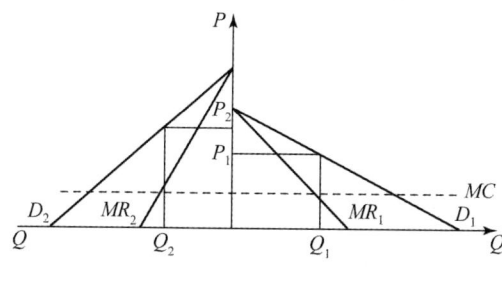

图 5-6 三级价格歧视

公园门票经常对学生打折等。

三级价格歧视最简单的模型是一个垄断企业在两个分离的市场销售产品。如图5-6所示，假设垄断企业的边际成本曲线为 $MC=c$，两个市场的消费群体需求曲线分别为 $P_1=P_1(Q_1)$ 和 $P_2=P_2(Q_2)$，设 Q_1 和 Q_2 分别是两个市场的销售量。

垄断企业的总利润为：

$$\pi = P_1(Q_1)Q_1 + P_2(Q_2)Q_2 - C(Q_1+Q_2) \tag{5-4}$$

利润最大化的一阶条件为：

$$MR(Q_1) = MR(Q_2) = MC(Q_1+Q_2) \tag{5-5}$$

根据利润最大化原则 $MR=MC$，并结合式(5-3)，$MC=MR=P(1-1/e)$，可得：

$$P_1(1-1/e_1) = P_2(1-1/e_2) \tag{5-6}$$

即

$$\frac{P_1}{P_2} = \frac{1-1/e_2}{1-1/e_1} \tag{5-7}$$

若 $e_1 < e_2$，则有 $P_1 > P_2$，可见垄断企业会对具有较低需求弹性的消费者收取较高的价格。

4. 两部收费与差别化定价

两部收费的价格结构由两部分组成：一是与消费量无关的"基本费"；二是根据消费量收取的"从量费"。其基本公式可以写成 $R=T+PQ$，其中 T 与 Q 无关，而 P 则与 Q 有关，它是非线性定价的一种形式。两部收费在日常生活中经常见到，如电力行业的阶梯价格，网络、电视、电话和手机的月租费加流量费、出租车的起步价加里程费、俱乐部的会员卡等都是采取的两部收费或三部收费。

两部收费实质上可以看成是价格歧视的具体表现形式。在一定情况下，可以实现一级价格歧视和二级价格歧视。

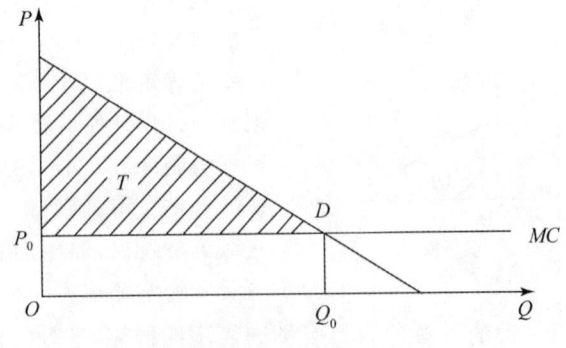

图5-7 两部收费的一个特例

当所有的消费者都具有相同的需求，并且垄断企业也了解这种需求时，两部收费可等同于完全价格歧视。在图5-7中，只要使 $P=MC$，$T=CS$，则企业可获得全部的消费者剩余，实现完全价格歧视,当然,厂商也可设定 $T=CS-C$。C 为一微小的量(如 0.01 元),这样消费者就会选择购买。

当消费者分为两类或两类以上时,情况就比较复杂了。李明志等人的分析结论是:假设垄断厂商知道市场中包含几种不同类型的消费者,并能够根据他们的需求由低到高排序,但是没有办法辨别哪个消费者属于哪种类型。在这种情况下,二级价格歧视能够为每种类型的消费者提供不同的价格与数量消费包,并满足以下条件:一是获取低消费者的全部消费者剩余,但是留一些消费者剩余给其他类型的消费者;二是除了最高类型的消费者外,为其他类型的消费者设计的消费数量必须少于社会最优数量体($P=MC$ 时的 Q);三是消费包必须显示出"量大优惠"的特性(这一点是为了防止高消费者选择低消费包,或者说"套利")①。

(四) 企业定价策略

1. 新产品定价策略

在激烈的市场竞争中,企业开发的新产品能否及时打开销路、占领市场和获得满意的利润,这不仅取决于企业适宜的产品策略,而且还取决于其他市场营销手段和策略的协调配合。其中,新产品定价策略就是一种必不可少的竞争策略。新产品定价策略一般包括三种。

一是撇脂定价策略。它是一种高价格策略,是指在新产品上市初期,价格定得很高,以便在较短的时间内获得最大利润。撇脂定价策略的优点是,在竞争对手还没有进入时,可利用顾客求新心理,以较高价格刺激消费,开拓早期市场,可以在短期内回收投资,并能够在竞争者大量进入市场时,便于主动降价,增强竞争能力。撇脂定价策略的缺点是,在新产品尚未建立起声誉时,高价不容易打开市场,有时甚至会无人问津。如果高价投放市场销路旺盛,很容易引来竞争者,加速本行业竞争的白热化,容易导致价格下跌、经营不长便会转产的局面。因此,在采用高价策略时,要注意这种方法的适应条件。

二是渗透定价策略。它是一种低价格策略,即在新产品投入市场时,价格定得较低,以便顾客容易接受,很快打开和占领市场。渗透定价策略的优点是,一方面可以利用低价迅速打开产品销路,占领市场,从多销中增加利润;另一方面又可以阻止竞争者进入,有利于控制市场。渗透定价策略的缺点是,投资的回收期较长,见效慢、风险大,一旦渗透失利,企业就全一败涂地。

三是满意定价策略。它是一种介于撇脂定价策略和渗透定价策略之间的价格策略。所定的价格比撇脂价格低,而比渗透价格高,是一种中间价格。渗透定价策略由于能使生产者和顾客都比较满意而得名。有时又称为"君子价格"或"温和价格"。由于渗透定策略价格介于高价和低价之间,因而比前两种策略的风险小,成功的可能性大。但有时也要根据具体情况进行具体分析。

2. 心理定价策略

这是一种根据消费者心理要术所使用的定价策略,是运用心理学的原理,依据不同类型的消费者在购买商品时的不同心理要求来制定价格,以诱导消费者增加购买,扩大企业销售

---

① 李明志,柯旭青. 产业组织理论[M]. 北京:清华大学出版社,2004.

量。具体策略包括以下五种：一是整数定价策略。即在定价时，把商品的价格定成整数，不带尾数，使消费者产生"一分钱一分货"的感觉，以满足消费者的某种心理，提高商品的形象。这种策略主要适应于高档消费者或消费者不太了解的某些商品。例如，一台电视机的定价为2500元，而不是2498元。二是尾数定价策略。即在商品定价时，取尾数而不取整数的定价方法，使消费者购买时在心理上产生便宜的感觉。三是声望定价策略。在定价时，把在顾客中有声望的商店、企业的商品的价格定得比一般的商品要高，这是根据消费者对某些商品、某些商店或企业的信任心理而使用的价格策略。在长期的市场经营中，有些商店、生产企业的商品在消费者心目中有了威望，认为其产品质量好，服务态度好，不经营伪劣商品、不坑害顾客等。因此，这些经营企业的商品定价可以稍高一些。四是招徕定价策略。这是指在多品种经营的企业中，对某些商品定价很低，以吸引顾客，目的是招徕顾客购买低价商品的同时也购买其他商品，从而带动其他商品的销售。五是习惯定价策略。有些商品在顾客心目中已经形成了一个习惯价格。如果这些商品的价格稍有变动，就会引起顾客不满。提价时，顾客容易产生抵触心理，降价会被认为降低了质量。因此，对于这类商品，企业宁可在商品的内容、包装、容量等方面进行调整，也不要采用调价的方法。

3. 价格折扣与折让策略

价格折扣和折让实际上是差别化定价的具体表现形式，其方法很多，诸如数量折扣、现金折扣、功能折扣、季节折扣、会展折扣、以旧换新等。

案例5-1

定价策略与方法

【材料1】英特尔的撇脂定价

英特尔曾推出一款新的电脑芯片，刚上市时定价为每片1000美元，这个价格被某些细分市场看作是质价相当、物有所值的，因为用这些芯片装配的顶尖个人电脑，不少顾客都迫不及待地等着购买。但当那些价格意识不强且追求高品质和时尚消费的消费者大都已购买后，其销量开始下降。之后竞争对手们又推出相类似的芯片，英特尔便将电脑芯片的价格降低，以吸引具有价格意识的消费者。最后，这种芯片的价格降到了最低谷，每片200美元，使得这种芯片成为市场上最畅销的信息处理装置。采用这种方法，英特尔公司从各个细分市场撇取了最大限度的收入。

【材料2】周大福"一口价"

珠宝饰品价格是消费者与商家能否达成交易的关键所在，针对这一敏感问题，在价格策略上，周大福创出了一套有别于其他同行的新路子。周大福创新性地推出了"珠宝首饰一口价"的销售政策，并郑重声明：产品成本加上合理的利润就是产品的售价，通过"薄利多销"的经营模式，节省了消费者讨价还价的时间，让顾客真正体验货真价实的感受。为了降低经营成本，从而更好地参与市场竞争，周大福还创立了自己的首饰加工厂，生产自己所售卖的各类首饰，减少中间环节，使生产成本降至最低，并获得了全球最大钻石生产商——国际珠宝商贸公司DIC配发钻石原石坯加工琢磨和钻石坯配售权,保证了它最低的原料成本和较强的竞争实力。

【材料3】美国烟草公司的掠夺性定价

在19世纪末至20世纪初,美国烟草托拉斯通过掠夺性定价来逼迫它的竞争对手以低价将公司卖给它。例如,1901年,烟草托拉斯在北卡罗来纳州有个香烟品牌叫"美国丽人",它与北卡罗来纳州的威尔斯白头烟草公司的类似产品相竞争。"美国丽人"的价格是每千支1.50美元,恰与要求缴纳的税金一样多,可见这个价格是明显低于生产成本的。不过烟草托拉斯声称低价是产品导入期的优惠措施。在1903年,烟草托拉斯就顺利收购了无法与其竞争的威尔斯白头烟草公司。

【材料4】美国汽车企业的加成定价

美国许多行业中的巨人都采用加成定价法。几十年来,通用汽车公司的加成定价法是以获得总投入资本的大约15%的税后利润为预定目标的。公司的管理者假定第二年他们能销售足够的汽车来发挥其生产能力的80%,并在此假定基础上估算每辆汽车的成本,然后在成本上加上一个足够大的加成以实现所想获得的回报,最后得到的价格就是所谓的标准价格。在20世纪60年代,美国的其他主要汽车制造商,如福特和克莱斯勒,每年为各种型号汽车制定价格时似乎也采取了相同的程序。这些价格一旦宣布,一般是整整一年内不发生变化。

讨论:根据上述材料分析新产品定价的策略有哪些?实施掠夺性定价策略的条件是什么?分析加成定价方法的优点与局限性。

京东、苏宁、国美的价格战

2012年8月14日上午,京东商城CEO刘强东通过微博宣布,京东商城所有大家电将在未来三年内保持零毛利,并"保证比国美、苏宁连锁店便宜至少10%以上"。此言一出,立即引来对手的反击。苏宁易购通过其微博宣称,包括家电在内的所有产品价格必然低于京东。任何网友发现其价格高于京东,都会即时调价,并给予反馈者两倍差价赔付。此外,苏宁易购还将从今日9时开始启动史上最强力度的促销。在苏宁易购发布上述促销信息后,刘强东在微博上宣布,从明天上午9时开始,京东商城所有大家电价格都比苏宁线上线下便宜,并且是无底线的便宜,"如果苏宁敢卖1元,那京东的价格一定是0元!"国美网上商城也不甘示弱,其总经理韩德鹏表示,国美电器网上商城全线商品价格将比京东低5%。易迅网也参与进来。"京东商城比价不应局限于线下企业,其比价的范围也应拓展至线上。"易迅网发出《京东敢不敢和易迅比比价》的挑战书,声称从9月份起,将掀起下半年大规模的整体促销活动,届时易迅网的大家电及3C产品都将低于京东。

讨论:试分析价格战的利弊与影响。

二、企业并购行为

企业并购是现代市场经济中的一种常见现象,是资本集中和企业获取竞争优势的最主要形式。它对市场结构和产业运行绩效具有重要影响。

(一)并购的含义与实质

企业并购有广和狭义之分。狭义的并购是指一个企业通过产权交易获得其他企业的产权,使这些企业的法人资格丧失,并获得企业经营管理控制权的经济行为。广义的并购是指一个企业通过产权交易获得其他企业产权,并企图获得其控制权,但是这些企业的法人资格并不一定丧失。广义的并购包括狭义的兼并和收购。我国《关于企业兼并的暂行办法》《国有资产评估管理办法施行细则》和《企业兼并有关财务问题的暂行规定》都采用了广义上的并购概念。

企业并购的实质是一种企业间权利让渡和资产重组行为,是产权关系的重新调整或产权制度的重新构建。并购活动是在一定的财产权利制度和企业制度条件下进行的,在并购过程中,某一或某一部分权利主体通过出让所拥有的对企业的控制权而获得相应的受益,另一个部分权利主体则通过付出一定代价而获取这部分控制权。企业并购的过程实际上是企业权利主体不断变换的过程。

(二)并购类型与形式

从不同角度进行划分,企业并购具有多种类型和具体形式。

1. 横向并购、纵向并购和混合并购

横向并购、纵向并购和混合并购是从企业市场关系的变化角度对企业并购类型所进行的划分。横向并购,即同一行业内部或同一市场中企业之间的收购与兼并活动,又叫横向一体化;纵向并购,即生产过程或经营环节紧密相关的上下游企业之间的合并或收购行为,又叫纵向一体化;混合并购,即不同产品、不同部门、不同领域和不同地区之间的企业所进行的收购和兼并行为。

2. 购买式并购、承担债务式并购和杠杆式并购

购买式并购、承担债务式并购和杠杆式并购是从并购的出资方式角度对并购类型所进行的划分。购买式并购包括以现金购买资产、以现金购买股票和以股票购买资产等形式获取目标公司控制权;承担债务式并购是以接收目标企业债务的形式兼并目标企业;杠杆式并购(Leveraged Buy-out,LBO)又称债务并购,指筹资企业以其准备收购的企业的资产和将来的收益能力作抵押,通过大量的债务融资来支持兼并与收购行动。通常由主收购企业、投资银行或其他商业银行、各类金融机构及投资者组成一个投资群体来完成,其本质就是举债收购。杠杆式并购的资金主要来源于三个方面:一是优先债权人(多为商业银行和其他金融机构),由于具有债务优先偿还权,它的风险相对来说是最低的,但收益也是最低的;二是从

属债权人,指在公司债务清偿时居于优先债权人之后的债权人,主要有保险公司、投资基金和社会公众投资者,他们往往是通过私募市场和公募市场发行或购买高利风险债券参与投资的,高收益率是他们投资债券的唯一理由;三是以主收购企业为首的股权投资者,他们以控股收购兼并企业为目的,通过发行优先股和普通股募集资金,所承担的风险最大,潜在的收益率也是最高的。从资本结构的角度看,杠杆收购就是加大企业的财务杠杆力度,以少量的自有资金进行规模较大的并购活动。理论界一般认为,当借贷资金占到并购资金的70%以上时,则可称为杠杆式并购。

3. 协议并购和要约并购

协议并购和要约并购是从并购方使用的手段角度对并购所进行的划分。协议并购是指并购企业不通过证券交易所,而是直接与目标企业取得联系,通过谈判、协商达成共同协议,据以实现目标企业股权转移的收购方式。协议并购容易取得目标企业的理解与合作,有利于降低收购活动的风险与成本,但谈判过程中的契约成本较高。要约并购是指收购人向被并购的公司发出并购的公告,待被并购上市公司确认后,方可实行并购行为。要约并购是各国证券市场最主要的并购形式,通过公开向全体股东发出要约,达到控制目标公司的目的。要约并购的最大特点是在所有股东平等获取信息的基础上由股东自主做出选择,因此被视为完全市场化的规范的并购模式,有利于防止各种内幕交易,保障全体股东尤其是中小股东的利益。要约并购包含部分自愿要约与全面强制要约两种要约类型。部分自愿要约,是指收购者依据目标公司总股本确定预计收购的股份比例,在该比例范围内向目标公司所有股东发出并购要约,预受要约的数量超过收购人要约并购的数量时,收购人应当按照同等比例并购预受要约的股份。

要约并购和协议并购的区别主要体现在以下几个方面。一是交易场地不同。要约并购只能通过证券交易所的证券交易进行,而协议并购则可以在证券交易所场外通过协议转让股份的方式进行。二是股份限制不同。要约并购在收购人持有上市公司发行在外的股份达到30%时,若继续收购,须向被并购的公司的全体股东发出并购要约,持有上市公司股份达到90%以上时,收购人负有强制性要约并购的义务。而协议并购的实施对持有股份的比例无限制。三是收购态度不同。协议并购是收购者与目标公司的控股股东或大股东本着友好协商的态度订立合同收购股份以实现公司控制权的转移,所以协议并购通常表现为善意的;要约并购的对象则是目标公司全体股东持有的股份,不需要征得目标公司的同意,因此要约并购又称敌意并购。四是并购对象的股权结构不同。协议并购方大多选择股权集中、存在控股股东的目标公司,以较少的协议次数、较低的成本获得控制权;而要约并购中收购倾向于选择股权较为分散的公司,以降低收购难度。五是并购性质不同。根据收购人收购的股份占该上市公司已发行股份的比例,上市公司收购可分为部分并购和全面并购两种。部分并购是指试图收购一家公司少于100%的股份而获得对该公司控制权的行为,它是公司收购的一种,与全面收购相对应。

4. 善意并购和敌意并购

善意并购和敌意并购是从并购企业的行为性质对并购所进行的划分。善意并购是指目标企业的经营者同意此项收购,双方可以共同磋商购买条件、购买价格、支付方式和收购后企业的地位及被并购的公司人员的安排等,并就上述内容签订收购要约。善意并购是在双方自愿、合作、公开的前提下进行的,一般都能获得成功。敌意并购(Hostile Takeover)又称恶意并购,是指收购人在不与对方管理层协商的情况下,在证券交易市场暗自吸纳对方股份,以突然袭击的方式发布收购要约来收购对方。在这种情况下,目标公司管理层就会对此持不合作的态度,要么出具意见书建议股东拒绝收购要约,要么要求召开股东大会授权公司管理层采取反收购措施。当事双方采用各种攻防策略完成收购行为,并希望取得控制性股权,成为大股东。因此敌意收购通常会使得收购方大幅度地增加收购成本。其中,双方强烈的对抗性是其基本特点。除非目标公司的股票流通量高,容易在市场上吸纳,否则收购困难。进行敌意收购的收购公司一般被称作"黑衣骑士"。

恶意收购主要有两种方法,第一种是狗熊式拥抱(Bear Hug),第二种则是狙击式公开购买。狗熊式拥抱,是一种主动的、公开的要约。收购方允诺以高价收购目标公司的股票,董事会出于义务必须要把该要约向全体股东公布,而部分股东往往为其利益所吸引而向董事会施压要求其接受报价。在协议收购失败后,狗熊式拥抱的方法往往会被采用。而事实上,对于一家其管理部门并不愿意公司被收购的目标公司来说,狗熊式拥抱不失为最有效的一种收购方法。一个 CEO 可以轻而易举地回绝收购公司的要约,但是狗熊式拥抱迫使公司的董事会对此进行权衡,因为董事有义务给股东最丰厚的回报,这是股东利益最大化所要求的。因此,与其说狗熊式拥抱是一种恶意收购,不如说它更可以作为一种股东利益的保障并能有效促成该收购行为。但是,股东接受恶意收购也不排除其短期行为的可能性,其意志很可能与公司的长期发展相违背。目标公司在发展中,其既得的人力资源、供销系统以及信用能力等在正常轨道上的运营一旦为股东短期获利动机打破,企业的业绩势必会有所影响。狙击式公开购买,一般是指在目标公司经营不善而出现问题或在股市下跌的情况下,收购方与目标公司既不做事先的沟通,又没有警示,而直接在市场上展开收购行为。狙击式公开购买包括标购、股票收购及投票委托书收购等形式。所谓标购,就是指收购方不直接向目标公司董事会发出收购要约,而是直接以高于该股票市价的报价,向目标公司股东进行招标的收购行为。而股票收购则是指收购方先购买目标公司的一定额度内的股票(通常是在国家要求的公告起点内,中国为 5%),然后再考虑是否增持股份以继续收购行为。投票委托书收购系收购目标公司中小股东的投票委托书,以获得公司的控制权以完成收购的目的。狙击式公开购买最初通常是隐蔽的,在准备妥当后才开始向目标公司发难。一般来说,采用这种手段针对的是公司股权相对分散或公司股价被明显低估的目标公司。

(三) 企业并购的动因

企业作为一个资本组织,必然谋求资本收益的最大化。企业并购作为一种重要的投资活动,其动力主要来源于追求资本最大增值的动机,同时也源于竞争压力等因素。但是,就单个企业的并购行为而言,又会有不同的动机,不同的企业会根据自己的发展战略确定并购的动因。

1. 获取协同效应

所谓协同效应,就是 1+1>2 的效应,也就是并购后两个企业的总体效益大于两个独立企业效益之和。协同效应包括规模经济效应和范围经济效应。即通过并购可以扩张规模,以获取规模经济效应;同时还可以拓展生产与经营范围,使企业经营多元化,以获取范围经济效应。协同效应又可分为经营协同效应、管理协同效应、财务协同效应和多元化协同效应。通过并购可以夺取核心资源、创新管理能力、提高财务信誉并减少资金成本、减少上缴税收、促进多元化发展以避免单一产业经营风险。因此,横向并购、纵向并购、混合并购都能产生协同效应。

2. 突破进入壁垒

进入壁垒是指新企业进入市场所遇到的障碍。形成企业进入壁垒的因素包括经济性壁垒、策略性壁垒和制度与政策性壁垒等。当企业试图进入新的产业,它可以通过投资新建方式创办新的企业实现,但这将遇到上述进入壁垒的限制。如果通过并购方式就可以规避上述壁垒。在一个供求平衡的产品市场上,如果新建企业,将会增加产品供给,打破原来的产品平衡,从而可能引发价格战。如果企业采取并购方式,并不会迅速给产业增加新的生产能力,短期内产业内部的竞争结构保持不变,引起价格战或报复的可能性就会大大减少。另外,一个企业如果跨行业投资建厂,可能遇到政府经营许可证限制,如一家经营保健饮料的企业想去医药行业投资,就难以获得"医药产品生产经营许可证"。而投资并购一家制药企业,就可绕过这一进入壁垒,实现跨行业经营的目的。

3. 扩大市场势力

企业对市场势力的追求也是企业并购的一个重要动因。市场势力是指企业对市场的控制能力,不断扩大的企业市场势力可以使企业获得某种形式的垄断,这种垄断既能带来垄断利润,又能保持一定的竞争优势。这种并购动机又可称为垄断性动机。企业并购能够减少竞争者的数量,改变产业内市场结构。当产业内竞争者数量众多且处于势均力敌的情况下,产业内所有企业由于竞争激烈,只能保持最低的利润水平。通过并购,使产业相对集中,产业由少数几家企业控制时,能有效地降低竞争的激烈程度,使产业内企业保持较高的利润率。不过,企业并购所形成的垄断势力能为并购企业带来垄断收益,也会使产业发展产生效率损失。

4. 降低交易费用

企业经营环境总是处于不断的变动之中,企业与企业之间的交易关系——交易对象、渠道、时间、数量、方式等也处于不断变化之中,这种外部交易条件的不确定性,一方面为企业交易提供了新的机遇,另一方面也增加了交易风险,即加大了交易费用。不确定性越强,企业交易条件变化的频率越高,风险也就越大,交易费用就越高。交易费用是指除生产费用以外的在流通领域所发生的各项费用,包括企业投入产出品采购、推销、包装、运输、保管、存储等费用,也包括与之相关的信息收集和传播、客户的搜寻与联系、洽谈业务、签订与履行合约等活动费用。企业并购尽管不能完全消除不确定性和经营风险,但却可以通过外部交易条件的调整,部分地降低不确定性及其所带来的成本代价。比如企业并购后,并购企业与被并购的企业原来的市场交易关系转变为内部交易关系,大批量的采购和销售合约有利于同交易伙伴达成较为稳定的合约,也有利于提高企业与协作方履约的及时性和安全性。

5. 战略性动机

调查表明,"战略是成功并购活动的起点,只有当企业依照一个明确的战略目标进行并购时,并购才能给企业带来收益。"①与内部扩充相比,外部收购可使企业更快地适应环境变化,有效降低进入新产业和新市场的壁垒,并且风险相对较小。特别是基于产业或产品生命周期的变化所进行的战略性重组,如生产"万宝路"香烟的菲利普·莫里斯公司转向食品行业。企业处于所在产业的不同生命周期阶段,其并购策略是不同的:处于导入期与成长期的新兴中小型企业,若有投资机会但缺少资金和管理能力,则可能会出卖给现金流充足的成熟产业中的大企业;处于成熟期的企业将试图通过横向并购来扩大规模、降低成本、运用价格战来扩大市场份额;而处于衰退期的企业为生存而进行业内并购以打垮竞争对手,还可能利用自己的资金、技术和管理优势,向新兴产业拓展,寻求新的利润增长点。

6. 经营者功利驱动

在一些企业并购中,企业经营者并不仅仅出于对企业发展和利润增加的考虑,而更多的是出于个人功利主义的目的。并购将会扩大企业规模,如果管理者的薪水或其他利益与经营规模有内在联系的话,则无论是自然增长还是并购增长,都是经营者所期望的。在这种情况下,可能预料经营者会采取并购策略。企业的增长被普遍视为企业健康、业务兴旺的标志。通过并购扩张企业,经营者可向社会宣扬自己的经营业绩和管理能力,获得更高的职业声望。正因为并购是企业规模扩张最为迅速、最为有效的手段,这就成为经理们及大企业家的一条既稳妥又富有诱惑力的个人升迁之道。

(四) 企业并购后的整合策略

企业并购的目的是通过对目标企业的运营来实现企业的经营目标。因此,通过一系列程序取得了目标企业的控制权,只是完成了并购目标的一半。在收购完成后,必须对目标企业进行整合,使其与企业的整体战略、经营协调相一致、互相配合,具体包括战略整合、业务整合、制度整合、组织人事整合和企业文化整合。

1. 战略整合

只有在并购后对目标企业的战略进行整合,使其符合整个企业的发展战略,这样才能使收购方与目标企业相互配合,使目标企业发挥出比以前更大的效应,促进整个企业的发展。因此,在并购以后,必须对整个企业的战略,规划目标企业在整个战略实现过程中的地位与作用,然后对目标企业的战略进行调整,使整个企业中的各个业务单位之间形成一个相互关联、互相配合的战略体系。

2. 业务整合

在对目标企业进行战略整合的基础上继续对其业务进行整合,根据其在整个体系中的作用及其与其他部分的关系,重新设置其经营业务,将一些与本业务单位战略不符的业务剥离给其他业务单位或者合并掉,将整个企业其他业务单位中的某些业务规划到本单位之中,通过整个运作体系的分工配合以提高协作、发挥规模效应和协作优势。相应的,对其资产也应该重新进行配置,以适应业务整合后生产经营的需要。

3. 制度整合

管理制度对企业的经营与发展有着重要的影响,因此并购后必须重视对目标企业的制

---

① "*The Best and Worst Deal of the 80s*", Business Week, 90/1.

度进行整合。如果目标企业原有的管理制度良好,收购方则不必加以修改,可以直接利用目标企业原有的管理制度,甚至可以将目标企业的管理制度引进到并购企业中,对并购企业的制度进行改进。假如目标企业的管理制度与收购方的要求不相符,则收购方可以将自身的一些优良制度引进到目标企业之中。而在新制度的引入和推行过程中,常常会遇到很多方面的问题,例如,引入的新制度与目标企业某些相关的制度不配套,甚至互相冲突;引入新制度还会受到目标企业管理者的抵制,他们通常会认为买方企业的管理者并不了解目标企业的实际情况,而盲目地改变目标企业的管理制度。因此,在对目标企业引入新制度时,必须详细调查目标企业的实际情况,对各种影响因素做出细致的分析之后,再制订出周密可行的策略和计划,为制度整合的成功奠定基础。

4. 组织人事整合

在并购后,目标企业的组织人事应该根据对其战略、业务和制度的重新设置进行整合。根据并购后对目标企业职能的要求,设置相应的部门,安排适当的人员。一般在并购后,目标企业和买方在财务、法律、研发等专业的部门和人员可以合并,从而发挥规模优势,降低这方面的费用,如果并购后,双方的营销网络可以共享,则营销部门和人员也应该相应的合并。总之,通过组织和人事整合,可以使目标企业高效运作,发挥协同优势,使整个企业的运作系统互相配合,实现资源共享,发挥规模优势、降低成本费用,提高企业的效益。

5. 企业文化整合

企业文化是企业经营中最基本、最核心的部分,企业文化影响企业运作的一切方面,并购后,只有买方与目标企业在文化上达到整合,才意味着双方真正的融合,因此对目标企业文化的整合,对于并购后整个企业能否真正协调运作有关键的影响。在对目标企业的文化整合过程中,应深入分析目标企业文化形成的历史背景,判断其优点和缺点,分析其与买方文化融合的可能性,在此基础上,吸收双方文化的优点,摈弃其缺点,从而形成一种优秀的、有利于企业战略实现的文化,并很好地在目标企业中推行,使双方实现真正的融合。

案例5-3

波音公司收购麦道公司

1996年12月15日,世界航空制造业排名第一的美国波音公司宣布收购世界航空制造业排名第三的美国麦道公司。波音公司和麦道公司合并之后,在资源、资金、研究与开发等方面都占有优势。此外,波音公司和麦道公司都生产军用产品,能够在一定程度上把军用生产技术应用于民用产品的生产,加速民用产品的更新换代。波音公司和麦道公司合并之后,新波音公司的资产总额达500亿美元,净负债为10亿美元,员工总数为20万人,成为目前世界上最大的民用和军用飞机制造企业。这场不寻常的并购使得波音公司在世界市场上的占有率提高到65%,牢牢站稳市场领导者地位。这次的并购不仅涉及交易双方,而且涉及美国政府以及欧盟各国政府,其中还引发了反垄断的争议。

讨论:请解释横向并购的含义与动机。

案例5-4

国际纸业敌意收购 Temple-Inland

2011年6月国际纸业（International Paper）对 Temple-Inland 发起了敌意收购，而后者对敌意收购也是全副武装，Temple-Inland 有一个由十人组成的错列董事会（Staggered Board），在任何一年最多只有1/3董事会成员有可能被改选，而且股东不能在公司两届年会之间召集特别大会改选董事，这意味着国际纸业至少需要两年以上才有可能通过股东代理投票更换董事会的多数成员。

国际纸业对此心知肚明，它的收购声明也没在 Temple-Inland 2011年5月6日的股东年会期间宣布，此次年会 Temple-Inland 重选了三名董事，包括 CEO 及董事长 Doyle Simons。下次改选一年以后，控制董事会至少三年以后。

6月7日 Temple-Inland 波澜不惊地采纳了"毒丸"计划，该计划的触发门槛设在任何一个个人投资者或几个投资者集体购买10%的公司股票后即可启动，并且，该计划对投资者"集体"定义宽泛，目的在于防止对冲基金在股票市场吸筹后到股东大会策动董事会改选。Temple-Inland 之所以能沉着应战是因为它雇佣了反敌意收购的著名律师事务所 Wachtell Lipton Rosen & Katz。

该律师事务所为前客户 Airgas 设计的反敌意收购说辞已成经典，换上了 Temple-Inland 的名字依旧掷地有声：(1)Temple-Inland 现有董事会的发展战略将创造的价值高于国际纸业的并购出价；(2)国际纸业的出价时机近乎投机取巧；(3)国际纸业的并购之请已引起市场对两公司合并后形成的垄断格局的担忧。(Temple-Inland 指出两公司合并后将控制40%的包装纸盒市场)

国际纸业不可能瞒天过海，在通过联邦反垄断调查之前它只能买大约6600万美元的 Temple-Inland 股票。颇有城府的国际纸业聘了另一家著名律师事务所 Debevoise & Plimpton，并出奇着儿两手：(1)将并购意图宣布的时机选在 Temple-Inland 股东大会之后；(2)国际纸业在并购声明中明确说明无意更换 Temple-Inland 董事会或与之对簿公堂，而是将出价直接公诸 Temple-Inland 所有股东，进行要约并购。

与 Airgas 并购案的一个重大不同是：Airgas 当时的 CEO 拥有公司9%的股权，而 Temple-Inland 的 CEO 及董事长 Doyle Simons 只持有不到1%的公司股份，但一旦并购成功便可有近4000万美元的进账，动力机制大不相同！

宣布并购意图三个月之后，国际纸业在2011年9月6日将报价从每股30.60美元提高到32美元，总价37亿美元，并另外承担了6亿美元债务将 Temple-Inland 纳入囊中。

讨论：请解释敌意并购与协议并购的区别。

案例5-5

中国资源类企业的海外并购

中国铝业公司(以下简称"中铝")2009年6月5日确认,力拓集团(以下简称"力拓")董事会已撤销对今年2月12日宣布的195亿美元交易的推荐,并将依据双方签署的合作与执行协议向中铝支付1.95亿美元的"分手费"。力拓毁约被市场视为"过河拆桥"之举,但如何在谈判中增加自身砝码,以及在条款设计上有效保护自身利益,将是中国企业未来"走出去"的必修课。

中铝入股力拓触礁并未阻挡中国企业在澳大利亚的并购步伐,中国五矿集团公司17亿美元收购OZ Minerals亦属成功案例。2009年,资源和矿产成为中国海外并购的重要主题。

2009年12月初,兖州煤业斥资逾200亿元人民币收购澳大利亚菲利克斯资源100%股权并获得两国国家主管部门同意。这是其在2004年成功收购澳大利亚煤矿(后命名为澳思达公司)之后的再度出手。此次收购完成后,兖州煤业在澳大利亚控制的煤炭资源将达到15亿吨,年产量接近兖州煤业在国内产量的1/3。

2009年2月,中石油以4.9亿加元向加拿大油气公司Verenex Energy收购其在利比亚的石油资产;6月,中石化宣布耗资72.4亿美元收购瑞士阿达克斯石油公司普通股;6月,中石油收购新日本石油大阪炼厂49%股权,获国家发展改革委的批准……

对于资源类企业的并购,在市场经济行为的背后,也包含着对于保障国家能源安全的战略考虑。只有从上游掌握更多的能源,才能抵御国际能源价格的快速波动,从而稳定国内能源价格。这对于近年饱受高油价之苦和铁矿石巨幅涨价的中国来说,意义尤为明显。

讨论:中国企业海外收购应注意的问题。

三、纵向约束行为

(一) 纵向约束的含义

制造商除了向零售商索取批发价格之外,还会在其销售行为上做出种种限制。一般来说,纵向约束指的是制造商对零售商在销售其产品时施加的种种约束,或者零售商对顾客购买产品时施加种种约束。前者的例子包括转卖价格维持、独家经营、设立专营区,后者如捆绑销售等。当然,纵向约束也包括零售商对制造商的约束,特别是随着零售商的势力愈来愈强,同时上游又存在不止一家制造商的时候,这种问题就更加明显,比如有的专业零售商会要求制造商不能向其他零售商提供它所销售的产品。这种情况的出现,是因为二者在市场势力的相对大小上发生了变化。

出于成本因素的考虑,当一体化不可行时,制造商通过纵向约束达到和一体化类似的效果。当制造商选择零售商来销售自己产品的时候会产生一系列问题,经济学中用"委托-代理"理论解释并解决这类问题。举一个简单的广告问题的例子,假设某个制造商通过几个零售商销售产品,为了更多地卖出自己的产品,需要做大量的广告向消费者宣传这种产品。如果某个零售商为此支付了大量的费用,他会不会得到全部的回报呢?答案是否定的。因为即便是看到了他的广告,消费者也可能到其他零售商那里去购买产品。由于这个原因,零售商在广告投资上的激励就不够,就会影响产品的最终销量。制造商可以对零售商的行为做出种种限制,比如必须支出一定比例的广告费用,或考虑报销零售商的广告费用,甚至是广告由自己来做,如此等等。

(二) 纵向约束的成因

为什么会存在纵向约束呢?一般认为,纵向约束主要是为了解决外部性问题,比如零售商之间或是制造商之间等。由于外部性的存在,可能会出现零售商不努力推销产品,或者因为制造商的搭便车而使得应有的投资不足等。这是一个典型的"委托-代理"问题。我们知道,"委托-代理"产生的常见问题就是搭便车行为,而纵向约束可以在一定程度上解决这些问题。下面我们就来分别阐述。

1. 零售商的搭便车问题

如果制造商选择几个零售商销售自己的产品,就可能会引发零售商之间的搭便车行为。因为每一个零售商都可以从其他零售商的营销努力中受益,即便他什么都不做,也不用支出相应的费用。特别是,当这种营销努力需要花费巨大的成本时,搭便车行为就更容易发生。例如,汽车的销售需要建展览室,这需要一笔很大的费用。如果其中的一个代理商建了这种展览室,他的成本就必然要上升,因而汽车的销售价格也要上升,高于其他代理商的报价(如果其他的代理商都没有建展览室的话)。但是,消费者是理性的,他们会选择最低的价格(在交易成本不是很高的时候如此)。他们可以到展览室参观,选定自己想要的车型,然后到其他代理商那里去购买。考虑到这一点,原本想建展览室的代理商也会放弃自己的想法。很显然,这是对制造商不利的。还有一种情况,就是当需要对销售人员进行培训,并且这种培训需要花费较高成本的时候,也容易出现零售商的搭便车问题。比如说计算机的销售,零售商需要对其销售人员进行较多的培训,以使其掌握足够的相关知识,这样在销售的时候便于回答顾客的一些问题。在这种情况下,对员工进行培训的零售商必然成本相对较高。于是类似的问题出现了:顾客可以到有培训的地方问询,然后到没有培训的地方搜寻更低的价格。考虑到这个因素,零售商对其员工的培训也必然达不到制造商所希望的水平。

2. 制造商的搭便车问题

不仅零售商可以搭便车,制造商也可以。当一家零售商同时代理几家制造商的相似产品时,这种问题就很有可能发生。如果一个制造商做了大量的广告,这样顾客会到它的零售商那里去购买其产品。但是如果这个零售商同时也代理其他类似的产品,从顾客方面来说是多了一种选择,从制造商角度来说就是有人搭了便车。由于没有做广告的制造商平均成本更低,所以相比之下它的同类产品价格会更低,这就对做广告的制造商更不利。另外,当一个制造商培训其经销商,使其能够经营其产品,并能够负责售后服务的时候,也会出现类似的问题,因为其他制造商就不用再花费培训费用了,这样它的产品成本就可能更低一些。

3. 双重加价问题

如果上下游制造商和零售商都是垄断者,产品价格就有可能是两次边际价格的加成,价格经过两次加成,甚至会高于单一垄断时的定价,消费者剩余面临两次垄断加价。消费者剩余和生产者剩余之和要比纵向一体化时还要低。此时制造商和零售商整体利润会小于单一垄断时的利润。如果可以进行纵向一体化,就可以解决这个问题;但是如果不能进行一体化(比如成本太高等),那么制造商只能通过适当的纵向约束达到类似的效果。

4. 零售商竞争与服务不足问题

一个零售商的提价会对其他零售商产生正外部效应。一个零售商提价的收益,有一部分由于顾客流向竞争对手而丧失。因此,零售商定价低于垄断价格,零售商之间的替代性越强,竞争就越严重。竞争会破坏零售阶段的利润,也损害制造商的利益。同时,在某些情况下,零售商为了吸引更多的顾客,会进行激烈的价格竞争,而忽略服务的提供。这种情况是制造商所不愿意看到的。

(三) 纵向约束的实现形式

纵向约束的目的是消除搭便车行为、提升竞争优势和获取垄断地位。纵向约束的方法与具体形式如下。

(1) 设立专营地区。即在某个地区内只允许有一家经销商。这样可以大大减少零售商的搭便车行为,从而保证他们能够通过营销努力获得相应的收益。但是这种方法也有一定的问题,即增加了零售商的市场势力,因为在这个地区零售商基本是垄断经营的,所以制造商还有必要对它进行适当的约束,以防止出现诸如双重加价之类的问题。

(2) 限制经销商的数量。这样可以减少经销商之间的价格竞争,因而他们各自的营销努力可以获得相对较大的回报。同样,与上一种方法类似,仍需对经销商进行适当的限制。

(3) 转售价格控制。转售价格控制是指上游制造商(供应商)与下游经销商(零售商)达成的限制最终销售价格水平的协议。限定价格的形式包括固定价格、最高限价、最低限价。在这种情况下,零售商不能进行激烈的价格竞争,但为了销售更多的商品,零售商则有动力去进行服务方面的竞争,这是制造商所希望看到的。但是正如人们所预料的那样,在经济生活中任何试图控制价格的行为(政府的行为除外)都很有可能受到严格的控制。目前,许多国家都禁止转售价格控制:加拿大是1951年禁止的,英国是1965年,美国是1976年。同时有很多实证研究也表明,在转售价格控制合法的情况下,这种做法是非常普遍的。

(4) 制造商进行营销努力。为了解决营销努力不够的问题,通常的办法就是制造商进行营销努力。但是这里也有一个问题,即信息不对称。到底打多少广告比较合适?这一点零售商知道的信息更多一些而制造商知道的就相对少一些。为了解决这个问题,制造商可以让零售商分摊一部分广告费用。

(5) 数量控制。这种方法规定经销商必须售出一定数量(最低销售量)的产品,例如汽车、计算机等产品的销售。零售商为了达到销售量的要求,就不能制定太高的价格,这也可以部分解决双重加价问题。

(6) 两部收费。这种方法是说,制造商把批发价格定在边际成本上,再收取一个代理费用。通过改变零售商的边际成本,制造商可以解决双重加价问题。

(四) 纵向约束的福利效应

(1) 纵向约束的理想效应。

纵向约束可能降低价格,或者因为它们提高了现有企业的产出,或者因为它们鼓励新企业进入市场,允许企业更有效地推销其产品并导致可按照更低的价格出售更多的产品的纵向约束既有助于企业又有助于消费者。

(2) 纵向约束的模糊效应。

纵向约束有时候具有模糊的福利效应。通过给予独立的销售商独占区域以交换不转售的协议,制造商可在需求弹性较低的地区索取较高的价格而在需求弹性高的地区索取较低的价格。不完全价格歧视具有模糊的福利效应,并且和纯粹的垄断定价相比可能提高或者降低福利。同样,相关研究表明,允许制造商控制销售商之间的横向外部性的纵向约束也可能具有模糊的福利效应。

(3) 纵向约束的负面效应。

在某些情况下,纵向约束可用作反竞争的目的。纵向约束可导致销售商卡特尔化或者制造商卡特尔化。纵向约束(或者一体化)可帮助制造商卡特尔永存下去。纵向约束可用来提高进入产业的难度。

从经济效率的标准来衡量,纵向约束的社会福利效应必须根据具体的情况进行判断,不能一概而论,这一结论对纵向约束立法有重要的意义。

案例5-6

美亚的选择还是可口可乐的纵向约束?[①]

"只要渴了就能看到,只要渴了就能买到",这是百事可乐的营销策略,但从2004年4月11日起,上海美亚企业集团下属的600家21世纪便利店门店开始停售所有的百事可乐,只售可口可乐产品。这是可口可乐与美亚悄悄签署的联盟协议,合约期为一年。而此前,百事可乐也曾与美亚有过类似的接触。

鉴于百事可乐和可口可乐的行业地位和示范意义,有市场人士分析认为,以百事可乐和可口可乐为先锋的饮料商之间的争斗已经从产品开发、广告营销向终端销售点的争夺悄然扩散。随着竞争的日益激烈,这种生产商和经销商联手垄断渠道的模式将被广泛使用。

上海向来是商家必争之地,但作为碳酸类饮料全球老大的可口可乐在上海的销售和营销却一直逊色于百事可乐。"这是因为受广告的影响,可口可乐的时尚感不如百事可乐,上海人更愿意选择品牌形象年轻化的百事可乐。"战略市场策划咨询公司业务经理吴斌表示。

可口可乐有关负责人表示:"可口可乐公司向来重视上海市场",但可口可乐不可能单独为上海市场制作广告片,而对于饮料类产品而言,除广告的诱导作用外,终端的作用也同样不容忽视。

负责此次合作的上海美亚21世纪商业发展有限公司总经理戴骏告诉记者:"实际上,百事方面也非常希望和我们合作,但我们觉得百事不够'爽气',所以后来选择了可口可乐。"看来,可口可乐为达成这一同盟做了不小的让步。可口可乐方面表示:"与美亚合作后,将在今年配合着推出更多品牌与口味甚至包装的饮料,另外我们也会推出更多的营销活动。"

"和可口可乐在营销上结成战略联盟后,美亚将增加单卖可口可乐公司产品的销量,而使进货的价格更低,同时接近生产源头,便于采购,也便于对采购人员的管理,降低采购成本。"

为什么快速消费品生产商更需要与销售终端组成利益共同体?吴斌说:"快速消费品的重心在终端零售覆盖面和消费者接触度,另外消费环境也起到很大的作用,终端除了销售的主要功能还有产品展示的广告功能。现在终端的作用越来越大,在产业链上,作为中端的生产企业必然会选择下游的零售商作为战略合作伙伴,加强渠道营销方面的合作,形成战略联盟。"

讨论:试分析纵向约束的成因与具体形式。

---

① 本案例的内容来自中国营销传播网 http://www.emkt.corn on/,有删改。

四、广告促销行为

广告作为一种传递产品和服务相关信息的主要形式,已经成为现代经济生活的普遍现象。广告是通过电视、广播、报纸、网络等媒介传递给消费者的,广告与其他类型的信息传播方式(如股票交易数据、指导手册等)有两点不同:一是其信息的发布者是卖方;二是买方并不一定要对其所接收的信息付费。随着经济的发展,广告发展速度十分快,企业用于广告的费用支出也越来越多。网易财经统计发现,2012年,中国1186家上市公司广告费合计支出582.50亿元。其中,上汽集团达67.89亿元,雄踞沪深两市第一。中国联通和伊利股份分别以48.60亿元和37.32亿元紧随其后。两市有30家上市公司广告费支出超过3亿元。从行业分布来看,食品饮料行业是当之无愧的广告大户,占比最多。交运设备和医药生物公司紧随其后。从整个国家水平来看,广告支出占GDP比例平均为1.5%,发达国家高达2%以上。经济学通常用广告支出与销售额的比值来反映某厂商的广告强度,该比值会随产品和行业的不同而不同,如蔬菜行业约为0.1%,而化妆品和洗涤剂行业则高达20%~60%。

(一)广告与信息披露

对企业来说,广告最直接的作用就是信息披露。广告可以告诉消费者确切的事实,也可以提供一些模糊的信息,或者使消费者产生对某种产品有利的印象。广告的信息内容取决于消费者能否在购买之前确定产品的质量,如前所述,在产业组织理论中,商品有"先验品"和"后验品"之分。所谓先验品,即消费者能够通过检查在购买之前确定产品质量,就是说这种商品具有"搜寻性品质",因此先验品也被称为搜寻商品,比如家具、服装及其他主要性质可通过视觉或触觉检查而确定的商品;所谓后验品,就是消费者必须在消费产品之后才能确定它的质量,这种商品具有"经验性品质",因此也被称为经验商品,如加工食品、软件设计等。

不同种类的商品,企业所采取的广告策略是不同的。研究表明,搜寻商品的广告应提供有关产品性质的直接信息,比如实物图像和相关的文字描述,这种产品广告如含有虚假信息,消费者很容易鉴别。对经验商品来说,广告本身就是所要传递的最重要信息,企业往往不向消费者介绍产品本身,而是通过反复强调企业名称和品牌名称来加深消费者的印象,以提高企业和品牌的知名度为主要目的。研究还表明,如果从数量上加以比较,企业为经验商品所做的广告远远超过为搜寻商品所做的广告。

(二)广告的构成要素

广告构成的核心要素包括:一是可控制的形式。广告是一种可以控制的宣传形式,这是广告有别于公共关系、新闻宣传等的一个重要特点。就是说,做广告企业有控制权力,可以控制广告的内容、形式、推出时间及方式。当然,企业对广告的这种控制力,要以支付一定的广告费用为代价。二是非个体传播。广告载体如广播、电视、广告牌等能起到传播信息的作用,这类传播形式的共同点是非个体传播。意思是说,不是一个人同另一个或一些人的口头或书信交流,而是无限制传播给公众。其传播特点是,广告信息在传播过程中几乎不失真,传播速度快、范围广。三是劝说。广告的内容具有劝说性和诱导性。虽然劝说不是把某种观念强加给别人,但劝说具有相当大的煽动性,诱使他人接受自己的观念。广告劝说要具有艺术性,要根据不同对象的需求和特点,从某一个角度突出目标观念的优越性,以迎合对象的心理需要和物质需要,促使其接受自己的观念。四是推销产品、服务或观念。产品、服务和观念是广告推销的三项内容,也即广告发挥作用的三个不同层次。通过广告推销产品,主要介绍产品的外观、性能及质量上的可靠性,有时还可注明产品的售价。推销服务的广告,就不能简单地介绍服务的性能、作用和收费标准,而必须反映出此项服务可以令消费者的生活得到哪些改善,它比推销产品的广告能发挥更高层次的作用。推销观念是广告内容中最深刻的一种,广告中的"推销"观念,实际上要通过广告劝说消费者接受的一种观念。五是目标市场。企业所生产的产品或提供的服务,因其性能、用途、价格、销售方式等因素所限制,一般只适合一定地理区域中某些层次的消费者的需求,这些消费者构成企业营销考虑的重点——目标市场,也即广告劝说的主要对象。广告是一种付费的商业宣传形式,传播的范围、时间与付费多少成正比。因此,广告并非追求在尽可能大的范围内尽可能多的人知道,而是追求目标市场内尽可能多的人知道。六是确定的广告主。这是广告非常重要的一个标志。在一则广告中,要明确这则广告是由谁付费的、为谁的利益服务,即要向社会明确这则广告的"主人"是谁。广告中要有确定的广告主,其作用是:① 让消费者了解广告的真实动机,以便理解广告内容,准确判断自己是否需要购买或使用广告所推销的产品或服务;② 让消费者知道广告中推销的产品或服务是由哪家企业生产或提供的,便于消费者进行选择和购买;③ 表示出资做广告的企业公开承担广告责任,对推出一则广告所带来的一切后果负责。

(三) 广告的影响及其社会福利效应

1.广告对市场结构的影响

广告对市场结构的影响表现在两个方面。一是广告与产品差异。广告是企业向消费者传递产品差异信息的最重要的手段,企业通过广告中的有效诉求,可以让消费者认知其产品与众不同的特点,从而与竞争者的产品区别开来。同是广告本身也可以被认为是产品差异的一个组成部分。即使企业提供的产品与竞争者的产品相比并没有突出的不同之处,它也可以通过做一个创意独特的广告而在众多产品中脱颖而出,为消费者所认知。二是广告与进入壁垒。广告会增强进入壁垒。产业内原有企业通过大量的广告投入会影响消费者的主观偏好,建立本企业及其产品品牌的知名度,甚至可以说他们所投入的广告费用已经形成无形资产,潜在的进入者必须更广泛地做广告,以克服原有企业所建立的商誉,并且它的投入将更大,这无疑使新进入的企业在竞争中处于成本劣势。可见,市场中原有企业所做的广告对新入企业造成了一定程度的进入壁垒。综上所述,企业的广告行为将导致产业市场集中度的提高,当所有竞争性企业都从事广告活动时,它们的市场份额将随广告活动的成败而变化。成功的广告会使企业拥有更多的消费者,市场份额就会提高;失败的广告会使企业失去顾客,甚至不得不退出市场。所有这些方面作用的结果是,产业市场集中度提高。

2. 广告在不同产业市场中的作用

凯维斯对非耐用消费品、耐用消费品和中间产品这三种行业市场上企业的广告行为进行了研究。一是在非耐用品行业，广告对消费者形成的主观偏好的影响很大，有利于形成产品差异，因此市场上的企业常常试图通过大量的广告投入来影响消费者的选择和建立品牌忠诚度。二是在耐用消费品行业，由于产品差异程度主要由产品的性能、质量和销售服务水平决定，消费者在购买决策过程中相当谨慎，受广告活动影响的程度相对非耐用消费品小，因此市场上的企业往往把广告费用占总销售费用的比例控制在一个较小范围内，而把大部分的销售费用用于销售组织的建立和完善方面。三是在工业品行业市场上，产品或者比较标准化和规格化，或者完全是根据客户的需要定制，产品的购买者一般都是富有经验和鉴别能力的专家，因此消费者市场上的广告行为就不适用。企业投入的广告费用很少，主要是做企业和品牌的宣传广告，而把大量的销售费用用于人员推销活动上[①]。

3. 广告对社会福利的影响

广告对社会福利的影响是一个有争议的问题，集中在以下几个方面：其一，广告能够降低消费者的搜寻成本。消费者通过广告可以迅速、方便地了解什么是他们所需要的产品，在哪里能够买到这些产品和以什么价格买到。广告所传递的这些信息无疑会降低消费者和企业之间的搜寻成本。其二，价格广告能够增加社会福利。经验表明，有关相对价格的广告会增加竞争并促进福利。提供相对价格信息的广告倾向于降低市场价格，并让顾客了解在哪里可以更低的价格购买他们所需要的商品。大量的实证研究表明有关价格的广告降低了消费者支付的平均价格[②]。其三，非价格广告能够克服劣质品问题。在某些市场上，消费者可能并不具备鉴别高质量产品和低质量产品的能力，由此企业就会感觉出售高质量产品无利可图。但如果企业通过广告显示了高质量，就可以吸引顾客试用并引致反复购买。因此，高质量产品的生产企业有更大的做广告的动机。从这一意义上说，广告具有优胜劣汰的作用。其四，广告过度问题。一些研究试图证明某些行业市场上企业做了过量的广告以诱使消费者购买产品，有的甚至是他们根本不需要的商品。企业为此投入的大量广告费用和消费者所购买的"没有效用"的产品都是对社会资源的一种浪费。其五，广告导致市场集中度提高。广告会导致不同程度的市场集中，有的学者就此认为广告会损害行业市场的竞争性，从而最终导致垄断势力的形成，使社会总福利水平下降。上述问题，无论是通过理论模型的推导还是实证研究，都没有得出一个一致的结论，但可以肯定地说，广告的福利效果是正负兼有的。

（四）产品生命周期与广告策略

产品生命是指产品的经济生命或市场生命，产品生命周期是指产品从投入到衰亡的全部过程，包括投入、成长、成熟和衰退四个阶段。企业在产品周期的不同阶段应有不同的广告策略。

（1）产品投入期的广告策略。产品投入期是新产品投入市场的初始阶段，这一阶段的特点是产品设计还有待于改进，工艺还不成熟，工人劳动熟练程度低；由于产品处在试销阶

---

① 苏东水. 产业经济学[M]. 北京：高等教育出版社，2005.
② 丹尼斯·卡尔顿. 现代产业组织[M]. 上海：上海人民出版社，1998.

段,用户对产品不太熟悉,销售增长率低且不稳定;生产成本和销售成本较高,通常这一阶段利润较少,甚至亏损。因此,在制定广告策略时要求:一是广告内容应以提高产品的知名度为主,广告推出在时间上要快,要赶在商品上市之前进行宣传;在范围上要求广,尽可能使更多的人了解新产品,并重点启发那些可能最先购买的用户,还可以采用试销打开局面。二是广告宣传要着重介绍产品的性能和用途。要宣传该产品比同类产品的优越之处,通过消费者的比较,形成对本企业产品的正常需要。三是要灵活增减广告费用。当产品潜在市场大而产品尚未被人所知,或者市场竞争激烈时,应增加广告费用,加大广告强度,扩大广告宣传,以求迅速占领市场;当产品潜在的市场规模小,竞争并不激烈,或者产品的知名度高,则可削减广告费用,以求节省开支,降低成本,以价格取胜。

(2)产品成长期的广告策略。产品成长期是新产品开始被消费者接受阶段。这一阶段的特点是:产品的销售量迅速增长;产品设计已经定型,工艺基本稳定;生产效率高,成本低;销售增长率迅速提高,利润也随之增加;由于产品利润增加,引来新的竞争者加入,竞争开始激烈。这一阶段的广告策略:一是扩大广告宣传范围,巩固和继续开发宣传渠道,提高销售现场广告的水平,以赢得顾客的信任。二是以宣传产品广告为主转向以突出本企业形象的广告为主。企业应重点宣传本企业的工艺水平、产品质量与服务保证,建立企业信誉。三是应参考竞争对手的广告规模,适当增加广告费用,以加强宣传能力。

(3)产品成熟期的广告策略。产品成熟期是产品主要销售阶段。这一阶段的特点是:产品销售增长速度逐步达到高峰而趋于缓慢,产品已有一定的声誉,占有一定的市场,产品销售利润达到最高水平,市场已趋于饱和,竞争愈加激烈。这一阶段广告的策略是:一是采用多种广告媒介,开展多层次、全方位的广告宣传,向已占领的市场宣传产品用途的多样性,向新市场宣传产品的可靠性,以求巩固老市场,开拓新市场。二是广告中要更加突出商标,强调本企业产品与消费者的紧密关系。促进对本企业产品消费习惯的形成,为产品的更新换代做准备。

(4)产品衰退期的广告策略。产品衰退期是产品逐步退出市场的阶段。这一时期的特点是:产品已显出老化,不能适应市场需求的发展,销售量锐减;市场上已出现换代新产品或替代品;产品销售困难加大。这一阶段的广告策略:一是经过促销努力,销路仍无转机,就不要再加大广告费用,要尽量降低广告费用,以减轻企业的负担。二是若要延长产品的生命周期,就要宣传其所不能替代的优点。三是要强化服务维修的广告宣传,以增加消费者对产品的信任感①。

> **学习要点**
>
> 1. 市场行为是指企业在市场上为适应市场环境要求、实现自身目标而采取的各种战略性与策略性行动。企业行为复杂多样,按照其性质可分为一般性行为和策略性行为;按照其内容可分为价格行为和非价格行为;非价格行为又可分为以控制市场和影响价格为基本特征的合谋行为和纵向约束行为;以产权变动和组织调整为特征的并购行

---

① 臧旭恒、徐向艺、杨蕙馨.产业经济学[M].北京:经济科学出版社,2005。

为;以提高竞争力、拓展市场为目的的促销行为,等等。

2. 影响或制约企业定价行为的因素很多,既包括企业内部因素,又包括企业外部环境因素。企业内部包括企业目标、企业成本和产品特征等因素;外部因素包括社会劳动生产率的变化、市场容量和市场供求关系、社会经济状况与人们的收入水平、顾客需求、竞争对手的状况与行为、市场结构状况、政府干预等。

3. 企业定价的方法从理论上讲包括边际成本定价、平均成本定价、垄断定价等,而实践中,企业定价方法中有成本导向的定价方法、有市场导向的定价方法还有以竞争为导向的定价方法。以成本为导向的定价方法包括成本加成定价法、目标利润定价法、收支平衡定价法和边际贡献定价法等;以竞争为导向的策略性定价方法包括掠夺性定价和阻止进入定价等;以市场为导向的定价方法包括各种歧视性定价和其他各种定价方法。

4. 现实中的企业定价策略很多,可归结为三类:一是新产品定价策略。如撇脂定价策略、渗透定价策略、满意定价策略。二是心理定价策略。如整数定价策略、尾数定价策略、声望定价策略、招徕定价策略、习惯定价策略等。三是价格折扣和折让。如数量折扣、现金折扣、功能折扣、季节折扣、会展折扣、以旧换新等。

5. 企业并购的实质是一种企业间权利让渡和资产重组行为,是产权关系的重新调整或产权制度的重新构建。并购类型可分为横向并购、纵向并购和混合并购;也可分为购买式并购、承担债务式并购和杠杆式并购;还可分为协议并购和要约并购,或者善意并购和恶意并购。

6. 企业并购作为一种重要的投资活动,其动力主要来源于追求资本的最大增值,同时也源于竞争压力等因素。具体动机可概括为:获取协同效应、突破进入壁垒、扩大市场势力、降低交易费用、战略性动机、经营者功利驱动等。

7. 企业并购决策必须坚持相应的原则注重并购后的整合,使其与企业的整体战略、经营协调相一致、互相配合,具体包括:战略整合、业务整合、制度整合、组织人事整合和企业文化整合。

8. 企业纵向约束行为指的是制造商对零售商在销售其产品时施加的种种约束,或者零售商对顾客购买产品时施加的种种约束。前者的例子包括转卖价格维持、独家经营、设立专营区,后者如捆绑销售等。

9. 纵向约束的成因主要是源于生产经营活动的外部性所带来的零售商的搭便车问题、制造商的搭便车问题、双重加价问题、零售商的价格竞争与服务不足问题等、纵向限制的方法和具体形式包括设立专营地区、限制经销商的数量、转卖价格控制、制造商进行营销努力、数量控制等。

10. 纵向约束带来的福利效应既有积极的理想效应,又有负面效应,有时候具有模糊效应。从经济效率的标准来衡量,纵向约束的社会福利效应必须根据具体的情况进行判断,不能一概而论,这一结论对纵向约束立法有重要的意义。

思考：

1. 如何对企业市场行为进行分类？
2. 企业定价的影响因素有哪些？
3. 企业定价的方法和策略有哪些？
4. 简述掠夺性定价的特点。
5. 歧视性定价的条件是什么？
6. 简述企业并购的类型与动机。
7. 简述纵向约束行为的成因与方法。

第六章

市场绩效

市场绩效是指在一定的市场结构下,由一定的市场行为所形成的价格、产量、利润、品种、技术进步等方面的效果。市场结构、市场行为与市场绩效是相互关联的一个整体,市场结构是产业内部组织关系的表现形式;市场行为是产业组织状态与结构形成与变动的推动力量;市场绩效则是产业组织合理化的基本判别标准。

一、市场绩效评价的准则

市场绩效反映的是在特定市场结构和市场行为条件下市场运行的实际效果。经济绩效的评价与衡量与经济活动的目标密不可分,不同的经济活动目标决定了对经济活动绩效的不同评价。产业组织理论指向的经济活动目标,主要不是企业层次上的,而是产业和整个国民经济层次上的,即主要是在中观和宏观层次上,以经济活动目标为指向,对特定的市场结构和市场行为条件下市场运行的实际效果进行评价。在对市场绩效进行评价之前,必须首先了解产业和国民经济层次上的目标具体是什么。毫无疑问,这个目标本身是多元的,但从经济学的角度看,社会福利水平的提高与否是最主要也是最具综合性的目标。从一般意义上说,社会福利目标包括经济活动的效率、公平、稳定和进步等多层次、多方位的内容,这就决定了对市场绩效的评价必然也是多层次、多方位的。这里将从产业的资源配置效率、产业的规模结构效率、产业技术进步状况及企业内部组织管理效率等几个方面直接或间接地给予评价。

市场绩效评价的准则主要有:其一,看价格对生产要素流动的导向作用。如果价格变动将引导生产要素流向生产效益好、生产成本低、市场需求量大的产业和企业,就说明市场绩效好,反之则说明市场绩效差;其二,看产业内企业的生产量是否达到规模的要求,企业产量过大或过小,都不利于企业及整个产业的发展;其三,看产业内企业生产耗费和利润率的高低,即考察企业的生产费用尤其是销售费用及产品改型上是否存在浪费,以及有多大程度的浪费,产业的平均利润率是否合理;其四,产品的质量和品种规格是否能够满足消费者的需求,以及在多大程度上满足其需求;其五,产业的技术进步是否在不断加快。市场绩效状况和市场结构与市场行为密切相关,但也与政府的产业组织政策有关。

二、市场绩效的度量指标

如何度量市场绩效,这是产业组织理论长期以来一直关注的一个重要问题。经济学家通常用利润率指标、勒纳指数、贝恩指数、托宾 q 值来度量市场绩效。

(一)利润率指标

在完全竞争市场上,各种资源在产业间、企业间的自由流动,各产业的利润率趋于平均化,所有的企业都只能获得正常利润,不存在垄断利润。因此,产业间是否形成了平均利润率是衡量产业内市场结构效率是否达到最优的基本依据。利润率的一般计算公式是:

$$R = (n - T)/E \tag{6-1}$$

式(6-1)中，R 为税后资本收益率；n 是税前利润；T 是税收额；E 是自有资本。

利用利润率指标评价市场绩效要区分经济利润和会计利润。经济利润等于收入减去机会成本，而会计利润则是根据规定的会计原则所计算的利润。具体地说，经济利润等于收入减去劳动、物资耗费和资本成本。严格来说，评价市场绩效的高低应采用经济利润而非上式中的会计利润。

以贝恩为代表的产业组织学者对不同产业的长期利润率同市场结构的若干要素如市场集中度之间的相关关系进行了实证研究，研究结果表明，随着集中度的提高，产业长期利润率也有所提高，但是这两个指标之间的正相关度并不显著。

(二) 勒纳指数

勒纳指数对市场绩效的度量是通过价格与边际成本的偏离率的计算进行的。其计算公式为：

$$L = (P - MC)/P \tag{6-2}$$

式(6-2)中，L 是勒纳指数；P 是价格；MC 为边际成本。

勒纳指数的数值在 0 和 1 之间变动。在完全竞争市场条件下，价格等于边际成本，勒纳指数等于 0；在完全垄断市场中，勒纳指数会大一些，但不会超过 1。可以看出，勒纳指数越小，趋于 0，则竞争程度越高，垄断程度越低，市场绩效越显著；勒纳指数越大，趋于 1，则市场竞争程度越低，垄断性越强，市场绩效越差。勒纳指数本身反映的是当市场存在支配能力时价格与边际成本的偏离程度，但是却无法反映企业为了谋取或巩固垄断地位而采取的限制性定价和掠夺性定价的行为，在这两种情况下，勒纳指数接近于 0，但却不表明该市场是竞争性的。另外，在实际计算过程中，边际成本的数据难以获得，因而往往要使用平均成本来代替，这就可能会使结论失真。

(三) 贝恩指数

贝恩指数是产业组织著名学者贝恩提出的一个指标。贝恩把利润分为会计利润和经济利润，从而克服了简单利润率计算所存在的缺陷。

会计利润的计算公式是：

$$n_a = R - C - D \tag{6-3}$$

式(6-3)中，n_a 是会计利润；R 是总收益；C 是即期总成本；D 是折旧。

经济利润的计算公式是：

$$n_\beta = n_a - iv \tag{6-4}$$

式(6-4)中，n_β 是经济利润；i 是正常投资收益率；v 是投资总额。

于是贝恩指数公式为：

$$B = n_\beta/V \tag{6-5}$$

贝恩指数的理论依据是，市场中如果持续存在超额利润(或者说经济利润)，那么通常就表明该市场上存在垄断势力，且超额利润越高，垄断力量越强。因此，贝恩指数代表的是产业的超额利润，与勒纳指数相比，所要求的基础数据相对容易获取，产生系统偏差的可能性就减少了。需要指出的是，现实经济活动中，某个产业的利润率高于社会平均利润率水平，并不一定是由垄断因素引起的，还可能是其他因素所致：一是作为风险性实业投资报酬的风险利润；二是由于不可预期的需求和费用条件的变化形成的预期外利润；三是技术开发与创新带来的创新利润。这三种利润都是短期的，不可能长期存在。因此，传统产业组织理论认为，如果某一产业的利润率长期高于社会一般利润率水平，就说明该产业存在一定的垄断力量。

(四) 托宾 q 值

托宾 q 值是衡量市场资源配置的一个指标，是指一家企业资产的市场价值(通过其已公开发行并售出的股票和债券来衡量)与这家企业资产的重置成本的比率。其计算公式为：

$$q = (R_1 + R_2)/Q \tag{6-6}$$

式(6-6)中，q 是托宾指数；R_1 是股票的市场值；R_2 是债券的市值；Q 是企业资产的重置成本。

如果 $q>1$，即企业的市场价值大于其重置成本，意味着该企业在市场中能获得超额利润；显然，q 值越大，该企业造成的社会福利损失越大，市场绩效越差。

三、市场绩效的综合评价

对一个产业市场的运行绩效进行综合评价是指从多个角度对市场运行的状况进行综合描述与考评。在产业组织理论中，一般从以下几个方面对某一产业市场的运行绩效进行综合评价。

(一) 资源配置效率

产业资源配置效率是用来评价市场绩效的最基本方面。微观经济学认为，完全竞争的市场机制能够保证资源的最优配置，这表现为社会总剩余或社会福利(生产者剩余与消费者剩余之和)的最大化。经济学家通常用消费者剩余、生产者剩余和社会总剩余这三个指标来全面分析和衡量社会资源配置的效率状况。消费者剩余是指消费者愿意支付的价格与实际支付的价格之间的差额，它表示消费者从商品购买中所获得的边际效用减去为此牺牲的货币边际效用之后的余额。生产者剩余是指销售收入和生产费用的差额。社会总剩余是消费者剩余和生产者剩余之和。在产业组织学中，一般使用利润率作为衡量产业市场资源配置效率的指标。在完全竞争的市场结构中，通过资源在产业间和企业间的自由流动，各产业、各企业的长期利润率趋于平均化，所有的产业和企业都只能获得正常利润。因此，使用利润率作为衡量产业资源配置效率的指标。

微观经济理论已经证明，一般情况下，市场竞争越充分，资源配置效率越高；相反，市场垄断程度越高，资源配置效率越低。福利经济第一定理表明，完全竞争市场结构的一般均衡是帕累托最优的。一般均衡表明整个经济处于效率状态,因此所有的消费活动都是有效率的,所有的生产活动也都是有效率的,并且消费和生产活动是协调一致的,即对于任何两种资源,所有消费者的边际消费率全部相等,所有生产者的边际技术替代率都相等,而且边际消费率与边际技术替代率也相等。尽管这一定理本身有着不严密性,并受到一些学者的质疑,但是对于完全竞争的市场结构能够实现社会资源配置的最优化,绝大多数经济学家是深信不疑的。与理想的完全竞争相比,垄断市场的供应量比完全竞争市场低,而价格通常比竞争价格要高。垄断企业通过以较高的价格和较低的产量提供商品,攫取了部分消费者剩余,使消费者剩余减少。同时导致了社会福利的净损失,即效率损失。垄断企业为了谋取和巩固垄断地位经常需要采取一些特殊手段并为此支付巨额的费用,比如广告和特殊的产品差异化、设置人为的进入壁垒等。经济学认为,只要是为竞争市场所不必要的手段及其支出,都可视之为是一种社会资源的浪费。

(二) 产业的规模结构效率

产业的规模结构效率反映了产业经济规模和规模效益的实现程度,是市场绩效的重要方面。产业规模结构既与产业内单个企业的规模经济水平紧密相关,又反映出产业内企业间的分工协作水平的程度和效率。衡量某一特定产业的规模结构效率可从三个方面进行:其一,用达到或接近经济规模的企业的产量占整个产业产量的比例来反映产业内经济规模的实现程度;其二,用实现垂直一体化的企业的产量占流程各个阶段产量的比例来反映经济规模的纵向实现程度;其三,通过考察产业内是否存在企业生产能力的剩余来反映产业内规模能力的利用程度。

产业的规模结构效率有三种状态。一是低效率状态。即产业市场上未达到获得规模经济效益所必需的经济规模的企业是市场的主要供应者。这种状态表明该产业未能充分利用规模经济效益,存在低效率的小规模生产。二是过度集中状态。即市场的主要供应者是超过经济规模的大企业,由于过度集中,无法使产业的长期平均成本降低,在这种情况下,大企业的市场力量得以过度增强,反而不利于提高产业资源配置效率。三是理想状态。即市场的主要供应者是达到或接近经济规模的企业。这表明该产业已经充分利用了规模经济效益,产业的长期平均成本达到最低,产业的资源配置和利用效率达到了最优状态。在市场经济发达国家,如美国、欧洲和日本,多数产业已经实现了产业规模经济水平的理想状态,即主要生产企业都达到了经济规模,尤其是那些规模经济性显著的产业。不过也存在超经济规模的过度集中。贝恩认为,许多过度集中的产业中大企业的生产成本比规模较小的企业要高,过度集中实际上降低了产业的规模结构效率。

影响产业规模结构效率的主要因素是:(1) 产业内的企业规模结构。产业内的企业规模结构是影响产业的规模结构效率的重要因素。企业规模结构是指产业内不同规模企业的构成和数量比例关系,它同时反映了大企业和中小企业所占的比例。根据不同产业的特点,形成大型、中型、小型企业按照一定比例组合的规模结构,有利于整个产业实现生产的协同效应。其中,大企业担负开拓市场、设计新产品、使用大型自动化生产线完成产品总装的工作,中小型企业则通过专业化为大型企业提供零部件等配套产品,这样的协作可以从整体上发挥产业的规模经济水平。(2) 市场结构。市场结构是影响产业的规模结构效率的直接因素。实证研究表明,产业市场的过度集中和分散都会降低产业的规模经济效率。一方面在市场集中过度的产业中,处于垄断地位的大企业的生产成本常常高于规模较小的企业,因为存在着 X 非效率,同时垄断还会导致整个产业市场的效率损失,使产业无法实现规模经济效益。另一方面,在市场集中度过低的产业中,存在许多未达到最低经济规模要求的企业,它们之所以会长期存在于市场上,从外部原因看,可能是由于该产业存在高退出壁垒,导致资源无法合理流动,或是因为得到了政府扶持;从内部原因看,可能是企业有效的产品差异化和使用廉价劳动力。从产业总体看,大量不规模经济的企业的存在导致了产业规模结构的低效率。但如果从其他目标的角度评价,结论则不一样,从社会就业和稳定目标看,政府必须扶持一些小型企业,以保障就业率;从消费者效用的满足看,小型企业能够提供消费者所需要的差异化产品,使他们的效用得到满足,而这些产品可能是大型企业所不屑于提供或无法实现大规模生产的。

(三) 企业组织管理效率

对于企业组织管理效率,人们一般使用 X 非效率这一指标来度量。所谓 X 非效率,是指在垄断企业的组织内部存在资源配置的非效率状态。这一概念是由美国哈佛大学教授莱宾斯坦首先提出的。莱宾斯坦 X 非效率理论主要涉及三个变量之间的关系——市场环境(ME)、企业组织(EO)和经济效率(EE),其中,经济效率是市场环境和企业组织的函数,即:

$$EE = f(ME, EO)$$

在变量 ME 给定(即没有市场竞争压力)的条件下,变量 EE(即 X 非效率的程度)就取决于为给定 EO(即垄断企业)适应环境的情况。在没有压力的市场环境(ME)中,EE 的值就不可能是 X 效率,而只能是 X 非效率[①]。

导致大企业内部普遍存在 X 非效率的主要原因如下。

首先,代理成本的增加。大企业通常采用股份制组织形式,企业是由股东、职业经理和雇员等不同集团共同组成的。由于股权分散,作为所有者的股东,依靠有限的所有权不能控制企业,更难以面对复杂的和专业性极强的经营管理工作,由此导致一批具有专业管理知识和才能的职业经理人员受所有者委托,实际掌握了企业日常经营的控制权。但大企业的所有者和职业经理人员追求的目标未必一致,所有者主要关注于公司利润和股本收益最大化,而职业经理人员则不然。从实现自身利益最大化出发,他可能更关注企业规模的扩张,市场份额的扩大,以及员工福利水平的提高等目标,这就决定了职业经理们可能过分追求企业规模的扩大,并追求市场垄断地位,从而导致企业内部效率低下。除了所有者和经营者之间,大企业内部在各个层级之间也存在多种委托代理关系,从而产生较高的代理成本,这进一步加重了企业的 X 非效率。

其次,激励成本增加。在市场交易中,优胜劣汰的竞争法则对交易双方具有较强的激励,并可能产生较高的效率。而在企业内部,生产经营过程是以团队方式组织的,各成员的边际贡献难以计量。随着企业规模的扩大,对成员业绩的考核、激励和监督的成本将进一步上升,激励强度相应下降。企业的规模越大,企业的经营绩效与每一个员工的实际经营行为关系越难以确定。企业管理者为掌握和控制员工的劳动报酬和提高劳动生产率所需要花费的激励成本越高。

---

① 臧旭恒,徐向艺,杨蕙馨.产业经济学[M].北京:经济科学出版社,2005.

最后，管理成本增加。企业规模扩大导致组织层次增加、管理幅度拉大，信息沟通的速度和质量下降，从而使企业的管理成本上升，效率下降。此外，从团队工作的视角看，企业越大，成员搭便车的动机越强烈，因此必须加强监督和激励，但这种监督和激励是有成本的且往往成本高昂。

（四）产业的技术进步状况

技术进步是指技术在合目的性方面所取得的进化与革命。所谓合目的性，是指人们对技术应用所期望达到的目的及实现的程度。通过对原有技术的改造、革新或研究，开发出新的技术代替旧技术，其结果更接近于目标，这时就体现出了技术进步[①]。对技术进步的理解有狭义和广义之分。狭义的技术进步主要是指硬技术应用的直接合目的性方面所取得的进步，又分为进化与革命两种形式。当技术进步表现为对原有技术发展、创造新技术和新的技术体系时，这种进步称为技术进化，如通过技术革新使机床加工精度更高，使电视机的图像更清晰，等等。当技术进步表现为技术或技术体系发生质的飞跃性变革时，就称其为技术革命。硬技术进步主要包括：人的劳动技能的提高；采用新机械设备和对旧设备进行改进；采用新工艺和改进旧工艺；采用新原料；采用新能源；生产新产品和对原产品进行改造，使其质量提高；采用新设计；降低生产消耗，提高投入产出率。广义的技术进步还包括政策、社会和自然条件、组织结构、管理方式等合目的性方面的进化与革命，具体包括：(1)知识进展，即组织技术、管理技术和服务技术的提高；(2)资源重新配置，即各部门比例关系的变化；(3)规模经济性，即经济活动组织合理化水平的变化；(4)政策影响和不规则因素的变化，即采用新的方针政策，推行新的合乎社会、经济、科技发展规律的经济体制和政治体制，等等。

技术进步是企业和产业经营绩效的源泉。企业经营绩效是产业经济绩效的微观基础，二者从本质上说取决于企业的投入量以及各种投入的效率。当今社会，各种投入效率的高低，主要取决于技术进步水平及其应用。从资金投入来说，假定其他因素不变，企业产出量与资金投入量成正比，但产出量的增加不一定非要增加资金投入，提高投资效率同样可以达到提高产量的目的。劳动投入对企业经营绩效的作用取决于劳动力增长率、劳动生产率增长率和劳动组织效率三个方面。劳动力数量增加的作用表现在，在生产资料闲置情况下，增加劳动力投入可使新增劳动力和闲置生产资料结合起来，使潜在的生产能力转化为现实的生产能力，增加产出。劳动投入对产出量的促进作用根本上还是取决于劳动生产率的提高，而劳动生产率的提高又主要由劳动力素质的提高来实现。劳动力素质的提高表现为劳动者身体素质和科学文化素质的提高。在现代经济社会发展中，后者对经济增长的重要性不断提升。劳动组织效率主要指劳动分工与协作效率，其对提高企业经营绩效的作用表现在：其一，根据合理分工与协作原理，合理配备劳动力和确定工作量，节约使用劳动力，从而提高劳动生产率；其二，正确处理劳动力与劳动工具、劳动对象之间的关系，保证劳动者有良好的工作环境和劳动条件，改进操作方法，从而提高劳动生产率；其三，通过劳动力在不同岗位的合理流动和优化组合，发挥劳动者内在潜能从而提高生产效率。

自然资源是人类可以直接从自然界获取，并应用于生产和生活的物质和能量，是企业发展中不可或缺的物质要素。自然资源的禀赋、开发程度和利用水平，制约企业生产规模的扩

---

① 李京文，郑友敬.技术进步与产业结构选择[M].北京：经济科学出版社，1989.

大和增长速度,影响着产品结构的形成及其变化。企业技术进步为自然资源的开发和利用开辟了广阔的前景。企业通过技术水平的提高,可以按照不同的生产目的对自然资源进行多层次、多目标的开发与综合利用,从而可以提高自然资源利用的综合经济效益。

四、技术创新与研发

技术创新与研发活动是当代经济条件下提升企业竞争力,促进产业升级,提高产业运行绩效的重要途径,也是企业战略性行为之一。产业技术进步状况主要取决于企业的技术创新能力和创新绩效。因此,对企业技术行为和创新能力进行分析与评价,也构成了产业运行绩效评价的重要内容。本部分目的是通过学习企业技术创新能力评价方法,使我们进一步掌握市场绩效综合评价的途径与方法。

(一) 技术创新与研发的关系

1. 技术创新与研发的含义

熊彼特认为,创新是对循环流转的均衡的突破,是企业家对"生产要素的新的结合",是建立一种"新的生产函数",就是说,把一种从来没有过的关于生产要素和生产条件的"新组合"引入生产体系。熊彼特所说的"创新"和"新组合"包括五种情况:一是引入一种新产品或提供一种产品的新质量;二是采用一种新的生产方法;三是开辟一个新市场;四是获得一种原料或半成品的新的来源;五是实行一种新的企业组织形式。这里,熊彼特所说的创新是一种广义创新,既包括技术创新和产品创新,又包括组织创新和制度创新。而技术创新就是创新主体根据科技发展规律而对客观对象实施更新改造的实践过程,是新产品、新工艺的形成,或者是对产品、工艺进行更新改造以实现资源与要素优化重组的过程。技术创新的特征在于:它是一个动态过程,它贯穿从产品构思到市场营销的整个过程;它是一个系统工程;它是一种经济活动。熊彼特认为技术发明和技术创新不是一回事,发明是创新的必要前提,但发明并不一定必然导致技术创新。一种新的发明只有在被应用于经济活动时,才成为"创新"。创新的承担者只能是企业家,发明者不一定是创新者,只有企业家才会组织和有能力完成某种技术创新。他认为,企业家之所以要创新,是因为社会存在某种潜在的利益,创新的直接目的就是为了获得这种利益。

研究与开发(Research and Development, R&D)是国际上通用的科技术语。研究是指在详细考察某一问题后,找出其内在属性和规律性,进而形成科技理论。开发则是客观规律运用于生产或生活实践的进一步发展,是一种有特殊目的的技术过程。研究与开发本是科学技术发展的两大阶段,但在当今社会,二者的界限越来越模糊,关系日益密切。

2. 技术创新与研发的关系

技术创新作为一项复杂的社会系统工程,其实现不仅受到市场需求、政策激励、竞争压力和研发推动等动力因素的影响,而且还受到人力资源、资金投入、信息稀缺等约束因素的影响。这些因素都反映了某个方面的真实性,这些方面的数量有可能会增加,并且占主导地位的方面也会转移。这就为研究研发与技术创新关系增加了难度,因为企业创新很难用一种不断对小的外部扰动调整和恢复均衡的系统来描述。借助于经典物理力学的有关原理,可把技术创新视为一个组织系统,技术创新的动力(F)则是改变这一组织系统"运动"状态(A)的主要原因,这一"运动"状态改变大小与创新动力函数(F)成正比,与约束系统函数(M)成反比,用公式表示如下:

$$A = \frac{F(f_1.f_2.f_3.f_4\ldots)}{M(M_1.M_2.M_3.M_4\ldots)} \tag{6-7}$$

式(6-7)中,A代表技术创新实现函数,F是技术创新动力函数,f_1、f_2、f_3、f_4分别代表需求拉力、竞争压力、研发推动力、政策激励等。M是技术创新约束系数函数,M_1、M_2、M_3、M_4分别代表人力资源约束、资金约束、信息约束、文化环境约束等。这里,作为技术创新一个重要的动力源,研发的产出就是创新的投入,但由于创新还会受到其他动力因素或约束因素的影响,因此研发成果并不一定导致创新的实现。就某一企业而言,企业研发成果的多少,与企业创新成果的大小并没有必然联系。一项成功的创新可能来自一组研发项目,这些项目分别对创新的各部分有所贡献。这些项目的数量和功效决定了创新项目的成功与否。除此之外,还存在许多不成功的研发的项目,以及由成功的研发项目产生的创新成果最终在市场检验中没有取得成功的情况。罗森伯格对企业研发与技术创新的关系做过很形象的描述:研发对技术创新的作用可以说是通过技术不平衡表现出来的,这种不平衡常常发生在由若干密切相连的步骤构成的生产活动中,即这些生产过程中常常有些"瓶颈"。"瓶颈"的存在将把研发的努力集中在它的解决方法上,然而,方法的出现又将产生新的"瓶颈"和进一步的解决方法[①]。综上所述,企业研发的直接结果是不断产生新的知识和在经济中产生新的不稳定性。产生新知识,可不断消除企业技术创新中的"瓶颈";而产生新的不稳定性,是不仅可能带来新的"瓶颈",还可能带来创新过程中的飞跃性突破。引发创造性破坏契机的主要原因就是研发,通过研发的作用机制,影响企业技术创新。

(二) 技术创新的动因

对于技术创新的动因,主要有三种学说,即利润动机说、需求拉力说和市场结构说。

1. 利润动机说

熊彼特认为,经济增长的目的就是创新者进行"创新"活动的目的,也就是为了谋取利润。企业家之所以愿意投资于某个新的技术领域,正是因为他们看到了其他人没有看到的,或者虽然看到而不敢投资于其中的盈利机会。因此,没有盈利机会,也就不可能有"创新"。新的技术发明及其应用,不管它来自企业内部还是外部,谋求高额利润都是企业家进行技术创新的基本推动力。利润动机是熊彼特创新起源思想的一个重要假设。

2. 需求拉力说

技术创新来源于需求的思想最早是由施穆克勒提出来的。他在1966年出版的《发明与经济增长》一书中,通过研究发现投资和专利的时间序列表现出高度的同步效应,并且投资

---

① 臧旭恒,徐向艺,杨蕙馨. 产业经济学[M]. 北京:经济科学出版社,2005.

序列趋向于领先专利序列。他认为,需求是解释投资波动的一个重要因素,发明活动的高涨也响应了需求的高涨。英国经济学家阿曼和库珀也认为,需求拉力对技术创新的激励具有普遍性,对某种特殊产品或生产工艺过程的需求,是创新的最基本动因。他们二人在考察了英国和其他西方工业化国家近代重大技术创新成果后得出结论:全部创新的 2/3~3/4 是需求拉动的结果。需求拉动说在很大程度上被一些实证研究所证实。

3. 市场结构说

熊彼特曾指出,完全竞争条件下的企业,在技术进步方面的成就不如垄断企业,其经济效率也可能不如垄断企业。但熊彼特并未对技术创新与市场结构的关系展开论述。卡曼和施瓦茨从垄断竞争的角度对技术创新动因进行了探讨。他们认为,竞争程度、企业规模和垄断力量这三个变量决定技术创新。因为技术创新能使"创新者"在与对手们的竞争中获取较多的利润。企业规模影响一种技术上"创新"所开辟的市场前景的大小。企业的生产规模越大,它在技术上的创新"所开辟的市场就越大"。垄断力量影响技术创新的持久性,就是说,企业的垄断程度越高,对市场的控制能力就越强,它所进行的"创新"也越持久。卡曼和施瓦茨从市场结构角度分析企业技术创新动因,从而拓宽了技术创新起源的范围。但是,他们认为竞争程度高低和垄断力量大小都与企业创新动机成正比,即竞争性越强和垄断程度越高,企业技术创新动机就越强。可见,这两种因素在促进技术创新过程中存在矛盾性。实际上,竞争因素决定技术创新的广泛性,而垄断因素决定技术创新的持久性。

技术创新作为一个具体的、复杂的社会实践过程,是由社会科技、经济、政治等多种因素综合作用的结果。企业技术创新直接来自于企业家的偏好,企业家的行为动因是对利润的追求。同时科技进步的内在惯性机制推动技术研究、技术开发和技术应用。这些因素共同推动企业技术创新。而市场需求及市场结构(竞争、企业规模和垄断)引导技术创新的方向,拉动技术创新的进展。政府的科技政策和其他宏观经济政策比如社会、科技、产业、区域发展规划,以及财政、信贷、外贸等经济杠杆都是启动企业技术创新的有效动力。可以这样说,企业追求自身发展的驱动力是技术创新的基本因素,而企业创新的方向、水平及持久性决定于企业目标与市场环境和政府政策耦合的连接程度①。

(三) 自主创新与合作创新

1. 自主创新及其类型

自主创新是创新主体依靠或主要依靠自身力量实现的科技突破。其前提是自主,而不为他人所左右;关键是自己具有创新能力;目的是获得自主知识产权和较大创新收益。因此,自主创新过程实质上是实现知识产权自主化并获得价值增值的过程。其成果一般体现为新的科学发现以及拥有自主知识产权的技术、产品、品牌等。

自主创新从内容上可分为原始创新、集成创新和引进消化吸收再创新。其中原始创新是指前所未有的重大科学发现、技术发明、原理性主导技术等创新成果。原始创新意味着在研究开发方面,特别是在基础研究和高技术研究领域取得独有的发现或发明。原始创新是最根本的创新,是最能体现智慧的创新,是一个民族对人类文明做出贡献的重要体现。原始创新成果

---

① 臧旭恒,徐向艺,杨蕙馨. 产业经济学[M]. 北京:经济科学出版社,2005.

通常具备三大特征:一是首创性,研究开发成果前所未有;二是突破性,在原理、技术、方法等某个或多个方面实现重大变革;三是带动性,在对科技自身发展产生重大牵引作用同时,对经济结构和产业形态带来重大变革。集成创新是利用各种信息技术、管理技术与工具等,对各个创新要素和创新内容进行选择、集成和优化,形成优势互补的有机整体的动态创新过程。集成创新的特点是用户至上、多元化能动性和网络化。用户至上强调用户在创新活动中的参与和互动。多元化是指集成创新要求不同类型的创新资源和能力相互激发和协同作用,在本质上是创新要素的交叉和融合。能动性是指集成创新要求各创新主体能积极思考、有效沟通和协作创新,创造协同效益。网络化强调建立企业与企业间的网络联系,采取合作的形式整合资源。集成创新已经从创新的线性过程走向网络化过程。另外,自主创新从创新主体的层次上分可分为国家层面的自主创新、地区层面的自主创新和企业层面的自主创新。

2. 合作创新及其类型

合作创新是指不同主体之间为了共同研究目标、投入各自的优势资源而形成的一种创新契约安排。合作创新通常以合作伙伴的共同利益为基础,以资源共享或优势互补为前提,有明确的合作目标、合作期限和合作规则与运行机制,合作各方在创新的全过程或某些环节共同投入,共同参与,共享成果,共担风险。合作创新可分为国际合作、区域或地区合作和企业合作创新。企业合作创新又包括企业之间合作创新和产学研合作创新。目前,产学研合作创新已经成为合作创新的核心部分和主要潮流。

(四)市场结构与技术创新

对于市场结构与技术创新的关系,经济学家并没有形成一致观点。熊彼特认为,垄断结构在创新方面有如下优势:可以采取一系列手段(如专利、版权和商标)来阻止竞争者在某种创新方面的领先;可以利用研发上的声誉吸引人才;可利用其资金优势等。"开发新产品所需要的资源只能从垄断市场可能的超额利润中来。"①阿罗则认为,一个完全竞争性的市场结构更有利于鼓励企业投资于研究与开发,从而比垄断市场结构下的企业有更多的创新活动。谢勒尔则认为,垄断大公司和支配性大企业因为控制了市场并缺乏竞争对手,可以缓慢地进行技术创新并攫取创新所产生的大部分利润;而许多较小的竞争性企业并存则产生了较强的竞争压力,使每个企业力图在技术创新上走在竞争对手的前面,从而推动了整个部门技术进步的步伐。

1. 集中度与技术创新

在市场集中度与技术创新关系上,经济学家也没有形成一致的观点。争议的焦点在于,什么样的集中度水平更有利于实现企业技术创新。哈罗维茨等人通过实证检验揭示了行业研发支出占销售额的比率与行业集中率之间存在正相关关系。菲利蒲斯发现,1889—1939年间,在美国28个产业中,高度集中行业的企业有更多的技术创新。卡特和威廉姆森在1957年对英国1907—1948年12个产业的统计调查,证实了菲利蒲斯的结论。也有的学者不同意上述观点,他们认为,虽然有资料证明,生产和市场的集中与技术创新正相关,但并不能说生产的集中程度越高创新活动就一定越多。集中度和垄断程度高,也可能会影响企业技术创新的动力。道

---

① 熊彼特. 资本主义、社会主义与民主[M]. 北京:商务印书馆,2000.

西认为,生产集中度本身不是一个独立的可以用来说明部门之间研发差异的变量,换言之,生产集中度并不是研发活动上升的解释变量,相反,可能是研发活动的成功导致市场份额的扩大,从而引起生产集中。1965年,威廉姆森对1919—1958年间某产业4家最大企业的有关数据进行回归分析,得出的结论是,集中度对4家最大企业的创新具有负面影响。还有的学者认为,存在一个最佳的集中度区域,在达到这一区域之前,创新活动随着集中度的上升而增加,在此之后,创新活动随集中度的上升而减少,呈现"倒U型"关系。

2. 企业规模与技术创新

企业规模与技术创新的关系,主要是分析大企业和中小企业在技术创新方面的优势和劣势及其产生的原因。大企业在技术创新方面的优势主要表现在:其一,大企业具有较强的进行技术创新的经济实力,能够承担技术发明与创新活动所需要的巨大成本和投资。其二,大企业更有条件减少和分散技术创新活动的风险。其三,大企业的研究与开发活动易于实现规模经济。大企业拥有较大型的实验室和多种专门的试验设备,同时还可雇用不同学科的技术创新专业人员,使他们相互之间相互配合和进行联合攻关,从而形成一种技术创新过程中的规模效益。其四,大企业内在地具有一定的进行技术创新的动机。除了市场外在竞争压力外,由于大企业生产的产品数量较大,通过技术创新降低单位产品成本中可以得到比小企业更大幅度的利润增加,这就使大企业比小企业具有更强烈的动机去从事这类以降低成本为目的的创新活动。大企业在技术创新方面也有劣势,主要是大企业的市场支配地位也会成为其技术创新动机减弱的诱因,特别是在企业能够通过制定垄断价格稳定地获取垄断利润的情况下,垄断企业进行技术创新的动机就可能大为减弱。经济发展史上并不乏这样的例子,一些企业本身具备较强的资本实力和技术创新资源,但却由于过于依赖制定垄断价格获取高额垄断利润,致使进行技术创新的动力弱化。中小企业由于具有机制的灵活性、生产的专业化,以及面临比大企业更多的竞争压力,因而往往在技术创新上具有更强的动机,同时也具有一些大企业无法比拟的优势。比如,企业规模小,内部成员沟通顺畅,有利于减少内部信息的损失,从事研发活动的效率较高;中小企业能够及时了解并适应市场需求,从而研究开发活动的市场导向较强;中小企业组织结构相对简单,官僚主义作风较轻,在制定和执行研发决策过程中比较迅速,在创新效率和创新时间上优越于大企业。当然,中小企业在技术创新方面也存在固有的劣势,这表现在:其一,人力障碍。中小企业往往缺乏开发型技术人员、熟练工人和高技术产品推销人员。其二,资金障碍。中小企业创新面临相对更大的市场风险,金融机构向中小企业贷款的前景不确定性较大,因而中小企业主要依靠内部资金进行技术创新,技术创新所必需的风险投入资金相对缺乏。其三,信息障碍。由于受人力、财力的限制,中小企业在收集、筛选、整理和加工新技术的信息方面受到较大制约,因而对技术创新方向和市场机会的把握上明显落后于大企业。其四,专利障碍。由于缺乏人力和财力,中小企业通常无力购买技术专利,即使购买到技术专利,在维护其不被侵权方面,也显得力不从心。其五,规模障碍。随着技术创新难度和复杂程度的提高,进入前沿性技术创新所需经过的"进入门槛"越来越高,中小企业往往难以承担。

3. 进入壁垒与技术创新

进入壁垒也是影响企业技术创新的重要因素。格罗斯基在研究1976—1979年英国79个行业组成的样本时发现,在这一时期全要素生产率提高的过程中,进入因素大约起到30%

的作用。对进入壁垒与技术创新关系的分析,一般认为较低进入壁垒容易形成竞争性市场结构进而有利于企业技术创新。但是需要注意的是:第一,进入壁垒对企业技术创新的影响具有两面性。一方面,降低进入壁垒,有利于强化企业技术创新动机;另一方面,一定的进入壁垒还可促进企业进行技术创新。通过专利法,企业可形成一定的市场进入壁垒,限制其他企业的进入,以享有自己技术创新的收益。这种行业进入壁垒有利于促进企业技术创新。第二,进入壁垒对技术创新的影响与新技术的模仿难度有关。在低进入壁垒的产业,规模经济水平、产品差异化程度和技术的复杂系数都较低,因此新技术容易被模仿。同时,在低进入壁垒的产业,存在大量规模较小的企业,它们实力较弱,在专利权益的维护方面承担不了过大的交易成本,从而导致对专利维护的激励不足。此外,由于产业的进入壁垒低,一旦价格大于平均成本存在超额利润,将引致大量新的进入者进入,使市场供给增加,价格下降。这种情况下,企业难以积累起足够的资金投入到科研开发活动中去。第三,进入壁垒对技术创新的影响,还与产品生命周期有关。一般来说,进入在新产品生命周期的早期阶段会在激励创新方面发挥重要作用。戈特和克莱波利用净进入值进入数减去退出数的变化来定义产业的生命周期,发现引入到市场中的主要创新的数量在扩散时期达到高峰,而较不重要的创新在收缩阶段开始前达到高峰。他们还发现,在产业的演进过程中,绝大多数创新都是由外部企业引入的。这说明,在技术创新的初期,进入是推进新的产品创新的工具。但随着市场继续发展和趋于成熟,外部企业对全部创新活动的相对贡献趋于下降。第四,进入壁垒对企业技术创新的影响与进入壁垒的类型有关。只要产业存在高额利润的诱惑,或市场正处于成长率较高阶段,潜在进入者仍有可能进入这一产业,并且往往以创新手段打入市场。现实经济活动中,作为高集中度的知识密集型产业,如计算机产业,尽管存在较高的进入壁垒,但其价格却一直在下降。但是如果进入壁垒是由制度因素,如许可证制度、政府管制等造成的,潜在进入者将难以进入市场。在这种进入壁垒保护下的企业就可能缺乏技术创新的动力[①]。

五、SCP 之间的关系

市场结构、市场行为与市场绩效是产业组织理论的三大主题。如果说市场结构是经济运行的环境,市场行为是经济运行的方式,那么,市场绩效就是经济运行的效果。对市场结构、市场行为与市场绩效这三者之间的关系,产业组织理论的研究经历了一个不断发展的过程,不同学派的学者在观点上尽管有些许差异,但都做出了各自的理论和实证贡献。

哈佛学派的梅森和贝恩等人所创立的正统产业组织学体系在理论上构造了市场结构-市场行为-市场绩效的分析框架,即 SCP 分析框架。这一理论模式的形成大体经历了两个阶段。第一阶段是贝恩于 1959 年出版《产业组织》一书,书中提出从市场结构推断竞争效果的"结构-绩效"模式。他认为,判断一个行业是否具有竞争性,不能只依据市场行为(如定价行为)或市场绩效(如是否存超额利润),而要同时根据该行业的市场结构的若干要素,如市场集中度、进入壁垒等来判断。贝恩对产业组织研究分析的框架,通常是假定市场结构决定市

---

① 臧旭恒,徐向艺,杨蕙馨.产业经济学[M].北京:经济科学出版社,2005.

场行为,市场行为再决定市场绩效,其中大多数的分析直接从效果到效果,或从结构到行为、效果的组合。可见,贝恩注重强调市场结构对市场行为及市场绩效的决定作用,而忽视市场行为对市场绩效的影响。因此,以贝恩为代表的哈佛学派被称为结构主义学派。

第二阶段是谢勒于1970年出版《产业市场结构与市场绩效》,书中提出了完整的"市场结构-市场行为-市场绩效"模式。他认为市场结构首先决定市场行为,继而市场行为又决定市场绩效。他对产业组织理论的发展在于,在看到市场结构对市场绩效的意义的同时,更强调了市场行为的重要性,认为只有通过对不同市场结构的市场行为的具体分析,才能确定市场的效果。

SCP分析框架的形成标志产业组织理论趋于成熟。但是,对于市场结构、市场行为与市场绩效三者之间的关系的探讨并没有就此停止过。当代产业组织理论不再简单地认为结构决定行为、行为决定绩效,而是认为三者之间存在着复杂关系。从短期来看,可以把市场结构看成是既定的要素,作为企业市场行为的外部环境,市场结构从某种程度上决定了企业的市场行为,而产业内所有企业的市场行为又决定了市场绩效。就是说,在短期内,市场结构、市场行为与市场绩效之间的关系是,市场结构从根本上制约市场行为,市场行为又直接决定了市场绩效。从长期来看,市场结构也在发生变化,而这种变化正是企业市场行为长期作用的结果,有时市场绩效的变化也会直接导致市场结构发生变化。因此,在一个较长时期内,市场结构、市场行为和市场绩效之间是双向动态的因果关系。

学习要点

1. 市场绩效是指在一定的市场结构下,由一定的市场行为所形成的价格、产量、利润、品种、技术进步等方面的效果。如何度量市场绩效,是产业组织理论长期以来一直关注的一个重要问题。经济学家通常用利润率、勒纳指数、贝恩指数、托宾q值和技术进步率等指标来度量市场绩效。在现代产业组织理论中,一般从以下几个方面对某一产业的运行绩效进行综合评价:一是资源配置效率;二是产业的规模结构效率;三是企业组织管理效率;四是产业的技术进步情况。

2. 技术创新与研发是提升企业竞争力,促进产业升级,提高产业运行绩效的重要途径,也是企业战略性行为之一。产业技术进步状况主要取决于企业的技术创新能力和创新绩效。因此,对企业技术行为和创新能力进行分析与评价,也构成了产业运行绩效评价的重要内容。

3. 创新是对循环流转的均衡的突破,是把一种从来没有过的关于生产要素和生产条件的"新组合"引入生产体系。技术创新就是创新主体根据科技发展规律而对客观对象实施更新改造的实践过程,是新产品、新工艺的形成,或者是对产品、工艺进行更新改造以实现资源与要素优化重组的过程。

4. 技术创新作为一项复杂的社会系统工程,其实现不仅受到市场需求、政策激励、竞争压力和研发推动等动力因素的影响,还受到人力资源、资金投入、信息稀缺等约束因素的影响。其中,研发是最为关键的因素。对于技术创新的动因,主要有三种学说,即利润动机说、需求拉力说和市场结构说。

第六章 市场绩效

5. 自主创新是创新主体依靠或主要依靠自身力量实现的科技突破。自主创新实质上是实现知识产权自主化并获得价值增值的过程。而合作创新则是指不同主体之间为了共同研究目标、投入各自的优势资源而形成的一种创新契约安排。

6. 对于SCP之间的关系,产业组织理论的研究经历了一个不断发展的过程:即从以往的,结构决定绩效论到行为决定结构进而决定绩效论,再到目前的三者之间的互为因果论。事实上,三者之间存在着复杂关系。在短期内,市场结构可视为既定要素和外部环境,从某种程度上决定了市场行为,市场行为又决定了市场绩效。但在长时期内,市场结构、市场行为和市场绩效之间是双向动态的因果关系。

思考:

1. 解释什么是技术创新、自主创新和X非效率。
2. 如何对市场绩效进行综合评价?
3. 技术创新的影响因素和动因是什么?
4. 谈谈你对SCP之间关系的认识。

第七章

寡头博弈

第七章 寡头博弈

在现代经济学中,博弈论(Game Theory)的应用已几乎遍及经济学的各个领域,并逐步成为西方主流经济学的基础。特别是在产业组织领域,博弈论几乎重新改写了整个产业组织的理论框架。其中对寡头垄断企业市场竞争行为的分析是博弈论在产业组织理论中的重要应用和产业经济学最新发展的重要体现。本章在介绍博弈论基本方法的基础上,按照静态竞争、动态竞争的顺序,对寡头垄断企业的主要竞争模型进行介绍和分析,并揭示其经济学含义。

一、博弈的含义、构成要素及类型

(一) 博弈与博弈论的含义

博弈,在汉语中的解释是局戏、围棋、赌博等。博弈论最早出现在现代数学中,亦名"对策论""赛局理论",属于应用数学的一个分支,表示在多决策主体之间行为具有相互作用时,各主体根据所掌握信息及对自身能力的认知,做出有利于自己的决策的一种行为理论。目前,博弈论在生物学、经济学、国际关系、计算机科学、政治学、军事战略和其他很多学科中都有广泛的应用。

在经济学中,博弈论是研究相互依赖、相互影响的经济决策主体的理性决策行为以及这些决策行为的均衡结果的理论。一些相互依赖、相互影响的决策行为及其结果的组合称为博弈(Game)。处于博弈环境下的经济主体的行为与微观经济学中的经济主体的行为是不同的。微观经济学中所说的经济主体的决策与选择行为,是指给定一个价格参数和收入的情况下,经济主体最大化个人的效用,个人效用函数只是依赖他自己的选择,而不依赖于其他人的选择;个人的最优选择只是价格与收入的函数而不是其他人选择的函数。而在博弈环境下,人与人之间的选择是相互影响的,个人的效用函数不仅依赖自己的选择,而且还依赖于他人的选择;个人的最优选择是其他人选择的函数。从这一角度讲,博弈论研究的是存在外部经济条件下的个人选择问题。

人与人之间的行为选择存在相互依赖、相互影响的例子屡见不鲜,博弈存在于经济生活的各个领域之中。比如石油输出国组织(OPEC)成员国选择石油产量的决策行为、寡头市场中企业选择其价格与产量的行为、政府与企业之间的规制与被规制行为、中央政府与地方政府之间在财政关系上的相互对弈行为、国家与国家之间在贸易关系中采取的相互制衡行为等。

(二) 博弈的构成要素

一个博弈一般由以下几个要素组成:参与人(Players),行动(Action or Move),战略或策略(Strategy),信息和信息集,得益(Utility)、结果和均衡等。

1. 参与人

参与人是指博弈中选择行动或策略,以最大化自己效用的决策主体。博弈参与人既可以是自然人,也可是法人、团体、集团,甚至是国家或国际组织。在博弈论中,为了分析的方便,"自然"被作为"虚拟参与人"处理。这里,"自然"是指一种外在的随机变量的概率分布机制。比如,在房地产开发市场中,对写字楼的需求是一个随机变量。我们就可以假定在博弈开始时,"自然"以一定的概率决定写字楼的需求量大小。参与人的决策后果依赖于"自然"的选择。

2. 行动

行动是指参与人在博弈进程中轮到自己选择时所做的某个具体决策。一般用 a_i 表示第 i 个参与人的一个特定行动,$A_i=\{a_i\}$ 表示第 i 个参与人可供选择的各种具体行动的空间或行动集合。参与人的行动可能是离散的,也可能是连续的。n 个参与人参与的博弈中,每个参与人选择一个具体行动构成博弈的行动组合或者是策略组合,用 $a=\{a_1\cdots a_i\cdots a_n\}$ 来表示。与行动相关的概念是行动顺序,即参与人按照时间先后采取行动的顺序。行动顺序对于博弈结果具有重要的决定性意义,特别是在动态博弈中更是如此。在同一个博弈之中,同样数量的参与人,每个人都有同样的行动集合,但因参与人行动的顺序不同,每个人最优选择就不同,博弈的结果也就不同。在博弈论中,一般都假定博弈人的行动空间和行动顺序是共同知识。

3. 战略或策略

战略或策略是参与人在给定信息集的情况下的行动规则,即在博弈进程中,什么情况下选择什么行动的预先安排。策略告诉参与人如何对其他人的行动做出反应,因而是参与人的相机行动的计划或行动方案。一般来说,用 s_i 表示第 i 个参与人的特定策略;$S_i=\{s_i\}$ 则代表第 i 个参与人所有可供选择的"策略组合"。在静态博弈中,由于参与人的行动没有先后顺序,所以就没有真正意义上的策略选择问题,或者说,参与人在某一时点上采取的行动也就是这时的策略选择。而在动态博弈中,策略与行动是有区别的,策略是行动的规则,是对行动的计划安排。如"人不犯我,我不犯人;人若犯我,我必犯人"是一种策略,这里"犯"与"不犯"是两种不同的行动,策略规定了什么时候选择"犯",什么时候选择"不犯"。

4. 信息和信息集

信息是参与人关于自己、自然和他人的行动、策略及其得益函数的知识。信息集是描述参与人信息特征的基本概念,是指在某一行动实施之前或博弈进程中某一环节上,参与人所具有的有关自己和他人的所有信息的集合。一个参与人无法准确知道的变量全体属于一个信息集,一个参与人能够准确知道的变量全体也属于一个信息集。比如,A、B 两个开发商在决定是否能够进入某一房产市场的博弈中,如果 A 在进入市场前不知道需求的大小,而 B 这时知道,那么,A 的信息集为{大,小},B 的信息集为{大}或{小};假如 A 在行动前能够准确知道 B 的行动,即知道其进入这个市场还是没有进入这个市场这两个选择的其中之一,A 有关 B 的行动的信息集就是{进入}或者{不进入},反之,A 的信息集就是{进入,不进入}。

有关信息问题,在博弈论中的一个重要假设就是"共同知识"。共同知识指的是"所有参与人知道,所有参与人知道所有参与人知道,所有参与人知道所有参与人知道所有参与人知道,……"的知识。比如房地产开发博弈中,每个人的行动集合都是共同知识,A 知道自己的行动集合,B 知道自己的行动集合;B 知道 A 知道自己的行动集合,A 也知道 B 知道 A 知道自己的行动组合,如此等等。

共同知识仅仅是一种非常强的假定。在现实的许多博弈中,即使所有参与人"共同"享有某种知识,每个参与人也可能并不知道其他参与人知道这些知识,或者并不知道其他人知道自己拥有这些知识。这种情况被称为"一致信念"。

5. 得益、结果和均衡

得益是指在特定策略组合下参与人得到的确定效用水平,它是所有参与人的策略或行动的函数,是每个参与人真正关心的东西。一般是博弈所有参与人行动或策略的函数。

$$U = U_i\{s_1, s_2, \cdots, s_n\}。$$

博弈结果是指博弈结束时的结果,是博弈分析感兴趣的一些要素的组合,表现为均衡策略组合、行动组合、得益组合等。而均衡则是所有参与人的最优策略或行动的组合。博弈结果与博弈均衡的最大区别在于最后的要素组合是否是参与人最优行动或最优策略所组成的组合。最后的策略组合如果不是最优策略组合,那么这种策略组合只能是博弈的一种结果,而不是博弈均衡。其中,参与人、行动、结果统称为博弈规则,博弈分析的目的就是使用博弈规则来决定均衡。

(三) 博弈的分类

按不同的标准博弈可以分为不同的类型。根据参与人的多少,可分为两人博弈或多人博弈;根据博弈结果的不同,可分为零和博弈、常和博弈、变和博弈;从参与人是否能够达成具有约束力或强制性合作协议来看,博弈可分为合作博弈和非合作博弈。如果参与人在其行为相互作用时能够达成一致性具有约束力的协议,则属于合作博弈,否则就是非合作博弈。在本章我们主要介绍非合作博弈(所以,下文所提到的"博弈",都是指"非合作博弈")。

非合作博弈可进行如下分类(如表 7-1 所示)。

表 7-1 非合作博弈的分类及其对应的均衡概念

信息 \ 行动顺序	静态	动态
完全信息	完全信息静态博弈 纳什均衡 代表:纳什(1950、1951)	完全信息动态博弈 子博弈精炼纳什均衡 代表:泽尔腾(1965)
不完全信息	不完全信息静态博弈 贝叶斯(纳什)均衡 代表:海萨尼(1967—1968)	不完全信息动态博弈 精炼贝叶斯(纳什)均衡 代表:泽尔腾(1975) 科瑞普斯和威尔逊(1982) 弗登伯格和泰勒尔(1991)

其一,根据参与人行动的先后次序划分,非合作博弈可分为静态博弈和动态博弈。静态博弈是指在博弈中,参与人同时选择行动或虽非同时但后行动者并不知道前行动者采取了什么具体行动;动态博弈是指参与人的行动有先后顺序,且后行动者能够观察到先行动者所选择的行动。

其二,按照参与人的信息差异划分,非合作博弈可分为完全信息博弈和不完全信息博弈。完全信息博弈指的是每一个参与人对所有其他参与人的特征,如策略集合及得益函数都有准确完备的知识,否则就是不完全信息博弈。

其三,将上述两个角度的划分结合起来,可得到四种不同类型的博弈:完全信息静态博弈、完全信息动态博弈、不完全信息静态博弈、不完全信息动态博弈。与这四类博弈相对应的四个均衡概念是纳什均衡、子博弈精炼纳什均衡、贝叶斯(纳什)均衡和精炼贝叶斯(纳什)均衡。

(四) 博弈的表达式

由于博弈活动非常复杂,而且博弈各方的具体行动或策略在很多情况下又不是有型可见的。所以,博弈分析者设计了很多用以表达博弈过程的表达式,以便于理论分析。常见的博弈分析表达式一般有以下几种。

1. 标准表达式

标准表达式也称策略表达式。它包括的要素一般包括参与人数、策略空间和得益。即:

$$G = \{S_1, \cdots, S_i, \cdots, S_n; U_1, \cdots, U_i, \cdots, U_n\}。$$

这种表达式一般用于完全信息博弈分析。其中,S_i 代表第 i 个参与人的策略空间,在 S_i 中包含了第 i 个参与人的所有可选择的策略。我们用 $a_i^\alpha(\alpha=1,2,\cdots)$ 表示 S_i 中的某个特定策略。在静态博弈中,S_i 中包含的所有 a_i^α 就是第 i 个参与人的所有可选择的具体行动;U_i 是第 i 个参与人的得益函数,它是所有参与人选择的某个特定策略组合的函数,即:

$$U_i = U(a_i^1, \cdots, a_i^\alpha, \cdots, a_i^\delta)。$$

例如,在两寡头产量博弈中,各自的策略就是选择产量;其策略空间就是各自所能生产的各种产量的集合(大于 0 的任何产量组成的集合),也就是:

$$Q_1 = \{q_1, q_1 \geqslant 0\} \text{ 和 } Q_2 = \{q_2, q_2 \geqslant 0\}。$$

假设各自的得益是其利润,则:

$$\pi_1 = \pi(q_1, q_1), \pi_2 = \pi(q_2, q_2)。$$

所以,用策略式表达的博弈就是:$G = \{Q_1, Q_2; \pi_1(q_1, q_1), \pi_2(q_2, q_2)\}$,其中,$q_1 \in Q_1, q_2 \in Q_2$。

2. 扩展表达式

扩展表达式主要用于动态博弈分析。它一般包括以下要素:

(1) 参与人集合;
(2) 参与人的行动顺序;
(3) 参与人的行动策略空间;
(4) 参与人的信息集;
(5) 参与人的得益函数。

扩展式比策略表达式扩展的是(2)和(4)。

$$G = \{S_1, S_2, \cdots, S_n; T_1, T_2, \cdots, T_n; P_1, P_2, \cdots, P_n; U_1, U_2, \cdots, U_n\}$$

其中,T——参与人的类型(信息);P——条件概率。

对于这种表达式的使用,我们将在后面的动态博弈分析中用到。

3. 博弈树和博弈矩阵

对于有限次的动态博弈,可以用博弈树表达。博弈树也是一种简单的扩展式表达。如图7-1所示,它清晰展示了一个"仿冒与反仿冒"的三阶段动态博弈过程,也是一种拓展表达式,包含了拓展表达式所应表达的所有内容。

如果一个博弈的参与人及其可供选择的策略是有限的,博弈次数也是有限的,则这种博弈可以用博弈矩阵展示出来。表7-2表示的就是一种由两个参与人参与的一次性进入阻止博弈。

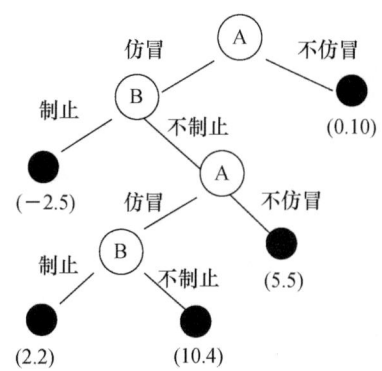

图 7-1 仿冒与反仿冒的博弈树拓展表达

表 7-2 进入阻止博弈

进入者\在位者	默许	打击
进入	40,50	−10,0
不进	0,300	0,300

二、寡头企业完全信息静态博弈

(一) 完全信息静态博弈

所谓完全信息静态博弈,指的是各博弈方同时决策,或者决策行动虽有先后,但后行动者不知道先行动者的具体行动是什么,且各博弈方对博弈中各种策略组合情况下所有参与人相应的得益都完全了解。这里的"完全信息"是指每个参与人对所有其他参与人的特征(包括战略空间、得益函数等)完全了解。这里的"静态"是指所有参与人都从各自策略空间中同时选择其一个行动,且只选一次。但不知道其他人选择的具体行动是什么。纳什在1950年和1951年的两篇论文中从一般意义上研究了这种博弈,明确指出并证明了这种博弈均衡解的存在,此即是在非合作博弈论中起到基石作用的"纳什均衡"。纳什均衡是完全信息静态博弈解的一般概念,也是所有其他类型博弈解的基本要求。我们先介绍几种纳什均衡解的特殊情况,然后定义一般意义下的纳什均衡。

1. 占优策略与占优均衡

在某个博弈中,如果不管其他博弈方选择什么策略,其中一博弈方的某个策略给他带来的得益始终高于其他策略,至少不低于其他策略(显然,该博弈方必然愿意选择这一策略),

我们称这一策略为该博弈方的一个"上策"或"占优策略"。就是说,在一些特殊的博弈中,一个参与人的最优策略可能可以不依赖于其他参与人的策略选择,就是说,不论其他参与人选择什么策略,他的最优策略是唯一的,这样的最优策略被称为"占优策略"。

如果一个博弈的某个策略组合中,所有的策略都是各个博弈方各自的上策,那么,这个策略组合肯定是各方都愿意选择的,必然是该博弈比较稳定的结果。我们称这种策略组合为博弈的一个"上策均衡"或"占优策略均衡"。

规范性定义:在博弈的策略表达中,如果对于所有的参与人 i, s_i^* 是 i 的占优策略,即 s_i^* 满足:

$$U_i(s_i^*, s_{-i}) > U_i(s_i', s_{-i}); s_i^* \neq s_i'.$$

其中, s_{-i} 表示除了 i 以外的其他所有参与人所选择的策略。

那么,策略组合 $S^* = \{s_1^*, s_2^*, \cdots, s_n^*\}$ 称为该博弈的占优策略均衡。

关于占优均衡举例,如两个嫌犯 A 和 B 被抓后关在两个不同房间受审。警察知其有罪但无证据予以定罪,便告知每个人:如果两个人都不承认则各判刑 1 年;如果两个人都坦白则各判刑 8 年;如果其中一人坦白,另一人抵赖,坦白者释放,抵赖者判刑 10 年,列矩阵如表 7-3 所示。

表 7-3 囚徒困境

囚徒 B \ 囚徒 A	坦白	抵赖
坦白	−8, −8	0, −10
抵赖	−10, 0	−1, −1

在这个博弈中,每个囚徒都有两种可选择的策略:坦白或抵赖。显然,不论同伙选择什么策略,每个囚徒的最优策略是"坦白"。对 A 来说,如果 B 选择坦白,自己也选择坦白时,得益为 −8、自己选择抵赖时,得益为 −10,因而坦白比抵赖好;如果 B 选择抵赖,A 坦白时的得益为 0,抵赖时的得益为 −1,因而坦白比抵赖好。可以直观地看出,为什么说"坦白"是囚徒 A 的占优策略。类似的,对于 B 来说,"坦白"也是 B 的占优策略。如果一个博弈中,某个参与人有占优策略,那么该参与人的其他可选择策略就被称为"劣策略"。在一个博弈里,如果所有参与人都有占优策略存在,那么占优策略均衡是可以预测到的唯一的均衡,因为没有一个理性的参与人会选择劣策略。所以,在囚徒困境博弈里,{坦白,坦白}是占优策略均衡。

囚徒困境反映了一个深刻的问题,即个人理性与团体理性的冲突。如果每个人都选择抵赖,各被判刑 1 年,显然比都判刑 8 年好。但在这样的一次博弈中,这个帕累托改进做不到,因为它不满足个人理性要求,{抵赖,抵赖}不是一个均衡。换个角度看,即使两个囚徒在作案之前建立一个攻守同盟(绝不坦白),这个攻守同盟也没有用,因为事到临头,没有人会有积极性去遵守这个协定。这就是由个人理性导致的"集体非理性"。不过,如果这个博弈重复多次的话,结果可能会不一样,也可能会出现"集体理性"。这给我们一个启示,学习博弈论,也许更应研究的是怎样设计一种制度,在满足个人理性的同时,去争取达到"集体理性",达到整体最优。当然"集体非理性"也不是在任何时候都是不好的,如在这个"囚徒困境"的例子里,"囚徒小集体"的非理性对全社会来说就是最优的。当然,这个小集体内的人数要严格地远远少于全社会中该集团外的人数。

囚徒困境的问题在许多情况下都会出现,如寡头竞争、军备竞赛、团队生产中的劳动供给、公共产品的供给等。

2. 重复剔除严格下策的占优均衡

在每个参与人都有占优策略的情况下,占优策略均衡是一个非常合理的预测,但在绝大多数情况下,参与人没有最优策略,占优策略均衡就可能是不存在的。但在有些博弈中,我们仍可以应用占优的逻辑找出均衡,即用下策反消法、画线法、箭头法等,通过剔除"严格下策"来找到次优策略。

严格下策是指在一个博弈中,不管其他博弈方的策略如何变化,一个博弈方的某种策略给他带来的得益总是比另一种策略带来的得益要小,那么,我们称这种策略为后一种策略的"严格下策"。这里,我们用下策反消法举例说明。

表 7-4(a)

A\B	左	中	右
上	1,0	1,3	0,1
下	0,4	0,2	2,0

表 7-4(a)中,A 有上、下两个可选策略,B 有左、中、右三个可选策略,各种策略组合下A、B 各自得益如表所示。我们可以发现,对 A、B 来说,都没有占优策略。对 A 来说,当 B 选"左策略"时,A 选"上策略"是占优的,而当 B 选"右策略"时,A 选"下策略"是占优的。对于 B 来说,如果 A 选择"上策略",B 选择"中策略"是最优的,但如果 A 选择"下策略",而 B 选择"左策略"是最优的。所以该例没有占优策略均衡。

A 的上下策略组合得益相等,分不出优势。我们观察 B,可以发现 B 的"右策略"相对其本身的"中策略"而言,无论 A 选"上策略"还是"下策略",B 的"右策略"得益严格少于其选"中策略"的得益,所以我们说 B 的"右策略"是严格劣于其"中策略"的,理性的 B 不会去选它,故我们可以将之从以上得益矩阵中剔除出去,剩下的得益矩阵如表 7-4(b)所示。

表 7-4(b)

A\B	左	中
上	1,0	1,3
下	0,4	0,2

我们再分析该博弈,发现此时 A 的"下策略"相对其"上策略"是严格劣的,所以再把它剔除出去,剩下得益矩阵如表 7-4(c)所示。这时,明显可以看出,最后的均衡策略是{上,中};A、B 各自得益为 1 和 3。

表 7-4(c)

A \ B	左	中
上	1,0	1,3

我们可以总结"重复剔除严格下策"的思路：首先找出某个参与人的严格"下策略"（假定其存在），把这个"下策略"剔除掉，重新构造一个不包含已剔除策略的新的博弈；重复这个过程，一直到只剩下一个唯一的策略组合为止，这个剩下的唯一策略组合就是这个博弈的均衡解，称为"重复剔除的占优均衡"。注意，上述表述中强调了"唯一"这个词。也就是说，如果重复剔除后剩下的策略组合不唯一，那么该博弈就不是可通过重复剔除劣策略求解的。实际上，相当多的博弈是无法使用重复剔除严格下策方法求解的。

3. 纳什均衡

纳什均衡是完全信息静态博弈解的一般概念，构成纳什均衡的策略一定是重复剔除严格下策过程中不能被剔除的策略，即没有任何一个策略严格优于纳什均衡策略。当然，逆定理是不存在的。更为重要的是，许多不存在占优策略均衡或重复剔除的占优策略均衡的博弈，也存在纳什均衡。下面，我们给出纳什均衡的正式定义。

纳什均衡指的是假设有 n 个人参与博弈中，给定其他人策略的条件下，每个人选择自己的最优策略，所有参与人选择的策略一起构成的一个策略组合。其规范性定义是：在有 n 个人参与的博弈 G 中，如果给定其他参与人的策略选择 $s^*_{-i}=\{s^*_1,\cdots,s^*_{i-1},s^*_{i+1},\cdots,s^*_n\}$ 的情况下，第 i 个参与人的策略选择满足：

$$U_i(s^*_i, s^*_{-i}) \geqslant U_i(s'_i, s^*_{-i})$$

则：

$$S^* = \{s^*_1,\cdots,s^*_{i-1},s^*_i,s^*_{i+1},\cdots,s^*_n\}$$

是一个纳什均衡。

在这种策略组合中，由于每个参与人选择的都是自己的最优策略，也就是说给定别人策略不变的情况下，没有任何单个参与人有积极性选择其他策略，从而没有任何人有积极性打破这种均衡。可以说，纳什均衡是一种僵局。大家可以自行运用上述定义来检验一下"囚徒困境"的均衡是否符合纳什均衡的定义。

纳什均衡举例：智猪博弈。 如表 7-5 所示，猪圈里有一大一小两头猪。猪圈的一端设有一个食槽，另一端设一按钮控制食物供应。按一下会有 10 个单位食物进槽。但谁按谁就会付出 2 个单位成本。若大猪先到，大猪则吃 9 个单位，小猪只能吃 1 个单位；若小猪先到，小猪吃 4 个单位，大猪吃 6 个单位。若同时到，则大猪吃 7 个单位，小猪吃 3 个单位。这个博弈的纳什均衡策略组合（按，等待），请同学们自己分析。

第七章 寡头博弈

表 7-5 智猪博弈

大猪＼小猪	按	等待
按	5=(7−2), 1=(3−2)	4=(6−2), 4=(4−0)
等待	9=(9−0), −1=(1−2)	0, 0

类似于智猪博弈的例子很多：比如公司中的大股东与小股东。小股东搭便车，大股东多劳不一定多得。股票市场上的大户与小户之间的博弈关系，也是如此。市场中的大企业与小企业之间有时也存在这种关系。如进行研究开发、做广告等对大企业来说是值得的，对于小企业有时则是得不偿失。一种可能的情况是，小企业把精力集中在模仿上，或等大企业做广告打开市场后，再销售自己的产品。

纳什均衡的思想为我们签订协议或制度安排提供了启示。假定博弈中所有参与人事先达成一项协议，规定出每个人的行为规则，那么在没有外在强制力的约束下，如果该协议构成一个纳什均衡，则该协议就会自动实施。即当事人都会自觉地遵守这个协议。给定别人遵守协议的情况下，没有人有积极性偏离协议规定的行为规则。因为该规则已是自己的最优选择，偏离规则只会使自己受到损失。而如果一个协议或制度不构成纳什均衡，即不是所有参与人的最优策略组合，该协议就不会被自动实施，至少是不能持续的。因为至少有一个参与人会有积极性违背协议。所以，不满足"纳什均衡"要求的协议是没有意义的。

4. 纳什均衡的多重性

一个博弈可能有多个纳什均衡，而具体哪个纳什均衡会实现，纳什均衡这一概念本身并不能给出回答。事实上要解决这个问题我们需要知道博弈进行的具体进程，这需要用到动态博弈知识。还有另一个问题是，给定一个博弈，是否一定至少会有一个纳什均衡存在呢？对此，纳什 1950 年证明，任何有限博弈都存在至少一个纳什均衡，若是无限博弈则不一定。

多重纳什均衡举例 1：市场进入阻挠博弈。市场上存在一个在位者和一个进入者，在位者想保持自己的垄断地位，就试图阻挠进入者的进入。进入者的策略有两个：进入和不进入。在位者也有两个策略：打击和不打击。具体情况如表 7-6 所示：假设进入前垄断利润为 300，进入后为 100（各 50），进入成本为 10。双方都没有占优策略，但有两个纳什均衡，其中有一个是剔除下策占优均衡（进入，默许；40,50）。可见，纳什均衡允许了劣策略的存在。对此，我们将在动态博弈分析中作进一步解释。

表 7-6 进入阻挠博弈

进入者＼在位者	默许	打击
进入	40, 50	−10, 0
不进入	0, 300	0, 300

多重纳什均衡举例 2：斗鸡博弈。两个人拿着火棍从两端走向独木桥的中央。相遇两个人各都有两个选择：前进和后退。都选择前进则两败俱伤，一方进而另一方退，进者胜利而退者丢面子。博弈的得益矩阵如表 7-7 所示。这里，两个人都没有占优策略，也有两个纳

什均衡。

表 7-7 斗鸡博弈

A \ B	前进	后退
前进	-3,-3	<u>2</u>,0
后退	0,<u>2</u>	0,0

（二）寡头企业静态博弈之古诺模型

在寡头垄断市场上，寡头垄断企业之间在产量和价格的制定上相互影响、相互制约，企业竞争行为和策略选择，不仅要考虑自身的影响因素，也要考虑对竞争对手的影响以及可能引起的反应。这里我们首先介绍完全信息静态条件下的寡头企业产量竞争模型——古诺模型。

(1) 基本假设：假设市场上有两个生产同质产品的寡头垄断企业 1 和 2，产量分别为 q_1,q_2。市场总产量 $Q=q_1+q_2$。假定市场出清价格 P 由两企业的总产量决定，即 P 是市场总产量 Q 的函数：$P=P(Q)=a-Q,(P=P(Q)=8-Q)$。再假设两企业都无固定成本，且边际成本相等，$c_1=c_2=c=2$，即成本函数 $C=cq=2q$。最后假设两企业同时决定各自的产量以达到各自的利润最大化，即在决策前不知道另一方的具体产量。

(2) 模型建立与求解：首先，从假定条件可见，两企业的策略空间分别是 Q_1 和 Q_2，且两企业之间是一种完全信息静态（无限）博弈。最后均衡应当是纳什均衡。而如果两企业的产量决策组合 $\{q_1^*,q_2^*\}$ 真的是一个纳什均衡的话，那么，q_i^* 必须满足：

$$q_i^* \in \mathrm{argmax} U_i\{q_1,q_2^*\}, q_i^* \in Q_i, i=1,2。$$

即：给定对方的最优策略 q_{-i}^*，自己选择一个最优策略 q_i^* 以实现利润最大化的问题。

根据上述分析，我们必须先计算各自的得益：

$$U_1 = q_1 P - c_1 q_1 = q_1(a-Q-c_1) = q_1(a-q_1-q_2^*-c_1)$$
$$U_2 = q_2 P - c_2 q_2 = q_2(a-Q-c_2) = q_2(a-q_2^*-q_2-c_2)$$

其次，求他们各自收益最大化时的产量，得到各自的反应函数，并将 $a=8, c_1=c_2=c=2$，代入反应函数，得到：

$$q_1^* = R_1(q_2) = \frac{1}{2}(a-c-q_2^*) = 3 - \frac{q_2^*}{2}$$

$$q_2^* = R_2(q_1) = \frac{1}{2}(a-c-q_1^*) = 3 - \frac{q_1^*}{2}$$

以上两式分别是企业 1 对企业 2 产量的反应函数和企业 2 对企业 1 产量的反应函数。在这里，反应函数表示的是每个企业的最优战略（产量）是另一个企业产量决策的函数。

最后，联立上述两式可得：

$$q_1^* = q_2^* = \frac{a-c}{3} = 2$$

将 $q_1^* = q_2^* = \frac{a-c}{3} = 2$ 代入价格和利润函数，可以得到两个企业的古诺均衡时的价格和利润。分别是：

$$P = (a + 2c)/3 = 4; \pi = (a-c)^2/9 = 4$$

(3) 进一步分析。以上假定两个企业不存在任何形式的串谋。现在假定市场上的两个寡头垄断企业串谋成如同一个垄断者一样行事，而且市场出清价格与企业的成本函数与前述相同。这时，假设两企业的产量之和 $Q = q_1 + q_2$，各自的垄断产量等于垄断产量 Q_m 的一半，即：

$$q_1 = q_2 = Q_m/2$$

那么，垄断企业串谋时的总利润为：

$$\pi = PQ - cQ = (P-c)Q = (a-Q-c)Q$$

对上式进行求导，得到垄断企业利润最大化时的最优产量为：

$$Q_m = \frac{a-c}{2}$$

即每个企业的最优产量为：

$$q_m = q_1 = q_2 = \frac{a-c}{4} = \frac{8-2}{4} = 1.5$$

市场垄断利润为：

$$\pi_m = \frac{(a-c)^2}{4} = 9$$

市场价格 $P = a - Q = 8 - 3 = 5$

可见，两企业在串谋时的市场价格和利润都高于古诺竞争均衡时的价格与利润，而产量却少于古诺竞争均衡时的产量。

（三）寡头企业静态博弈之伯特兰德模型

伯特兰德（Bertrand）模型是由法国经济学家约瑟夫·伯特兰德于1883年提出的一个分析寡头企业价格竞争的模型。实际上，在企业的实际竞争过程中，定价是企业决策更基本的战略，每个企业所面临的消费者需求的大小往往取决于其定价。特别是当市场上企业的数量较少时，企业在定价策略上的差异对企业产品需求的影响更为明显。因此，伯特兰德模型对于研究寡头垄断企业的价格竞争行为的特征及其影响具有重要作用。

1. 同质产品下的伯特兰德模型

(1) 模型的假定。伯特兰德模型的基本假设与古诺模型相同,具体是:假定市场上只有两家企业1和2;双方同时定价;生产同质产品;成本函数也完全相同,是线性的,边际成本等于单位成本,同为 c,固定成本为0;价格分别为 P_1 和 P_2。另外,没有串谋行为,且产品同质情况下的市场需求函数为 $D(P)$,是线性的。

(2) 分析推导。根据上述假设,由于两个寡头企业生产的是同质产品,而产品同质意味着产品完全可替代。消费者会购买价格低者的产品。定价低者将通吃整个市场,定价高者则会失去整个市场。如果两个企业的定价相同,则二者平分市场。所以会有:

$$D(P_I, P_J) \begin{cases} D(P_I), & P_I < P_J \\ 1/2 \times D(P_I), & P_I = P_J \\ D(P_J), & P_I > P_J \end{cases}$$

在上述情况下,两个企业的最优战略将如何选择呢?由于企业1的最优定价取决于其对企业2定价的推测,反之亦然。在企业1预计企业2的定价将高于垄断价格时,那么企业1的最优战略是按照垄断水平定价,此时它将获得所有的需求和垄断利润(即可能的最大利润)。在企业1预计企业2的定价低于垄断水平,但高于边际成本时,那么企业1的最优战略是定价略低于企业2,价格制定得偏高会导致零需求和零利润,而价格制定得略低将使企业1获得所有的需求,但利润要少一些。实际上,价格定得越低,所得利润越少。但假如企业1预计企业2的定价低于边际成本,那么企业1的最优选择是制定高于企业2的价格,即相当于边际成本的水平。

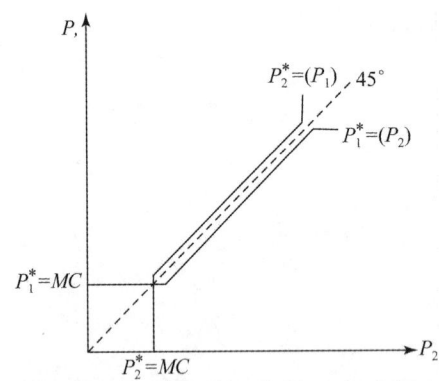

图 7-2 间质产品下的伯特兰德模型

与古诺模型一样,上述最优定价过程是企业1对企业2选择和企业2对企业1选择的相互最优反应,用反应函数表示就是: $P_1^*(P_2)$ 是企业1针对企业2确定的每个价格制定的最优反应价格;反之,企业2的最优反应函数 $P_2^*(P_1)$ 是企业2针对企业1的每个价格决策所做出的最优反应。两个企业的反应函数如图7-2所示。

在图7-2中,由于两个企业的成本函数相同,所以它们的反应函数曲线也是相同的,并且相对于 45^0 线对称。通过上述分析可知,当给定 $P_2 < MC$ 时,企业1会选择 $P_1 = MC$;当 $MC < P_2 < P_m$ 时,企业1会选择略低于 P_2 的价格;当 $P_m < P_2$ 时,企业1会选择垄断价格

$P_1 = P_m$。两条反应曲线交叉点就是该博弈的纳什均衡点,是一组价格组合,没有哪一个企业有动机去单方面改变这一状态。

可见,在企业生产同质产品且成本函数相同,边际成本不变的情况下,寡头企业之间的竞争均衡有唯一纳什均衡,这两家企业的价格相同,且都等于边际成本,利润为零(但仍然有正常利润)。

2. 伯特兰德悖论及其解释

同质产品价格竞争的伯特兰德均衡说明,只要市场上有两个或两个以上生产同质产品的企业,则没有一个企业可以控制市场价格,获取垄断利润。根据该模型的推导可知,超过边际成本的价格不是均衡价格。在该价格水平上,至少有一家企业存在以低于竞争对手的价格出售其产品,从而获得所有市场需求的动机。而在现实市场上,企业间的价格竞争往往并没有使均衡价格降低到等于边际成本的水平上,而是高于边际成本。对于大多数产业而言,即使只有两个竞争者,它们也能获得超额利润。这与伯特兰德模型得出的结论是不一致的,这被称为"伯特兰德悖论"。对"伯特三德悖论"的解释主要有三种理论①。

(1) 产品差别理论。该理论假定两个生产者生产并销售同质产品,是完全可以相互替代的,这会引发企业之间的价格战,使价格趋于边际成本。但现实中,企业生产的产品是存在差异的,这种差异可以是多个方面。在双寡头垄断价格竞争中,如果企业销售的产品不同,那么,就没有必要像在该模型中所得到的那样把价格降到边际成本的水平,并且在这时,以低于竞争对手的价格出售产品并不能保证能够获得整个市场的需求。

(2) 动态竞争理论。该理论认为,由于模型假设的竞争是静态竞争,双方同时决策且行动一次,从而忽略了现实中企业多次反复决策而引起的价格战。现实中,企业一般不会轻易降价,以免对方报复而引起价格战造成两败俱伤。企业一旦考虑了动态竞争因素,即使在企业制定相同价格和产品同质的情况下,仍存在高于边际成本的均衡价格。

(3) 生产能力约束理论。这一解释最早是由埃奇沃斯提出来的。他在 1897 年发表的论文《关于垄断的纯粹理论》中指出,由于现实中企业的生产能力是有限的,所以只要一个企业的全部生产能力可供量不能满足社会需求,则另一个企业对于尚未满足的那部分社会需求就可以收取超过边际成本的价格。而伯特兰德模型的一个重要假定是企业没有生产能力约束。因此,模型的结论与现实存在一定的差异也就是自然的了。

3. 产品差异下的伯特兰德模型

(1) 基本假设。在其他假设不变的情况下,现在考虑存在产品差异情况下的寡头企业价格竞争策略。由于两个企业的市场需求取决于其定价,那么,各自的需求函数分别为:

$$q_1 = q_1(p_1, p_2) = a_1 - b_1 p_1 + d_1 p_2$$
$$q_2 = q_2(p_1, p_2) = a_2 - b_2 p_2 + d_2 p_1$$

其中,d_1, d_2 表示两厂商产品有一定替代性的替代系数。

(2) 模型建立。在该博弈中,他们各自的策略空间是 $S_1 = [0, \infty]$ 和 $S_2 = [0, \infty]$,其中 ∞ 是厂商 1 和厂商 2 能卖出产品的最高价格;两博弈方的得益就是各自的利润,是双方的策

---

① 臧旭恒,徐向艺,杨慧馨. 产业经济学[M]. 北京:经济科学出版社,2005.

略,即双方价格的共同函数:

$$u_1 = u_1(p_1, p_2) = p_1 q_1 - c_1 q_1 = (p_1 - c_1) q_1$$
$$= (p_1 - c_1)(a_1 - b_1 p_1 + d_1 p_2)$$
$$u_2 = u_2(p_1, p_2) = p_2 q_2 - c_2 q_2 = (p_2 - c_2) q_2$$
$$= (p_2 - c_2)(a_2 - b_2 p_2 + d_2 p_1)$$

(3) 模型的求解。我们同样可以用反应函数来求解此博弈。首先求 p_1^* 对 p_2 的反应函数。令 u_1 对 p_1 求一阶偏导并令其等于 0 得:

$$a_1 - 2b_1 p_1^* + d_1 p_2 + c_1 b_1 = 0$$
$$p_1^* = R_1(p_2) = \frac{1}{2b_1}(a_1 + b_1 c_1 + d_1 p_2)$$

然后,令 u_2 对 p_2 求一阶偏导并令其等于 0 得:

$$p_2^* = R_2(p_1) = \frac{1}{2b_2}(a_2 + b_2 c_2 + d_2 p_1)$$

上述两式分别是企业 1 针对企业 2 的价格决策而做出的反应和企业 2 针对企业 1 的价格策略所做出的反应,形成了各自的反应函数。

最后,联立上述两式,解得:

$$p_1^* = \frac{d_1(a_2 + b_2 c_2) + 2b_2(a_1 + b_1 c_1)}{4b_1 b_2 - d_1 d_2}$$
$$p_2^* = \frac{d_2(a_1 + b_1 c_1) + 2b_1(a_2 + b_2 c_2)}{4b_1 b_2 - d_1 d_2}$$

这样我们就得到了伯特兰德博弈的唯一纳什均衡解 (p_1^*, p_2^*),将 P_1^*, P_2^* 代入两得益函数则可得到两厂商的均衡得益。如果我们有 $a_1, a_2, b_1, b_2, c_1, c_2, d_1, d_2$ 的具体数字,代入上述各式,即可得到具体的结果。

可以看出,这种价格决策与古诺模型中的产量决策一样,其纳什均衡也不如各博弈方通过协商、合作所达到的最佳结果,不过这种合作同样也是不能自动实施的。这也是囚徒困境的一种。各博弈方都存在偏离这种状态的动机。只有纳什均衡价格组合才是一种稳定的状态,这时两个企业都不再有偏离这种状态的动机。

(四) 寡头企业静态博弈之豪泰林模型

现代市场经济中,不同的消费者对不同企业的产品有着不同的偏好,价格已经不是其感兴趣的唯一变量。这使得产品差异化决策构成了现代企业竞争的重要手段。豪泰林 1929 年提出了一个考虑空间差异的产品差异化决策模型。在此模型中,产品在物质性能上是相同的,但在空间位置上存在差异,因为不同位置上的消费者要支付不同的运输成本,这时他们关心的是价格和运输成本之和,而不仅是价格。该模型修正了伯特兰德模型的同质产品假设,使其应用性更强。

(1) 模型的假设。假设一个长度为1的线性城市,消费者均匀地分布在$[0,1]$的区间内,分布密度为1;假定有两个商店,分别位于城市的两端,商店1在$x=0$处,商店2在$x=1$处;两个商店出售物质性能完全相同的产品;每个商店提供单位产品的成本为c,消费者购买商品的运输成本与离商店的距离成正比,单位距离的运输成本为t;假定两个商店同时选择自己的销售价格,该城市区域内的每一个消费者都要购买一个单位的产品。

(2) 模型的建立与推导。根据上述假设,那么,一个住在x处的消费者如果去商店1采购,要花费tx的运输成本;如果去商店2采购,要花费$t(1-x)$的运输成本。其各自的可选择策略为各自的价格p_1, p_2。设$D_i(p_1, p_2)$,(其中$i=1,2$),是对两个商店的需求,则两参与人的得益分别为:

$$u_1 = D_1(p_1, p_2) \cdot (p_1 - c); \quad u_2 = D_2(p_1, p_2) \cdot (p_2 - c)$$

为了得到两个商店的需求函数,我们考虑如果有一个在特定的x点处的消费者,对其来说到商店1与到商店2购物的成本是无差别的,即该消费者到商店1的旅行成本加上商店1的产品价格与到商店2的旅行成本加上商店2的产品价格是相同的,即该x点应满足:

$$p_1 + t \cdot x = p_2 + t \cdot (1-x)$$

显然住在x点左边的居民都将到商店1购物。由于居民分布密度为1,每个消费者都消费1个单位产品,所以商店1的消费函数为:

$$D_1 = x \cdot 1 \cdot 1 = x$$

同样道理,住在x点右边的居民都将到商店2购买,商店2的需求函数为$D_2 = 1-x$。x满足上述价格等式,故从该式可求得x,从而得到D_1, D_2如下:

$$D_1(p_1 \cdot p_2) = \frac{p_2 - p_1 + t}{2t}; \quad D_2(p_1 \cdot p_2) = \frac{p_1 - p_2 + t}{2t}$$

所以,商店1和2的得益函数分别为:

$$u_1(p_1, p_2) = (p_1 - c) \cdot D_1 = \frac{1}{2t}(p_1 - c)(p_2 - p_1 + t)$$

$$u_2(p_1, p_2) = (p_2 - c) \cdot D_2 = \frac{1}{2t}(p_2 - c)(p_1 - p_2 + t)$$

(3) 模型的求解。我们同样用反应函数求该博弈的均衡。令u_i对p_i求偏导并使之等于0。得:

$$\frac{\partial u_1}{\partial p_1} = p_2 + c + t - 2p_1 = 0; \quad \frac{\partial u_2}{\partial p_2} = p_1 + c + t - 2p_2 = 0$$

联立以上两式,得最优解为:

$$p_1^* = p_2^* = c + t$$

则两个商店的均衡得益均为：

$$u_1 = u_2 = \frac{t}{2}$$

（4）结论与启示。这里我们将消费者的位置差异解释为产品差异，这个差异进一步可解释为消费者购买产品的旅行成本。旅行成本越高，产品的差异就越大，均衡价格越高，从而均衡利润也就越高。原因在于：一方面，随着旅行成本的上升，不同商店出售的产品之间的替代性下降，每个商店对附近消费者的垄断力加强，商店之间的竞争越来越弱，消费者对价格的敏感度下降，从而每个商店的最优价格更接近于垄断价格。另一方面，当旅行成本为0时，不同商店的产品之间具有完全的替代性，没有一个商店可以把价格定得高于边际成本。

豪泰林模型是个抽象的例子，但在实际应用中有很强的实用性。我们可以将两个商店之间的距离解释为任何一类产品中，不同消费者关心的某一特性的差异程度。如同样的彩电，不同尺寸之间的偏好差异，或者同类商品不同品牌之间的偏好差异等，可以灵活应用。

三、寡头企业完全信息动态博弈

（一）完全信息动态博弈

完全信息动态博弈是指博弈方的行动有先后顺序，且后行动者在自己行动之前能够观测到先行动者的具体行动是什么，并且各博弈方对博弈中各种策略组合情况下所有参与人相应的得益都完全了解。在动态博弈中，参与人的一个完整策略应包括其在各个行动点上针对前面阶段的各种情况所做的相应选择和行为的完整计划。这些策略本身并没有强制力，只要符合自己的利益，博弈方完全可以在博弈过程中改变计划，这就是动态博弈中的"相机选择"问题。

也正是由于相机选择问题的存在，使得博弈方的策略中所设定的各个阶段、各种情况下会采取的行为产生了"可信性"问题，这种可信性问题将直接影响最后的均衡结果。而纳什均衡概念所存在的局限性恰恰不能解决这种可信性问题。纳什均衡存在的主要问题是：第一，一个博弈不只一个纳什均衡，有的博弈有可能有无数个纳什均衡，但到底哪个均衡是合理的、会最后实现的呢？第二，在纳什均衡中，假设参与人在选择策略时，把其他博弈方的策略当作给定的策略，不考虑自己的策略对其他博弈方的影响，这个假设不符合现实中大多数博弈均衡是依存性策略组合的事实；第三，纳什均衡允许不可置信威胁策略的存在。这些局限性，使纳什均衡在动态博弈分析中的有效性大打折扣。

泽尔腾提出的"子博弈精炼纳什均衡"概念，对纳什均衡概念进行了第一个最重要的改进，用于区分动态博弈中"合理纳什均衡"与"不合理纳什均衡"，将纳什均衡中包含的不可置信威胁策略的均衡剔除出去。就是说，使最后的均衡中不再包含有不可置信威胁策略。除了符合纳什均衡的基本要求外，还排除了博弈方策略中存在的各种不可信的威胁和承诺，使均衡概念在动态博弈分析中真正具有了稳定性。

（二）子博弈精炼纳什均衡

1. 博弈阶段与子博弈

在动态博弈中，参与人的行动是有先后的且行动可能不只一次，故在动态博弈中，参与人的一个完整策略应包括其在各个行动点上的各种可能的选择，一个策略往往要包括多个行动。所以，在动态博弈中，策略并不简单地等于行动，而是各博弈方在每次轮到自己行动时，针对每种可能的情况如何选择行动的完整的行动计划。

动态博弈中，我们把一个参与人的一次行动称为一个"阶段"，因此一个动态博弈就会有多个甚至无限个博弈阶段。在一个动态博弈中，所有参与人先后都采取了一次行动后所构成的一组新的博弈，这组博弈中的每一个都称为"子博弈"。或者说由动态博弈第一阶段以外的某个阶段开始的后续博弈阶段构成的博弈都称为子博弈。子博弈是原博弈的一部分，它本身可以作为独立的博弈分析。在图7-3中，每个矩形虚框中的博弈阶段都可视为一个子博弈。子博弈可以是第一阶段之后包括很多阶段构成的博弈，也可以是第一阶段之后的其中一个阶段构成的博弈。

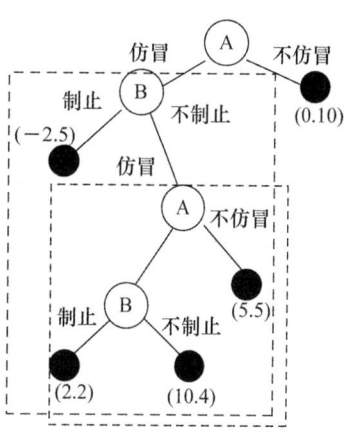

图 7-3　仿冒与反仿冒的博弈

2. 子博弈精炼纳什均衡

在一个完全信息动态博弈中，如果各博弈方的策略组成的一个策略组合满足在整个动态博弈以及它的所有子博弈中都构成纳什均衡，那么，这个策略组合就成为该动态博弈的一个"子博弈精炼纳什均衡"。也就是说，在完全信息动态博弈中，博弈各方选择的策略组合满足以下两个条件，那么，这个策略组合就成为该动态博弈的一个"子博弈精炼纳什均衡"。这两个条件是：①它是原博弈的一个纳什均衡；②它在每一个子博弈上给出纳什均衡。

3. 不可置信策略与逆推归纳法

逆推归纳法是求解子博弈精炼纳什均衡的最简便方法。所谓逆推归纳法，就是从动态博弈的最后一个阶段或最后一个子博弈开始，逐步向前倒推以求解动态博弈均衡的方法。我们考虑这样一个抽象的三阶段博弈，其博弈树如图7-4所示。

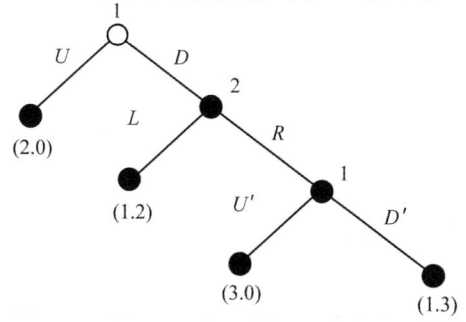

图 7-4　三阶段博弈树

首先分析第三阶段的子博弈(此时参与人1第二次行动)。根据这时两人的得益,参与人1的最优选择是U';再逆推到第二阶段,参与人2知道如果自己选择R的话,参与人1在第三阶段将选择U',自己只能得到0得益。当然,如果第三阶段参与人1选择D',参与人2可以得到最大得益。那么参与人2是否可以作如此期望而在第二阶段轮到自己行动时选R呢?显然这是不可信的,即使参与人1如此许诺,这个许诺也是不可置信的,所以参与人2在第二阶段应选L,得益为2;同样再逆推至第一阶段,参与人1知道,如果博弈进入第二阶段,参与人2将选择L,参与人1只能得到得益1,因此,参与人1在第一阶段的最优选择应是U,得益为2。这样,最后,参与人1的均衡策略是$\{U,U'\}$,参与人2的均衡策略是$\{L\}$,其构成的子博弈精炼纳什均衡策略组合为$\{\{U,U'\},\{L\}\}$,最后的均衡结果是参与人1在第一阶段选择U结束博弈,参与人1得2单位收益,参与人2得0收益。

从这个例子我们可以更进一步清楚地看到子博弈精炼纳什均衡的实质。这里在参与人1的策略中,选择U'和参与人2的选择L都不在均衡路径上,但他们在非均衡路径的决策结上,即当时的信息集上都是最优选择。另外,虽然这些选择都不在均衡路径上,在实际博弈过程中不会发生(因为在该均衡下,参与人1在第一阶段就选择U结束了博弈,根本不会再给参与人2选择的机会),但如在一开始的策略表达中不给出的话,会达到如此的均衡吗?显然不能。考虑一开始,参与人1不给出第三阶段其将选择U'的话,参与人2完全有理由选择R以期待参与人1在第3阶段选择D',其可得更多的收益3单位,而若参与人1不知道参与人2将在第二阶段选择L的话,其也完全应在第1阶段选择D,期待参与人2在第二阶段选择R,其可在第三阶段选择U',得到更多的得益单位。所以,虽然选择U'和L不在博弈均衡路径上,在实际过程中不会发生。但作为一个完整行动计划"策略"的完整表达,是一定要给出的,这就是所谓"不战而屈人之兵"。

上述分析表明,用逆推归纳法求解子博弈精炼纳什均衡的过程,其实就是重复剔除劣策略的过程,特别是剔除不可置信策略的过程。从最后一个决策结开始依次剔除每个子博弈的劣策略和不可置信策略,最后生存下来的策略即是精炼的纳什均衡。

4. 逆推归纳法举例

这里,我们用一个开金矿博弈的例子来进一步说明不可置信策略的含义,并运用逆推归纳法求解子博弈精炼纳什均衡。开金矿博弈例子是这样的:甲在开采一个价值为4万元的金矿时缺少资金1万元,而乙正好有1万元资金需要投资。假设甲想说服乙将这1万元借给自己,并承诺开出金矿后与乙对半分。乙是否借给甲呢?这一博弈过程我们用图7-5的博弈树表示。

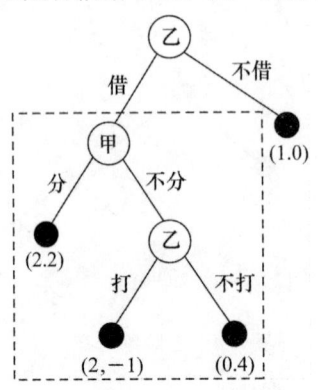

图7-5 开金矿博弈

这里,乙关心的是把钱借出后是否能够收回,其借钱给甲的条件是:一是甲是否分;二是如果不分,是否有法律保障其实现索赔。

这是一个三阶段博弈,我们用逆推归纳法来分析。首先,分析第三阶段乙是否打官司。按照图中的得益可知,乙的策略肯定是"打官司"。因为"打官司"可使自己得益为2,不打官司则得益为0(这说明打官司是有法律保障的)。所以,"打官司"是乙的可信策略,而"不打官司"则是不可信的策略。其次,回到第二阶段,分析甲是否分。从图7-5中可见,甲知道,如果将博弈进行到第三阶段,乙肯定打官司,从而使甲自己的得益为－1,所以,为了不使博弈进入第三阶段,甲在第二阶段的最优选择是"分","不分"则是不可信的策略,而"分"是可置信的策略。最后,倒推到第一阶段,分析乙是否"借"。在第一阶段,乙知道如果使得博弈进入第二阶段,甲肯定会选择"分",所以其最初的最佳选择是"借"。所以,这种情况下的子博弈纳什均衡是(借,分)。

(三)寡头企业动态博弈之斯坦克尔伯格模型

德国经济学家斯坦克尔伯格在1934年提出了一个双头垄断的动态模型,其中一个支配企业(领导者)首先行动,然后跟随者再行动。比如,在美国汽车产业发展史中的某些阶段,通用汽车就曾扮演过这种领导者的角色。其追随者企业有福特、克莱斯勒等。在其他一些产业中,那些实力雄厚、具有核心开发能力、率先行动的厂商就成为产业内的领导者,而那些规模较小的厂商则只能在给定领导者产出水平和技术工艺的基础上,以跟随者的身份选择它们的最优产出,斯坦克尔伯格模型即是分析这类企业竞争关系的寡占模型。

(1)模型的假设。假定产业内只有两家企业(企业1和企业2),产量的决策有先后顺序,领导者首先确定自己的产量,随后跟随者再根据领导者的产量水平确定自己的产量。其他假设与古诺模型相同。

(2)推导分析与模型求解。很明显,领先者具有先动优势,由于存在先动优势,领导者企业自然会估计到自己做出的产量决策对追随者所产生的影响,以及追随企业的反应。这就是说,领导企业是在估计到追随企业的反应函数的基础上来做出有利于自身利益极大化的产量决策的。很明显,以上竞争是一个典型的完全信息动态博弈问题。

如果整个市场的价格反需求函数为$P(Q)=\alpha-Q$。(这里,$Q=q_1+q_2$),与前文的古诺模型一样,则任一企业i的得益函数为:

$$\pi_2(q_i,q_j)=q_2[p(q_i+q_j)-c]=q_i[a-(q_i+q_j)-c]$$

根据假设,这个博弈中的策略——产量是一个连续变量,所以,该博弈不是有限博弈,我们无法用博弈树表示博弈的阶段。需要采用逆推归纳法求解两家企业的产量决策。

我们首先从博弈的第二阶段开始,首先计算企业2对企业1任意产量的最优反应,即企业1选择产量q_1后,企业2观察到q_1后的最优反应$R(q_2)$。

根据古诺模型的分析,我们知道,$R(q_2)$需满足:

$$\max_{q_2\geq 0}\pi_2(q_1,q_2)=\max_{q_2\geq 0}q_2[a-q_1-q_2-c]$$

由上式求导数可得:

$$R_2(q_1) = \frac{a - q_1 - c}{2}$$

可以看出,我们在这里得出的结果与分析同时行动的古诺博弈时得出的 $R_2(q_1)$ 是完全一致的,二者的不同之处在于:这里的 $R_2(q_1)$ 是企业 2 对企业 1 已观测到的产量的真实反应,而在古诺模型中,$R_2(q_1)$ 是企业 2 对假定的企业 1 的产量的最优反应,且企业 1 的产量选择是和企业 2 同时做出的。

其次,我们再分析企业 1 在第一阶段的反应。因为企业 1 知道企业 2 将在第二阶段根据 $R_2(q_1)$ 选择自己的产量。所以,第一阶段企业 1 的问题必须满足:

$$\max_{q_1 \geq 0} \pi_1[q_1 \cdot R_2(q_1)] = \max_{q_1 \geq 0} q_1[a - q_1 - R_2(q_1) - c]$$
$$= \max_{q_1 \geq 0} q_1 \frac{a - q_1 - c}{2}$$

由上式可得企业 1 最大利润时的产量:

$$q_1^* = \frac{a - c}{2}$$

相对于这一产量,企业 2 的最优产量策略为:

$$R_2(q_1^*) = \frac{a - c}{4}$$

上述两式即是斯坦克尔伯格双头垄断博弈的逆推归纳解 (q_1^*, q_2^*)。

(3) 斯坦克尔伯格模型与古诺模型的对比(如表 7-7 所示)。斯坦克尔伯格模型中,企业 1 的产量和得益都比古诺模型的大;市场价格难以确定,但如果赋予各变量确定的数值(比如 $a = 8, c = 2$),则可进行比较;总产量和总利润的比较也是如此。斯坦克尔伯格博弈中相应的市场出清价格降低了,从而总利润水平下降。

在斯坦克尔伯格模型中,企业 1 完全可以选择古诺均衡产量 $(a-c)/3$,这时企业 2 的最优反应同样是古诺均衡产量,也就是说在斯坦克尔伯格模型中,企业 1 完全可以使利润水平达到古诺均衡的水平,而却选择了比古诺产量较大的产量 $(a-c)/2$。显然,企业 1 在斯坦克尔伯格博弈中的利润一定高于其在古诺博弈中的利润。而企业 1 利润的增加必定意味着企业 2 福利的恶化。

表 7-7 斯坦克尔伯格模型与古诺模型的对比

模型＼类别	价格	利润	产量
古诺模型	$(a+2c)/3$	$(a-c)^2/9$	$(a-c)/3$
斯坦克尔伯格模型	$(a+3c)/4$	企业 1:$(a-c)^2/8$ 企业 2:$(a-c)^2/16$	企业 1:$(a-c)/2$ 企业 2:$(a-c)/4$

(4) 结论。上述结果揭示出单人决策问题和多人决策问题的一个重要差别。在单人决策理论中,具有信息优势绝不会对决策制定者带来不利的影响。然而在动态博弈中,拥有信息优势的一方反而可能处于不利地位,当然前提是竞争对手知道他拥有该信息,而他也知道竞争对手是知道其拥有该信息的,如此等等,也即是说双方是完全理性的。在斯坦克尔伯格

模型中,企业2之所以处于劣势,是因为它在决策前就已经知道了企业1的产量,或者是企业1故意让它知道,并且企业1首先生产出的产量起到一种可信承诺的作用。如果企业1先行动,但不能够有效地对企业2知道或相信它的产量的真实水平,那就只能导致古诺竞争均衡,企业1的先动优势也就不复存在。

(四)寡头企业动态博弈之价格领导制模型

斯坦克尔伯格模型分析的是动态竞争中的产量决策问题,而不是价格决策问题,这里我们讨论这种博弈过程。

(1)模型的假设。假定市场上只有两个企业,则这时两个企业之间的博弈仍具有完全信息动态博弈的特征。领导企业首先出价,跟随者针对此价格做出反应;而领导企业知道跟随者会这样做,从而根据跟随者的价格反应,进行最优价格决策。其他假设基本雷同。

(2)分析推导。对该竞争过程的分析,仍需按照逆推归纳法,即先分析追随企业对于领导企业给出的价格所采取的行为,然后再分析领导企业如何选择最优价格的问题。

首先,分析追随企业对于领导企业给出的价格所采取的行为。假定领导企业(企业1)给定产品的价格为 P,追随企业(企业2)在均衡时必须接受领导者给定的价格,因为倘若跟随企业的出价低于领导企业定出的价格,那么跟随企业将获取整个市场需求,这样跟随企业也就不是"跟随者"角色了;而如果跟随企业的出价高于领导企业的定价,则跟随企业便会失去全部市场,这同样是跟随企业所不愿看到的结果。因此,在均衡时,跟随企业必然会接受领导企业的定价。

跟随企业所能采取的行为,只能是选择一个产量水平,使其利润最大化,也即是跟随企业的问题可归纳为求以下最优化问题的解:

$$\max_{q_2}[pq_2 - c(q_2)]$$

如果跟随企业按边际收益等于边际成本 $MR=MC$ 的原则去决定产量,那么,跟随企业的供给线为 $S_2(P)$。一旦跟随企业在领导企业给定的价格 P 下决定了其供给函数 $S_2(P)$,那么,市场需求留给领导企业的剩余需求便为:

$$k(P)=D(P)-S_2(P)$$

其次,再分析领导企业如何选择最优价格的问题。由于是在寡头垄断市场上,寡头企业之间实力相当,不存在明显的支配与被支配关系,由此决定了领导企业在决定价格水平 P 时,会充分考虑到一旦给出价格 P,跟随企业可能会做出的反应。故领导企业必须从 $k(P)$ 出发,按边际收益与边际成本相等的原则来决定产出 q_1,最后解出相应的价格水平 P。

(3)总结。以上过程可列为以下几步:第一步,按 $C_2=P$ 的原则确定 $S_2(P)$;第二步,按 $D(P)-S_2(P)=k(P)=q_1$ 的原则来确定领导企业面临的剩余需求 $k(P)$;第三步,从剩余需求线 $k(P)$,按 $MR=MC$ 的原则确定领导企业的均衡产量 q_1;第四步,按第三步解得的 q_1,求出领导者的价格水平 P。

(五)重复博弈与寡头企业长期竞争策略

1. 重复博弈的含义

给定一个博弈 G(或动态或静态),重复进行了 n 次 G,并且每次重复 G 之前各博弈方都能观察到以前博弈的结果,这样的博弈称为 G 的 n 次重复博弈,记为 $G(n)$。G 称为重复博弈 $G(n)$ 的原博弈,其中,每次博弈称为重复博弈的一个阶段。重复博弈是相同结构的博弈重复多次。n 的数量有限则为有限重复博弈。n 的数量无限则为无限次重复博弈。无限次重复博弈是一种动态博弈。重复博弈的子博弈是从第一阶段开始,包括此后所有阶段的重复博弈部分。

2. 重复博弈的得益

任何博弈方的策略选择都依赖于其得益的大小,重复博弈也是如此。但重复博弈与一次性博弈的得益是不同的。因为重复博弈的每个阶段本身就是一个博弈,各博弈方在每个阶段都有得益,而不仅仅是整个重复博弈结束后有一个总得益。所以,各博弈方到底根据哪个阶段的得益选择策略就成为需要研究的问题。即重复博弈中,各博弈方面临着当前利益与长远利益的权衡问题。

此外,因为重复博弈的每次重复有时间上的先后次序,这就意味着不同阶段上的得益有时间上的差异。后阶段的得益必须折算成当前的现值,才对博弈各方的策略选择有意义。

假设贴现率为 $\delta=1/(1+r)$,r 是市场利率。如果一个 n 次的重复博弈的某博弈方在某均衡下各阶段得益分别为 $\pi_1,\pi_2,\cdots,\pi_n$,则考虑时间价值的重复博弈的总贴现值为:

$$\pi = \pi_1 + \delta\pi_2 + \delta^2\pi_3 + \cdots + \delta^{n-1}\pi_n = \sum_{n}^{N}\delta^{n-1}\pi_n$$

如果无限次重复博弈某博弈方每个阶段的得益都是 π_i,则总得益的贴现值是:

$$\pi = \frac{\pi_i}{1-\delta}$$

3. 触发策略与重复博弈均衡

触发策略,也称冷酷策略,是博弈一方对另外一方的惩罚手段。比如在囚徒困境的重复博弈中,双方事先商定合作抵赖,如果在某一阶段其中一方违背协议而坦白,则另一方在以后的阶段永远坦白以惩罚对方,这就是一个触发策略。触发策略是重复博弈中实现合作和提高均衡效率的关键机制,也是重复博弈分析的重要"构件"之一。重复博弈触发策略均衡(如果是可置信的)就是重复博弈的子博弈纳什均衡。

下面,我们用一个囚徒困境式的无限重复博弈(寡头企业削价竞争)模型来阐述触发策略及其均衡问题。

表 7-7 寡头削价竞争博弈

博弈方 2 \ 博弈方 1	H	L
H	4,4	0,5
L	5,0	1,1

在表 7-7 所示的矩阵中,两个企业生产同质产品,H、L 分别代表高价策略和低价策略。容易看出,该博弈的一次性博弈有一个子博弈纳什均衡(1,1)。但这个均衡不是帕累托效率

意义上的最佳策略组合。因为策略组合(4,4)对双方来说才是收益最佳的。然而这在一次性博弈中不会出现,是典型的囚徒困境,而在无限次重复博弈中则可能实现。

在这个无限重复博弈中,假设两博弈方都采用如下触发策略:第一阶段采用 H,在第二阶段,乃至前 $n-1$ 阶段都是(H,H),则继续采用 H,否则采用 L。即是说,双方在博弈中都是试图合作,第一次无条件选择 H,如果对方采取的也是合作态度,则坚持选 H,一旦发现对方不合作(选 L),则用以后永远选 L 报复。

可以证明,当得益的贴现因子 δ 较大时,双方采用上述策略构成无限次重复博弈的一个子博弈精炼纳什均衡。

首先说明双方采用上述触发策略是一个纳什均衡。方法是先假设 1 已采用了这种策略,然后证明在 δ 达到一定水平时,采用同样的触发策略是 2 的最佳反应策略。因为双方是对称的,因此只要这个结论成立,就可以确定上述触发策略是双方相互对对方策略的最佳反应,因此构成纳什均衡。

现假设在第二阶段,企业 2 选择了 L,为此,以后企业 1 将永远采用 L,此后企业 2 也只有一直选择 L,得益为 1。假设贴现率为 δ。那么,企业 2 的总得益的贴现值为:

$$\pi_2 = 5 + \delta \times 1 + \delta^2 \times 1 + \cdots = 5 + \frac{\delta}{1-\delta} \qquad ①$$

如果双方一直都选择 H,则企业 2 的总得益贴现值为:

$$\pi_2^H = 4 + \delta \times 4 + \delta^2 \times 4 + \cdots = \frac{4}{1-\delta} \qquad ②$$

只要②大于①:$4/(1-\delta) > 5 + \delta/(1-\delta)$,即 $\delta > 1/4$,博弈方 2 就会选择 H,否则会采用 L。即:企业 2 对企业 1 的最佳反应是当 $\delta > 1/4$ 时,第一阶段选择 H,以后阶段也选择 H。由于双方是对称的,所以,上述触发策略就构成纳什均衡。

其次分析该均衡是一个子博弈精炼纳什均衡。因为该重复博弈的子博弈就是全部重复博弈的基本博弈。因此,每个子博弈的结果与整个博弈相同。由于前述两博弈方的触发策略在所有子博弈中都构成相同的触发策略,因此,必然也是这些子博弈的纳什均衡,从而上述触发策略组合构成整个无限次重复博弈的子博弈精炼纳什均衡。其均衡路径为两博弈方每阶段都选择 H。

当然。上述结论只是在 $\delta > 1/4$ 的情况下才成立。其实,在该博弈构成的无限次重复博弈中,子博弈路径不只上述一条,如两博弈方始终都选(L,L),那么它也是子博弈纳什均衡之一。但后者的得益要差得多,因此双方合理的选择是(H,H)。

可以看出,重复博弈的重要意义在于参与人必须在长期与短期利益之间进行权衡,从而带来合作的可能性。当博弈只进行一次时,每个参与人都只关心一次性的得益,而毫不顾及其他博弈方的利益;而一旦当博弈要重复多次,参与人可能就会为了长远利益而牺牲眼前利益从而选择不同的均衡策略。有时候,一方会做出合作的意图,可能会使其他博弈方在以后的阶段也采取合作的姿态,从而实现共同的长远利益。这样重复博弈中就有了在一次性博弈中往往不可能有的长期合作的可能性,因而也实现了比一次性博弈更有效率的均衡,实现"集体理性"。这是重复博弈分析给出的一个强有力的结果,它为现实中的许多合作行为和社会规范提供了解释。同样的例子还很多,比如前文的囚徒困境和古诺模型,都可在重复博弈的情况下实现合作,并获取长期的竞争利益,实现集体理性。

四、寡头企业不完全信息静态博弈

(一) 不完全信息博弈

前面所分析的博弈都包含一个基本假设,即所有参与人具有关于博弈的完全信息,现实中大多数博弈是不完全信息博弈。以"市场进入博弈"为例,当一个企业要想进入某个市场时,它并不清楚已在市场上的企业的实际成本函数,也就不知道其得益即具体赢利情况。故潜在进入者只能根据市场上大家都能观察到的一些信息,如在位者的定价,来对在位企业的类型(是高成本的还是低成本的或者两者的可能概率多大等)作一个大致判断,以帮助自己决策。这就是不完全信息博弈。因此,不完全信息博弈是指博弈的各参与人对其他参与人的得益函数不完全了解的博弈。

考虑一个市场进入阻挠博弈的例子:本例中,潜在进入者决定是否进入一个新产业,但不知道在位者的成本函数,不知道在位者决定默许还是斗争。假定在位者有两种可能的成本函数:高成本或低成本。其得益矩阵如表 7-8 所示。

表 7-8 进入阻挠博弈

进入者 \ 在位者	高成本情况		低成本情况	
	默许	打击	默许	打击
进入	40,50	10,0	30,80	$-10,100$
不进入	0,300	0,300	0,400	0,400

在此例中,进入者有关在位者的成本信息是不完全的,但在位者知道进入者的有关成本信息,即信息是不对称的。

从表 7-8 可看出,如果在位者是高成本的,之前我们已讨论过,给定进入者进入,在位者最优选择是默许;而如果在位者是低成本的,由得益矩阵可以看出,结定进入者进入,在位者的最优选择是打击,故最后的均衡结果是进入者不进入,在位者打击。因此,如果是在完全信息的情况下,知道在位者是高成本,则进入者进入;知道在位者是低成本,进入者就不进入。但现在因为进入者并不知道在位者究竟是高成本还是低成本,进入者的最优选择只能依赖于他的判断,即在多大程度上认为在位者是高成本的或低成本的。

假定进入者认为在位者是高成本的概率为 P,低成本的概率为 $1-P$。那么进入者选择进入的期望利润是 $P(40)+(1-P)(-10)$,选择不进入的期望利润是 0。所以只有当进入的期望利润大于不进入的期望利润时,即 $P(40)+(1-P)(-10) \geqslant 0$,或者 $P \geqslant 1/5$ 时才选择进入;如果 $P<1/5$,则不进入。现实中的市场进入与遏制基本就是这样,一般要用不完全信息博弈来分析。

从这个例子我们可以看出,在不完全信息情况下的博弈参与人的最优策略不仅仅依赖于其他参与人的策略,更依赖于对其他参与人情况的判断。

(二) 海萨尼转换与海萨尼公理

由于信息不对称,前面的分析方法肯定不适用于不完全信息博弈。这是因为,当一个参与人并不知道他在与谁博弈时,博弈的各种规则如参与人、策略空间、得益等都是无法定义的,所以要发展新的方法。直到1967年,海萨尼提出了"海萨尼转换"来处理这种不完全信息的博弈。其基本思路是,引入一个虚拟的参与人——"自然","自然"首先行动选定参与人的类型,各参与人知道自己是哪种类型的(比如是高成本的,还是低成本的),但其他参与人不知道。但是"自然"以怎样的概率来选取参与人的各种类型,即此概率分布却是"共同知识",是大家都知道的。这样,在不完全信息博弈中,就从各参与人不了解其他参与人的真实情况变换到可以了解其他参与人各种可能情况出现的概率是多少。以对参与人类型的概率分析代替对参与人确切行动的分析,这样的转换就是"海萨尼转换"。这样,我们上面举的不完全信息博弈的例子就转换成如图7-6所示的完全但不完美信息的博弈了,从而可以用标准的技术来分析。这里,"不完美信息"指的是,"自然"做出了它的选择,但其他参与人并不知道它的具体选择是什么,仅知道各种选择的概率分布。

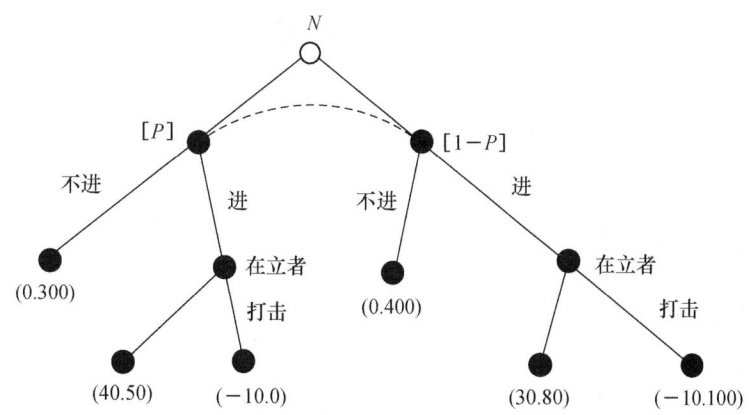

图 7-6 海萨尼转换后的市场进入博弈

图7-6中,"自然"以 P 的概率选择高成本类型在位者和以 $1-P$ 的概率选择低成本类型的在位者与进入者博弈,但具体选了哪一个,进入者不知道,所以进入者开始决策的两个决策结用虚线连在了一起,表示这两个结是居于同一个信息集,进入者无法区别它们。有了海萨尼转换后,不完全信息和不完美信息之间的区别也就不重要了。所以,以后谈到不完全信息博弈时,我们指的就是经过转换之后的博弈。

不完全信息意味着博弈各方至少有一个参与人有多个类型。最一般地,在一个有 n 个人参与的博弈中,每个参与人都有多种类型。我们一般用 t_i 表示代表第 i 个参与人($i=1,\cdots,n$)各种类型的随机变量,t_i 可以是离散的,也可以是连续的;用 T_i 表示 t_i 的集合。

在博弈开始前,"自然"要以一定概率选择 n 个参与人的类型,我们用 $(t_1,t_2,\cdots,t_n)$ 表示"自然"选择的各参与人类型的组合。"自然"是按联合概率分布函数 $P(t_1,t_2,\cdots,t_n)$ 来选取某一参与人类型组合的,而且该分布函数是所有参与人的共同知识,所有参与人知道所有参与人知道 $P(t_1,t_2,\cdots,t_n)$,如此等等。当然,在"自然"选取参与人类型以后,参与人 i 是知道自己类型 t_i 具体是什么的,而除 i 以外的其他参与人都不知道 t_i 具体是什么。

综上所述,通过海萨尼转换,博弈开始时,所有参与人有关"自然"的行动有一致的信念,即都知道所有参与人类型的概率分布函数 $P(t_1,t_2,\cdots,t_n)$,此即"海萨尼公理"。

(三)不完全信息静态博弈与贝叶斯均衡

不完全信息静态博弈是指博弈各参与人对其他参与人的得益函数等信息不完全了解,且同时进行决策的博弈。其对应的均衡是贝叶斯均衡。

在不完全信息静态博弈中,由于参与人同时行动,所以没有机会观察到他人的具体选择。又由于每个参与人只知道其他参与人类型的概率分布而不知道其确切类型,因此不可能准确地知道其他参与人实际上会选择什么具体策略。但是他知道其他参与人的具体策略都是依赖于他们的具体类型的,是类型依存。这样,他决策的目标就是在给定自己的类型与具体策略以及他人的类型依存策略的情况下,最大化自己的期望效用。

贝叶斯纳什均衡是这样一种类型依存策略组合:给定自己的类型和别人类型的概率分布的情况下,每个参与人的期望效用达到了最大化,就是说,没有人有积极性选择其他策略。其规范性的定义为:

n 人不完全信息静态博弈的纯战略贝叶斯纳什均衡是一个类型依存策略组合 $(s_i^*(t_i))_{i=1}^n$,其中,每个参与人 i 在给定自己的类型 t_i 和其他参与人类型依存策略 $s_{-i}^*(t_{-i})$ 的情况下,最大化自己的期望效用函数 U_i。换言之,如果对于所有的参与人 i,策略组合 $S=\{s_1^*(t_1),s_2^*(t_2),\cdots,s_n^*(t_n)\}$ 是一个贝叶斯纳什均衡,那么 $s_i^* \in S_i(t_i)$ 必须满足:

$$s_i^*(t_i) \in \mathrm{argmax} \sum P_i(t_{-i}|t_i) \times U_i\{s_i(t_i),s_{-i}(t_{-i});t_i,t_{-i}\}$$

其中,$P(t_{-i}|t_i)$ 是给定第 i 个参与人自己类型 (t_i) 条件下,他有关其他参与人 $-i$ 的类型 (t_{-i}) 的条件概率。

(四)寡头企业不完全信息静态博弈之古诺模型

在不完全信息古诺模型里,参与人的类型是成本函数。假定反需求函数是 $P=a-Q$,每个企业都有不变的单位成本。令 C_1 为企业 1 的单位成本,那么,企业 i 的利润函数如下:

$$\pi_i = q_i(a-q_1-q_2-c_i), \quad i=1,2$$

假设企业 1 的单位成本是共同知识,而企业 2 的成本有两种:$C_2 \in \{C_2^L, C_2^H\}$,企业 2 知道自己的类型,但企业 1 不知道,只知道其概率 P 和 $1-P$,P 也是共同知识。

首先,我们分析企业 2 的决策。因为企业 2 知道企业 1 的类型,那么企业 2 的问题就是选择产量 q_2 来最优化自己的得益:

$$\pi_2 = q_2(a-q_1-q_2-c_2)$$

求解上式的一阶条件得到企业 2 的反应函数：

$$q_2^*(q_1,c_1) = \frac{1}{2}(a - c_2 - q_1)$$

由于 $C_2 \in \{C_2^L, C_2^H\}$，所以有：

$$q_2^{L*}(q_1,c_1) = \frac{1}{2}(a - c_2^L - q_1) \text{ 和 } q_2^{H*}(q_1,c_1) = \frac{1}{2}(a - c_2^H - q_1)$$

其次，分析企业 1 的决策。由于它不知道企业 2 的类型，只知道其概率分布，所以，其期望得益是：

$$E\pi_1 = Pq_1(a - q_1 - q_2^{L*} - c_1) + (1-P)q_1(a - q_1 - q_2^{H*} - c_1)$$

最后，假设 $a=2, P=1/2, C_2^L=3/4, C_2^H=5/4$，并同时代入上式得到：

$$E\pi_1 = \frac{1}{2}q_1\{(a - q_1 - q_2^{L*} - c_1) + (a - q_1 - q_2^{H*} - c_1)\}$$

对上式求导得到：

$$q_1^* = \frac{1}{2}(1 - Eq_2), \quad Eq_2 = \frac{1}{2}(q_2^{L*} + q_2^{H*})$$

分别与 $q_2^{L*}(q_1,c_1) = \frac{1}{2}(a - c_2^L - q_1)$ 和 $q_2^{H*}(q_1,c_1) = \frac{1}{2}(a - c_2^H - q_1)$ 联立，最后可求得：

$$q_1^* = 1/3, \quad q_2^{L*} = 11/24, \quad q_2^{H*} = 5/24$$

可见，信息不对称确实影响了企业 1 的策略。企业 1 由于不知道企业 2 的确切成本，其最优产量决策取决于其对企业 2 的产量及其成本高低的判断。企业 2 知道自己和对方的成本，所以，其成本较高时生产较低的产量，其成本较低时则生产较高的产量。

不完全信息静态博弈的例子很多，诸如暗标拍卖和招投标活动，则是典型的不完全信息静态博弈[①]。

五、寡头企业不完全信息动态博弈

（一）不完全信息动态博弈

不完全信息动态博弈是指博弈各参与人对其他参与人的得益函数等信息不完全了解，

---

① 相应的例子和模型分析，可参阅谢识予. 经济博弈论（第二版）[M]. 复旦大学出版社, 2002, 315—330.

且决策行为有先后顺序的博弈。博弈的过程是：首先，"自然"选择参与人 i 的类型，i 自己知道，其他人不知道；其次，先行动者行动，后行动者能够观察到其行动，但不能完全观察其类型，而且行动都是类型依存的，每个人的每次行动都不同程度地传递着自己类型的信息；再次，后行动者通过观察先行动者的行动来推断其类型，或修改对先行动者的先验信念，然后再选择自己的最优行动；最后，先行动者预测到自己的行动将被后行动者所利用，就会设法避免传递对自己不利的信息。好比我们日常生活中通过观察某人的行为表现来了解其品德一样。显然，先行动者知道自己的行为有传递自己特征信息的作用，从而被后行动者所利用，就会设法选择传递对自己有利的信息，避免传递对自己不利的信息。就是说，有意识地选择某种行动来揭示或掩盖自己的真实面目——好人想让别人知道自己是好人，坏人则设法隐瞒自己是坏人。因此，动态博弈过程不仅仅是博弈者选择行动的过程，而且是不断修正自己信念的过程。

（二）精炼贝叶斯纳什均衡

与不完全信息动态博弈的均衡概念对应的是"精炼贝叶斯纳什均衡"。这一概念是完全信息动态博弈的精炼纳什均衡和不完全信息静态博弈的贝叶斯纳什均衡的结合，对此做出贡献的主要有泽尔腾、克瑞普斯、威尔逊、泰勒尔等人。精炼贝叶斯纳什均衡的要点在于当事人要根据所观察到的他人的行为来修正自己有关后者类型的"信念"（主观概率），并由此选择自己的行动。修正过程使用的是贝叶斯法则。精炼贝叶斯纳什均衡是所有参与人策略和信念的一种结合，它满足如下条件：其一，给定每个人有关其他人类型的信念的情况下，他的策略选择是最优的；其二，每个人有关他人类型的信念都是使用贝叶斯法则从所观察到的行为中获得的。需要强调的是，与其他均衡概念不同，精炼贝叶斯纳什均衡不能仅定义在策略组合上，它必须同时说明参与人的信念，因为最优策略是相对于信念而言的。

规范的定义是：精炼贝叶斯纳什均衡是一个策略组合：$S^* = \{s_1^*(t_1), s_2^*(t_2), \cdots, s_n^*(t_n)\}$ 和一个后验概率组合 $\Theta = \{\Theta_1, \Theta_2, \cdots, \Theta n\}$ 同时满足以下条件：

（1）对于所有的参与人 i，在每一个信息集 h 上都有：

$$s_i^*(s_{-i}, t_i) \in \operatorname{argmax} \sum \Theta_i(t_{-i} \mid a_{-i}^h) \cdot U_i(s_i, s_{-i}, t_{-i});$$

（2）$\Theta_i(t_{-i} \mid a_{-i}^h)$ 是使用贝叶斯法则从先验概率 $\Theta_i(t_{-i} \mid t_i)$ 观察到的。第一个条件是给定其他参与人的策略和参与人的后验概率，每个参与人的策略在所有从信息集 h 开始的后续博弈上都是最优的。第二条是贝叶斯法则的应用。

（三）贝叶斯法则

贝叶斯法则的含义是人们根据新的信息从先验概率得到后验概率的基本方法。在日常生活中，当面临不确定事件时，在任何一个时刻，我们对某件事情发生的可能性都有一个判断，概率论中称为"先验概率"。然后，当有关该事件的新的信息获知时，我们又会根据新的信息对原来的判断进行修正。概率论中修正之后的判断称为"后验概率"。下面我们以二手车市场为例来说明贝叶斯法则。

在日常生活中我们经常会碰到买二手货的事情，比如一辆二手的汽车，车子的好坏程度我们在买来使用之前并不确切了解,而只能根据车的外观和经验对之有一个大致的判断,比如说好的可能性是多大等,这个就是先验概率。我们假设 $P(g)$ 表示认为车子是好的先验概率,当然认为车子是不好的先验概率是 $P(Ng)$ 表示即为 $1-P(g)$。如果原车主要卖这辆车,而我又想买这辆车,那么我就有必要修订我认为这辆车是好的先验概率 $P(g)$。我们用 $P(g/s)$ 表示对原信息进行修订后的后验概率。这个修订后的概率,表示的意思是当卖(sell)这个行动发生后,车子是好(good)的概率是多少,概率论中称之为条件概率。

我们知道 $P(g/s)$ 是不等于 $P(g)$ 的,可能比 $P(g)$ 大,也可能比 $P(g)$ 小,当然一样大也是有可能的。所以 $P(g/s)$ 与 $P(g)$ 之间的关系大致是相差一个修正因子 δ,即 $P(g/s)=\delta P(g)$。那这个修正因子该怎样确定呢?

贝叶斯法则规定 δ 可以这样确定:如果用 $P(S)$ 表示这辆车会卖的可能性(包括好车和坏车),这辆车不卖的可能性则是 $P(NS)=1-P(S)$。如用 $P(s/g)$ 表示车子是好的而且会卖出来的可能性,那么,$\delta=P(s/g)/P(S)$。所以有:

$$P(g/s)=[P(s/g)/P(S)] \cdot P(g)$$

进一步:

$$P(S)=P(s/g) \cdot P(g)+P(s/Ng) \cdot P(Ng)$$

也即:

$$P(g/s)=P(s/g) \cdot P(g)/[P(s/g) \cdot P(g)+P(s/Ng) \cdot P(Ng)]$$

这就是贝叶斯法则。

(四)信号传递博弈

信号传递博弈是一类比较简单但有广泛应用意义的不完全信息动态博弈。在该博弈中有两个参与人,$i=1,2$,先后各行动一次;参与人 1 有多个类型,先行动;参与人 2 后行动,他不知道参与人 1 的具体类型,所以是具有不完全信息者,但他可以观察到先行动一方的行动并从中获得部分信息。因此,先行动的一方行动对后行动者来说好像是某种反映其类型信息的信号。因此,该博弈被称为"信号传递博弈"。

一般地称先行动的参与人 1 为信号发送者,记为 S;后行动的参与人 2 称为信号接收者,记为 R。一个信号传递博弈的一般顺序如下:

(1)"自然"首先行动,选择 S 的类型 t_i,$t_i \in T$,这里 $T=\{t_1,t_2,\cdots,t_I\}$ 是 S 的类型空间。"自然"以概率分布 $\{P(t_1),P(t_2),\cdots,P(t_I)\}$ 在类型空间中选择 t_i。S 方知道自己的具体类型 t_i,R 方不知道,但 R 方和 S 方都知道 $\{P(t_1),P(t_2),\cdots,P(t_I)\}$;

(2)S 方在自己的行动空间(或又称信号空间)$M=\{m_1,m_2,\cdots,m_j\}$ 中选择一个行动或信号 m_j;

(3)R 方观察到 m_j 后,使用贝叶斯法则从先验概率 $P=P(t)$ 中修正得到关于 S 方可能类型的后验概率:$\tilde{p}=\tilde{p}(t_i|m_j)$,$\sum_{i=1}^{I}\tilde{p}(t_i|m_j)=1$,然后选择自己的行动 $a^* \in A$,这里,$A=\{a_1,a_2,\cdots,a_k\}$,是 R 方的行动空间;R 方选择 a_k^* 使自己的期望得益最大,即 a_k^* 的选择满足:

$$\max_{a_k \in A} \sum_{i=1}^{I} \tilde{p}(t_i \mid m_j) U_R(t_i, m_j, a_k)$$

其中,U_R 是 R 方的得益函数,是依赖于类型 t_i 的或称作是类型依存的。

(4)给定 R 的策略 a^*,S 选择 $m^* \in M$,使得 S 的得益最大,即 m 满足:

$$\max_{m_j} U_s(t_j, m_j, a^*)$$

其中,U_s 是 S 方的得益函数,同样是类型依存的。

完成了上述博弈顺序并满足各阶段要求得到的最后一组两参与人的策略组合,加上 R 方对 S 方的后验判断 P,就共同构成了信号传递博弈的精炼贝叶斯均衡。

混同均衡。应该指出,在信号传递博弈中当参与人 1 发出信号时,他预测到参与人 2 将根据他发出的信号修正对自己的类型的判断,因而他将选择一个对自己最优的类型依存信号,有可能的话发出的信号最好能掩饰对自己不利的类型信息,当然这是要付出成本的。当该成本较小时,将有可能导致不同类型的发送者都选择相同的信号,以至于没有任何有价值的关于其类型的信息供接收者修正先验概念。故接收者无法修正其先验概率。这种情况下实现的均衡称为混同均衡。

可以看出,假定 m_j 是发送者的均衡策略,假设发送者只有两个类型(t_1, t_2),混同均衡必须满足:

$$U_s(m_j, a^*(m), t_1) \geq U_s(m, a^*(m), t_1)$$
$$U_s(m_j, a^*(m), t_2) \geq U_s(m, a^*(m), t_2)$$

分离均衡。如果该掩饰成本较高时,以至于不同类型的发送者只能分别以 1 的概率发送不同的信号,任何发送其他类型信号的发送者都将承担以后无法弥补的损失的话,则没有任何类型发送者会选择与其他类型相同的信号。这种情况下实现的均衡称为分离均衡。在分离均衡下,信号能准确地揭示出类型。假定 $i = j = 2$(即只有两个类型,两个信号),那么分离均衡意味着:如果 m_1 是类型 t_1 的最优选择,m_1 就不可能是 t_2 的最优选择,并且 m_2 一定是类型 t_2 的最优选择。即:

$$U_s(m_1, a^*(m), t_1) > U_s(m, a^*(m), t_1)$$
$$U_s(m_2, a^*(m), t_2) > U_s(m, a^*(m), t_2)$$

相应接收者具有的后验概率:

$$\tilde{P}(t_1 \mid m_1) = 1 \quad \tilde{p}(t_1 \mid m_2) = 0; \quad \tilde{P}(t_2 \mid m_2) = 1 \quad \tilde{p}(t_2 \mid m_1) = 0$$

信号传递博弈是一种应用十分广泛的博弈,许多博弈问题都可以归结为这个类型的博弈,如市场进入与遏制、委托-代理关系、拍卖机制的设计等。事实上我们只要给上述模型中的类型 t_i,信号 m_j 和行动 a_k 赋予不同的意义,就可以用它来代表不同的实际博弈问题。

(五)米尔格罗姆-罗伯兹垄断限价模型

垄断限价模型是信号传递博弈分析的一个具体应用。该模型试图解释现实中观察到的

第七章 寡头博弈

这样一种现象：垄断企业规定的产品价格一般低于微观经济学意义上的最优垄断价格。贝恩曾对这一现象进行过解释，其大致意思是：如果市场价格等于垄断价格，其他企业看到有利可图，就会进入市场；而如果市场价格低于垄断价格，其他企业看到无利可图，就不会进入。贝恩的这一解释曾流行了30多年。但许多经济学家在利用它来进行反垄断分析时感到并不满意。这里关键的问题是为什么低价格能阻止其他潜在进入者。正如贝恩所指出的，低价必须向潜在的进入者传递有关市场盈利性的坏消息。

米尔格罗姆和罗伯兹在1982年提出一个模型，对该问题进行了解释。其基本含义是：垄断限价可以反映这样一个事实，即其他企业不知道垄断者的生产成本，而垄断者则试图用低价格的信息告诉其他企业自己是低成本的，如果进入者与其进行寡头竞争的话将是无利可图的，从而达到限制或威胁潜在进入者进入市场的目的。

假定该博弈有两个企业，博弈过程有两个阶段。第一阶段企业1(在位者)是一个垄断生产者，选择其第一阶段的价格 p_1。在第二阶段企业2(进入者)选择进入或不进入。如果企业2进入，则两个企业进行双寡头完全信息静态博弈，如果不进入，则企业1继续保持垄断地位。企业1有两个可能类型：高成本(H)或低成本(L)；高成本的概率为 $\mu(H)$，低成本的概率为 $1-\mu(H)$。令 $M_1^t(P_1), t \in \{H, L\}$，为企业1在第一期选择价格 P_1 时的短期垄断利润，令 P_m^L 和 P_m^H 分别代表在位者是低成本和高成本时的垄断价格，显然有 $P_m^L < P_m^H$。令 M_1^L 和 M_1^H 为在位者根据自己的类型，达到最大化的短期垄断利润，显然有 $M_1^L > M_1^H$。这里假定 $M_1(P_1)$ 是严格凹函数。

在第一阶段，企业1知道自己的类型 t，企业2不知道。为简化讨论，这里不妨假定，在第二阶段，企业2一旦进入，就得知 t。这样，第二阶段进行寡头竞争最后达成的价格与第一阶段的价格 P_1 无关。我们用 D_1^t 和 D_2^t 分别代表当企业1为类型 t 时，企业1和企业2在第二阶段的寡头利润(如果有进入成本的话，D_2^t 是剔除进入成本后的净利润)。为了使分析有意义，我们假定 $D_2^H > 0 > D_2^L$，即若企业2知道企业1是低成本的话，就不会进入；只有在知道企业1是高成本时，它才会进入。用 δ 代表共同的贴现因子。

企业1企图保持市场垄断地位($M_1^L > D_1^L$)，它想发出信号让企业2认为自己是低成本的，问题是它没有办法直接达到该目的，即使它真的是低成本。间接的办法之一就是定一个低的价格 P_1^L，所以即使企业1是高成本的，它也可能会选择 P_1^L，以期望第一阶段的最优垄断利润的损失可能被第二阶段继续保持垄断地位的收益所弥补。我们希望找到这样一个 P_1^L，使得高成本的企业1不敢选择它，因为选择 P_1^L 会使其掩饰成本太大。从而根据利润最大化原则，高成本的企业，在第一阶段只有选择其垄断价格 P_m^H，这里是一个分离均衡的问题，即不同类型的发送者发送不同的信号。

首先找出分离均衡的两个必要条件，即类型H的在位者不愿选择类型L的均衡价格 P_1^L，类型L的在位者也不愿选择类型H的均衡价格 P_1^H；然后，我们描述在进入者非均衡路径上的后验概率使得没有任何类型的在位者有兴趣偏离均衡价格。我们将看到，分离均衡的必要条件同时也是充分条件，即必要条件决定的价格即是均衡价格。

在分离均衡中，进入者能推断出在位者的真实类型，因此类型H的在位者在第一阶段的最优选择是 $P_1^H = P_m^H$，即短期垄断价格。因此，类型H的在位者的两阶段总利润为 $M_1^H + \delta D_1^H$。假定低成本类型L的在位者第一阶段选择 P_1^L 以阻止进入者的进入，那么如果高成本的在位者也意图选择 P_1^L 去阻止进入者，他的总利润是 $M_1^H(P_1^L) + \delta M_1^H$。因此，只有当下列

条件满足时,高成本在位者才不会选择低成本在位者的均衡价格 P_1^L:

(A) $\quad\quad\quad\quad M_1^H + \delta D_1^H \geqslant M_1^H(P_1^L) + \delta M_1^H \quad\quad\quad\quad$ (7-1)

即(A') $\quad\quad\quad\quad M_1^H - M_1^H(P_1^L) \geqslant \delta(M_1^H - D_1^H) \quad\quad\quad\quad$ (7-2)

即是说,高成本在位者选择 P_1^L 导致的第一阶段的利润减少额要大于第二阶段保持垄断地位得到的利润增加额的贴现值。

类似地,当低成本在位者选择 P_1^L 从而阻止进入时,它的总利润为 $M_1^L + \delta D_2^L$。另外,如果它选择任何其他 $P_1 \neq P_1^L$,从而会导致进入者进入的话,那它第一阶段的 P_1 定为 P_1^L 是最优的,故其总利润不会低于 $M_1^L + \delta D_1^L$。因此,只有当下列条件成立时,P_1^L 才是低成本在位者的均衡价格:

(B) $\quad\quad\quad\quad M_1^l(P_1^L) + \delta M_1^l \geqslant M_1^l + \delta D_1^L(P_m^L) \quad\quad\quad\quad$ (7-3)

(B') $\quad\quad\quad\quad M_1^l - M_1^l(P_1^L) \leqslant \delta(M_1^l - D_1^L(P_m^L)) \quad\quad\quad\quad$ (7-4)

就是说,选择短期垄断价格 P_m^L,从而促使进入时的第一阶段利润增加额小于选择均衡价格 P_1^L,从而阻止进入时的第二阶段利润增加额的贴现值。

为了使分析有意义,我们假定不存在 $P_1^L = P_m^L$ 的分离均衡,即如果 $P_1^L = P_m^L$,高成本的在位者也会选择 P_1^L,故要满足以下条件:

(C) $\quad\quad\quad\quad M_1^H - M_1^H(P_m^L) < \delta(M_1^H - D_1^H) \quad\quad\quad\quad$ (7-5)

现在我们可以来找满足条件(A)和(B)的 P_1^L 了。可以设想,在合理的条件下,条件(A)和(B)应定义了一个价格区间 $[\hat{P}, \tilde{P}]$,使得任何该区间的价格都满足(A)和(B)这两个分离均衡条件,即 $P_1^L \in [\hat{P}, \tilde{P}]$。条件(C)意味着 $\tilde{P} < P_m^L$,即 P_1^L 不会高于低成本在位者的最优垄断价格,这与实现观察到的现象是一致的,也正是我们要解释的。因此,为了得到分离均衡,低成本在位者必须定一个足够低的价格(低于自己的垄断价格 P_m^L),使得高成本的在位者要模仿的话成本太高。

可以证明,如果下列条件满足的话,上述区间 $[\hat{P}, \tilde{P}]$ 一定存在:

(SM) $\quad\quad\quad\quad \partial\partial \dfrac{\partial}{\partial P_1}(M_1^H(P_1) - M_1^L(P_1)) > 0$

即 $\quad\quad\quad\quad \partial \dfrac{\partial M_1(P_1)}{\partial P_1} > \dfrac{\partial M_1^L(P_1)}{\partial P_1}$

此即"斯宾塞-莫里斯分离条件"(Spence-Mirrles Sorting Condition),又称单交叉条件。对此定理的证明超出了本书的范围,我们这里对这个条件做一解释。这个条件说的是,改变价格对不同类型企业的利润的影响是不同的,高成本企业通过提价增加的利润要比低成本企业提高同样的价格增加的利润要多;当然高成本企业减价所减少的利润也比低成本企业降低同样的价格减少的利润多。所以,低成本企业比高成本企业更"勇于"降价,能够经得住长期的低价格,这与现实生活中的现象是一致的。

容易证明,对一般成本函数来说,分离条件是容易满足的。比如,假设边际成本是不变的,两类企业分别为 C_H 和 C_L,需求函数为 $Q(P_1)$,那么,

$$\frac{\partial \partial M_1^H(P_1)}{\partial P_2 \partial P_1} = \frac{\partial}{\partial P_1}\{P_1 - C_H Q(P_1)\} = Q(P_1) + (P_1 - C_H)\frac{\partial Q(P_1)}{\partial P_1} \quad (7\text{-}6)$$

$$\frac{\partial \partial M_1^L(P_1)}{\partial P_2 \partial P_1} = \frac{\partial}{\partial P_1}\{P_1 - C_L Q(P_1)\} = Q(P_1) + (P_1 - C_L)\frac{\partial Q(P_1)}{\partial P_1} \quad (7\text{-}7)$$

由于 $C_H > C_L, \frac{\partial Q(P_1)}{\partial P_1} < 0$,

所以,$\frac{\partial M_1^H(P_1)}{\partial P_2} > \frac{\partial M_1^L(P_1)}{\partial P_2}$,满足分离均衡条件。

分离条件保证了曲线 $\gamma = M_1^l - M_1^l(P_1^l)$ 与 $\gamma = M_1^H - M_1^H(P_1^L)$ 在以 P_1^L 为横轴,以 γ 为纵轴的坐标空间中只相交一次(所以又称单交叉条件),如图 7-7 所示。在图 7-7 中,$\widetilde{P}$ 对应条件(A′)的等式,$\hat{P}$,对应条件(B′)中的等式,$\widetilde{P} < P_m^L$ 对应条件(C),也是实际生活中观察到的现象。从图 7-7 中可以看出,所有 $P_1^l \in [\hat{P}, \widetilde{P}]$ 的价格都满足分离条件(A′)和(B′)。其中,$\hat{P}$ 是最低垄断限价,$\widetilde{P}$ 是最高垄断限价。当类型 L 企业在第一阶段将价格 P_1^L 定在 $\widetilde{P}$ 上时,既能阻止进入者进入,又能使利润最大、付出成本最小,因而是最优点。

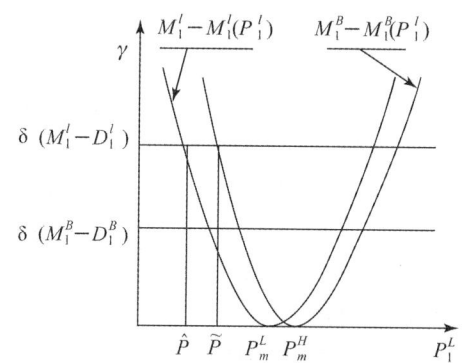

图 7-7 垄断限价模型

可以证明上述条件(A)、(B)也是分离均衡的充分条件。假定高成本在位者选择 P_m^H,低成本在位者选择 $P_1^L \in [\hat{P}, \widetilde{P}]$,进入者观察到 P_m^H 时,可认为在位者是高成本的概率是 1,选择进入;当观察到 P_1^L 时,认为在位者是高成本的概率为 0,选择不进入;当观察到的价格不属于这两个价格(非均衡路径)时,进入者关于在位者是高成本的后验概率可以是任意的,但其必须要保证所假定的策略组合 (P_1^L, P_m^H) 构成贝叶斯纳什均衡。最简单的办法是令 $\widetilde{u}(H|P_1 \neq P_m^H, P_1 \neq P_1^L) = 1$,即当进入者观察到价格不是 P_m^H 或 P_1^L 时,就认为在位者是高成本的,即选择进入。这样就使得没有任何类型的在位者有兴趣偏离所假定的均衡策略。

由此,我们得到了在满足条件(A)、(B)、(C)和(SM)的情况下有连续的分离均衡(有无穷多个均衡),即高成本在位者选择 P_m^H,低成本在位者选择任何 $P_1^L \in [\hat{P}, \widetilde{P}]$;进入者观察到 P_1^L,就判断 $\bar{u}(H|P_1^L) = 0$,选择不进入,观察到任何 $P_1 \neq P_1^L$ 时就认为 $\bar{u}(H|P_1) = 1$,选择进入。对于任何先验概率 $P(H) > 0$,这样的连续均衡都是存在的。对比之下,如 $\mu(H) = 0$,进入者不管接收到什么信号,修正后的 $\bar{u}(H|P_1) = 0$,即始终不会进入,那么不管什么类型的

在位者都乐于选择垄断价格 P_m^t。这一点表明,信息结构的较小变化会导致均衡结果的很大不同:只要进入者认为在位者是高成本的先验概率 $\mu(H)$ 大于 0,低成本的在位者就不得不连续地降低价格,直到高成本在位者吃不消(即 $\tilde{P}$ 点),不能跟进继续模仿,以将自己与高成本者区分开,显示出自己是低成本的,从而遏制进入者的进入。可见,不完全信息博弈对信息结构是非常敏感的。由此,我们就证明了在现实中观察到的以低价格(小于垄断价格)来阻止潜在市场进入者进入的策略的有效性。这也提供了潜在市场进入者决策是否进入市场的一个标准,即观察到低于垄断价格的定价就最好不要进入;观察到定价等于垄断价格,就大胆进入。这个博弈还有许多其他均衡,可得到不同的市场进入与遏制策略,这里不再一一介绍。

尽管如此,米尔格罗姆-罗伯茨模型只考虑了在位者的成本与进入者无关且在位者已经知道自己的成本函数的情形。而哈尔瑞顿进一步放松了这些假设,它假定进入者在进入前并不知道其成本是多少,而且它的成本与在位者的成本是正相关的。在此情况下,得出了与米尔格罗姆和罗伯茨模型相反的结论,为了遏制进入,在位者应传递高成本信息,因而应把限制性价格设定在高于短期垄断价格的水平。

> **学习要点**
>
> 1. 一些相互依赖、相互影响的决策行为及其结果的组合称为博弈(Game)。在经济学中,博弈论(Game Theory)是研究相互依赖、相互影响的经济决策主体的理性决策行为以及这些决策行为的均衡结果的理论。一个博弈(G)一般由以下几个要素组成:参与人、行动、信息、策略、得益(支付函数)、结果、均衡等。
>
> 2. 按不同的标准可将博弈分为不同的类型。非合作博弈按照参与人的行动顺序和信息差异可分为:完全信息静态博弈、完全信息动态博弈、不完全信息静态博弈、不完全信息动态博弈。与这四类博弈相对应的四个均衡概念分别是:纳什均衡、子博弈精炼纳什均衡、贝叶斯(纳什)均衡和精炼贝叶斯(纳什)均衡。
>
> 3. 完全信息静态博弈指的是各博弈方同时决策,或者决策行动虽有先后,但后行动者不知道先行动者的具体行动是什么,且各博弈方对博弈中各种策略组合情况下所有参与人相应的得益都完全了解。
>
> 4. 纳什均衡指的是在有 n 个人参与博弈中,给定其他人策略的条件下,每个人选择自己的最优策略,所有参与人选择的策略一起构成的一个策略组合。在产业组织理论中,典型的纳什均衡例子是"古诺模型""伯特兰德模型""豪泰林模型"。它们分别描述了寡头企业在完全信息静态条件下的产量竞争策略、价格竞争策略和产品差异化策略。
>
> 5. 完全信息动态博弈是指博弈方的行动有先后顺序,且后行动者在自己行动之前能够观测到先行动者的具体行动是什么,并且各博弈方对博弈中各种策略组合情况下,所有参与人相应的得益都完全了解。

第七章 寡头博弈

6. 完全信息动态博弈对应的均衡是子博弈精炼纳什均衡。子博弈精炼纳什均衡也是一个策略组合,且满足以下两个条件:①它是原博弈的一个纳什均衡;②它在每一个子博弈上给出纳什均衡。求解子博弈精炼纳什均衡的方法是逆推归纳法。在产业组织理论中,斯坦克尔伯格模型和价格领导制模型分别从产量和价格竞争角度,描述了寡头企业之间的动态竞争及其策略性行为。

7. 重复博弈是指一个博弈G(或动态或静态),重复进行了多次,并且每次重复G之前各博弈方都能观察到以前博弈的结果。重复博弈的囚徒困境模型和古诺模型表明,参与人必须在长期与短期利益之间进行权衡,从而带来合作的可能性。当博弈只进行一次时,每个参与人都只关心一次性的得益,而毫不顾及其他博弈方的利益;而一旦当博弈要重复多次,参与人可能就会为了长远利益而牺牲眼前利益从而选择不同的均衡策略。

8. 不完全信息静态博弈是指博弈各参与人对其他参与人的得益函数等信息不完全了解,且同时进行决策的博弈。其对应的均衡是贝叶斯均衡。贝叶斯均衡是这样一种类型依从策略组合:给定自己的类型和别人类型的概率分布的情况下,每个参与人的期望效用达到了最大化,就是说,没有人有积极性选择其他策略。不完全信息静态博弈的例子很多,诸如暗标拍卖和招投标活动,则是典型的不完全信息静态博弈。

9. 不完全信息动态博弈是指博弈各参与人对其他参与人的得益函数等信息不完全了解,且决策行为有先后顺序的博弈。其对应的均衡概念是精炼贝叶斯均衡。其规范的定义是:精炼贝叶斯纳什均衡是一个策略组合 $S^* = \{s_1^*(t_1), s_2^*(t_2), \cdots, s_n^*(t_n)\}$ 和一个后验概率组合 $\Theta = \{\Theta_1, \Theta_2, \cdots, \Theta_n\}$ 同时满足以下条件:(1)对于所有的参与人 i,在每一个信息集 h 上都有:$s_i^*(s_{-i}, t_i) \in \text{argmax} \sum \Theta_i(t_{-i} | a^h_i) \cdot U_i(s_i, s_{-i}, t_{-i})$;(2)$\Theta_i(t_{-i} | a^h_i)$ 是使用贝叶斯法则从先验概率 $\Theta_i(t_{-i} | t_i)$ 观察到的。第一个条件是给定其他参与人的策略和参与人的后验概率,每个参与人的策略在所有从信息集 h 开始的后续博弈上都是最优的。第二条是贝叶斯法则的应用。信号传递模型是典型的不完全信息博弈模型,而劳资谈判模型、垄断限价模型等,则是信号传递博弈分析的具体应用。

思考:

1. 简述博弈的构成要素。
2. 简述非合作博弈的类型及其基本含义。
3. 解释占优均衡、纳什均衡、子博弈精炼纳什均衡、精炼贝叶斯均衡。
4. 比较分析古诺模型与伯特兰德模型。
5. 解释伯特兰德悖论。
6. 解释什么是贝叶斯法则和海萨尼转换。
7. 简述信号传递博弈的顺序。
8. 计算题:

(1)两个寡头垄断厂商的行为遵循古诺模型,他们都生产一同质产品,其市场需求函数为 $Q = 900 - 9P$,试求:①若两厂商的生产成本为零,均衡时的产量和价格为多少?②若两个厂商的生产成本都不为零,成本函数分别为 $TC_1 = 0.1Q_1^2 + 30Q_1$,$TC_2 = 0.2Q_2^2 + 30Q_2$,则均衡时厂商的产量和价格又为多少?

(2) 由一个主导厂商(用 i 表示)和十二个次要厂商(用 j 表示)构成一个行业。主导厂商的总成本函数为:$C_i = 0.333q_i^3 - 2q_i^2 + 50q_i$;市场需求曲线为:$Q = 250 - p$;其余每个厂商的成本函数为:$C_j = 2q_j^2 + 10q_j$;主导厂商决定领导市场价格,即由自己决定价格,并管理自己的产出量,使整个市场供给既不短缺,也无剩余。正确的预期次要厂商将接受它决定的价格。主导厂商的定价是为了使自己的利润最大。则:① 主导厂商的定价为多高?产量为多少?利润为多少?② 每个小企业的产量是多少?利润是多少?

第八章

新经济与产业组织变革

从 20 世纪 80 年代开始,知识、信息、技术和网络正在以难以想象的速度改变着人类生产和生活的方式,对人类社会发展的作用日趋增强,并预示着人类社会即将或已经步入了一个新的经济时代。本章在阐述新经济时代的主要特征及其运行机制的基础上,主要从企业形态及其内部组织结构、企业规模与市场行为以及市场结构角度来阐述新经济时代的产业组织变革及其特点。为人们认识新经济时代的产业组织演进趋势提供参考。

一、新经济:一种新的经济形态

对于知识、技术、信息及网络等所带来的巨大变化,人们曾采用各种词汇进行过总体概括,诸如"后工业社会""知识经济""信息经济""网络经济""数字经济"等。但在这里,我们暂且用"新经济"这一词汇来代替上述所有词汇,作为概括和描述这一新时代的总称。尽管在学术界把新经济作为一种独立的、新的经济形态来对待的并不多见,原因在于:"这种经济形态正处于形成中""把新经济视为一个新的经济时代的到来,或者说是一种全新的经济模式,还为时尚早""新经济无论如何也是一个相对的概念"①。然而,应当指出的是,判断一个时期的经济是否进入新的经济时代或发生了形态上的改变,不能以概念名称中是否有"新"和"旧"的称呼为依据,也不能以这种经济形态是否发展成熟为依据,而应当以这种经济是否改变了人们的生产生活方式为依据,特别是要看经济变迁过程中是否形成和发展了一种新的生产方式。马克思指出,"各种经济时代的差别不在于生产什么,而在于怎样生产,用什么劳动资料生产"②。就是说生产方式特别是生产工具是区别经济时代或经济形态的基本标志。如果新经济是一种新的经济形态,那么,它就应当是正在发生和发展着一种新的生产和生活方式。我们认为这种生产和生活方式已经诞生。

新经济是生产和生活方式的重大革命:第一,如果说以机器大工业为主要标志的生产方式是以自然力代替人力的话,新经济则是以电脑代替人脑。第二,互联网较电网有更高的传输速度、更广的传输范围。第三,机器大工业以技术为基础,新经济则是以知识、信息和网络为基础,由此产生以知识创新为基础的经济。新经济时代的知识、技术以及以此为基础的设备、更新速度大大加快。第四,工业经济的主导产业和支柱产业是机器制造业,其他行业均是适应这种制造业的生产方式;新经济的主导产业和支柱产业则是以信息技术产业为代表的新兴高新技术产业,即以电子信息技术为领头的集计算机技术、通信技术、电子技术、生物科技、新材料技术和人工智能技术,以及机电控制技术为一体的高科技群。新兴产业并没有完全摒弃传统产业,新经济的生命力在于对传统经济整合和改造。通过信息技术对传统产业的渗透,很多传统产业都跃进新经济阶段。第五,过去的生产是利用制造技术把原料转化为有形的物质产品,是资源的凝聚;而现在是信息技术把资源转化为产品,是知识和信息的凝聚,知识成为经济增长的源泉。第六,企业经营管理和结构的变化表现为放权分权和灵活重组。在劳动管理方面,劳动者不再像过去那样是机器或机器的附属物;在企业管理结构

---

① 石培新.新经济现象及预测[M].贵阳:贵州人民出版社,2001.
② 马克思.资本论(第 1 卷)[M].北京:人民出版社,1972.

上,垂直管理系统转向横向与网络化管理系统,管理层次趋于减少;生产管理方式上从大规模生产制向灵活制转化,实行无库存生产,供应驱动制变为需求驱动制;生产由"规模经济"转化为"范围经济";市场竞争由产品价格竞争转为质量服务竞争和技术创新竞争。第七,以知识、信息、技术、数字为基础的新型经济不仅丰富了人们获取财富的途径,而且为企业内或企业间的交流提供了快捷而价廉的通信工具,还给工商企业和消费者之间的信息沟通提供了新的渠道。网上教育、网上通讯、网上新闻、网上交易、网上娱乐等正在成为人们经济活动的主要场所。

总之,新经济是一种浑然不同于农业经济和工业经济的新型经济形态或经济模式,即在新科技革命不断深化的影响下,世界经济发展过程中所呈现的,以知识、信息和高科技及其相关产业为主要内容和基础驱动力的、以网络化为组织载体的、全球化的经济形态或经济模式。新经济的特征表明新经济的内容和基础是经济的知识化、信息化;新经济载体是经济的网络化;新经济的方向是经济的全球化;新经济是经济的信息化、知识化、网络化和全球化的有机统一。

二、新经济的基本特征

新的经济形态必然表现出新的经济特征,从当今经济的发展现实及其趋势来看,新经济将呈现如下基本特征:

(一)新经济是知识化的经济

新经济是经济知识化和知识经济化的统一,是知识与经济的一体化。具体地说,经济的知识化表现在几个方面。

首先,生产的非标准化、分散化与多样化。工业经济时代的生产方式是大型化、集中化、标准化和专业化。而在新经济时代则是应用计算机辅助制造,按预先编好的程序,在一条生产线上,每一个产品就是一个型号,是非标准化、小批量、多品种的生产。另外,职工甚至通过计算机网络,可以在家里或分散的办公室里进行分散生产。

其次,资产投入无形化。传统工业资产投入主要是大量资源、原材料、设备等有形资产,其经济增长主要靠这些有形资产的投入。而新经济主要投入知识、信息、智力等无形资产。世界经济合作组织(OECD)国家投入研究与开发中的费用占国内生产总值的2.3%,美国、加拿大、英国信息技术产业的增长速度超过10%。

再次,经济增长从资源消耗型向知识型和技术型转化。在新经济中,越来越多的经济附加值是由脑力而非体力创造出来的。许多农业和工业的职业正成为知识工作,现在几乎60%的美国工人是知识工人,80%的新职业是由知识密集型部门创造的。知识还成为经济增长的源泉和动力,知识和技术对经济增长的贡献越来越大。在美国,每年用于知识的生产及其传播的开支约占其GDP的20%,其中教育占GDP的10%,培训和在职教育开支占5%,研究与开发开支占3%~5%[①]。

---

① 彼特·德鲁克:后资本主义社会[M].东方出版社,1993.

最后，知识的产品化和产业化。无论是农业社会还是工业社会，其产品都是有形产品，且产品所包含的知识价值较少。而新经济时代的一个重要标志就是知识本身成了产品，它不断被生产出来，并通过加工、处理、传输和经营而为越来越多的全球居民所消费。许多知识被物化，出现了各类软件、网络音频与视频等；出现了一系列知识产业，诸如电子商务、网络信息服务、网络科技研发与教育、科技与知识咨询以及创意产业等。其中有些产业已经成为国民经济的支柱产业。

（二）新经济是信息化的经济

目前，信息、信息技术和信息产业成了经济发展的主导力量。整个经济运行过程基本建立在信息技术和信息产业的迅猛发展的基础之上，人类已日益处于信息传播的氛围之中。

首先，在新经济时代，无形的信息不仅成为重要的生产要素，而且是最重要的生产资源，在经济增长中的作用越来越大。更为重要的是，信息资源对经济增长的主导作用表现在它对传统生产要素的优化功能上。即以其强大的渗透性，渗入到一切生产要素之中，从而有助于优化生产要素本身的质量，优化对各种生产要素的管理，优化其相互间的配置，提高运行的有序度和效率。

其次，信息产业成为主导产业对经济增长起决定作用。工业经济时代，劳动和资本密集型产业是主导产业。而在新经济时代，信息产业获得长期发展并取得支配地位，在产业结构中成为主导产业，对经济增长起到决定性的作用。此外，信息产业的发展具有巨大的外部经济性，其对经济增长的贡献是信息产业广泛渗透经济的各个产业部门中，改造着传统产业的技术基础，使传统产业表现出信息化的特征。更为引人注目的是，由于信息技术的应用，经济业务出现数字化、网络化、电子化等新现象。所有形式的信息成了数字（0和1），减少在电脑中的储存空间，并在网络中以光速传递。移动互联网技术、网络金融及电子商务的快速发展，就充分证明了经济信息化的巨大作用。

最后，经济的信息化使得21世纪的商品市场将进一步打破国与国之间的界限，形成广泛的国际市场。经济信息是企业与外部、企业与企业之间，特别是国家间、地区间建立联系的一种特殊形式，它包含情报、消息、知识、政策、指标、指令、数据、图表、规章等所有用于政策和管理的信息资源，是企业组织有序化的标志，构成了企业组织的基本要素。一个企业所容纳的信息量是它组织化程度的量度标准。质量上要求信息必须完整、准确、及时、适用。现代企业中，信息要素起着越来越重要的作用。美国社会学家奈斯比特把信息视为"战略资源"，它同"战略资本"同样重要。随着新经济的发展，一些企业家越来越重视对各种信息的收集、传递和处理，电信、通信事业也越来越发达，各种系统化信息、科学技术信息和知识情报信息在新世纪经济发展中，在国际市场竞争中提供了强有力资源支撑。

（三）新经济是网络化的经济

随着现代信息网络的发展与完善，人类社会的各种经济与社会活动都将越来越多地利用网络和逐步转到网络上来进行。世界范围内的信息流、物流、资金流与新一代信息技术结合，并蓬勃发展，进而推动了经济的网络化进程。

首先，要素流动的网络化。信息、知识成为新经济形态的主要要素。网络为这些要素的自由流动和传递提供了便利而低廉的基础设施。这是工业经济中的物质商品所不能实现的。

其次,企业组织的网络化。生产组织和经济活动的组织都出现深刻转变:从标准化大生产转向面向顾客的灵活生产,从纵向一体化、大规模组织转向纵向分散和横向网络化。一是企业成为由许多小单位组成的网络。智能信息系统利用企业内综合通信网络把所有生产经营活动结合为一个整体后,协调生产全过程和分散在世界各地和各单位之间的工作。二是企业经营过程的各环节网络化。通过网络可以对产品设计、加工、制造、销售、售后服务和最终处理实行一抓到底的管理方法。三是管理机构之间的协调网络化。高层主管与员工通过网络直接联系,减少了中间环节,达到精练和高效的目的。四是不同的公司间建立了网络联系。网络使协作与合作更加顺利,供货与送货更适时。五是企业与职员间关系网络化。职员可以在家办公,管理人员也可通过使用便携式信息工具随时随地办公。六是企业与顾客之间的联系网络化。通过网上交流,企业吸纳顾客的建议,进行满足顾客的经营。

再次,产品交易和信息交流的网络化。电子商务的迅速发展就是有力的证明。在社会再生产过程中,生产商、中间商或批发商、零售商是传统经济运营不可缺少的环节。随着网络技术的发展,全球成了网络包围的地球村。供求双方在网上直接见面,网上看样品、谈价格、签合同、支付货款。这样,那些处在生产与消费、买与卖的中间商的作用就逐渐淡化了。现在,分布在全世界的网络神经系统能够时时刻刻超越部门超越国界获得正确的资讯。

最后,网络技术的发展使产业出现融合的趋势,使企业产生集群化发展的势头,产业边界和企业边界日趋模糊化。

(四)新经济是全球化的经济

新经济的上述特征也决定了新经济应该是更加开放的、全球化的经济。

首先,要素流动全球化。在第三次科技革命的基础上,新科技革命浪潮席卷全球。新一代通信技术和信息技术、航空航天、生物工程、新材料等高科技群成了新经济持续增长的动力。这次科技革命,尤其是信息革命的发展,使时间、空间概念变得模糊。资本、生产、管理、商品、劳动、信息和技术等跨国流动,资源和要素在世界范围内得以配置和优化。经济的知识化和信息化发展,使得国家和企业之间的竞争越来越表现为技术和人才的竞争,这种竞争的结果必然导致人才的国际化流动,从而将进一步推动经济全球化趋势的增强。

其次,企业国际化趋势增强。随着技术进步和经济的知识化、信息化、网络化进程的加快,各大企业间、政府间的经贸、技术联系与合作大大增强,同时竞争也趋于激烈。自20世纪90年代以来的跨国并购浪潮,不论是并购总规模还是单项并购,都远远超过了历史上的任何一次,并购促成了一些跨国超级企业集团的建立,并成为世界经济事务的主宰力量。跨国公司和跨国集团的规模扩大,不再受母国经济规模的限制,而是涉及几十甚至上百个国家。在目前,跨国公司成为对外直接投资和世界经济的主体,高科技的发展提高了跨国公司的科技竞争力和生产能力,而信息技术的运用使控制全球运行体系变得更为容易。不仅跨国公司,而且中小企业都通过与大公司联系的网络,直接或间接地与世界市场发生联系。企业无国界的趋势明显增强。

最后,全球生产网络的形成。在经济全球化的进程中,日益流畅的全球资本市场已形成,国际投资取代国际贸易,成为更重要的国际经济形式。跨国公司通过发达国家之间的相互直接投资,建立起日益细密的水平分工网络。使发达国家经济的相互依赖和依存不断加

深。跨国公司还通过对发展中国家的投资,实现了较低科技水平的产业的转移,从而与这些国家建立起产业间的密切联系。通过跨国公司的扩张,各国在生产领域的联系在进一步增强。各国经济都被纳入到国际生产体系的大网络中。这种体系通过许多生产的增值过程越来越一体化,从而使相互独立的民族经济日益联合在一起,成为全球经济中一个相互依赖的组成部分。

以上四个方面是相互联系、有机统一的,它们共同构成了未来时代的全新经济形态:经济的知识化和信息化使得现有经济成了知识经济或信息经济;而知识(信息)经济则是新经济的内容与基础;经济的网络化使得新经济又表现为网络经济,网络经济在是新经济的运行模式或载体;经济的知识化和网络化必然使得经济向全球化方向发展,全球化是各国经济发展的必然趋向。

三、新经济的运行机制与规则

新经济时代的经济运行不仅表现出了不同于农业经济时代和工业经济时代的新特征,而且还具有不同于农业经济时代和工业经济时代的运行机制与运行规则。

(一)资本追逐知识(信息)

在农业经济时代,社会生产的主要生产要素是土地。到了工业经济时期,资本成为生产过程中最重要的生产要素,资本决定一切,资本可以雇佣劳动。但在新经济时代,一方面,知识不仅成为重要的生产要素,而且成为主要产品和主导产业。另一方面,知识对产品价值的贡献越来越大,产品价值之中知识(信息)的含量越来越多。经济的知识化使得新经济将取代工业经济,但并非取消工业、农业等物质生产部门,而主要表现为以"知识"作为主导的和关键的生产要素,经济增长方式由资源依赖型、有形资本投入型转向"科技进步型"和"知识创新型",以及知识全面渗透于各项生产要素和工业、农业等产业部门。创造性的新知识和拥有这些知识与创新能力的人,成为资金投入的主要目标,也成为社会财富的主要源泉。新经济主要是以知识、信息、智力等无形资产的投入来实现其增长的。可见,新经济运行的起点是知识的资本化和资本对知识的追逐。

(二)学习和创新是经济运行的灵魂

世界经济合作组织(OECD)在《以知识为基础的经济》这部经典文献中指出:学习是极为重要的,可以决定个人、企业乃至国家的命运。这是因为新经济时代,知识的获取、积累、使用和创新都必须通过学习,学习是知识的前提,没有学习就没有知识,没有智慧,没有创新,没有能力,没有技术,没有管理,从而也就没有经济,没有生存。因此,人们把21世纪的经济称为学习的经济是不无道理的。在新经济中,学习和教育都将采取新的形式,学习过程不仅仅传统的正规学习,而将更多地依靠"边干边学"和"面向全民"身教育。由于信息技术的发展,非正规环境下的学习和培训为更为普通的形式。除了个人的学习之外,企业也将成为学组织。学习可以通过网络成为一种互动式的学习。学习是人活动的重要组成部分。同时,在学习中不断创新是取得竞争优势并获得进一步发展源泉。知识的爆炸性膨胀和科技、信息技术的飞速发展,使得经济环境的变化速度加快,稍有不慎就有落后危险。所以,只有不断创新才能立于不败之地。创新贯穿于全部经济过程,包括知识(信息)创新、技术创新、产品创新、市场与组织创新、制度创新和管理创新等。创新是经济活动的灵魂。

(三) 正外部性、正反馈效应与边际效用递增

新经济下,知识是经济的内容,网络是经济的载体。而知识、技术和网络及其产品都具有很强的正外部性和正反馈效应。所谓外部性(Externalities)是指在生产和消费过程中,给他人带来的非自愿的成本或收益,即成本或收益被强加于他人身上,而这种成本或收益并未由行为人自己承受。正外部性就是经济主体的经济行为对其他经济主体产生的有利于其他经济主体福利的影响。正反馈是网络的一个重要特征,应当说,正反馈是由于网络的正外部性所引起的,网络的外部性是指网络的可连接性和可共享性。一个网络建立以后,其他人可以低成本使用和连接,达到资源共享,增加福利。网络的这种外部性产生正反馈效应。一个网络的价值随着该网络连接和使用人数的增加而增加,而不是相反,即所谓的正反馈效应,也即边际效用递增。

在工业经济时代,边际收益递减是经济铁律。然而,新经济的到来使得这一著名的经济学公理受到挑战。新经济中的知识、信息、技术、网络及其相关产品都具有很强的正外部性和正反馈效应。新经济条件下,知识的不可消耗性和共享性及其可传播性使得知识及其产品具有纯公共产品或准公共产品的特征。知识及其产品的使用和消费不仅不会降低其价值,而且会使其价值上升,知识产品的价格会随着使用人数的增加而降低。边际效用递增成为新的经济规律。软件业的产品就是明显的例证,软件产品生产成本并不因使用或消费数量的增加而增加,这样的产品的生产和使用对于软件业来说就是边际收益递增。

同时,经济的网络化发展使得网络外部性和正反馈效应显得更加明显,使得知识产品的外部性和正反馈效应也大大增强。典型的例子就是电脑的操作系统,一旦某个操作系统确立了主流操作系统的地位,那么,就会有更多的公司使用这种系统,但系统成本并不会因此而同比例递增。边际收益递增效应十分明显。

(四) 规模报酬递增

新经济时代,不仅出现边际效用递增,而且出现了规模报酬递增。在新经济中,生产的核心要素是知识,知识又是可以以非常低的成本复制,知识的投入不再受规模报酬递减规律的支配。另一方面,如果产品市场规模大,产品就越具有成为新的生产技术标准的可能,就可以制定新的市场规则,从而获得更大的报酬,这也是一种规模报酬递增。

规模报酬递增是技术进步速度加快的结果。在新经济中,知识创新和技术创新成为经济发展和企业参与市场竞争并立于不败的强大武器。谁拥有了新的知识和新技术,谁就可以占领市场制高点,甚至形成技术标准。这种对新知识和新技术创新能力的竞争使得技术进步速度一日千里。正如信息技术发展中的摩尔定律(Moore's Law)和吉尔德定律(Gilder's Law)所揭示的那样。计算机芯片技术的发展使得芯片的性能每一年半提高近一倍,而价格却下降50%。宽带接入费用终将接近于零。这种技术的规律必然带来规模报酬递增。

（五）速度战胜规模

新经济下,经济的知识化、信息化和网络化,一方面使得产品逐步"软化"(知识密集度不断提高,成为价值的主要源泉);另一方面还使得企业进行技术创新和转型的速度加快。这种迅速变换和多样化的环境使得企业不论大小,都有机会成为市场的主宰或赢家。在工业经济中,有形资产的多寡及其市场规模是市场竞争力量的主要基础。"大鱼吃小鱼"是普遍的现象。而在新经济中,情况则不同,不是大鱼吃小鱼,而是快的吃慢的,新的吃旧的。从成立到拥有10亿美元的市场价值,惠普公司用了47年的时间,微软用了15年的时间,Yahoo用了2年的时间,NetZero却只用了9个月的时间。科技和知识创新的速度日益加快。设想当互联网使我们的信息可以快速分享时,当我们大家都很聪明,你所想到的我也能想得到时,那么,谁有竞争力,谁能获胜呢? 显然,谁快谁能获胜。小公司可以战胜大公司,转型快的公司可以战胜转型慢的公司,新的公司可以战胜旧的公司。其中的关键就在于企业或产业的软化使得快速创新和快速转型成为可能,而这恰恰是工业经济时代企业很难做到的。

（六）主观稀缺性与注意力竞争

在工业经济中,有形资本和资源的稀缺性使得厂商之间的竞争主要围绕着自然资源这个目标来进行,在市场上主要进行价格竞争。而在新经济中,知识、信息等作为决定性的生产要素呈现爆炸性膨胀。知识、信息不再具有稀缺性,而稀缺的是人们的知识、技术、创新能力和对知识与信息的关注(注意力)。信息、知识的丰富性与注意力的稀缺性之间的矛盾,导致厂商之间的市场竞争不再主要围绕自然资源进行价格战,而是围绕新知识和新技术进行创新竞争和吸引注意力的竞争。

（七）消费锁定规律

新经济时代,知识产品和高技术产品的使用必须投入精力去学习。由于"学习曲线"的累进效应,用户一旦掌握了某项技术以后,只需更新这项技术,就可以继续低成本使用该产品,而不必转换使用其他技术产品。因为,要使用其他技术产品,需要转换学习别的技术,而这种转换成本会很高。因此,一旦一项技术产品被用户使用并可以进行技术更新,那么,就有可能对需求方产生"锁定效应",把消费者锁定在该产品的使用上。这种锁定效应的结果就是需求方规模经济产生的重要源泉。目前淘宝网对顾客的锁定效应就是明显的例子。

四、新经济时代的企业组织变革

随着新经济时代的到来,技术的进步使得企业的内外环境发生了根本的变化,这必然导致企业组织及其市场行为的变化,从而导致市场结构的变化。产业组织正在发生着有史以来最深刻的变革。

（一）新经济时代的企业组织变革趋势

企业组织是一个开放的动态系统，必须不断创新，以适应外部经济环境的变化。20世纪末以来的经济环境和技术条件的巨大变化，使得企业组织结构正在发生着重大变化，呈现出新的趋势。

1. 组织结构扁平化

在新经济下，由于社会经济、技术条件的变化，特别是经营环境的不确定性对企业组织结构提出了新的挑战：一是随着人们收入水平的提高和消费意识的增强，消费者对产品的品质、花色样式的要求更高，消费需求呈现多样化、个性化的特征，且具有很大的不确定性；二是对产品的质量、性能和可靠性的要求日益提高，而这又是以不同用户的满意程度为尺度的，从而产生了判断标准的不确定性；三是要求在满足个性化要求的同时，产品价格要像大批量生产时那样低廉。这种不确定性，要求企业具有快速的反应能力和灵活把握市场变化的能力，既要通过规模化降低成本，同时又要求企业实行敏捷制造，通过不断的技术创新和产品更新，缩短交货时间和提供个性化产品。

如果说，在市场相对稳定的条件下，纵向一体化不失为一种有效的经济组织形式和生产经营方式的话，那么，在新的市场环境下，纵向一体化的"金字塔"式的管理结构显然难以适应：一是复杂的内部结构和业务联系使得企业难以随时把握市场机会；二是企业从事了许多本身不擅长的业务活动，把产品设计、计划、财务、会计、生产和设备维修等都当作本企业必不可少的业务，从而花费大量的人力、物力和时间，大大增加了企业的运营成本，不利于关键业务的加强和核心能力的提高；三是各种业务都面临竞争对手的挑战，而相关业务部门又无应有的决策权力，在权力和经验以及资源和精力有限的情况下，势必在竞争中处于不利地位。

由于纵向集权式的"金字塔"结构存在的弊端难以适应新的经济环境变化，所以，国际上越来越多的企业开始走向扁平化和网络化：一方面，在企业内部减员消肿，撤销多余机构、减少跨度，减少层次，改变自上而下的垂直高耸的组织结构，从而使组织变得灵活、敏捷，富有弹性和创造性；另一方面纵向分解企业，突出核心业务，实现优势互补、协作经营，同时通过拓展管理幅度，使管理者和下属之间必然有足够的时间和精力及时了解对方的情况，从而使管理对象出现增多的局面。

2. 组织管理柔性化

在组织结构扁平化和网络化发展的同时，企业内部管理也由命令管理转向协调管理，由纵向管理转向横向管理，由硬性管理向软性管理。组织管理逐步柔性化。

在新经济时代，由于通信系统、电子商务、因特网等技术手段的进步，使得组织成员之间的沟通变得更为简单和有效，他们在相互平等并保持相互竞争性的基础上，加强沟通与合作，从而使他们能够充分发挥主动性、积极性和创造性，以努力促成个人目标和企业目标的实现，并在努力工作的过程中满足自我价值实现的需要。在这种情况下，公司的主要管理职能已不是命令——控制，而应是协调，以促进员工的个人目标与企业目标趋于一致。具体表现在：一是在生产过程中，重视技术研究与开发，不断追求生产过程的技术创新和技术含量，使机器设备能随时根据市场变化而更新换代，始终保持良好的状态；二是在人员管理方面,注重人员配备的精干化和知识技能的提高,削减富余人员的同时,加强人员的学习和培训,使每个岗位上的人员随时都能适应生产线频繁更新的要求;三是在产品质量方面,普遍使用全面质量管理,使整个生产过程围绕着产品质量这一核心内容而有机地结合在一起,不断提高产品的技术标准和质量水平。另外,在市场行情和产品技术情报的收集、产品的设计和新产品的开发、原料的采购和产品的运销等各个方面,不断提高信息化技术水平,采用信息网络化技术进行管理,大大提高企业对市场的反应速度和反应的准确性。总之,企业管理的过程日趋知识化、信息化、横向化、协调化和软性化。管理由刚性管理转向柔性管理,是企业管理发展的大趋势。

3. 企业运营虚拟化

新经济的到来也为企业虚拟运营提供了条件。虚拟运营是指在组织上突破有形的界限,企业自身只设置能控制关键性资源的功能组织,对于生产、营销、设计、财务等功能不设置完整地执行这些功能的组织,而是将其虚拟化——通过很强的管理信息系统和计算机网络,靠信息流来整合企业各个领域的资源,从而最有效地利用有限资源。虚拟运营的精髓就是通过网络化的信息传递系统,使拥有不同核心能力的企业、机构和分支组织进行动态组合,形成联盟共同享用彼此关键性资源(包括研究与开发),从而降低风险和经营成本。

4. 企业核心能力分立化

所谓核心能力分立化就是将企业中有发展前途的产品,按照功能的不同进行分立,重新组织协作及转移竞争的过程。它分为横向分立和纵向分立。横向分立就是企业将有发展前途的产品分离出来,成立独立的子公司,选派有技术、精于管理的人去经营。纵向分立,指企业不仅仅是生产多种产品,要把不同的竞争分离出去,哪怕是一种产品,也可以进行委托式分离。实行分立化组织结构优点在于:其一,增加了子公司的自主权和竞争意识;其二,企业组织结构的管理层次减少,精简了机构;其三,各公司间地位平等,有利于信息沟通和相互配合,使工作的协调性增强,提高了工作效率。

(二) 新经济时代的企业组织形态

新经济时代的企业组织形态主要表现为网络型组织、虚拟型组织、团队型组织和学习型组织等。这种组织形态都具有动态边界、能够充分利用内外部源,有效地管理知识等基本特征,更好地适应了新经济的发展需要。

1. 网络型组织

网络型组织是企业间的一种联盟方式,它由很精干的中心机构,以契约关系为基础,通过合同将其他具有不同优势的企业,利用信息网络技术连接起来而形成的企业组织形式。

企业网络组织方式是建立在合作、交流和协调基础之上的灵巧的产业组织制度。企业网络内企业之间的连接相对松散,但专业化分工关系却很强。网络型组织的各成员企业是独立的经济法人,都利用各自优势分别从事设计、生产、分销或其他关键业务活动,分别承担相应的经济责任。被联结在这一结构中的各经营单位(或企业)之间并没有正式的资本所有关系和行政隶属关系,其工作调节不是由权力和命令来加以实现,而是通过相对松散的契约(正式的协议契约书)纽带,透过一种互惠互利、相互协作、相互信任和支持的机制来进行密切的合作。换言之,网络内企业不存在核心企业与非核心企业之分,各企业的地位是平

第八章 新经济与产业组织变革

等的。

网络型组织结构的优点是它极大地促进了企业经济效益：一是降低管理成本、提高管理效益；二是实现了企业全世界范围内供应链与销售环节的整合；三是简化了机构和管理层次，实现了企业充分授权式的管理；四是组织结构具有更大的灵活性和柔性，可以更好地结合市场需求来整合各项资源，各个价值链也随时可以根据市场需求的变动情况增加、调整或撤并；另外，这种组织结构简单、精炼，由于组织中的大多数活动都实现了外包，而这些活动更多地靠电子商务来协调处理，组织结构可以进一步扁平化，效率也更高了。

网络型结构的缺点是可控性太差。这种组织的有效动作是通过与独立的供应商广泛而密切的合作来实现的，尤其是存在着道德风险和逆向选择性，一旦组织所依存的外部资源出现问题，如：质量问题、提价问题、及时交货问题等，组织将陷入非常被动的境地。另外，外部合作组织都是临时的，如果其中的某一合作单位因故退出且不可替代，组织将面临解体的危险。网络组织还要求建立较高的组织文化以保持组织的凝聚力，然而，由于项目大都是临时的，员工随时都有被解雇的可能，因而员工对组织的忠诚度也比较低。

2. 虚拟型组织

虚拟型组织是企业为适应经济网络化发展和快速、多变的市场环境，通过网络连接和契约关系共享资源和增值利润，围绕项目而组成的企业间暂时状态的联盟。它没有固定的营业场所或有形的企业组织。在拥有较充分信息的条件下，由一些独立企业，如制造商、分销商、供应商、科研机构或竞争对手出于某种战略考虑，以各自具有的相对优势，本着自愿互利原则通过竞争招标或自由选择等方式组成某种松散型的网络合作关系。

虚拟组织没有固定的组织层次和内部命令系统，打破了传统企业组织机构的层次和界限，企业界限明显趋于淡化。虚拟企业有两种形式：第一是形式虚拟，即在信息技术迅速发展和经济网络化的条件下，原来的实体企业改变了存在形式。传统企业的那种员工在固定时间、固定岗位、固定场所进行工作的方式被由于个人电脑和互联网的应用而出现的随时随地或家庭式工作方式所取代。第二是内容的虚拟。这种虚拟几乎没有边界，不同企业之间、供应商及顾客之间的界限不仅模糊不定，而且不断地改变。它的许多职能如研究开发、产、销之间的界限也日益模糊。

这种虚拟企业组织中，由于人们既看不到对方，也没有必要天天见面，所以不是靠权威或命令，而是靠经济利益维持秩序。虚拟型组织的建立，使得企业核心功能与部门分离，由纵向管理转向横向管理，从命令转向协调，适应了新经济下的企业市场竞争的要求。

3. 团队型组织

团队并不是指任何在一起工作的集团，如委员会、理事会以及小组，其区别在于工作成果。因此，可以这样定义团队，团队是一些才能互补并为负有共同责任的统一目标和标准而奉献的少数人员的集合。

团队型企业组织形式有利于企业的团体学习。团体成员体搭配可以通过"团体学习"来实现，如果是团体在学习，团结成整个组织学习的一个小单位，他们可将所得到的共识化为一体，甚至可将这种团体学习技巧向别的团体推广，进而建立起整个组织一起学习的风气与标准。再从知识角度看，企业的核心任务是如何加速知识的转换，通过默示知识和明示知识的双重循环实现能力的提升，从而为顾客创造更大的价值。这种类型的组织不再以劳动分工为基础,而是以能力分工为基础。组织的基础是建立在能力分工基础上的能力团队。在能力团队的互动工作过程中,员工的默示知识和明示知识联网,使能力得以呈现。

4. 学习型组织

新经济下,企业也同时成为学习型组织。21世纪,经济的知识化、信息化和网络化,使得经济中起决定性作用的将是知识(信息)、智力等无形资产,企业乃至国家财富中心是知识和知识产权。同时,企业环境的多变性、企业边界的模糊化及其稳定性的减弱,要求企业不断进行动态管理,不断有新的知识交流和技能适应性。因此,学习、创造、传播知识和技术是企业培育竞争优势的必然途径。学习是基础,学习能力是重要条件。未来的企业不仅是网络型、虚拟型、团队型的组织,同时也是一个学习型组织。目前,世界上许多著名大公司已经建立知识主管(CKO)职位,十分注重职工的教育和技能培训,表明了企业向学习型组织的转变。

5. 战略联盟

所谓战略联盟是指基于成本、效率以及竞争优势等因素的考虑,从战略上与其他企业建立的一种较为长期而松散的合作关系。战略联盟与传统的"卡特尔"或其他垄断协定不同,更关注特定时间、特定市场、特定产品或特定技术的研究开发与合作及其过程,在协定未涵盖的其他方面,也不排除竞争。竞争与合作并行不悖,合作中有竞争,竞争中有合作,从而改变了传统的以竞争对手消失为目标的"对抗性"竞争方式。

相对于一体化(包括横向或纵向一体化以及混合一体化)组织,企业战略联盟不是依靠所有权关系的扩张(内部化),而是通过优势互补,加强彼此薄弱环节和有机协调的"共生"方式,达到实际扩大企业边界的效果。与以往发达国家企业通过向发展中国家企业提供技术或营销技巧等来接近发展中国家市场的战术性合作不同,企业战略联盟更强调的是战略上的合作,即通过合作,使企业间知识形态的资源进行水平式双向或多向流动,形成组织间的学习,从而提升企业的核心竞争力。这种情形在高科技产业里尤为常见,大部分的企业集团多涉足其中。目前企业间的广泛合作正在成为由工业经济向新经济转变过程中企业经营的基本思路。特别是对跨国公司而言,战略联盟是跨国公司在东道国寻求快速发展的武器。战略联盟的结果应该是双赢的,即"1+1>2"。

从组织形态上看,战略联盟也是一种中间性经济组织,在市场与企业之间的空间定位上,鉴于其既有正式契约合作的一面,且一旦合作,也相对稳定;但在合作的同时,某些方面又有相互竞争或表现为直接市场关系的一面,因此,可将其视作位于市场与企业之间、相对居中的一种中间性经济组织。

6. 企业集群(簇群)

所谓集群(簇群),是指"在某一特定领域内相互联系、在地理位置上集中的公司和机构的集合"①,是由一群彼此自主独立又有着特定关系的小企业所组成。这种组织的结构介于纯市场和纯层级两种组织之间,它比市场稳定,比层级组织灵活。借助于这种特殊组织结构,小企业之间建立长久的交易关系且不一定需要以契约来维持,而主要通过信任和承诺来进行协作。由协作产生的企间的互动行为,有利于技能、信息、技术及诀窍和新思想在群落

---

① 迈克尔·E.波特.簇群与新竞争经济学[J].经济社会体制比较,2000(2).

企业间的传播和应用,从而获得马歇尔所说的"外经济",或如克鲁格曼所说的由特定区域某一产业的比较优势所造成的,处于产业水平以上的"行业规模经济",以及区位经济学家所认为的由某个区位集聚体规模决定的"集聚经济"①。而波特的竞争优势理论则认为,这种空间组织是一种富有活力的组织形式,具有效率、有效性和灵活性方面的优势,而且会产生远距离竞争对手所不能达到的持续性的竞争优势。

作为另一种类型的组织形态,企业集群也是克服市场失灵和内部组织失灵的一种制度性办法。虽然也通过行业协会等方式进行组织协调从而形成集体协作的力量,但是集群企业间长期的关系由于不是用契约而是以信任和承诺来维持,意味着集群组织结构具有一定的可塑性和动态化的特点,因此在中间性经济组织的谱系中,企业集群应更接近于纯市场组织的这一端。可以认为是市场组织化的典型组织形态。在西方有人称之为"共和式企业群",我国有研究者称为"市场型"企业集群。

五、新经济下的规模经济与范围经济

(一)新经济下的企业规模:大小企业并存

在新经济下,知识和信息愈来愈成为一个企业生存和发展所不可或缺的经济资源,信息技术改变了传统的企业生存方式,它从企业内、外部两方面降低了企业的交易费用,同时提供给企业一个崭新的生存环境,使得不仅是大企业能突破组织管理机构等方面的约束向更大规模发展,也使中小企业摆脱了市场中面临的许多不利因素,焕发出勃勃生机。

一方面,由于技术革命的发展,许多商品逐步向多品种、小批量生产转变,使企业结构出现了专业化、分散化和小型化的趋势。中小企业得到了蓬勃发展。中小企业可以通过国内外各种信息网络,来建立在工业经济时代只有大公司才能建立的国际联系,来开拓只有大公司才能开拓的国际市场,来进行只有大公司才有技术力量进行的技术转移。据统计,截至2013年三季度末,我国工商注册的中小企业总量超过4200万家,比2007年增长了49.4%,占全国企业总数的99%以上;同时,中小企业也贡献了58.5%的GDP,68.3%的外贸出口额,52.2%的税收和80%的就业,在促进国民经济平稳较快增长、缓解就业压力、优化经济结构等诸多方面,均发挥着越来越重要的作用。另一方面,随着国际并购浪潮的迅猛开展,大型甚至超大型的跨国公司也在不断涌现。某些行业,像汽车、钢铁等,由于受到资本、设备、技术等条件影响,企业必须保持较大的规模才能更有利于发展。我们看到,小企业加速发展的同时,大企业的数目和规模仍在增加,企业集中的趋势并没有停止。

(二)显著的规模经济性与规模影响的弱化并存

新经济的到来,使得工业经济时代产生的传统生产经营模式受到巨大冲击,产生了一种全新的经济环境。在这场变革中,中小企业显示了与大型和超大型企业同样的能力,显著的

---

① 仇保兴.小企业集群研究[M].上海:复旦大学出版社,1999.

规模经济性与规模影响的弱化并存。

一方面,新经济条件下企业所提供的知识型产品具有显著的规模经济性,即产品的成本结构相当特殊,初始投资花费的固定成本很高,但随着产品产量的增加而追加的变动成本却很小。例如,开发一个复杂的软件系统需要巨额成本,而多制作一张存有该软件的光盘所追加的成本却微乎其微。因此,产品的平均成本呈递减之势,不存在最低的平均成本点。其结果很可能是一家企业在本地区、本行业成为唯一的某种产品的供应者。

另一方面,新经济是网络化的经济,网络经济使规模影响弱化。电子商务是网络经济的主要形式,电子商务缩短了生产厂家与最终用户之间供应链上的距离,同时也改变了传统市场的结构,减少了中间环节,降低了交易成本。在工业经济条件下,企业知名度与企业规模成正比,大企业以其雄厚的资金和广泛的市场影响来提高知名度,反过来企业利用其较高的知名度使自己在市场竞争中处于有利地位。但电子商务使规模差距的竞争变得微不足道,中小企业可与大企业在较为公平的基础上展开竞争。在网络这个载体上,企业可以不分大小,用大体相同的费用在网上发布电子公告,平等地利用网络提供的信息开展经营活动。

另外,新经济条件下企业组织结构日趋虚拟化。虚拟企业的功能和效果远远超过原来单独企业的机动性和竞争性,它不必像工业经济下的企业那样大而全。虚拟企业的竞争优势来源于把各个相关企业多种不同的生产能力、功能、特长整合在一起的能力,不是取决于企业规模的大小,也不是取决于某个企业的优势,而是取决于能否将参与的企业有机地集成在一起。

(三)生产的联结体经济与需求方规模经济日益凸显

如果说工业经济时代的规模经济性主要来自资产专用性和生产技术的不可分割性,那么,新经济条件下,由于经济的知识化、信息化和网络化,联结体经济和需求方规模经济日益凸显。

联结体经济主要来自知识产品和信息产品的共享性。对于许多不同的生产过程,知识、信息、技术等共享性生产要素,可以低成本或不费任何成本地从一种生产过程转用于另一种生产过程。知识产品和信息产品的共享性必然要求网络化,即通过信息技术设备把有关组织和个人联结起来,形成一种企业与企业之间通过网络技术作为媒介彼此联系的复合体。在这种情况下,企业生产所追求的目标不再仅仅是规模经济,而是一种建立在网络复合效应基础上的联结体经济效应。信息的系统性特征使信息网络能够把具有互补性和依存关系的、分散于不同领域的、由不同主体掌握和保存的知识和信息联结起来,产生累积效应和互补效应,并创造出更有价值的产品。

同时,新经济条件下,虽然供给方规模经济不再明显,但需求方规模经济却明显表现出来。由于经济网络化产生的网络外部性存在,在其他条件不变时,连接到一个较大的网络要优于连接到一个较小的网络。公司通过扩张网络进行竞争,网络可以通过与其他网络连接起来大幅度地增加价值,从而形成一种需求方的规模经济。这种规模经济是一种根本不同于工业经济时代的由于产量增加导致成本降低而形成的规模经济,它产生于网络技术的外部经济性,是因为需求方规模的增加而带来的规模报酬递增现象。

(四)范围经济与专业化回归并存

范围经济(Economies of Scope),是指企业生产两种或两种以的产品而引起的单位成本的降低，或由此而产生的成本节约。新经济使得市场需呈现多样化、个性化的发展趋势。因而，多品种、多规格的生产逐渐成为企业适应市场需求变化的重要方式。企业要想在竞争中获得优势，就应向市场提供具有更高让渡价值的产品，包括产品价格更具竞争力、品质更高、更具差异化、更便利的服务等。因此，随着市场需求多样性的发展，范围经济使企业显现竞争力的现象越来越受到重视。

与工业社会中的规模经济不同，在新经济社会，以信息网络为媒介，各产业之间完全不同的技术相互联结，不断产生新技术、开发新产品，而且在生产和销售上出现了产业间相互渗透与异业结盟，从而出现了兼业化、融业化的趋向。各大公司和企业集团纷纷开展跨产业的多角化经营，拓展其经营范围，以获取"范围经济效应""复合效应"或"联结经济效应"。与此同时，在新经济条件下，企业生产经营的范围并不是越大越好。企业也不是在任何情况下都能把范围扩大而获得范围经济。范围经济的反面就是范围不经济。企业多元化的陷阱警告人们，企业不再单纯追求多元化和经营规模的扩大。相反，通过拆离重组，将不相关的业务出卖或变成独立的公司，缩小企业经营范围，使经营业务业化，同样可以获得很强的竞争优势。企业重新确立经营结构，回归核心业务是技术发展及市场变的适应性调整，是对外部环境和内部资源变化的综合反映。

新济时代，随着科学技术的发展，社会生产过程不断向纵深发展，产技术和产品结构在适应市场多样化需求而小批量、多品种化同时也越来越复杂化，它要求企业尽可能地集中优势资和能力，满足技术发展高度化和加工深度化的要求。在现代技术结构中，数字技术、基因工程、新材料技术、多媒体技术等新兴技术，都具有创新难度大、系统发展要求高的特点，知识更新非常频繁，同时这些领域蕴藏着巨大的未来商机，所以竞争十分激烈。如进入高新技术领域的企业进行多元化经营，就必须深入所有的业务领域，掌握各种技术的关键环节，使自己的技术达到顶点水平，这是许多企业很难做到的。所以企业应尽可能地集中优势资和资金，沿着企业主要技术所导向的路线，进行持续的和系统性研究和开发，不断推出最新技术成果，保持企业在主要业务领域技术领先地位。在技术结构复杂、知识密集度高的产业，对研究发的专业化和生产加工专业化程度有很高的要求。凡是在这一领域发展迅速、取得成功的企业，几乎都是专业化程度高、核心业务明确的企业。如美国的英特尔公司、微软公司等。

总之，在新经济条件下，企业正在根据自身的能力和市场需求变化来确定到底是进行多元化生产，走范围经济的道路，还是进行专业化生产，走专业化经济的路子。整个经济呈现出范围经济与专业化回归并存的局面。

六、新经济下的企业行为和市场结构

（一）企业垄断和竞争行为的新特点

竞争和垄断是市场经济的必然现象，但在新经济条件下，由于新的经济运行机制和规则的产生，企业的垄断和竞争行为发生了根本性变化，呈现出不同于工业经济时代的新特点，非价格行为异常突出。

第一，从垄断和竞争的对象上看，企业之间在产品质量和成本方面的竞争逐渐转向技术创新和创新速度、技术标准和时间的竞争，技术垄断成为主要的垄断形式。一方面，新经济下的企业竞争优势不再主要取决于规模和资金实力，而更看重技术创新效率和快速成长效应。技术领先是企业取得市场竞争优势的基础。而要保持技术上的领先地位，就必须不断地进行持续的和系统的知识创新和技术创新。谁先取得了领先的技术成果，谁就能在激烈的市场竞争中获得主动权，获得垄断地位。所以说，技术创新和创新速度的竞争是至关重要的。另一方面，新经济下的产品生产和销售表现为高技术产品的生产和销售，其竞争表现为以定制技术和行业标准为主的游戏规则的竞争。谁首先掌握了为市场所接受的先进技术和技术标准，谁就可以实现"赢家通吃"的市场垄断。可见，发起标准竞争和实施标准垄断是新经济下企业谋求生存与发展的主要市场行为。另外，值得注意的是，在新经济中，一种知识产品（包括信息产品）的市场价格不再仅仅取决于生产过程所需的工时，而是取决于该产品（往往是）短期的有市场的排他性。结果市场竞争便越来越成为产品上市时间的竞争。时间（速度）而不是产品本身的价值已经成为知识产品价格的决定性因素。

第二，从垄断和竞争的性质上看，竞争从"硬竞争"转变为"软竞争"；垄断也从"硬垄断"转变为"软垄断"。在工业经济时代，企业之间的竞争主要是追求厂房、设备、资劳动力等有形要素的优势。而在新经济时代，企业的竞争优要取决于如下一些无形要素：信息、科技、高素质的人力资源、分析、形象设计和战略管理等。未来的市场竞争和垄断将由的"硬"碰"硬"变为"软"对"软"。技术、知识是市场竞争优势的基础，创新与超群的应变能力是市场竞争的保证。企业要想取得垄断地位，也就必须实现对"软"的垄断优势

第三，从垄断和竞争的范围上看，企业垄断和竞争的范围从国内走向全球。在新经济时代，互联网技术的普及使得时间、空间与经济的关联性正在逐步减弱。人们可以不受时间和空间的限制而更为自由地交流信息。任何企业不论它处于世界的哪个角落，只要打开互联网，就可以足不出户在同一时间内获得网络上的信信息，了解市场行情，进行市场交易。电子商务的发展也会使全球公司变为本土公司，本土公司变为全球公司。企业的竞争将由某个区域的竞争转变为全球竞争。一旦企业在全球范围内取得绝对的竞争优势，那么，其垄断行为也就是全球化的。另外，公司和国家之间的所谓利益一致的纽带也已经在迅速瓦解。那些新的全球经营者，目的是追求高额利润、加强国际市场领导地位和提高股票价值，其竞争的范围从某个区域变为整个世界。

第四，从竞争的后果上看，竞争从"你死我活"变为"合作双赢"，从"公司竞争"变为"联盟竞争"。在工业经济时代，由于市场空间有限，企业为了争夺市场份额，取得市场的领先地位，往往采取独自作战的竞争方式：独自进行技术创新和新产品开发，实行严密的技术保密政策；独自进行市场开拓和营销，拥有独立的销售渠道和网络。这种单个公司与单个公司的竞争结果是你死我活。而在新经济时代，出现的许多新商机都需要多种复杂的系统结合在一起，而不是围绕一件独立的商品搞技术革新，不仅一个企业具备不了所必备的专长，甚至一个国家也都做不到这一点。几乎没有哪家公司能做到单枪匹马创造出来，大多数公司都需要支持与帮助，与配套产品的供应者联盟，吸收潜在的对手加盟。这种需要就意味着未来的竞争不仅仅是单个公司之间的较量，同时也是那些既互相竞争又互相合作的战略联盟之间的较量。

第五，市场的垄断与竞争呈现出相互强化的趋势。在新经济条件下，企业垄断主要由技术创新特征所决定。技术竞争主要表现为技术的标准化或系统化竞争。只要新产品有一定的技术和质量优势，就可以占领整个市场。但这种垄断并不意味着竞争的消失或减弱，相反，它将进一步强化企业为取得在技术升级换代方面的优势和获得标准产品地位而进行的竞争。企业技术创新速度明显加快，产品差别化特别是产品的差别化程度降低，加上风险投资机制的健全以及政府对经济干预程度的减弱，从而弱化了企业在规模经济、必要资产品差别化以及政策等方面的市场进入壁垒。只要有市场前景看好的先进技术和技术标准，基本上没有不可逾越的障碍。这使企业从竞争到垄断，再由垄断到更激烈的竞争的周期加快，二者之间呈出明显的相互强化效应。从垄断和竞争的关系看，工业经济时代竞争几乎是效率的代名词，尽管人们也看到了垄断的正面效应，但垄断被认为是妨碍效率。自由竞争是市场经济之根本，竞争是目的，垄断和竞争是对立的。而在新经济时代，垄断是竞争过程中出现的市场现象，贯穿整个竞争过程，它和竞争并存出现，两者统一于技术创新。

（二）企业并购与合作行为的新特点

企业并购主要是指企业间的兼并与收购，是指企业以现金、债股票或其他有价证券，通过收购债权、直接出资、控股等多种形式，购买其他企业的股票或资产，取得对其他企业资产的实际控制并使其失去法人资格或对其拥有控制权的行为。作为产权重置的手段，并购可以突破已有的进入壁垒，迅速扩张生产规模，扩大市场占有率，降低交易费用和经营风险，获得协同效应和企业规模经济效益，减少竞争压力，提高竞争能力和综合实力。其最终目的就是提高核心竞争力，实现利润最大化。

企业并购行为是市场经济下企业行为的常见形式，但是，在新经济条件下企业并购行为出现了并购规模大、速度快、跨国化的新特点，高新技术产业领域的并购也成为并购行为的亮点。这种特点源自于新经济中经济的知识化、信息化、网络化和全球化。经济的知识化、信息化使得产品和产业的知识、技术密集度越来越高，以技术产业为主的高新技术产业成为整个经济结构中的主导产业，谁在这一领域得到较大发展，谁就能够获得丰厚的收益。为了占领经济制高点而又不失去原有的有利地位，并购新兴产业中的企业并成为其中的一员，则成为老牌企业的最佳选择。这种选择导致了高新技术领域并购现象的频繁发生。经济的知识化、信息化使得新知识、新技术的创新速度加快和不断出现，使得以技术竞争为核心的各种竞争更为激烈。任何单独的企业都不能同时控制所有领先技术，也不可能长期在任何领域占据垄断地位。在并购与新建之间，企业选择并购作为缩短投入产出时间，降低技术壁垒，获得新技术，取得竞争优势的手段，有利于企业保持有利的竞争地位。进入20世纪90年代后，信息技术的突飞猛进与广泛应用促成了经济的网络化和全球化发展，经济全球化的发展促使企业不得不面对更多的竞争对手和更为广阔的市场。越来越多的企业开始感受到国际竞争的残酷性和生存的巨大压力。全球化的发展与深化和网络技术的进步，进一步拓展了各国的市场范围，各国内部市场与外部市场的界线日趋模糊，企业要取得竞争优势就需要直接面向全球。在这种情况下，企业跨出国门进行国际性并购成为其理性的选择。

合作也正在成为当前由工业经济向新经济转变过程中企业行为的基本思路，越来越多的企业走上了合作之路。一是方式多种多样：上下游整合、合资、技术转让以及各种形式的战略联盟；二是对象也各色人等：客户、供应商甚至竞争对手。以合作代替竞争作为企业经营的新思路,源于新经济时代知识(信息)商品不同于工业经济时代物质商品的特性:首先,知识(信息)商品具有可重复使用性,它的使用并不像物质商品的使用那样会被消耗掉。其次,信息商品具有不完全排他性。所有物质商品都具有排他性,但你拥有一种信息,不排除他人同时拥有此信息。另外,网络技术为企业实施该战略提供了良好的信息交流条件。通过互联网企业与合作伙伴之间可以应用 EDI 等信息系统实现彼此的资料互换、信息共享,联合进行产品开发、生产、营销以及售后服务。

(三) 新经济下的新型市场结构

根据产业组织理论,市场行为与市场结构是相互作用、相互影响的。新经济下的企业市场行为必然带来市场结构的变化。如上所述,在新经济时代,竞争和垄断有同时被强化的趋势。竞争越激烈,市场的开放度越高,所形成的行业垄断性就越强,集中度也就越高;而行业垄断性越强,集中度越高,竞争程度也就越充分。具体到新经济下,技术创新和知识创新的成果越多,所形成的技术优势越高,规模经济障碍就越大,产品差别优势就越强,从而形成大的市场进入壁垒,导致很强的市场垄断。同时,一日千里的知识和技术创新速度和短暂的技术生命周期以及层出不穷的新技术成果,使得已有的技术创新成果所形成的技术壁垒很难再像工业经济时代那样长期维持,从而使技术创新的竞争更为激烈。竞争越充分,处于垄断地位的企业要想占据和维持垄断地位,就得不断提高自己的竞争力。提高竞争力的最有效手段是技术创新或企业内部化(通过兼并与合作获得其他企业的技术优势)。在技术创新频率较高的情况下,技术创新越集中在少数企业,甚至于个别企业身上,就越容易产生兼并和合作进而导致市场集中,形成寡头和垄断。反之,技术创新越呈发散型,居于垄断地位的企业的更换频率就越快。为保持市场地位,企业可能通过兼并和合作行为防止被淘汰出局或者通过不断的创新确立竞争力。由此,规模经济障碍、技术壁垒和产品差别化一方面在增强,市场中存在着很强的寡头垄断;另一方面,市场进入障碍又时刻面临着挑战而减弱,市场中存在强烈的竞争。所以,一种新型的市场结构——竞争性寡头垄断结构开始出现①。

严格来说,竞争性寡头垄断市场结构是一种与微观经济理论或传统产业组织理论中所提出的垄断市场、垄断竞争市场、寡头垄断市场等市场结构有着很大区别的新型市场结构。它是新经济条件下,新的运行规则和运行机制的产物,它有自己的特点:一是市场中,企业数目可能很多,但寡头垄断始终存在,而处于垄断地位的企业可能随时更换。市场的份额是由创新的频率决定的,谁创新出消费者认可的产品,谁就会占据市场的主要份额,然而创新一旦停滞,其市场地位就可能会被其他创新者替代,从而失去主要的市场份额。二是处于垄断地位的企业时刻面临着来自竞争对手技术创新竞争的压力和消费者对产品的价值判断与价格的敏感程度的影响。为保持竞争优势和垄断地位,企业之间以及企业与销售商、消费者群体既要合作又要竞争。通过合作、兼并等行为而形成的横向经济联合体、企业联盟或大型虚拟组织成为寡头企业追求的重要组织形式,是市场上企业保持市场势力的重要方式。三是处于垄断地位的企业对价格的控制程度,主要取决于消费者的价值判断和对价格的敏感程度等条件,而不再像工业经济那样,企业垄断价格完全由企业垄断主体地位(如市场份额)和政府管制所造成。新经济中企业的高固定成本一旦确定后,由于其边际成本几乎为零,在

---

① 李怀,高良谋.新经济的冲击与竞争性垄断市场结构的出现[J].经济研究,2001(3).

此种情况下,市场上高度的竞争或潜在竞争驱动往往迫使价格向边际成本移动,并且新经济中信息的大量互动共享,使作为市场主体的消费者不再是传统中被动的角色,消费者拥有较完备的信息,缓和了信息不对称的矛盾,摧毁了企业用价格作为超值赢利的手段,形成了一种有效的价格收缩机制。因此,企业所能采取的是对不同消费者实行差别对待的歧视性价格,价格策略主要根据不同消费者的价值判断和对价格的敏感程度。这样,当价格不再主要由市场垄断的主体地位和政府管制决定时,传统的垄断概念就失去意义。

总之,竞争性寡头垄断市场结构不同于完全垄断市场,它存在着垄断,但也有充分的竞争;它也不同于寡头垄断市场,它既有寡头垄断,又有寡头之间以及寡头企业与非垄断企业之间的竞争与协作;寡头之间的竞争不再仅仅是你死我活的生死较量,而是充分竞争基础上的合作双赢。所以,这种新的市场结构的出现,打破现有经济学在传统经济条件下对市场结构的理论认识,提供了产业组织理论在新经济条件下对市场结构理解的一种新思路。

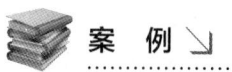

思科公司的网络型组织结构

在企业组织结构网络化转型中,最为典型和成功的案例当属思科系统公司。思科公司成立于1984年,最初只是一家普通的生产网上路由器的高科技公司。1992年,公司现任高级副总裁兼CIO彼得·苏维克提出利用互联网来改造公司整体运营体制,成功地构建了思科网络联结系统,从而使思科公司成了网络化企业管理的先驱。

思科公司的CEO约翰·钱伯斯将公司现在的网络结构系统分为三层:第一层是电子商务、员工自服务和客户服务支持,能实现的网络效应是产品、服务多样性、订制个性化服务,提高客户的满意度;第二层是虚拟生产和结账;第三层是电子学习。思科庞大的生产关系管理系统(PRM)和客户关系管理系统(CRM)就全部基于这三层网络结构系统之上。思科的第一级组装商有40个,下面有1000多个零配件供应商,但其中真正属于思科的工厂却只有两个,其他所有供应商、合作伙伴的内联网都通过互联网与思科的内联网相连,无数的客户通过各种方式接入互联网,再与思科的网站挂接,组成了一个实时动态的系统。客户的订单下达到思科网站,思科的网络会自动把订单传送到相应的组装商手中。在订单下达的当天,设备差不多就组装完毕,贴上思科的标签,直接由组装商或供应商发货,思科的人连包装箱子都不会碰一下。客户可以在网上查到交易规则、即时报价、产品规格、型号、配置等各种完备、准确的信息,可以通过互联网进行各种技术服务在线支持。基于这种生产方式,思科的库存减少了45%,产品的上市时间提前了25%,总体利润率比其竞争对手高15%而不是1.5%!互联网应用给思科公司每年节约的交易成本是6亿美元,这比其竞争对手的研发预算还要多。

网络型企业组织结构不仅能为像思科这样的企业巨人所应用,对于经营范围单一、分工协作密切的小型公司,更是一种可行选择。采用网络型结构的组织,他们所做的就是通过公司内联网和公司外互联网,创设一个物理和契约"关系"网络,与独立的制造商、销售代理商及其他机构达成长期协作协议,使他们按照契约要求执行相应的生产经营功能。由于网络型企业组织的大部分活动都是外包、外协的,因此,公司的管理机构就只是一个精干的经理班子,负责监管公司内部开展各种活动。

更重要的是,由于思科充分应用互联网,传统的企业管理幅度和管理层次的矛盾在这里将不存在,全球范围内每个竞争领域的成本和盈利数据通过公司内联网变得公开和透明,最高层的决策思路通过公司内联网准确无误地传达给最基层的一线员工,从而公司能够充分授权,员工能够快速决策,而这些决策以前只有CEO或财务总监才能做出。企业管理极度扁平化,一线的经理能够在每个季度结束后一个星期就知道,为什么原定目标没有达到,是因为网络问题、零部件问题还是因为竞争加剧,这极大地提高了管理效率。结果是,思科每个员工年平均所创造的收入高达70万美元,是其传统公司竞争对手的3—4倍。

企业组织结构系统的网络化是一个世界性的大趋势,它能在三个方面极大地促进企业经济效益实现质的飞跃:一是减少了内部管理成本;二是实现了企业全世界范围内供应链与销售环节的整合;三是实现了企业充分授权式的管理。它将经历三个阶段:(1)所谓"电子小册子"阶段,就是公司仅仅注册一个域名,建立一个小型主页,把自己的介绍性信息放在网页上。这也是目前中国95%号称"已经触网"企业的网络利用形式。(2)客户服务系统阶段,要在"电子小册子"的基础上,实现企业"前台办公自动化"。企业不仅要建立对外的互联网站点,而且要构建企业内联网,实现内外网络的互联互换,信息资源的内外共享。外部网站要为客户提供完备的订货系统、技术在线支持系统、售后服务反馈系统,内部网站要为公司提供自动化办公系统、部门间信息共享系统。(3)企业组织结构的纯粹网络化阶段,但没有前面的两个步骤是不可能的。

讨论:根据思科公司的案例谈谈网络型组织结构的特点和优势。

学习要点

1. 新经济是一种浑然不同于农业经济和工业经济的新型经济形态或经济模式,即在新科技革命不断深化的影响下,世界经济发展过程中所呈现的,以知识、信息和高科技及其相关产业为主要内容和基础驱动力的、以网络化为组织载体的、全球化的经济形态或经济模式。

2. 新经济的特征表明新经济的内容和基础是经济的知识化、信息化;新经济载体是经济的网络化;新经济的方向是经济的全球化。新经济是经济的信息化、知识化、网络化和全球化的有机统一。

3. 新经济呈现出新的运行机制与规则:资本追逐知识(信息);学习和创新是经济运行的灵魂;正外部性、正反馈效应与边际效用递增;规模报酬递增;速度战胜规模;主观稀缺性与注意力竞争;消费锁定规律。

4. 新经济时代,企业组织结构正在发生着重大变化,呈现出新的趋势。组织结构扁平化;组织管理柔性化;企业运营虚拟化;企业核心能力分立化。

5. 新经济时代的企业组织形态主要表现为网络型组织、虚拟型组织、团队型组织和学习型组织等。这种组织形态都具有动态边界,能够充分利用内外部资源,有效地管理知识等基本特征,更好地适应了新经济的发展需要。

6. 新经济不仅使得大企业能突破组织管理机构等方面的约束向更大规模发展,也使中小企业摆脱了市场中面临的许多不利因素,焕发出勃勃生机,企业规模呈现出大、中、小型并存、共生发展的新趋势;中小企业显示了与大型和超大型企业同样的能力,显著的规模经济性与规模影响的弱化并存;新经济条件下,由于经济的知识化、信息化和网络化,联结体经济和需求方规模经济日益凸显;在新经济条件下,企业正在根据自身的能力和市场需求变化来确定到底是进行多元化生产,走范围经济的道路,还是进行专业化生产,走专业化经济的路子。整个经济呈现出范围经济与专业化回归并存的局面。

7. 新经济条件下,由于新的经济运行机制和规则的产生,企业的垄断和竞争行为发生了根本性变化,呈现出不同于工业经济时代的新特点,非价格行为异常突出;企业之间在产品质量和成本方面的竞争逐渐转向技术创新和创新速度、技术标准和时间的竞争,技术垄断成为主要的垄断形式;竞争从"硬竞争"转变为"软竞争";垄断也从"硬垄断"转变为"软垄断";企业垄断和竞争的范围从国内走向全球;竞争从"你死我活"变为"合作双赢",从"公司竞争"变为"联盟竞争";市场的垄断与竞争呈现出相互强化的趋势。

8. 在新经济条件下企业并购行为出现了并购规模大、速度快、跨国化的新特点,高新技术产业领域的并购也成为并购行为的亮点;合作也正在成为当前由工业经济向新经济转变过程中企业行为的基本思路,越来越多的企业走上了合作之路。

9. 新经济条件下,一种新型的市场结构——竞争性寡头垄断结构开始出现。这种市场结构不同于完全垄断市场,它存在着垄断,但也有充分的竞争;它也不同于寡头垄断市场,它既有寡头垄断,又有寡头之间以及寡头企业与非垄断企业之间的竞争与协作;寡头之间的竞争不再仅仅是你死我活的生死较量,而是充分竞争基础上的合作双赢。

思考:

1. 简述新经济的含义与特征。
2. 简述新经济的运行机制与规则。
3. 试述新经济下企业组织结构的变化趋势。
4. 试述网络型企业组织的优势与局限性。
5. 试分析新经济条件下的企业市场行为特征。
6. 试分析IT行业在新经济条件下的市场结构特征。

第九章

产业结构

第九章 产业结构

产业结构与经济增长的关系十分密切。产业结构的高变换率会带来经济总量的高增长率;经济总量的高增长率也会促进产业结构的高变换率。这已被许多国家经济发展的实践所证明。特别是在当今知识经济时代,产业结构演进与经济可持续发展的相关性日趋增强,许多国家越来越重视对产业结构问题的分析与研究,形成了丰富的研究成果,使得产业结构理论及其政策体系日臻完善与成熟,构成了现代产业经济学不可或缺的重要组成部分。本章在介绍产业分类和产业结构的含义的基础上,重点阐述产业结构演变与经济增长的关系、产业结构演变的影响因素以及产业结构演变的趋势与规律。

一、产业分类与产业结构

产业和产业结构是生产力发展和社会分工的结果。与此同时,出于理论研究和产业管理的需要,人们则往往根据一定的标准,将纷繁复杂的经济活动划分为不同的产业或产业群,进而从产业与产业之关系(或结构)角度,对产业结构状况及其变动规律进行研究。从这个意义上讲,产业分类是产业结构研究的前提,产业结构研究必须建立在对产业进行科学分类的基础之上。因此,我们有必要首先介绍产业分类方法,在此基础上再进一步阐述产业结构的内涵。

(一) 产业分类方法

产业分类就是人们出于研究或管理的需要而根据某些相同或相似特征将各种不同的企业经济活动分成不同的集合。所以,产业研究和分析目的不同,产业的分类方法也有所不同。产业分类方法主要有以下几种:

1. 三次产业分类法

三次产业分类法是由新西兰经济学家费希尔在其《安全与进步的冲突》一书中首先系统地提出的。他根据人类经济活动的发展阶段和产业形成的先后顺序,将全部人类经济活动分为三个产业,即我们现在所说的第一次产业、第二次产业和第三次产业。其中,第一次产业就是和人类第一个初级生产阶段相对应的农业和畜牧业;第二次产业是和工业的大规模发展阶段相对应的、以原材料加工和制造业为主的产业;第三次产业与大量非物质生产部门的产生与发展阶段相对应,是以非物质产品为主要特征的服务业。

目前,人们对三次产业分类有了统一的认识。根据产业的划分标准,第一产业是指直接从自然界获取产品的物资生产部门,即广义上的农业,一般包括种植业、畜牧业、渔业、狩猎业和林业;第二产业是指加工取自于自然界资源的物资生产部门,即广义上的工业,包括制造业、采掘业和矿业、建筑业以及煤气、电力、供水等;第三产业是指从第一和第二产业生产活动中衍生出来的非物资生产部门,即广义上的服务业,包括运输业、通讯业、仓储业、商业贸易、金融业、房地产业、旅游业、饮食业、文化、教育、科学、新闻、传播、公共行政、国防、娱乐、生活服务等[①]。

---

① 臧旭恒,徐向艺,杨蕙馨.产业经济学[M].北京:经济科学出版社,2005.

2. 标准产业分类法

标准分类法包括国家标准产业分类法和国际标准产业分类法。

国家标准分类法是指一国（或一地）政府为了统一该国（或该地）产业经济研究的统计和分析口径，以便科学地制定产业政策和进行宏观经济管理，根据该国（或该地）的实际而编制和颁布的划分产业的一种国家标准。世界上许多国家都有各自的国家标准分类法。中国国家标准局编制和颁布的《国民经济行业分类与代码》把中国全部的国民经济划分为 16 个门类，92 个大类，300 多个中类和更多的小类。这 16 个门类依次是：A. 农业、林业、渔业、畜牧业（含 5 个大类）；B. 采掘业（含 7 个大类）；C. 制造业（含 30 个大类）；D. 电力、煤气及水的生产和供应业（含 3 个大类）；E. 建筑业（含 3 个大类）；F. 地质勘查业和水利管理业（含 2 个大类）；G. 交通运输、仓储及邮电通信业（含 9 个大类）；H. 批发和零售、贸易、餐饮业（含 6 个大类）；I. 金融、保险业（含 2 个大类）；J. 房地产业（含 3 个大类）；K. 社会服务业（含 9 个大类）；L. 卫生、体育和社会福利业（含 3 个大类）；M. 教育、文化、艺术和广播电影电视业（含 3 个大类）；N. 科学研究和综合技术服务业（含 2 个大类）；O. 国家机关、政党机关和社会团体（含 4 个大类）；P. 其他行业（含 1 个大类）①。

国际标准产业分类法是联合国为了统一世界各国的产业分类于 1971 年编制和颁布的《全部经济活动的国际标准产业分类索引》。它将全部经济活动分为大、中、小、细四个层次，并规定了相应的统计编码。其 10 个大项是：A. 农业、狩猎业、林业和渔业；B. 矿业和采石业；C. 制造业；D. 电力、煤气、供水业；E. 建筑业；F. 批发与零售业、餐馆和旅店业；G. 运输业、仓储业和邮电业；H. 金融业、不动产业、保险业和商业性服务业；I. 社会团体、社会及个人的服务业；J. 不能分类的其他活动。

3. 两大部类分类法和"农、轻、重"分类法

两大部类分类法是马克思对社会再生产过程进行剖析时所采用的一种产业分类方法。马克思根据产品在再生产过程中的不同作用，在实物形成上将社会总产品分为两大部类，即将生产生产资料的部门划归为第Ⅰ部类，将生产消费资料的部门划归为第Ⅱ部类。第Ⅰ部类为主要产品是各种生产工具、设备、原料、材料的生产部门，其产品用于生产性消费；第Ⅱ部类主要是指生产各种个人消费品的生产部门，其产品主要用于个人消费。两大部类的分类方法，是马克思研究资本主义社会再生产过程的理论基础，马克思通过对两大部类产品消耗和补偿关系的研究，得出了社会进行简单再生产和扩大再生产的条件，并揭示了剩余价值产生的秘密。马克思的产业分类法对研究资本主义再生产关系和指导社会主义经济实践具有重大意义。

"农、轻、重"分类法是将社会经济活动中的物质生产分成农、轻、重三个部分。"农"，指的是大农业，包含了种植业、畜牧业和渔业；"轻"是指轻工业，包括纺织、食品、印刷等行业，其产出的产品主要是消费资料；"重"是指重工业，典型的重工业部门有钢铁工业、石油工业、煤炭工业、电力工业、化工工业等，主要是生产生产资料的工业。"农、轻、重"分类法是马克思的两大部类分类法在实际工作中的应用。苏联和我国改革开放前都把这种分类法作为制定国民经济发展规划的最主要工具。但是，这种分类方法主要针对的是物质生产领域，存在

---
① 苏东水.产业经济学 [M].北京：高等教育出版社，2005.

着涵盖面不全,只能适用于工业化发展程度较低阶段的局限性。随着工业化的发展和市场经济体制的建立,这种分类方法的应用也日趋减少①。

4. 生产要素分类法

生产要素分类法就是根据产业在生产过程中对生产要素的需求种类和需求依赖度不同而对产业进行分类。按照这种方法可将国民经济各产业划分为劳动密集型产业、资本密集型产业和技术密集型产业。劳动密集型产业是指生产过程中资本、知识的有机构成水平较低,体力劳动所占的比重较大的产业,如纺织、制革、服装、零售、餐饮等产业都属比较典型的劳动密集型产业;资本密集型产业是指生产过程中活劳动、知识的有机构成水平较低,资本的有机构成水平较高,产品物化劳动所占比重较大的产业,如交通、钢铁、机械、石油化学等基础工业和重化工业都是典型的资本密集型产业;知识密集型产业是指生产过程中对知识的依赖程度大,即知识含量高、脑力劳动所占比重比较大的产业,如航天、生物、高分子材料、信息、电子计算机等都属这种类型的产业。

生产要素分析法能比较客观地反映一国的经济发展水平,有利于一国根据产业结构变化的这种趋势制定相应的产业发展政策。所以生产要素分类法也得到了广泛的应用。但是,生产要素分类法的划分界限比较模糊,也比较容易受主观因素影响。另外,资源和要素密集程度是相对的,也是动态变化的。

5. 产业地位分类法

产业地位分类法是按照产业在一国产业政策中的地位不同而对产业进行分类的一种方法。按照这种方法分类的产业主要有:主导产业、战略产业、先导产业、支柱产业、重点产业、先行产业等。主导产业是指在国民经济中起主导作用并能够有效地带动其他相关产业快速发展的产业或产业群;战略产业是对国民经济或民族生存与发展具有长远战略意义的产业;先导产业是指在国民经济规划中先行发展以引导其他产业往某一战略目标发展的产业或产业群,这类产业对其他产业的发展往往起着指引作用,但未必对国民经济起支撑作用;支柱产业是指产业规模在国民经济中占有较大份额,并起着支撑作用的产业或产业群;重点产业是指在国民经济体系中占有重要的战略地位并在国民经济规划中需要重点发展的产业。重点产业的概念比较含糊,缺乏科学性。它可以包括主导产业、先导产业、支柱产业、先行产业、瓶颈产业、基础产业,等等。

(二)产业结构的含义

"结构"一词来源于拉丁文 Structure,它较早地被应用于自然科学的研究中,是指组成某一事物的各种要素及其相互联结的方式。在一定条件下,相同要素的不同量,或相同量的不同要素组合,都会出现不同的结构,进而决定了事物的不同性质和不同发展状况。

产业结构这一经济范畴一般指在国民经济体系中各产业之间的相互关系。这一概念有广义和狭义之分。在最初被引入经济分析中时,其含义还很不规范,是一种宽泛的广义产业结构概念,它既可以用来解释产业内部之间的关系和产业与产业之间的关系,也可以用来解释产业内部的企业关系结构和产业地区分布。随着产业经济研究的不断深化,产业结构概

---

① 苏东水.产业经济学[M].北京:高等教育出版社,2005:13.

念和研究领域逐渐明确下来,产业结构理论逐步形成体系,产业结构也与产业组织、产业布局区别开来。现在,产业组织专指同一产业内企业间的市场关系和组织形态。这种企业间的市场关系包括同类企业间的垄断、竞争关系,以及产业内企业间的组织形态。产业布局专指产业的地域分布结构,而产业结构则是产业间的技术经济联系与联系方式,即狭义的产业结构概念。

对于产业结构,我们可以从质与量两个角度来考察。从"质"的角度讲,产业结构是指各个产业在国民经济中的地位和作用,是各产业的素质分布状态,即技术水平和经济效率的分布状态。这种质的规定性进而可以从两个方面来考察:一是从加工深度、附加值的高低、资本密集度、技术密集度以及高新技术产品的产值比重等方面来考察。二是从规模效益和国际竞争力角度考察,考察其市场份额和国际贸易结构。从"量"的角度讲,产业结构是指国民经济中各产业之间的投产产出关系及其数量比例关系。这种量的比例关系至少可以从以下三个层次来考察:一是国民经济中三次产业之间的数量关系;二是三次产业内部各构成部分的数量关系;三是各产业内部的产品结构。

二、结构演变与经济发展

产业结构演变规律及其经济增长效应是产业结构研究的出发点,也是产业结构研究的目的与最终归宿。而产业结构变动在很大程度上是由于产业结构体系中单一产业或产业群的地位与作用发生变化的结果。因此,要研究产业结构演变规律及其经济增长效应,就必须首先了解产业发展和结构演变的内涵、把握结构演变与经济增长及经济发展之间的关系。

(一) 产业发展与结构演变

这里的产业发展是指单个产业或产业群的发展。产业发展的过程,就是单个具体产业或产业群的产生、成长、繁荣和不断现代化的过程。如纺织行业、机械行业或汽车行业等,都有其产生、成长、繁荣和不断现代化和高级化的发展过程。而结构演变则是指产业结构体系中的各个产业由简单到复杂、由不合理走向合理、由不成熟走向成熟、由不协调走向协调、由低级走向高级的过程。也就是产业关联度增强、产业结构不断优化、产业布局不断合理化的过程。

各种各样的单一产业或产业群是产业结构体系的组成部分和构成要素。产业结构体系中某一产业或产业群的发展与变化,都会导致整个产业结构体系的变化。因此,产业结构演变的内容,既包括单个产业或产业群的进化与发展,也包括产业总体的演进与发展;既包括产业类型、产业关联、产业布局的改变,又包括产业规模、产业地位、产业绩效的提高。所以,产业发展与产业结构演变是相辅相成,有机统一的。

每个产业的发展和每一产业结构体系的演变都是在其内在机制和外在动力的作用下实现的。产业发展和产业结构演变的机制一般包括市场机制和政府机制。市场经济条件下,产业和产业结构一般是在市场机制的作用下形成与发展的。市场机制是指市场价格信号的自由波动会引导各种资源和生产要素在不同行业与区域间自由流动,企业通过竞争和垄断导致资源和要素的集中、转移,从而形成规模经济和范围经济,使经济活动形成分工专业化与协作关系,导致某一产业的形成、发展和产业间的地位更迭,同时产业结构也随之发生了相应的改变。产业发展与结构演变也可以通过政府机制来实现。政府机制是指政府通过产业发展战略、发展规划和具体政策措施来调动或引导各种资源和生产要素在不同行业与区域间的流动,通过对某些产业实行鼓励、引导、保护、支持、扶植和收缩、转移、改造、限制、淘汰的经济政策,以推动或限制某些产业的发展,促进产业结构的调整与优化。

(二) 结构演变与经济增长

经济增长是指一国(或地区)在一定时期内生产出的经济总量的持续增加,即经济规模在数量上的扩张。可以用国民生产总值(GNP)或国内生产总值(GDP)的增长率来衡量;也可以用人均国民生产总值或人均国内生产总值的增长率来衡量。前者多用于分析经济发展的总规模,后者多用于不同国家或地区经济发展水平的比较。中国的经济增长既面临总量持续增加的问题,更面临着人均产出不断提高的问题。

按照传统经济理论,经济总量的增长是在竞争均衡的假设条件下资本积累、劳动力增加和技术变化长期作用的结果。需求的变化和资源在产业部门之间的流动是相对不重要的,因为所有部门的资本和劳动都能带来同样的边际收益[1]。可见,在经济增长的传统内涵中,经济增长是劳动、资本和其他各种生产要素在数量上不断增加和合理配置的结果,产业结构及其变化被排斥在经济增长的影响因素之外。

然而,现代经济理论与实践都表明,产业结构对经济增长起着至关重要的作用。产业结构与经济增长之间具有高度的相关性。对于这种高度相关性可作如下解释[2]:

设经济系统有 $i(i=1,2,\cdots,n)$ 个产业,Y 为 t 期的总产出,Y_{it} 为 i 产业部门 t 期的产出,则总增长与各产业部门增长的关系如下:

$$Y = \sum_{i=1}^{n} Y_{it}$$

上式两边同时对时间求导,并两边同时除以 Y 得到:

$$R_Y = \sum_{i=1}^{n} A_i R_{Y_i}$$

式中,$R_Y = \mathrm{d}Y/Y$ 为总增长率,$R_{Y_i} = \mathrm{d}Y_{it}/Y_{it}$ 为各产业部门的增长率,$A_i = Y_{it}/Y$ 为 i 产业部门 t 期产出 Y_{it} 占总产出 Y 的比重。该公式实际上也是用来分析结构变动与经济增长之关系的。

这个式子说明,总增长率 R_Y 等于以各产业部门产出占总产出比重 A_i 为权数的各产业部门增长率的加权和。由此可以推出,产业结构变动将会对总增长率产生重要影响。一般来讲,各产业部门的增长率并不相同,当产业结构发生变化(即 A_i 变化)时,将会导致总增长率的变化。例如,当经济增长开始加速时,一般高技术产业处于领先地位,其增长率比其他

---

[1] 即在不同的产业部门中,资本和劳动的边际产出是相同的,这是传统增长理论的一个基本假设。H. 钱纳里,等. 工业化和经济增长的比较研究[M]. 上海:上海人民出版社,1995:28.

[2] 杨建文,等. 产业经济学[M]. 上海:学林出版社,2004:166.

产业部门快,然而,当它的产出份额较小时,它对经济增长的作用是很小的。只有当产出份额发生变化,即产业结构发生变化时,由于其增长速度比其他产业部门快,从而会使得总增长率提高。所以,在非均衡条件下,产业结构变动对经济增长的影响有两个方面:一方面,如果产业结构变化的速度太慢,结构不合理,那么,它会阻碍经济增长;另一方面,如果产业结构不断地调整和升级,有效地改善了资源的配置,就可以促进经济增长。可见,产业结构是经济增长的重要构成要素。

(三)经济发展是总量增长与结构转换的统一

经济发展是指一个国家或地区随着产出增长而出现的经济、社会、政治等多方面的变化。经济发展不仅表现在经济增长速度的加快和总产出数量的增加上,还表现在质量的提高和经济结构的优化上。经济总量增长从量的角度描述了经济发展的规模;而结构转换(演变),即保持经济持续增长所必需的结构调整和变化,是从质的角度规定了经济发展的阶段与水平。经济发展或经济可持续发展是总量增长与结构转换的有机统一。

首先,总量增长依赖于结构转换。因为在一定结构质态下经济总量规模的扩张是有限的,是有其内在规定性的。这种内在的规定性就是产业结构的合理化程度与高级化层次。产业结构的转换与质态演进可以为经济规模的进一步扩张解除旧有结构的制约,提供新的扩张空间。只有经济结构质态的不断高级化,才能保持经济规模的可持续性扩张。更为重要的是,总量增长不仅取决于资本、劳动等要素的投入数量,而且也取决于资源的配置状态,而结构状态在很大程度上决定了资源配置的效果和效率。如果结构不合理,无效投入就会大大增加,资源配置效率就低,经济的稳定增长就难以保证;如果结构合理则能保证资源配置的有效性。

其次,结构变动也需要总量的支持和配合。在一定的国民经济总量水平下,可供支配的资源总量也是一定的,而不同的产业结构对资源需求的质和量是不同的,所以产业结构的调整或变化不可能超越相应的国民经济发展水平所能提供的物质条件,必然要受到国民经济总量规模的制约。而经济总量的增长意味着商品供给的增加、收入的增长和可支配资源的增加,从而引起需求结构和消费结构的改变,进而要求生产结构和产业结构发生相应的改变。在没有经济增长的情况下,经济总量规模保持不变,那么,消费结构和需求结构就难以发生变化,此时的结构调整也会因此无法进行。在生产力水平低下的自给自足的自然经济发展阶段,产业结构只能以农业为主、以劳动密集型产业为主;在生产力发展水平较高的机器大生产阶段,产业结构必然以工业为主、以资本密集型产业为主;在生产力高度发达的知识经济时代,产业结构将是以高新技术产业、知识技术密集型产业为主的高级结构。

上述分析表明,产业结构演变与经济增长具有内在的联系。产业结构的高变换率会导致经济总量的高增长率,而经济总量的高增长率也会导致产业结构的高变换率。经济总量增长与产业结构演变共同促进了经济发展。

(四)结构变动程度及其效应度量

产业结构变动的经济增长效应是指结构变动与升级所带来的经济增长绩效。产业结构的高变换率之所以能够导致经济总量的高增长率就是因为产业结构对经济增长有结构效应作用。结构变动效应可分为产业扩散效应、产业聚集效应、产业关联(结构关联)效应、结构弹性效应、结构成长效应和结构开放效应等[①]。虽然结构演变对经济增长的作用已为许多经济学家所认同，但关于结构变动程度及其对经济增长的作用程度如何量化的问题的研究还不十分成熟，其度量方法各种各样。以下，我们选择几个比较基本的度量方法予以介绍。

1. 结构变动度

结构变动度指产业结构变化的程度，是用来衡量一个时期内所有产业部门结构比重变化快慢的指标。结构变动度的考察思路有两种：一是比较两个时期某一产业结构系统之间的差距，以两者之间的"差离程度"对产业结构变动度进行度量；二是比较两个时期某一产业结构系统的相似程度，以两者"接近程度"对产业结构变动度进行衡量[②]。计算公式分别如下。

首先，结构变动度

$$D_t = \frac{1}{n}\sum_1^n |S_{it} - S_{i0}| \quad \text{或} \quad D_t = \sum_1^n |S_{it} - S_{i0}| \quad (i=1,2,3,\cdots,n)$$

前式中，D_t 是 t 期相对基期的结构变动程度（距离度），S_{it} 是 t 期某一产业结构系统中第 i 产业的结构比重（可以是产值比重或劳动就业比重，也可以是固定资产比重或其他反映产业结构状况的指标），S_{i0} 是基期第 i 产业的相应结构比重。后式是欧洲经济委员会判断制造业结构的计算公式。

其次，结构相似系数

$$C_{t0} = \sum_{i=1}^n S_{it} S_{i0} \Big/ \sqrt{\sum_i^n S_{it}^2 \sum_i^n S_{it}^2} \quad (i=1,2,3,\cdots,n)$$

此式是联合国工业发展组织用于衡量不同国家或地区产业结构差异（相似）程度的指标，当然也可用来衡量同一国家或地区不同时间点的产业结构相似程度。式中，C_{t0} 是结构相似系数，其他符号的经济含义与前式相同。系数介于 0～1 之间，系数值越大，两个时间点的某一产业结构系统的相似程度越高，反之越低，说明产业结构变动程度越大。

当然，上述公式也可以用来判别某一产业结构系统的高级化程度或分析两个国家或地区之间的产业结构差异程度或趋同程度。

2. 结构超前度

某一产业部门的增长与经济系统的总增长之间有密切的关系。结构超前度（或滞后度）就是用来度量某一产业发展的超前性（或滞后性）所导致的结构变化对经济增长的影响，既可以反映产业结构的变化程度，也可以反映产业结构的经济增长效应。结构超前度一般通过部门增长率和总增长率关系来设定指标。其计算公式是：

[①] 结构关联效应、结构弹性效应、结构成长效应和结构开放效应，是周振华在其《现代经济增长中的结构效应》一书中提出的概念，相关度量指标参见：周振华.现代经济增长中的结构效应[M].上海：上海人民出版社，1995.

[②] 这两种思路是用来判别产业结构高度化程度的，参见：龚仰军.产业结构研究[M].上海：上海财经大学出版社，2002：79.本书认为，这种思路同样可以用来分析不同时期某一产业结构系统发生变化的程度，同时也可以用来分析不同国家或地区产业结构差异程度或相似程度。

$$E_i = A_i - (A_i - 1)/R_t \text{①}$$

式中，E_i 代表第 i 部门的结构超前系数，也称部门反应值弹性；A_i 代表第 i 部门期末所占份额与期初所占份额之比；R_t 是同期经济系统中各产业部门的平均增长率。

E_i 虽然是测定某一具体产业增长情况的指标，但它能反映产业结构转换的程度和方向。如果经过一段时间的动态变化后，第 i 部门某考察指标的份额（如产值份额、资产份额、劳动力份额等）有下降的趋势，那么 E_i 就会小于 1，并且 E_i 越小于 1，该部门的份额就下降越多；当第 i 部门某项考察指标的份额出现上升趋势时，E_i 就大于 1，并且 E_i 值越大，该产业就越有超前发展的倾向。无论 E_i 变得很大还是很小，都表明产业结构变动的程度很大。

3. 结构变动的增长效应度量

分析结构变动效应的方法和指标也很多。其中，有关结构关联效应的度量问题，我们将在"产业关联"一章中介绍。这里，只介绍几种简单的度量方法。

(1) 相对比较劳动生产率。即某产业在整个产业经济体系中所创造的国民收入份额与所投入的劳动力份额之比。

$$R = (S_i / \sum_{i=1}^{n} S_i) / (L_i / \sum L_i), \quad (i = 1、2、3、\cdots、n)$$

用比较劳动生产率指标衡量产业结构的经济增长效应类似于对每个产业劳动生产率水平与全部产业劳动生产率水平进行比较，它标志着该产业在整个国民经济中的地位，同时也能反映一定时期内一国产业结构体系的内部差距情况。克拉克和库兹涅茨都曾运用这一指标分析产业结构的优化程度及其与经济增长之间的关系②。

(2) 产业结构波动效应。产业结构的增长效应来源于结构体系中各产业部门的稳定与协调发展，但是，产业结构体系中的任何部门出现"异军突起"和"大起大落"现象，都将导致结构低效益。这种波动情况也从反面反映了产业结构变动效应。可以用两个指标来衡量产业结构增长的波动情况：

$$\sigma = \sqrt{\sum_{i=1}^{n}(X_i - \overline{X})^2 / n}; \quad V_\sigma = \frac{\sigma}{\overline{X}} \times 100\%$$

其中，σ 为标准差；X_i 为分析期内某产业各年增长速度（标志值）；n 为项数（分析期内年数）；$\overline{X}$ 为某产业考察期内平均增长速度；V_σ 为标准差系数（离散系数）。上述两个指标结合起来可以说明产业部门增长的稳定性。

(3) 技术进步率。由于现代产业结构效益主要来自于技术进步，技术进步是导致产业结构向高度化和附加价值化方面演化的主要原因，因而产业技术进步率是衡量产业结构变动效应的重要标志。

---

① 此公式是库兹涅茨用来考察部门增长率与经济总增长率之关系的计算公式。参见：库兹涅茨. 现代经济增长[M]. 北京：北京经济学院出版社，1989：90.

② 同时，从比较劳动生产率指标中，我们至少还可以了解到以下四个方面的信息：第一，国民收入在各个产业部门的构成；第二，劳动力在各个产业部门间的分布；第三，各产业劳动生产率的增长状况；第四，各产业比较生产率的相对水平。详见：刘志彪，等. 现代产业经济分析[M]. 南京：南京大学出版社，2001：61.

在产业结构效益分析中,技术进步率可用综合要素生产率(TFP)来代表。它是综合度量生产资料转换为产出的效益指标。具体地看,它是产出增长率与投入要素增长率(资本投入增长率与劳动投入增长率的加权平均数)之间的差额。具体的计算方法是:

$$a = Y - \alpha K - \beta L \text{\textcircled{1}}$$

其中,a 为技术进步率;Y 为生产增长率;L 为劳动力(工资)增加率;K 为资本的增加率;α 为资本产出弹性;β 为劳动产出弹性;$\alpha + \beta = 1$。

(4) 出口商品竞争力指数。该指数是衡量某一产业产品或劳务在国际贸易中所处地位的指标,综合反映了产业在附加价值程度、加工深深度、技术密集度方面的状况,因而是一种产业结构开放效应分析的重要指标。

简单的出口商品竞争力指数可以通过以下方法建立:用某国某产业出口商品与世界市场中该商品出口总额的比例,与该国出口总额占世界所有商品出口总额的比例相比较,即

$$W_{ij} = \left(X_{ij} \Big/ \sum_{i=1}^{m} X_{ij} \right) \Big/ \sum_{j=1}^{n} X_{ij} \Big/ \sum_{i=1}^{m} \sum_{j=1}^{n} X_{ij}$$

其中,W_{ij} 为第 i 国第 j 项产品的出口竞争力指数;X 是出口值;i 代表国别($i=1,2,\cdots,m$);j 代表出口商品类别($j=1,2,\cdots,n$)。

如果 $W_{ij} > 1$,说明某一国家在某一具体出口商品贸易额中所占比例较大,即国际市场占有率高,并且大于该国所有出口商品占世界出口贸易总额中所占的平均比例,即该项商品具有较强的出口竞争力;反之,如果 $W_{ij} < 1$,则该产品出口竞争力弱。该指标反映了一国产业结构的高度化程度及其外贸增长效应。

三、产业结构演变的影响因素

产业结构演变不是孤立地发生的。从总体上看,经济发展水平是结构演变的基础性因素。除此之外,结构演变还受多种因素的影响,是各种因素共同作用的结果。对产业结构演变的众多影响因素进行归类,可以分为供给因素、需求因素和其他因素三类。

(一) 供给因素

供给因素从广义上来说包括自然条件和资源禀赋、人口和劳动力的供给状况、资金供应状况、商品供应状况、技术进步等。

1. 自然条件和资源禀赋

一个国家的自然条件和资源禀赋对该国产业结构的形成与变化有重要的影响。一般情况下,自然资源丰富的国家其产业结构或多或少地具有资源开发型的特性,如果该国国土辽阔、资源丰富,那么该国也可能成为资源开发、加工和利用全面发展的产业结构;而资源匮乏

---

① 公式推导可参阅:臧旭恒,等.产业经济学[M].北京:经济科学出版社,2005:229.

的国家就不可能形成资源开发型的产业,最多只能成为资源加工型的产业结构。由于自然条件和资源禀赋一般是人力因素难以改变的,同时资源禀赋又是一国经济发展的基础因素,因而其对一国的产业形成和经济的发展具有重要的影响。

2. 人口因素

从供给的角度来说,人口的规模与结构影响着人力资源供给数量与质量,制约着人均资源规模及其可供给量。从人口—资源的平衡角度来讲,过度的人口增长会过度地把国内的有限资源转化为衣食供给,以满足人们基本生活需要。其后果是一方面减少了其他方面的资源供给,另一方面又减慢了农业人口向第二、三产业转移的速度,从而延缓了工业化的进程,阻碍了产业结构的高度化和合理化。所以,依据国家经济发展的条件和水平,保持适当的人口增长率,提高人口素质,对产业结构的高度化、合理化有着重要的影响。国内外经济发展的历史证明,劳动力丰富且价格低廉、资金又缺乏的国家应该多发展劳动密集型产业;劳动力不足而资金比较充裕的国家应该多发展资本密集型的产业。从这个角度来说,劳动力资源的多寡和劳动力素质的高低也决定了一国产业结构调整的方向和产业的发展战略。

3. 技术进步

科技进步是推动一国产业结构变化的最主要因素之一,一国的产业结构表现为一定的生产技术结构,生产技术结构的进步与变动都会引起产业结构的相应变动。一旦技术发生变革,产业结构将会发生与之相适应的改变。科学技术的日益现代化促使各产业部门发生变革,并通过主导产业扩散效应推动相关产业部门不断改进技术;技术进步不断拓宽劳动对象,使产业部门不断细化、新的产业部门不断产生;技术进步还不断地引发人们的新需求,从而使新需求成为新的产业部门成长的动力。技术水平的不同决定了比较劳动生产率的不同,技术进步又引起比较劳动生产率的变化。产业结构转换的动力来自比较生产率的差异,它表现为生产要素从比较生产率低的部门向比较生产率高的部门转移;产业结构的转换和升级主要取决于部门之间生产率增长速率的差异。不同的部门由于创新和技术进步速度的不同,其生产率增长速度也是不同的。那些研究与开发投入强度大、能够最先吸收新技术的部门,往往也是生产率提高最快和产出增长最快的部门,这是由部门内在技术经济特征所决定的。

4. 资金供应状况

资金供应对产业结构变动的影响包括资金充裕程度和资金投向偏好对产业结构的影响。前者主要受经济发展水平、社会发展水平、储蓄率、资本积累等诸多因素的影响;后者主要受投资倾斜政策、投资者投资偏好、利率、资金回报率等方面的影响。前者主要是资金总量方面对产业结构变动的影响,后者主要是投资结构方面对产业结构变动的影响。投资结构决定了资源在不同产业部门的配置量,从而对产业结构的形成和变化产生影响。因此投资是产业结构变化的直接原因。

5. 商品供应状况

对产业结构变动产生较大影响的商品包括原料品、中间投入品、零部件、进口品等商品。一般情况下,后向关联系数越大的产品对产业结构的影响就越大。从广义角度来说,商品供应还包括电力、原料、燃料的供应,服务的提供,技术的供应等更广的范围。这些商品的供应在很大程度上受制于基础工业、上游工业、后向关联产业的技术水平和产业发展水平。这些产业的技术水平和发展水平影响着产业结构的变动。从发达国家的实践来看,产业结构的高度化也是在基础产业、上游产业或后向关联系数较大的产业得到了一定程度的发展以后，下游产业或前向关联系数较大的产业才能得到比较大的发展。

（二）需求因素

影响研究结构演变的需求因素一般包括消费需求、投资需求和国际贸易与国际投资需求。

1. 消费需求

消费需求总量及其结构变化都会引起相应产业部门的扩张或缩小，也会引起新产业部门的产生和旧产业部门的衰落。从总量角度来考虑，消费需求总量与人口数量、人均收入水平、经济发展周期、经济发展水平、社会发展水平和技术水平等因素密切相关。人口数量的增加和人均收入水平的提高都会扩大消费需求；由于经济发展水平、社会发展水平和技术水平的不同，消费水平通常也会不同；在不同的经济发展周期，各种消费需求也会出现波动。需求总量的增加会进而拉动相关产业产品供应总量或服务供应总量，导致产业结构波动性发展。从结构角度来看，消费需求结构包括个人消费结构、集体消费结构和公共消费结构及他们之间的比例与结构，还包括消费与投资、中间需求与最终需求等方面之间的比例与结构。消费需求结构对产业结构变化的影响最为直接，消费结构各个方面的变化都将促使生产结构、技术结构和供给结构发生相应变化，从而导致产业结构的相应变化。

2. 投资需求

投资包括政府投资和企业（私人）投资。投资的方向与规模都对产业结构变动产生重要影响。投资资金投向不同产业所形成投资配置量的比例就是投资结构。不同方向的投资是改变已有产业结构的直接原因；新的投资需求，将形成新的产业而改变原来的产业结构；对部分产业投资，将推动这些产业比未获投资的那些产业以更快的速度扩大，从而影响原有产业结构；对全部产业投资，因投资比例不同，也会引起各产业发展程度的差异，导致产业结构的相应变化。由于投资是影响产业结构的重要因素，所以，政府往往采用一定的投资政策，通过调整投资结构，来达到产业结构调整的目标。

3. 国际贸易

社会分工打破国家界限，导致了国与国在资源、产品、技术、劳务等方面的交换，即国际贸易。国际贸易是通过本国产品出口刺激本国需求增长和外国产品进口以增加国内供给来影响本国产业结构的。进出口贸易有利于各国发挥自己的比较优势，获得比较利益。进出口贸易对产业结构的主要影响有：资源、商品、劳务的出口，对国内相关产业的发展起推动作用；国内紧缺资源、劳务的进口，可以弥补本国生产该类商品的产业不足，同时进口某些新产品、新技术还对开拓本国市场、为本国发展同类产业创造有利条件，有利于推动本国产业结构的高度化。当然，有些商品的出口，也可能会对本国某些产业的发展起抑制作用。

4. 国际投资

国际投资包括本国企业在外国的投资和外国企业在本国的投资。对外投资会导致本国产业的对外转移，外国投资则促使国外产业的对内转移。这两方面都会引起国内产业结构的变化。外国直接投资对国内产业结构的影响更为直接和深远，表现在三个方面：一是外资企业直接决定生产什么，生产多少，产品品种变化和数量变化会直接改变原来的产业结构;二是外资企业中间产品供应结构和最终产品销售结构的变化会直接影响到国内产业结构的变化,其中间产品的供应可以来自国内,也可以来自国外,其最终产品可以在国内销售,也可以在国外销售,这样,外资企业的经营活动导致国内供应结构和需求结构的改变,从而促使国内产业结构变化;三是外资企业的技术创新会间接地影响一个国家或一个地区的产业结构。

(三) 其他因素

产业结构的变化除了受到上述各种供给因素和需求因素的影响外,还受到其他许多因素的影响。既包括国内和国际的政治、经济、文化和法律等环境因素,也包括政府的经济政策、经济体制和人的思想、观念等因素。

1. 国内外政治环境

一国的国际政治环境对该国的产业结构变动有很大的影响。例如,美国在建国初期受到英国的经济封锁,重要的工业产品不允许输往美国,并在 1812 年受到英国的入侵。这一系列事件促使美国快速发展重要工业,并比较早地摆脱了农业国的落后地位。又如,1972 年的世界石油危机也迫使美国的石油工业快速发展。苏联在十月革命胜利后,国内政治形势发生了根本的变化,其产业结构也随着政治形势的变化而变化。苏联领导人决定立即退出第一次世界大战,并把国家的资源转到国家工业化建设方面,特别是重工业化方面,这促使苏联重工业得到快速发展。

2. 社会文化环境

文化环境对产业结构的影响也很大,不同的社会文化和生活习惯会导致不同的生活方式和消费方式及相应的产出结构。例如在美国,美国人崇尚个人主义和经济自由的文化环境,一方面刺激了人们的高消费、超前消费和个性消费,促进了奢侈品、个性产品的快速发展;另一方面,也使政府在制定经济政策的时候更多地奉行自由经济的思想。例如,制定限制垄断、维持小企业发展、营造自由竞争的市场环境等政策,从而影响产业结构的变化。又如,在日本,受东方儒家文化的影响,日本人的消费观念属于节俭型,比较倾向于滞后消费,这一文化促成了日本内需市场发展的特点,也刺激了日本产品向海外市场的快速发展,并形成了严重依赖海外市场的产业结构。

3. 法律和制度环境

良好的法律制度环境会形成良好的社会秩序和社会环境,促进人际关系的和谐,能够吸引外部资源流入,加速产业结构的快速演进。与此同时,良好的法律环境还可以使知识产权得到很好的保护,这必然有利于刺激科技进步从而带来产业结构的加速高度化和合理化。市场法规与机制的完善程度也成为影响产业结构的因素之一。政府的产业政策对产业结构的影响是很大的。为了实现一定的经济发展目标,政府可通过制定产业发展战略和政策来鼓励或限制某些产业的发展,产业结构因此会作相应变动。政府可以通过对影响产业结构变动的诸因素进行调整,包括通过政府投资、管制等措施,通过制定财政、货币等政策,通过立法、协调等手段调整供给结构、需求结构、国际贸易结构和国际投资结构,进而影响产业结构。

四、结构演变的规律与趋势

在各种因素的作用下,产业结构演变与经济发展的趋势是对应的,这种对应关系主要表现在不同的经济发展阶段,产业结构会做出相对应的调整。从发达国家经济发展的实践来看,产业结构演变从不同角度呈现出不同的规律性。这种规律性或一般趋势可以从以下几个方面加以描述。

(一)工业化阶段与结构演变的趋势

从工业化发展的阶段看,工业化过程可以分成五个阶段:前工业化时期,工业化初期,工业化中期,工业化后期和后工业化时期。

在前工业化时期,第一产业占主导地位,第二产业有一定发展,第三产业的地位微乎其微。

在工业化初期,第一产业产值在国民经济中的比重逐渐缩小,其地位不断下降;第二产业有较大发展,工业重心从轻工业主导型逐渐转向基础工业主导型,第二产业占主导地位;第三产业也有一定的发展,但在国民经济中的比例还比较小。

在工业化中期,工业重心由基础工业向高加工度工业转变,第二产业仍居第一位,第三产业逐渐上升。

在工业化后期,第二产业比重继续下降,第三产业继续快速发展,其中信息产业增长加快。第三产业产值比重在三次产业中占有支配地位。

在后工业化时期,产业知识化成为主要特征,第三产业占绝对优势地位。

可见,产业结构的变化是和经济发展的阶段相对应,从低级向高级发展的。

(二)主导产业转换与结构演变的趋势

在经济发展的不同阶段,都有特定的主导产业或产业群在支配着经济的运行,主导产业的种类决定了产业结构的主要类型和产业结构变化的趋势。从主导产业转换及其优势地位更迭的过程来看,产业结构变化的一般趋势是:产业结构演进有"以农业为主导 → 轻纺工业为主导 → 原料工业和燃料动力工业等基础工业为重心的重化工业为主导 → 低度加工型的工业为主导 → 高度加工组装型工业为主导 → 第三产业为主导 → 信息产业为主导"的发展趋势。在不同阶段产业结构演进的一般规律如下。

在农业为主导的阶段,农业比重占有绝对地位,第二、三产业的发展十分有限,产业结构的变化速度慢,产业结构保持相对稳定状态。

在轻纺工业为主导的阶段,轻纺工业得到较快发展。第一产业的发展速度有所下降,地位有所削弱,重化工业和第三产业的发展速度较慢,这时轻纺工业取代农业成为主导产业,产业结构出现一定的变化。

在原料和燃料动力等基础工业为重心的重化工业阶段,农业产值在国民经济中的比重已经很小,轻纺工业继续发展,但速度逐渐放慢,而以原料、燃料、动力、基础设施等基础工业为重心的重化工业首先得到较快发展,并逐渐取代轻纺工业的位置成为主导产业。

在低度加工组装型重化工业为主导的阶段,传统型、机械、钢铁、造船等低度加工组装型重化工业发展速度较快,比重越来越大,并成为主导产业。

在高度加工组装型工业为主导的阶段,由于高新技术的大量应用,传统工业得到改造。技术要求较高的精密机械、精细化工、石油化工、机器人、电子计算机、飞机制造、航天器、汽车及机床等高附加值组装型重化工业有较快发展,成为国民经济增长的主要推动力。其在GDP中的比重较大,同时增幅较大,成为国民经济的主导产业。

在第三产业为主导的阶段,第二产业的发展速度有所放缓,比重有所下降,特别是传统产业的下降幅度较快,但内部的新兴产业和高新技术产业仍有较快发展。整个第二产业内部结构变化较快,但比重上已不占有主导地位。第三产业中包括服务业、运输业、旅游业、商业、房地产业、金融保险业、信息业等的发展速度明显加快,并在GDP中占有较大或主要份额,成为国民经济的主导产业。

在信息产业为主导的阶段,信息产业获得长足发展,特别是国际互联网的建设和普及,推动了信息业的快速发展。这一时期,信息产业已成为国民经济的支柱产业和主导产业。人们也常把这一阶段称为后工业化社会或工业化后期阶段。

(三) 三大产业发展与结构演变的趋势

从三大产业的内在变动来看,产业结构的演进是沿着以第一产业为主导到第二产业为主导,再到第三产业为主导的方向发展的。

在第一产业内部,产业结构从技术水平低下的粗放型农业向技术要求较高的集约型农业,再向生物、环境、生化、生态等技术含量较高的绿色农业、生态农业发展,从种植型农业向畜牧型农业,从野外型农业向工厂型农业方向发展。

在第二产业内部,产业结构的演进沿着"轻纺工业 → 基础型重化工业 → 加工型重化工业"方向发展。从资源结构变动情况来看,产业结构沿着"劳动密集型产业 → 资本密集型产业 → 知识(包括技术)密集型产业"方向演进。从市场导向角度来看,产业结构沿着"封闭型 → 进口替代型 → 出口导向型 → 市场全球化"方向演进。

在第三产业内部,产业结构沿着"传统服务业 → 多元化服务业 → 现代服务业 → 信息产业 → 知识产业"的方向演进。

(四) 产业发展顺序与结构演变的趋势

从产业发展顺序看,产业结构由低级向高级发展的各阶段是难以逾越的,但各阶段的发展过程可以缩短。从演进角度看,后一阶段产业的发展是以前一阶段产业充分发展为基础的。只有第一产业的劳动生产率得到充分的发展,第二产业才能得到应有的发展。第二产业的发展是建立在第一产业劳动生产率大大提高的基础上,其中加工组装型重化工业的发展又是建立在原料、燃料、动力等基础工业的发展基础上。同样,只有第二产业快速发展,第三产业的发展才具有成熟的条件和坚实的基础。产业结构的超前发展会加速一国经济的发展,但有时也会带来一定的后遗症。例如,韩国第三产业的增长十分迅速,所占比重一直较大。早在1962年,第三产业比重就高达45.6%,1970年韩国第三产业的产值比重就超过了50%。到1989年,第三产业比重已上升到59.4%,超过了同期日本、西德、法国、英国等国的水平。韩国这种早产型的第三产业又主要是以传统的流通和服务业为主，为现代工业服务的金融、通讯和信息产业尚未成熟，现代化水平不高。这种超前发展而现代化水平不高的第三产业对韩国后来的经济发展带来了后遗症。

案 例

要素构成变化和产业结构演进[①]

生产要素在产业部门之间的流动导致了产业结构的变化，要素构成的变化是产业结构演进的基础。下表展示了我国1998年以来的三次产业产值结构及就业结构变化。

表1 1998年以来中国三次产业产值结构和劳动力就业结构变化情况

年 %	产值构成			劳动力构成		
	一产	二产	三产	一产	二产	三产
1998	17.6	47.5	36.2	49.8	23.5	26.7
1999	16.5	45.8	37.7	50.1	23	26.9
2000	15.1	45.9	39	50	22.5	27.5
2001	14.4	45.1	40.5	50	22.3	27.7
2002	13.7	44.8	41.5	50	21.4	28.6
2003	12.8	46	41.2	49.1	21.6	29.3
2004	13.4	46.2	40.4	46.9	22.5	30.6
2005	12.5	47.5	40	44.8	23.8	31.4
2006	11.7	48.9	39.4	42.6	25.2	32.2
2007	10.8	47.3	41.9	40.8	26.8	32.4
2008	10.7	47.4	41.8	39.6	27.2	33.2
2009	10.3	46.2	43.4	38.1	27.8	34.1
2010	10.1	46.7	43.2	36.7	28.7	34.6
2011	10.0	46.6	43.4	34.8	29.5	35.7

下图展示了我国1978—2007年三次产业分类的要素结构和产值结构的总体变化趋势。

图1表明，我国就业结构的变化具有一种单一稳定的趋势，即第一产业的就业比重逐年下降，第二、三产业的就业比重逐年上升，并且第二产业的上升速度要小于第三产业。但是我国目前第一产业就业比重仍然很高，2007年占40.8%，表明我国当时仍然是一个农业人口大国。

[①] 资料来源：干春晖，郑若谷. 改革开放以来产业结构演进与生产率增长研究——对中国1978—2007年"结构红利假说"的检验[J]. 中国工业经济，2009(2)：56—59.

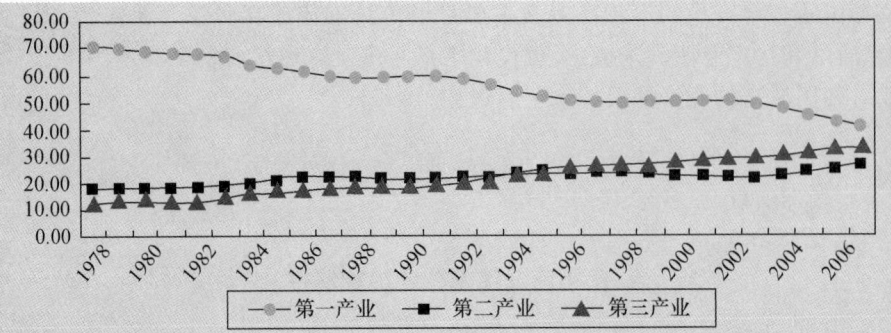

图1　1978—2007年三次产业就业构成变化

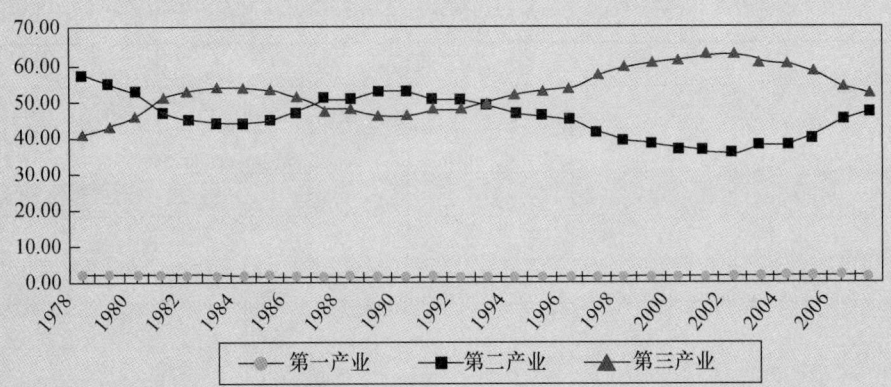

图2　1978—2007年三次产业资本存量构成变化

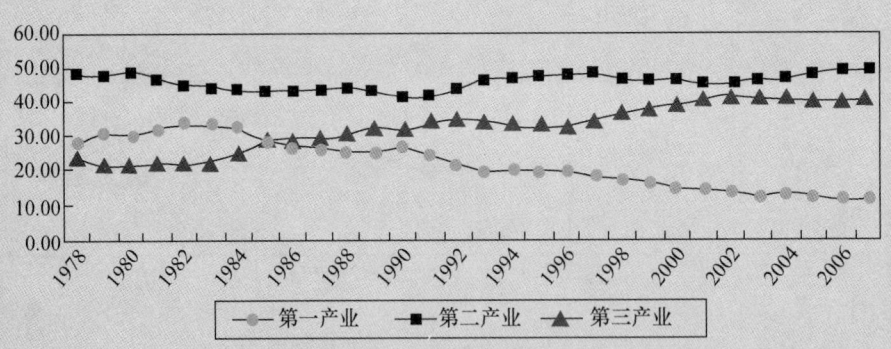

图3　1978—2007年三次产业产值构成变化

资本存量构成（图2）则与就业构成的表现显著不同，第一产业资本存量只占总资本存量的很小部分，长年不足2%，第二、三产业资本存量的比重较大并存在较大的波动。两种要素构成变化相互作用的结果是产出结构的变化（图3）：第一产业的产值比重在早期（1978—1983年）短暂上升之后逐年下降，这可能与改革初期农村承包责任制的实施导致的农业生产力全面释放有关；第二产业比重在20世纪80年代微弱下跌之后逐渐上升，第三产业则是波动中稳步上升。2007年我国第二产业产值所占比重为48.6%，成为一个名副其实的工业大国，30年的改革开放已使我国产业结构发生了巨大的变化。

第九章 产业结构

为体现生产要素构成的变化及其所带来的产业结构变化的阶段特征,表2①给出了重要年份各种构成和各时间段的平均结构变动度。1978年改革开放政策实施之后,农村家庭承包责任制的逐步全面实施催生了大量的第一产业剩余劳动力,经济特区和经济开发区的设立以及国有企业改革和允许非公有制经济的发展大量地吸收了来自第一产业的剩余劳动力,同时个体经济的快速发展和私营经济的涌现也使大量劳动力涌向第三产业。

1978—1992年,我国第一产业就业比重下降了12个百分点,而第二、三产业就业比重则分别上升了4.4个百分点和7.6个百分点,劳动力向二、三产业差不多以4∶6的比例流出。1992年社会主义市场经济体制确立之后,私营经济蓬勃发展,外资也大量涌入。1992—2001年间,第一产业就业比重继续下降了8.5个百分点,第二产业就业比重却仅上升了0.6个百分点,表明劳动力大量转移到了第三产业中。2001年之后,我国迅速而全面地融入全球经济体系,产品出口不断创下新纪录,工业特别是制造业又得到迅速发展,并逐步取得了"世界工厂"的地位。2001—2007年间,第二产业就业比重增加了4.5个百分点,向第二产业转移的劳动力与第二阶段相比又有所增加。

表2 1978—2007年中国三次产业结构和要素构成变化情况

指标	时间(段)	产值				就业				资本存量			
		总体	Ⅰ	Ⅱ	Ⅲ	总体	Ⅰ	Ⅱ	Ⅲ	总体	Ⅰ	Ⅱ	Ⅲ
结构构成	1987	100	28.2	47.9	23.9	100	70.5	17.3	12.2	100	2.38	56.99	40.63
	1992	100	21.8	43.4	34.8	100	58.5	21.7	19.8	100	1.51	50.41	48.08
	2001	100	14.4	45.1	40.5	100	50.0	22.3	27.7	100	1.56	36.36	62.08
	2007	100	11.3	48.6	40.1	100	40.8	26.8	32.4	100	1.63	46.94	51.44
平均结构变动度	1978—1992	1.55	−0.46	−0.32	0.78	1.71	−0.86	0.31	0.54	1.06	−0.06	−0.47	0.53
	1992—2001	1.64	−0.82	0.19	0.63	1.89	−0.94	0.07	0.88	3.13	0.01	−1.56	1.56
	2001—2007	1.17	−0.52	0.58	−0.07	3.07	−1.53	0.75	0.78	3.55	0.01	1.76	−1.77
	1978—2007	1.16	−0.58	0.02	0.56	2.05	−1.02	0.33	0.7	0.75	−0.03	−0.35	0.37

资本存量的结构变动不仅在整体上与就业结构大相径庭,甚至在局部也不同。我国各次产业资本存量均有显著增长,不过产业之间的增幅存在显著差异。1978—1992年间,第一、二产业资本存量比重不增反减,第三产业资本存量也只增加了7.45个百分点。1992—2001年间,第一产业资本存量比重略增0.05个百分点,第二产业资本存量则下降14.06个百分点,第三产业资本存量则增加14个百分点,说明这一阶段资本主要流入第三产业,第三产业迅速发展。2001—2007年,第一产业资本存量比重稍有上升,第二产业资本存量比重大幅上升10.58个百分点,第三产业资本存量则下降10.64个百分点,投资主要流入到第二产业。三个阶段之间资本结构变动度反而有逐渐增加之势,这表明资本的作用越来越重要。

---

① 表中的Ⅰ、Ⅱ、Ⅲ分别表示第一、二、三产业。结构构成中,分为产业结构构成与要素结构构成,产业结构主要指产值构成,要素构成分为劳动力构成和资本构成,在此劳动力构成主要指就业构成。第i产业产值构成=第i产业产值/总产出×100%,第i产业就业构成=第i产业就业人口/总就业人口×100%,第i产业资本构成=第i产业资本存量/全国资本存量×100%,$i=1,2,3$。第i产业平均结构变动度=$(S_{i_0}-S_{i_t})/t$,总体平均产业结构变动度与本课程中所讲述的产业结构变动度相同。

资本流向的变化也是我国国情的反映。改革之初,较多依赖自有资本积累进行投资,资本结构的变化有限;1992年市场经济体制确立之后,外资开始大量进入,但是当时中国工业企业自身存在改革困境,加上政策的限制,因此投资大量投向第三产业;2001年之后中国逐渐加入全球产业分工体系,劳动密集型出口加工工业迅速发展,投资便又流向了第二产业。

劳动力流动和资本转移大大地改变了我国的产出结构,其表象就是产值结构的大幅变化。1978—1992年,劳动力从第一产业大量流向第二、三产业,农业产量大幅提高,轻工业和消费品工业迅速增长,第三产业也得到了发展。1992—2001年间,劳动力和资本均更多地流入第三产业,第三产业比重继续增加,第二产业比重也略有回升。2001—2007年,我国迅速融入全球产业体系,劳动力和资本向制造业转移,我国成为世界工厂,第二产业的比重相比前一阶段又有所增加。经济发展水平的大幅提升,也促进了第三产业的蓬勃发展,第三产业产值比重进一步增加。总体上,三个阶段的劳动力和资本平均结构变动度均是在不断增大的,而产业结构的变化则较为平滑,存在轻微的波动,但是在各次产业上存在明显的阶段性特征。

讨论:根据表1分析我国产业结构变化的规律,并阐述劳动力和资本要素在(1978—1992;1992—2001;2002—2007)三个阶段对产业结构变化所产生的影响及其特点。

学习要点

1. 产业结构,从"质"的角度讲,是指各个产业在国民经济中的地位和作用,是各产业的素质分布状态,即技术水平和经济效率的分布状态;从"量"的角度讲,是指国民经济中各产业之间的投产产出关系及其数量比例关系。

2. 产业结构与经济增长的关系十分密切。产业结构的高变换率会带来经济总量的高增长率;经济总量的高增长率也会促进产业结构的高变换率。经济发展是结构转换与数量增长的有机统一。产业结构对经济发展的质量与速度都有决定作用。这种作用是通过结构变动效应来实现的。结构变动效应可分为产业扩散效应、产业聚集效应、产业关联(结构关联)效应、结构弹性效应、结构成长效应和结构开放效应等。

3. 产业结构的变动程度可以用结构变动度、结构超前度等指标来度量;结构变动的经济增长效应可以用相对比较劳动生产率、产业结构波动效应系数、出口商品竞争力指数等指标来度量。也可通过计量和产业关联指标来分析。

4. 产业结构演变不是孤立地发生的。从总体上看,经济发展水平是结构演变的基础性因素。除此之外,可以分为供给因素(包括自然资源与要素禀赋、人口和劳动力供给、资金供应、商品供应和技术进步等)、需求因素(包括国内投资和消费及国际贸易与投资等)和其他因素(国内外政治环境、社会文化和法律制度等)三类。

5. 从发达国家经济发展的实践来看,产业结构演变从不同角度呈现出不同的规律性。从工业化发展的阶段看,可以分成五个阶段:前工业化时期、工业化初期、工业化中期、工业化后期和后工业化时期。从主导产业转换及其优势地位更迭的过程来看,产业结构变化表现出农业为主导→轻纺工业为主导→原料工业和燃料动力工业等基础工业为重心的重化工业为主导→低度加工组装型重化工业为主导→高度加工组装型工业

第九章 产业结构

为主导→第三产业为主导→信息产业为主导的发展趋势。从三大产业的内在变动来看,产业结构的演进是沿着以第一产业为主导到第二产业为主导,再到第三产业为主导的方向发展的。从产业发展顺序看,产业结构由低级向高级发展的各阶段是难以逾越的,但各阶段的发展过程可以缩短。从演进角度看,后一阶段产业的发展是以前一阶段产业充分发展为基础的。

思考:

1. 阐述产业结构演变与经济发展的关系。
2. 简述产业结构演变的影响因素。
3. 如何度量产业结构变动程度及其变动效应?
4. 从主导产业转换或三大产业内部变化角度阐述结构演变的趋势。

第十章

产业关联

第十章 产业关联

产业结构不仅随着经济发展总体水平的提高而不断走向合理化和高级化。与此同时,产业与产业之间的关联关系和关联方式也在不断地发生着深刻的变化。这种关联关系与关联方式的变化及其所产生的关联效应,是经济发展的内在动力。产业关联分析就是从产业与产业之间投入与产出的"量"的关系角度,对产业之间的关联关系和关联效应所进行的经济分析。本章主要介绍产业关联静态分析的基本原理、基本工具和主要内容。

一、产业关联与投入产出

产业关联分析是借助投入产出分析方法对产业之间的关联关系及其关联效应进行分析的。因此,要揭示产业间联系与联系方式的量化比例,就必须首先了解产业关联方式、纽带、类型,以及投入产出分析的基本方法与原理。

(一)产业关联的含义与类型

产业关联是指产业间以各种投入品和产出品为连接纽带的技术经济联系和联系方式。这里,各种投入品和产出品可以是各种有形产品和无形产品,也可以是实物形态或价值形态的投入品或产出品;技术经济联系和联系方式可以是实物形态的,也可以是价值形态的。由于实物形态的联系和联系方式难以用计量方法准确衡量,而价值形态的联系和联系方式可以从量化比例的角度来进行研究,所以,在产业关联分析的实际应用中使用更多的是价值形态的技术经济联系和联系方式。产业关联的类型有以下几种。

1. 单向关联与多向关联

单向关联是指 A、B、C、D 等一系列产业部门间,先行产业部门为后续产业部门提供产品,以供其生产时直接消耗,但后续产业部门的产品不再返回先行产业部门的生产过程。例如:棉花 → 棉纱 → 色布 → 服装,这种产业间的联系是单向关联。

多向关联是指 A、B、C、D 等产业部门间,先行产业部门为后续产业部门提供产品,作为后续产业部门的生产性直接消耗,同时后续部门的产品也返回相关的先行产业部门的生产过程。比如:煤炭 → 钢铁 → 矿山机械部件 → 煤炭,这是多向循环关联;又如:煤炭 ⇌ 电力,即煤炭产业部门为电力部门提供燃料,而电力部门也为煤炭部门的生产提供电力作为动力源,这是产业部门间的双向关联。

2. 顺向关联和逆向关联

所谓顺向关联是指某些产业因生产工序的前后,前一产业部门的产品为后一产业部门的生产要素,这样一直延续到最后一个产业的产品,即最终产品为止。例如:采矿 → 冶炼 → 机械加工 → 组装出成品,这些成品作为最终产品进入市场,这些产业部门间的关联便是顺向关联。

逆向关联是指后续产业部门为先行产业部门提供产品,作为先行产业部门的生产消耗。如机械设备行业生产的设备和零部件供冶炼业或采掘业使用,便是一种逆向关联。但在现实的经济运行中,产业部门间的关联方式是很复杂的。在一些产业部门间顺向与逆向往往是交织在一起的,在一些顺向关联产业部门间,同时存在部分产业间的逆向关联,如 A → B⇔C⇔D 或 A → B⇔C → D 等,有些产业部门间还形成蛛网式的关联。

3. 直接关联与间接关联

在现实社会再生产过程中,产业间存在着大量的直接关联和间接关联。所谓直接关联是指两个产业部门之间存在着直接的提供产品、提供技术的关联。所谓间接关联,是指两个产业部门本身不发生直接的生产技术关联,而是通过其他一些产业部门的中介才有关联。例如汽车工业与采油设备制造业之间并无直接关联,但他们实际上仍有一定的关联,这种关联就是由于汽车需要汽油作燃料,而汽油与石油开采有关,石油开采又与石油采油设备制造有关,这样,汽车工业的发展就会通过上述中介产业部门,最后影响到石油采掘设备制造业的发展,这就是汽车工业与采油设备制造业之间的间接关联。

国民经济运行中产业间错综复杂的关联,一般可最终划分为上述几种类型的关联方式,这为产业间的关联分析提供了良好的出发点。

(二) 投入产出分析法

投入产出法最初是由美国经济学家瓦西里·里昂惕夫创立的。投入产出法作为一种科学的分析方法,可以有效地揭示产业间技术经济联系的量化比例关系。然而它不仅仅局限于分析产业间联系,还可以用来研究国民经济中其他方面的问题。因此,投入产出法是产业关联分析和经济分析的基本方法。

1. 投入产出分析的含义

投入产出中的"投入",是指产品在生产中所消耗的各种投入要素,包括各种原材料、辅助材料、燃料动力、固定资产折旧和劳动力等各种要素。"产出"是指生产出来的产出总量及其分配去向和数量,又叫流量,分为中间产品和最终产品两类。前者主要用于生产消费;后者是指可供社会消费和使用的产品,包括生活消费,积累和净出口等。

投入产出分析是"把一个复杂经济体系中各部门之间的相互依存关系系统地数量化的方法"[①]。"投入产出分析"在国内外曾有过各种名称,如投入产出技术、产业关联分析方法、部门联系平衡法等。它是研究国民经济体系或区域经济体系中各个产业部门间投入与产出的相互依存关系的数量分析方法。然而它又不仅仅局限于分析产业间的关联关系,也可以利用产业间投入与产出的有关数量比例去研究国民经济中的其他方面的问题。就投入产出法应用于产业关联分析而言,是通过编制棋盘式的投入产出表和建立相应的线性代数方程,构成一个模拟现实国民经济各产业部门产品的相互"流入""流出"的社会再生产过程的经济数学模型,来分析各产业间的各种重要比例关系,为经济预测和经济计划服务。

2. 投入产出分析法的应用与发展

投入产出法创立以来,在欧美国家和一些社会主义国家得到广泛应用,到目前为止,已有许多国家和地区编制过各种类型的投入产出表,不少国家的统计机构中设有专门的投入产出统计部门。投入产出法本身也在研究手段、研究内容和方法上有了较大的发展。这主

---

① 瓦西里·里昂惕夫.投入产出经济学[M].北京:中国统计出版社,1990:19.

要表现在三个方面：一是经济理论及经济模型向深度发展，如外生变量的内生化、静态模型向动态模型的发展、投入产出模型与线性规划模型的结合、消耗系数变动的预测，等等；二是在广度方面，即应用范围的扩展，如从产业结构分析拓展至地区投入产出分析、企业投入产出分析、国际贸易和世界经济分析、用于研究各种特殊问题的投入产出分析（如能源、教育、环境污染、人口等投入产出分析，以分析核算环境污染、收益分配、人口、教育等与经济发展的相互关系，等等）；三是在分析方法上，将最优化理论、经济计量理论、动态控制理论与投入产出方法结合起来的研究，也正在进行中。

3. 投入产出静态模型和动态模型

按分析时期不同，投入产出分析模型可分为投入产出静态模型和动态模型。静态模型用于分析与研究某一时点上产业间的投入产出关系；动态模型则用于分析与研究若干时期产业间的投入产出关系。静态模型中的基本假设是技术、投资和价格等都是外生变量，而动态模型中考虑到了随时间而变化的技术进步和价格变化问题，将技术进步、价格变化和基本建设投资额视为本期及以后若干时期产量的函数。下面我们主要介绍静态模型。

（三）投入产出分析的假定与适用范围

投入产出分析，是通过数学模型对现实经济活动所进行的抽象。如同其他数学模型一样，虽然它能够在相当程度上反映产业结构系统中各产业间的关系，但被其反映的关系都是建立在对产业间技术经济联系进行了一定简化和假设的基础之上的。投入产出分析的假定条件主要如下：

第一，同质性的假定。该假定是指在投入产出模型中，假定所有的产业部门都以同样的生产方式和同种生产技术仅生产同质产品。

第二，规模报酬不变假定。投入产出分析所使用的数学模型，是通过线性方程式来描述的，而线性关系就决定了投入与产出是按固定比例进行的，即一个产业的投入增加，其产出等比例增加，反之亦然。按这种假设可使用线性代数的分析方法来经济现象进行模拟。

第三，价格不变的假定。一是指在模型建立时不考虑内价格比价变动而引起的产业间投入产出关系的变化；二是指不考虑由于价格和价值的背离而引起的产业间投入产出关系的变化。

第四，技术不变假定。即不考虑由于技术进步而引起的产业间投入产出关系的变化。

第五，时间静态假定。静态投入产出模型没有考虑各产业部门生产时间先后的影响。

上述假定可将现实经济活动中的复杂关系简单化，以便于模型能抓住产业间关联的实质——技术经济联系，从而使得静态投入产出分析成为产业关联分析中的一个重要理论工具和分析方法。但是上述假定正是其局限性所在，从而使其分析结果与现实产业发展存在一定的偏离。比如：价格变动无论对于实物消耗，还是对于价值消耗都是有影响的；生产技术也是不断进步并对产业关联关系产生重要影响的；产品同质假定背离了产业发展中的规模经济和范围经济发展事实，等等。然而，缺少了这些假定，投入产出静态模型就无法建立，事实上，其动态模型也是建立在静态模型之上的。一般来说，静态投入产出分析适用于短期而不适用于长期，适用于分析而不适用于预测①。这是我们在运用投入产出模型进行产业

---

① 杨公朴. 产业经济学[M]. 上海：复旦大学出版社，2005：393.

结构分析时应特别注意的。

二、产业关联分析的基本工具

运用投入产出法对产业间"投入"与"产出"的数量比例关系进行分析,必须借助于投入产出表和投入产出模型。因此,投入产出表和投入产出模型是产业关联分析的基本工具。

(一) 投入产出表

投入产出表也称里昂惕夫表或产业联系表,它以矩阵的形式,记录和反映一个经济系统在一定时期内各部门之间发生的产品及服务流量和交换关系。投入产出表分为实物型和价值型两种,前者是以实物为计量单位,后者以货币为计量单位。

1. 实物型投入产出表

表 10-1 简化的实物型投入产出表的一般形式

产出＼投入	单位	中间产品					最终产品	总产品
		产品 1	产品 2	产品 j	产品 n	合计		
产品 1		X_{11}	X_{12}	$\cdots X_{1j} \cdots$	X_{1n}	U_1	Y_1	X_1
产品 2		X_{21}	X_{22}	$\cdots X_{2j} \cdots$	X_{2n}	U_2	Y_2	X_2
…		…	…	………	…	…	…	…
产品 i		X_{i1}	X_{i2}	$\cdots X_{ij} \cdots$	X_{in}	…	Y_i	X_i
…		…	…	………	…	…	…	…
产品 n		X_{n1}	X_{n2}	$\cdots X_{nj} \cdots$	X_m	U_n	Y_n	X_n
劳动力		L_1	L_2	$\cdots L_j \cdots$	L_n			L

表 10-1 给出了实物型投入产出表简化格式。其中,Y_i—第 i 种产品用作最终使用的数量;X_i—第 i 种产品的生产总量;L_j—第 j 部门生产产品的劳动力需要量;L—各种产品所需劳动力数量之和。

表的横行反映了各类产品和劳动力的分配使用情况,其中包括作为中间产品的分配使用和作为最终产品的分配使用;表的纵列反映了各类产品在生产过程中所消耗的各种产品数量和劳动力数量。

2. 价值型投入产出表

价值型投入产出表的一般简化形式如表 10-2 所示。表中各元素的经济含义是：

X_{ij} 表示第 j 产业部门生产中所消耗的第 i 产业部门的产品数量;X_i 表示第 i 产业部门的年产品价值总量;Y_i 表示第 i 产业部门提供的年最终产品价值;D_j 表示第 j 部门全年提取的折旧基金;V_j 表示第 j 部门劳动者一年内的全部报酬总值;M_j 表示第 j 部门劳动者创造的纯收入;我们用 N_j 表示第 j 部门一年内所创造的国民收入,$N_j = V_j + M_j$。

在表 10-2 中,纵列数字是各个产业的投入结构,即各产业为了进行生产,从包括本产业在内的各个产业购进了多少中间产品（原材料），以及为使用各生产要素支付了多少费用，包括工资、利息等。因此，每一纵列反映了相应产业部门的投入构成，其总计就是总投入。横行数字是各行业的产出结构，包括中间产品和最终产品的产出，并反映了这些产品的销路或分配去向。每一横行的总计即为相应产业部门一定时期（一年）内的总产出。

纵列包括物质消耗的价值转移和新创造价值两部分，反映了社会总产品的价值构成；横行包括中间产品和最终产品两大部分，反映了社会产品的分配和使用流向。

表 10-2 简化的价值型投入产出表

投入	产出	中间产品					最终产品					总产品
		消耗部门					固定资产更新改造	消费	积累	净出口	小计	
		1	2	…	n	小计						
生产资料转移值	生产部门 1	X_{11}	X_{12}	…	X_{1n}						Y_1	X_1
	2	X_{21}	X_{22}	…	X_{2n}						Y_2	X_2
	…	…	…	…	…						…	…
	n	X_{n1}	X_{n2}	…	X_{nn}						Y_n	X_n
	小计											
	折旧	D_1	D_2	…	D_n							
	合计											
新创造值	劳动报酬	V_1	V_2	…	V_n							
	社会纯收入	M_1	M_2	…	M_n							
	小计	N_1	N_2	…	N_n							
总投入		X_1	X_2	…	X_n							

3. 价值型投入产出表的三个部分

价值型投入产出表纵横交叉，构成了相互联系的三大部分。这三部分的经济含义如下。

（1）中间需求（中间产品）部分，亦称为内生部分，是投入产出表的核心部分。它反映在一定时期（如一年）内一个国家社会再生产过程中各产业之间相互提供中间产品的依存和交易关系，因此，这一部分横向各产业和纵向各产业的排列是相互对应的。横向的数据表示某一产业向包括本产业在内的所有产业提供其产出的中间产品的状况，也就是所有产业生产中所需该产业产品的情况，即中间需求情况。例如，包括第 i 产业在内的所有产业生产中所需第 i 产业的中间产品的产出总量为 $\sum_{i=1}^{n} x_{ij}$。纵向的数据表示某一产业生产中向包括本产业在内的各产业购进中间产品的状况，也就是所有产业向该产业的中间投入情况。例如第 j 产业向包括本产业在内的所有产业"投入"中间产品的总量为 $\sum_{j=1}^{n} x_{ij}$。

（2）最终需求（最终产品）部分，亦称"外生部分"。它反映各产业生产的产品或服务成为最终产品那部分的去向。最终产品的去向，即最终需求，大致分为三部分的流向：一是消费部分，具体可分为个人消费与社会消费两部分，前者是指家庭消费的总和，后者是指公共福利、社会保障、政府等行政性支出的各种社会性消费；二是投资部分，是由固定资产更新与新增固定资产两部分构成，其中新增固定资产又可分为生产性固定资产和非生产性固定资产；三是出口部分。

(3) 毛附加价值部分，也是一种"外生部分"。这部分包括两块：一块是各产业部门提留的折旧；另一块是各产业部门在一定时期内，如一年内实现的净产值(附加价值)，亦即新创造的价值。净产值又可分为劳动者报酬和社会纯收入两部分。所以，毛附加价值部分反映了各产业提取折旧基金的价值及其创造的国民收入的价值构成，以及国民收入额在各产业部门间的分布比例。

(二) 投入产出表中的平衡关系

投入产出表的行、列之间存在均衡关系。但由于实物型投入产出表采用实物单位计量，所以表的纵列各项元素不能相加，也就不能反映产品的价值运动。而价值型投入产出表中的行与列的元素都可以相加，所以都存在均衡关系。价值型投入产出表，可以按行、列，以及在行与列之间分别建立起平衡关系。

1. 实物型投入产出表中的平衡关系

实物型投入产出表中的平衡关系式主要有两个。

(1) 总产品＝中间产品＋最终产品。用公式表示，即为：

$$\sum_{j=1}^{n} X_{ij} + Y_i = X_i \quad (i=1,2,\cdots,n)$$

(2) 劳动力总量＝各产品生产所需劳动力数量之和。用公式表示，即为：

$$L = \sum_{j=1}^{n} L_j \quad (j=1,2,\cdots,n)$$

上述两个平衡式可以构成一个联立方程。

2. 价值型投入产出表中的平衡关系

(1) 各行的平衡关系是：各行的中间产品价值＋各行的最终产品价值＝各行的总产品价值。其数学表达式为：

$$\sum_{i=1}^{n} x_{ij} + Y_i = X_i \quad (i=1,2,\cdots,n)$$

各行的平衡关系反映了各产业部门产品的流向。

(2) 各列的平衡关系是：各列的生产资料转移价值＋各列新创造价值＝各列的总产值。其数学表达式为：

$$\sum_{i=1}^{n} x_{ij} + N_j + D_j = X_j \quad 或 \quad \sum_{i=1}^{n} x_{ij} + V_j + M_j + D_j = X_j \quad (j=1,2,\cdots,n)$$

各列的平衡关系说明了各产业部门的价值形成的产出过程,反映了每一产业部门的产出与各产业部门对其的投入之间的平衡关系。

(3)行与列之间还存在如下平衡关系:

第一,横行各产业部门的总产出等于相对应的同名称的纵列各产业部门的总投入。其数学表达式为:

$$\sum_{i=1}^{n} x_{ij'} + D_{j'} + N_{j'} = \sum_{j=1}^{n} x_{i'j} + Y_{i'} \quad (当\ i' = j'\ 时)$$

第二,最终产品总量等于国民收入总量和固定资产折旧总量之和,即最终需求部分和毛附加价值部分相等。其数学表达式为:

$$\sum_{j=1}^{n} D_j + \sum_{j=1}^{n} N_j = \sum_{i=1}^{n} Y_i$$

(三)投入产出表中各类系数的确定

由于投入产出模型是由各类系数、变量组成的数学表达式,而模型的建立过程一般又分两步:一是先依据投入产出表计算各类系数;二是在此基础上,再依据投入产出表的平衡关系,建立起投入产出的数学函数表达式,即投入产出模型。因此,这里首先需要根据投入产出表的平衡关系确定各类系数。

1. 直接消耗系数

直接消耗系数又称为投入系数或技术系数,其经济含义是生产单位 j 产品所直接消耗的 i 产品的数量。其计算方法是依据投入产出表的数据,将各产业部门的总产品去除它所消耗的各种投入要素分量。直接消耗系数的计算公式为:

$$a_{ij} = \frac{x_{ij}}{X_j} \quad (i,j = 1,2,\cdots,n)$$

用矩阵形式表示就是:$\boldsymbol{A} = \boldsymbol{Q}\boldsymbol{X}^{-1}$。其中,

$$\boldsymbol{A} = \begin{vmatrix} a_{11} & a_{12} & \cdots & a_{1n} \\ a_{21} & a_{22} & \cdots & a_{2n} \\ \vdots & \vdots & & \vdots \\ a_{n1} & a_{n2} & \cdots & a_{nn} \end{vmatrix}; \boldsymbol{Q} = \begin{vmatrix} x_{11} & x_{12} & \cdots & x_{1n} \\ x_{21} & x_{22} & \cdots & x_{2n} \\ \vdots & \vdots & & \vdots \\ x_{n1} & x_{n2} & \cdots & x_{nn} \end{vmatrix}; \boldsymbol{X}^{-1} = \begin{vmatrix} 1/X_1 & 0 & \cdots & 0 \\ 0 & 1/X_2 & \cdots & 0 \\ \vdots & \vdots & & \vdots \\ 0 & 0 & \cdots & 1/X_n \end{vmatrix}$$

矩阵 $\boldsymbol{A}$ 就是直接消耗系数矩阵,反映了投入产出表中各产业部门间技术经济联系和产品之间的技术联系。直接消耗系数是建立模型的最重要、最基本的系数。这一指标可以使我们很容易地判断产业间技术联系的数量关系,找到某一产业的产品实现某一数量的变化时其他各产业的中间产品相应地变化到某一程度的量化数据。它也是判断产业结构是否合理的依据,是判断产业间直接联系的程度,衡量产业发展水平和技术水平的基础指标,因而也是产业结构分析的最基本的指标。

2. 完全消耗系数

由于各产业的产品在生产过程中除了与相关产业有直接联系外,还与有关产业有间接联系,从而各产业的产品在生产中除了直接消耗外,还存在着间接消耗。完全消耗系数则是这种直接消耗联系与间接消耗联系的全面反映。完全消耗系数在投入产出分析中起着重要的作用,它能深刻地反映一个部门的生产与本部门和其他部门发生的经济数量关系,因此它比直接消耗系数更本质、更全面地反映部门内部和部门之间的技术经济联系,这对正确地分析国民经济、产业结构十分重要。除此之外,它对经济预测和计划制订也有很大的作用。

完全消耗系数的经济含义是指某产业部门单位产品的生产,对各产业部门产品的直接消耗量和间接消耗量的总和。也就是说,完全消耗系数等于直接消耗系数与间接消耗系数之和。用公式表示:

$$b_{ij} = a_{ij} + \sum_{k=1}^{n} b_{ik} a_{kj} \quad (i,j = 1, 2, \cdots, n)$$

式中:b_{ij}——完全消耗系数,表示生产单位 j 产品所直接和间接消耗 i 产品数量之和 $(i=1,2,\cdots,n)$;a_{ij}——直接消耗系数,其含义如前述;$\sum_{k=1}^{n} b_{ik} a_{kj}$——间接消耗系数,其中 k 为中间产品部门,$\sum_{k=1}^{n} b_{ik} a_{kj}$ 表示通过 k 种中间产品而形成的生产单位 j 产品对 i 产品的全部间接消耗量。

用矩阵表示,即:$\boldsymbol{B} = (\boldsymbol{I} - \boldsymbol{A})^{-1} - \boldsymbol{I}$(证明略)

式中:$\boldsymbol{B}$ 是完全消化系数矩阵;$\boldsymbol{I}$ 是单位矩阵;$\boldsymbol{A}$ 是直接消耗系数矩阵。$(\boldsymbol{I} - \boldsymbol{A})^{-1}$ 是 $(\boldsymbol{I} - \boldsymbol{A})$ 的逆矩阵。$(\boldsymbol{I} - \boldsymbol{A})^{-1}$ 也称为里昂惕夫逆矩阵。

$$\boldsymbol{B} = \begin{bmatrix} b_{11} & b_{12} & \cdots & b_{1n} \\ b_{21} & b_{22} & \cdots & b_{2n} \\ \vdots & & & \vdots \\ b_{n1} & b_{n2} & \cdots & b_{nn} \end{bmatrix}$$

3. 其他系数

(1)直接折旧系数。其经济含义是某产业生产单位产品所提取的直接折旧费用的数额。计算公式是:

$$a_{D_j} = \frac{D_j}{X_j} \quad (j = 1, 2, \cdots, n)$$

(2)劳动报酬系数。是指某产业部门生产单位产品需支付的劳动报酬数量。其计算公式为:

$$a_{V_j} = \frac{V_j}{X_j} \quad (j = 1, 2, \cdots, n)$$

(3) 社会纯收入系数。该系数表示某产业部门生产单位产品所能提供的社会纯收入数量。该系数的计算公式为：

$$a_{M_j} = \frac{M_j}{X_j} \quad (j=1,2,\cdots,n)$$

(4) 国民收入系数。亦称净产值系数，表示某产业部门生产单位产品所创造的国民收入或净产值的数额。其计算公式为：

$$a_{N_j} = \frac{N_j}{X_j} \quad (j=1,2,\cdots,n)$$

上述四个系数可用一个矩阵式表示，即：$\boldsymbol{A}_\sigma = \boldsymbol{Q}_\sigma \boldsymbol{X}^{-1}$，式中：

$$\boldsymbol{A}_\sigma = \begin{bmatrix} a_{D_1} & a_{D_2} & \cdots & a_{D_n} \\ a_{V_1} & a_{V_2} & \cdots & a_{V_n} \\ a_{M_1} & a_{M_2} & \cdots & a_{M_n} \\ a_{N_1} & a_{N_2} & \cdots & a_{N_n} \end{bmatrix}; \quad \boldsymbol{Q}_\sigma = \begin{bmatrix} D_1 & D_2 & \cdots & D_n \\ V_1 & V_2 & \cdots & V_n \\ M_1 & M_2 & \cdots & M_n \\ N_1 & N_2 & \cdots & N_n \end{bmatrix}$$

（四）投入产出模型

根据价值型投入产出表的平衡关系和各类系数，可以构建投入产出分析的两个基本模型。

1. 基本模型 I

基本模型 I 是根据价值型投入产出表中行的平衡关系和直接消耗系数建立的基本模型。由直接消耗系数公式 $a_{ij} = \frac{x_{ij}}{X_j}$ 可以得到 $x_{ij} = a_{ij}X_j$，并将其代入上文按行建立的平衡关系式，就得到如下投入产出模型：

$$\sum_{j=1}^{n} a_{ij} X_j + Y_i = X_i \quad (i=1,2,\cdots,n) \tag{10-1}$$

由(10-1)式移项得：

$$X_i - \sum_{j=1}^{n} a_{ij} X_j = Y_i \quad (i=1,2,\cdots,n) \tag{10-2}$$

将(10-2)转换成矩阵得到：$(\boldsymbol{I}-\boldsymbol{A})\boldsymbol{X}=\boldsymbol{Y}$。 (10-3)

式中：

$$(\boldsymbol{I}-\boldsymbol{A}) = \begin{bmatrix} 1-a_{11} & -a_{12} & \cdots & -a_{1n} \\ -a_{21} & 1-a_{22} & \cdots & -a_{2n} \\ \vdots & \vdots & & \vdots \\ -a_{n1} & -a_{n2} & \cdots & 1-a_{nn} \end{bmatrix}; \quad \boldsymbol{X} = \begin{bmatrix} X_1 \\ X_2 \\ \vdots \\ X_n \end{bmatrix};$$

$$Y = \begin{bmatrix} Y_1 \\ Y_2 \\ \vdots \\ Y_n \end{bmatrix}; \quad I = \begin{bmatrix} 1 & 0 & \cdots & 0 \\ 0 & 1 & \cdots & 0 \\ \vdots & \vdots & & \vdots \\ 0 & 0 & \cdots & 1 \end{bmatrix}.$$

如前文所述,$(I-A)$ 称之为里昂惕夫矩阵,其经济含义是:矩阵中的纵列表明每种产品的投入与产出关系;每一列都说明某产业为生产一个单位产品所要投入各相应产业的产品数量;负号表示投入,正号表示产出,对角线上各元素则是各产业的产品扣除自身消耗后的净产出。显然,上述投入产出的变换矩阵式(10-3),通过矩阵 $(I-A)$ 把 X 与 Y 的关系揭示了出来,即揭示了总产品与最终产品之间的相互关系。

2. 基本模型Ⅱ

根据价值型投入产出表的列的平衡关系式和直接消耗系数,可以建立投入产出基本模型Ⅱ。按照上述同样的道理,将 $x_{ij} = a_{ij}X_j$ 代入按列建立的平衡关系式,可得如下投入产出模型:

$$\sum_{i=1}^{n} a_{ij}X_j + D_j + N_j = X_j \quad (j=1,2,\cdots,n) \tag{10-4}$$

同时,将直接折旧系数公式转换成 $D_j = a_{D_j}X_j$,代入(10-4)式得到:

$$\sum_{i=1}^{n} a_{ij}X_j + a_{D_j}X_j + N_j = X_j \quad (j=1,2,\cdots,n) \tag{10-5}$$

对(10-4)进行整理得到:

$$\left(1 - \sum_{i=1}^{n} a_{ij} - a_{D_j}\right)X_j = N_j \quad (j=1,2,\cdots,n) \tag{10-6}$$

将(10-6)写成矩阵形式就是:$(I-C)X=N$。 $\tag{10-7}$

(10-7)中,I 为单位矩阵,X 同前,其他符号分别是:

$$C = \begin{bmatrix} \sum_{i=1}^{n} a_{i1} + a_{D_1} & 0 & \cdots & 0 \\ 0 & \sum_{i=1}^{n} a_{i2} + a_{D_2} & \cdots & 0 \\ \vdots & \vdots & & \vdots \\ 0 & 0 & \cdots & \sum_{i=1}^{n} a_{in} + a_{D_n} \end{bmatrix}; \quad N = \begin{bmatrix} N_1 \\ N_2 \\ \vdots \\ N_n \end{bmatrix}$$

C 矩阵各元素描述了转移价值系数,即直接物质消耗系数加直接折旧系数;$(I-C)$ 矩阵中的各元素,则揭示了总产值与国民收入之间的函数关系。

除了上述投入产出的两个最重要基本模型外,根据分析需要,还可建立中间产品流量模型、劳动力流量模型和国民生产总值流量模型。

三、产业关联分析的主要内容

以整个国民经济社会再生产的均衡关系为基础所建立的投入产出表及其模型,为分析产业关联特征及其比例关系提供了有力的定量化工具。以下主要运用这一工具对产业关联中有关产业间比例、产业内的投入结构、分配或销售结构,以及产业间联系的广度、深度等有关"结构分析"的主要问题和内容进行阐述。

(一) 产业间比例关系分析

投入产出表为我们利用现有统计资料直接分析一国或一个地区的总体经济结构情况,分析各产业之间的比例关系提供了方便。这种分析一般根据三种数据来进行:一是计算各产业总产值(或净产值)占社会总产值或国民收入的比重;二是计算各产业总产值(或净产值)的发展速度;三是计算各产业中投资占的比重。利用上述数据,或是从时间序列上,从动态变化中通过分析比较不同时期各个产业的情况,来说明该比例是否协调,或是从不同国家或地区的对比中来衡量不同产业比例的协调与高度化情况。

通过投入产出模型,可以更为深入地分析不同产业之间的内在联系,了解它们更细微、具体的部门构成,而且还能计算出不同产业生产产品的价值构成,并从社会再生产的角度来研究分析它们之间的数量关系。从投入产出表中,我们一是可以了解和简单计算出不同产业所生产产品的分配使用情况,如了解各部门生产性消耗以及用于积累和直接满足消费需要的比例。此外,还可以了解各部门生产使用不同产业所生产的产品情况。二是可分析不同产业在国民经济中的地位。除了利用投入产出表能计算不同产业的总产值和净产值所占的比重外,还能计算在中间产品与最终产品中,不同产业各自所占的比重。三是利用直接消耗系数、直接折旧系数与完全消耗系数,可以了解不同产业部门的技术发展水平、资金使用效率及其内在联系。另外,根据投入产出表及其系数还可以分析投资与消费、消费与积累、内需与外需等方面的比例关系。

不仅如此,投入产出表及其模型还为以大类产业分类的比例关系提供了良好的数量分析基础,如两大部类的比例关系、农轻重的比例关系等。这种数量分析为判别产业之间比例是否协调、合理,以及如何调整提供了有力依据。

(二) 投入结构与产出结构分析

投入结构是指某一产业的投入构成及其比例关系;产出结构是指某一产业的产出构成(或需求构成)及其比例关系。不同产业的这两种结构是不同的,它们既反映了产业结构的重要特征,也是产业技术经济联系状况的重要参数。产出结构和投入结构分析一般用中间需求率和中间投入率、投入系数和分配系数等指标来度量。

1. 中间需求率与中间投入率

(1) 中间需求率。即某一产业的中间需求率,是指各产业在一定时期(通常为一年)内

对某产业产品的中间需求之和,与整个国民经济对该产业部门产品的总需求之比。其计算公式为:

$$G_i = \sum_{j=1}^{n} x_{ij} \Big/ \Big(\sum_{j=1}^{n} x_{ij} + Y_i\Big) \quad (i=1,2,\cdots,n)$$

式中符号的含义与前述投入产出表和投入产出模型中的符号相同。

这个指标反映了各产业部门的总产品中有多少作为中间产品(即原材料)为各产业所需求。中间需求率越高,表明该产业部门就越带有原材料产业的性质。

由于"总需求=中间需求+最终需求",所以有:"中间需求率+最终需求率=1"或者"最终需求率=1-中间需求率"。因而一个产业部门的中间需求率低,最终需求率必高,则这个产业也就带有提供最终产品的性质,即这个产业的产品更多的是提供最终需求,即居民消费、投资消费或出口。依据中间需求率,就可比较精确地计算出各产业部门产品用于生产资料和消费资料的比例,从而较准确地把握各产业部门在国民经济中的地位与作用。

(2)中间投入率。某产业部门的中间投入率是指该产业部门在一定时期(通常为一年)内,生产过程中的中间投入与总投入之比。其计算公式为:

$$G_j = \sum_{i=1}^{n} x_{ij} \Big/ \Big(\sum_{i=1}^{n} x_{ij} + D_j + N_j\Big) \quad (j=1,2,\cdots,n)$$

式中符号的含义与前述投入产出表和投入产出模型中的符号相同。

中间投入率指标反映各产业在自己的生产过程中,为生产单位产值的产品需从其他各产业购进的原料在其中所占的比重。由于"总投入=中间品投入+折旧+净产值(附加价值)=总产值(总产出)"。因此,某产业的附加价值率=附加价值/总产值,且有"附加价值率+中间投入率=1"这一恒等式。所以,某产业的中间投入率越高,该产业的附加价值率就越低,高中间投入率产业就是低附加价值产业部门,反之亦然。

(3)中间投入率和中间需求率指标在产业关联分析中的作用。其主要体现在以下几个方面:

第一,可划分产业群,并较准确地确定不同产业群在国民经济中的不同地位。钱纳里和渡边等经济学家曾根据美国、意大利、日本、挪威等国的投入产出表,经计算整理,将不同中间需求率和中间投入率的各产业作了如下划分(表10-3)。

表10-3 按中间需求率和中间投入率划分的产业群

产业 投入率 \ 需求率	中间需求率小	中间需求率大
中间投入率大	最终需求型产业:日用杂货、造船、皮革及其制品、食品、粮食加工、运输设备、机械、木材和木材加工、非金属矿物制品、其他制造业。	中间产品型产业:钢铁、纸及纸制品、石油产品、有色金属冶炼、化学、煤炭加工、橡胶制品、纺织、印刷及出版业。
中间投入率小	最终需求型基础产业:渔业、运输、商业、服务业。	中间产品型基础产业:农、林、煤炭、金属采矿、石油及天然气、非金属采矿、电力等。

资料来源:转引自杨治.产业经济学导论[M].北京:中国人民大学出版社,1985.

可以看出,根据中间投入率和中间需求率可将各种产业划分为四类产业群:最终需求型产业群、中间产品型产业群、最终需求型基础产业群和中间产品型基础产业群。

第二,可以较为清楚地显示各产业间相互联系、相互依存的不同程度。如果按各产业中间投入率、中间需求率的大小,对投入产出表中的国民经济各产业部门重新排序,即用横轴从左至右按各产业的中间投入率由大至小排列,在纵轴上从上至下按各产业的中间需求率由小至大进行排列,则可得到各产业部门联结关系的平面图,如图10-1所示。

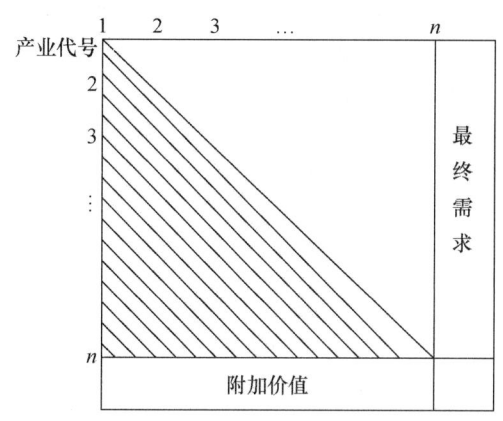

图 10-1　投入产出三角形配置图

如图所示,如果产业之间的联结是单向联结型,则这种调整过排列顺序的投入产出表上的 x_{ij} 的数字代号只出现在图中斜线部分的三角形内,对角线以上的三角形内就不出现 x_{ij} 为 0 的数字的代号。这种情况意味着,对产业 1 没有任何中间需求,其全部产品都是最终产品。同时它将从 $2,3,\cdots,n$ 的所有产业购进原料。产业 2 只有产业 1 对之有中间需求,其他产业对其均无中间需求,同时它要从除产业 1 以外的所有产业购进原料。以下如此类推,产业 n 的产品则全部都是中间产品,同时无须从其他产业购进任何原料,而产业 1 生产的全部是最终产品,却需要其他所有产业为其提供投入。因此,利用中间需求率、中间投入率指标,对国民经济各产业部门按上述规则重新排序,就能更进一步观察到一个特定经济系统产业间的内部结构及各产业的地位与作用了,如产业 n 具有作为整个产业结构基础的功能,而产业 1 则承担着向社会提供最终需求的主要任务。

第三,可揭示各产业部门协调发展的"有序性"。所谓产业发展的"有序性",是指国民经济运行中,各产业有先有后的发展顺序。这种先后顺序是由产业之间关联的依存度决定的。结合表 10-3 和图 10-1,我们可以看到表 10-3 中右下部分产业群,是处在三角形投入产出图 10-1 中带阴影三角形底部的产业,这些产业群对其他产业产品投入的依存度低(中间投入率小),但其他产业对他们的依存度最大(中间需求率大),他们为其他产业的发展提供原材料,是其他产业赖以生存和发展的基础,应先行发展。这就是国民经济发展中为什么要强调农业、采掘工业、能源等基础产业先行的根本原因。同样,在表 10-3 中的右上产业群,诸如钢铁、石油产品、有色金属冶炼、化学、煤炭加工、纺织等产业因其中间需求率大,对其他产业的发展也有较大的制约性,因而也应较先行地发展。

2. 投入系数与分配系数

(1) 投入系数与投入结构。"投入系数",即"直接消耗系数"。它既以投入产出表的纵列费用结构反映了产业的投入结构,同时也以中间产品投入的形式反映着各个产业部门之间的生产技术上的联系。有了这个投入系数,我们就很容易找到该产业的产品实现某一增长程度时,其他各产业的中间产品应相应增长到某一程度的"量化"数据;这一系数也为现存的国民经济各产业部门的结构比例是否合理提供了判别准则,为这一结构比例的合理调整提供了依据;投入系数还为一国制定经济计划提供了重要的经济参数;同时,动态地看,某一产业的产品生产投入系数的变动也反映了产业间生产技术联系的变化,并在相应程度上反映了产业投入结构和产业结构的变动。

(2) 分配系数。各产业部门产品的分配系数,是表示某一产业部门的产品销往或分配使用在各产业部门的比例。其计算公式为:

$$d_{ij} = \frac{x_{ij}}{X_i} \quad (i=1,2,\cdots,n)$$

式中:d_{ij} 表示第 i 部门的产品 X_i 分配使用在第 j 产业部门生产用途上的比重;x_{ij} 是指第 i 部门分配(销往)第 j 部门的产品量。分配系数反映了投入产出表中某产业产品的销路结构(分配结构或产出结构),体现了各产业部门产品的分配去向,从而反映出某产业部门的发展受其他产业发展的不同影响和制约程度,是产业关联的重要方面。

(三) 产业关联度分析

产业关联度指各产业部门间的关联程度,可从两方面考察:一是考察产业间联系的广度和深度;二是考察产业结构体系中各产业间的影响力和感应力。

1. 产业间关联的广度和深度

产业间关联的广度是指一个产业与其他产业联系的广泛程度,可用直接消耗系数 a_{ij} 指标来考察与度量:当 $a_{ij}=0$ 时,表明 i 产业部门与 j 产业部门没有直接联系;当 $a_{ij}\geqslant 0$ 时,且涉及 $j(j=1,2,\cdots,n)$ 产业部门越多,表明第 i 产业部门与其他产业部门的联系就越广,反之亦然。需要指出的是,当 $a_{ij}=0$ 时,不能断定 i 与 j 这两个产业部门完全没有联系。事实上,任何两个或多个产业部门之间可以没有直接联系,但有无完全联系则要根据包括间接消耗系数在内的完全消耗系数是否等于零来判断。

产业关联的深度是指一个产业与其他产业相互依存、相互作用的程度。一般通过计算投入产出表各列中各自的流量(即产业间的直接消耗)在总的直接消耗中所占比重大小来度量,这一度量指标可用下列公式计算:

$$r_{ij} = x_{ij} \Big/ \sum_{i=1}^{n} x_{ij} \quad (i,j=1,2,\cdots,n)$$

式中:分母为 j 部门生产过程中对各产业部门产品总的直接消耗量;分子为 j 部门生产时对特定的 i 产业部门产品的直接消耗量,r_{ij} 则为两者之比,亦可称 j 产业部门对 i 部门的联系深度。r_{ij} 值越大,则表明第 j 产业与第 i 产业的联系深度越深,反之就浅些。通过计算

所有产业的 r_{ij}，便可从联系深度的深浅来反映产业间的关联程度。

2. 产业影响度和感应度

任何一个产业部门的生产活动通过产业间的联系方式，必然要影响到或受影响于其他产业的生产活动。在这里，把一个产业对其他产业的影响程度称为该产业的影响力，而把一个产业受到其他产业影响的程度称为该产业的感应度。产业的影响力和感应度的大小，分别用影响力系数和感应度系数来表示。其计算公式分别为：

(1) 影响力系数。

$$T_j = \frac{1}{n}\sum_{i=1}^{n} A_{ij} \Big/ \frac{1}{n^2}\sum_{i=1}^{n}\sum_{j=1}^{n} A_{ij} \quad (i,j=1,2,\cdots,n)$$

（即：某产业的影响力系数 = $\dfrac{该产业纵列逆阵系数的平均值}{全部产业纵列逆阵系数平均值的平均}$）

某产业的影响力系数大于1或小于1，表明该产业的影响力在全部产业中居平均水平以上或以下。A_{ij} 是 $(I-A)^{-1}$ 中第 i 行第 j 列的数。

(2) 感应度系数。

$$S_i = \frac{1}{n}\sum_{j=1}^{n} A_{ij} \Big/ \frac{1}{n^2}\sum_{i=1}^{n}\sum_{j=1}^{n} A_{ij} \quad (i,j=1,2,\cdots,n)$$

（即：某产业的感应度系数 = $\dfrac{该产业横行逆阵系数的平均值}{全部产业横行逆阵系数平均值的平均}$）

某产业的感应度系数若大于1或小于1，表明该产业的感应度在全部产业中居于平均水平以上或以下。A_{ij} 是 $(I-A)^{-1}$ 中第 i 行第 j 列的数值。

需要指出的是，各产业的感应度系数和影响力系数，在工业化不同阶段是不同的。但也有一种趋向，即在工业化过程中，一般重工业都表现为感应度系数较高，而轻工业大都表现为影响力系数较高。因此，经济增长率较高时，感应度系数较高的重工业一般表现为发展较快，而影响力系数较高的轻工业的发展对重工业及其他产业发展起推动作用。有些产业的影响力系数和感应度系数都大于1，表明这些产业在经济发展中一般是处在战略地位，是对经济增长速度最敏感的产业。比如机械工业，不管经济增长上升还是下降，机械工业都有强烈的反应。

此外，产业的影响力系数和感应度系数还可以用于产业波及效果分析。

(四) 产业关联效应分析

产业关联效应是指一个产业在生产规模、产值、技术等方面的变化通过产业间关联纽带对其他产业部门产生的直接和间接的影响，是产业间相互依存、相互作用和相互影响而产生的经济效应。产业关联效应包括前向关联效应和后向关联效应。前向关联效应就是指一个产业在生产、产值、技术等方面的变化引起它前向关联部门在相应方面的变化，或导致新技术的出现、新产业部门的创建等。后向关联效应就是指一个产业在生产、产值、技术等方面的变化引起它后向关联部门在相应方面的变化，例如由于该产业自身对投入品的需求增加或要求提高而引起提供这些投入品的供应部门发生扩大投资、提高产品质量、完善管理、加快技术进步等变化。

产业关联效应可以用上述分析产业关联度的指标来分析,也可以用上述分析投入结构与产出结构的指标来分析。比如,产业影响力系数和产业感应度系数本身既反映了产业间关联的程度,同时也反映了一个产业各方面的变化对其他产业影响程度,或一个产业受其他产业变化而发生变化的程度。因此,这两个指标既是分析产业关联程度的指标,同时也是分析产业关联效应的指标。利用这两个指标对产业间相互作用程度进行分析的过程,同时也是对产业关联效应进行分析的过程。再如,使用中间需求率和中间投入率指标,可以分析产业的投入结构和产出结构,同时,也可以分别用于度量产业的直接前向关联效应和直接后向关联效应[①]。这里,我们分别称之为直接前向关联系数和直接后向关联系数。

(1) 直接前向关联系数。

$$L_{Fi} = \sum_{j=1}^{n} x_{ij} \bigg/ \Big(\sum_{j=1}^{n} x_{ij} + Y_i\Big) \quad (i = 1, 2, \cdots, n)$$

式中符号的含义与前述投入产出表和投入产出模型中的符号相同。直接前向关联效应表示当某产业的总产出增加一个单位时,将能为其他产业提供中间需求的直接效应。

(2) 直接后向关联系数。

$$L_{Bj} = \sum_{i=1}^{n} x_{ij} \bigg/ \Big(\sum_{i=1}^{n} x_{ij} + D_j + N_j\Big) \quad (j = 1, 2, \cdots, n)$$

式中符号的含义与前述投入产出表和投入产出模型中的符号相同。直接后向关联效应表示当该产业的总投入增加一个单位时,将其他产业产出作为其中间投入的直接效应。

一般来讲,上述这两个系数都较大的产业,对其他产业的关联效应也较大。

四、产业波及效果分析

产业波及就是在特定的产业联系状态下,某些产业的发展变化将通过各种关联关系和关联纽带影响到其他产业,进而导致其他产业发生相应的连锁反应。产业波及效果分析是产业关联分析的延续和投入产出动态化分析的一个方面。

(一) 产业波及分析原理

由于国民经济各产业部门之间存在着错综复杂的联系,因而某一产业部门的技术、产品价格、工资水平等的任何变化,都会直接影响与该产业有直接供求关系的产业部门产品的供求量、成本与价格的变化,并波及其他产业部门。利用投入产出表就能测量这种影响程度及波及效果。

---

① 龚仰军.产业结构研究[M].上海:上海财经大学出版社,2002:61.

波及效果基本上有两种形式：第一种形式是当最终需求项目发生变化时，对整个经济系统产生的影响。反映在投入产出表中，就表现为表中最终需求部分横行数据的变化(或将要变化)，通过表中中间需求部分的中间产品联系，波及(或将要波及)到各产业部门；第二种形式是毛附加值，如折旧、工资、利润等发生了或将要发生变化时，对国民经济各产业部门产出水平发生或将要发生或大或小、或多或少的影响。在投入产出表中表现为表中毛附加值部分中的某一或某些数据的变化，通过表中中间产品联系，而导致对国民经济各产业部门的影响。对经济系统的影响主要表现为对各产业部门的价格的影响。

产业间的联系方式就是产业波及的线路。产业波及效果总是通过已有的产业间的通道即产业关联的联系状态发生的，因而这些波及必然是依据产业间的联系方式和联系纽带所规定的线路一轮一轮地影响下去。这样，有些波及是沿着产业间的单向联系线路进行，有些波及则是沿着双向联系线路传递，还有一些是逆向传递。可见，产业间的联系方式规定了产业间的波及的具体线路及其波及总效果。

某产业变化发生的波及效果，既与该产业和其他产业的联系方式有关，又与该产业和其他产业的联系程度和广度有关。产业间的波及效果也会在产业联系的各个纽带上反映出来。具体地说，某一产业发生变化，不仅会使本产业部门生产技术、产品技术性能、成本开支、价格、就业等方面发生哪怕是细微的变化，而且这些变化会通过产业间的生产技术、价格等方面的联系纽带，波及其他产业部门的生产技术、价格等方面，于是就有了技术波及效果、价格波及效果、就业波及效果、投资波及效果，等等。

（二）产业波及分析的基本工具

对产业波及效果进行分析，主要使用三个基本工具，即投入产出表、直接消耗系数表(又称投入系数矩阵)、逆阵系数表。

1. 投入系数表

投入系数表是反映各个产业之间生产技术上的联系的一览表。这个表的着眼点是揭示投入产出表纵向的费用结构，即投入结构。投入结构是以中间产品的投入形式来反映各产业部门之间的生产技术上的联系。投入系数又称生产技术系数、物质消耗系数，其计算方法如前所述。当所有产业部门的 a_{ij} 求出后，便得到一张投入系数表。有了投入系数表就有了进行产业波及效果分析的基本工具。例如，某一产业的最终需求要增长 30%，则这个产业部门必须增加 30% 的生产量。为此，它需要增加与 30% 生产量相应的原材料投入量，这样向该产业提供原材料、中间产品的产业，就要遵循投入系数的比例增加生产，以满足该产业部门原材料新增投入量的需要。而这些产业的生产扩大又使得向他们提供中间产品的另一部分相关产业的生产相应扩大。像这样依次以减弱态势波及下去，直至该产业最终需求增长引起的波及效果的连锁反应趋于消失。

2. 逆阵系数表

由某一产业最终需求变化引起的产业间连锁反应，在理论上将会无限扩展和持续下去，但其波及强度则会越来越弱，最终趋于消失。能否用一种有效的工具或办法，使受波及的各产业的最终产出量得以简明地显示或计算出来呢？回答是肯定的，这就是逆阵系数表。逆阵系数表就是 $(I-A)^{-1}$ 中的元素，在这里是专门用来计算波及效果总量的系数表。逆阵系数的经济含义是,当某一产业部门的生产发生了一个单位变化时,直接和间接地导致各产业部门产出水平发生变化的总和。逆阵系数表中的元素一般用 A_{ij} 表示,是由完全消耗系数而不是直接消耗系数转换而来的。

逆阵系数表的经济含义反映了产业的波及效果,即某产业部门最终需求增长 1 个价值单位,对包括本产业部门在内的所有产业产生直接、间接的波及影响,最终需要各产业相应增加产出的价值量。如表 10-4 所示:第一行各数值表示,若农业的最终需求增长 1 亿元,则其直接、间接产生波及影响的结果是,农业生产最终增加 1.27 亿元,工业生产增加 0.53 亿元,服务业生产增加 0.42 亿元。同样,第二行的各数值表示,当要求工业的最终需求增长 1 亿元时,则其产生的波及影响是,需要工业生产最终增长 3.14 亿元,农业生产增加 0.87 亿元,服务业生产增加 1.09 亿元,第三行依此类推。

表 10-4 逆阵系数表   (单位:亿元)

	1 农业	2 工业	3 服务业
1 农业	1.27	0.53	0.42
2 工业	0.87	3.14	1.09
3 服务业	0.75	1.15	2.03

利用投入产出表、直接消耗系数表、逆阵系数表这三个工具,波及效果分析就比较容易了。但使用这些工具时尚需注意以下两个问题:

一是投入系数的稳定性问题。作为投入与产出分析的基础概念的投入系数,是从已知的投入产出表计算出来的。因此,它反映的是过去时间的产业间生产技术联结关系。因此,运用这样一个投入系数去预测或计算在此以后发生的变化,就不能不考虑到投入系数的有效性问题。毫无疑问,投入系数会随着新材料、新工艺、新技术的出现而变化;投入系数还会随着生产批量的大小而变化。投入系数的变化可能会导致分析结果产生较大的偏差,从而失去了分析的意义。对此,一般的处理方法是利用预测技术,对投入产出表中的投入系数进行修正。

二是波及效果的时滞现象。现实经济活动中的波及效果必然存在着一定的时滞。这就是说,最终需求的变化并不是立即反映在产出量的变化上。这种时滞现象往往在不同的产业、不同的经济循环周期(比如繁荣时期和萧条时期)中有不同的表现,而这种差异往往是由于库存的存在而发生的。当需求增加时,多半首先反映在库存的减少上。这样,需求变动造成的波及效果由于库存的存在而被中断或减弱。反过来,当库存不足以满足需求的增加,生产又不能马上增加时,需求变动造成的波及效果可能表现在价格的上升上。库存的缓冲作用只能表现在最终需求的库存栏里,中间需求、中间投入矩阵是无法反映这种经济变动的。

(三) 产业波及效果现状分析

产业波及效果的现状分析,是指对现时的产业间波及效果进行分析,它基本上不涉及对未来情况的预测分析。其实质是运用逆阵系数从投入产出表提供的数据中引申出有关系数,来认识产业波及现状的有关规律。从投入产出表提供的数据中引申出的有关系数包括产业影响力系数和感应度系数、生产诱发系数和生产的最终依赖度、综合就业系数和综合资本系数等。对于产业影响力系数和感应度系数及其作用,本书已在"产业关联度分析"中进行过详细介绍,这里主要介绍生产诱发系数和生产的最终依赖度、综合就业系数和综合资本系数的含义及其在产业波及效果分析中的作用。

1. 生产诱发额与生产诱发系数

产业最终需求的增加或减少,都会通过产业间的关联关系而波及产业结构系统的所有产业,使产业结构系统各产业的产出发生相应变化。所谓的生产诱发额是指最终需求及其变化所引致或诱发的各产业产出额及其变化。

生产诱发额是根据投入产出基本模型 $X=(I-A)^{-1}Y$ 求得的,即用矩阵 $(I-A)^{-1}$ 中某一行的数值分别乘以按项目分类的最终需求列向量(投资列向量、消费列向量、净出口列向量),得到由每种最终需求项目所诱发的各产业生产额,也即最终需求诱发产值额。用公式表示就是:

$$X_i^S = \sum_{k=1}^{n} C_{ik} Y_k^S \quad (i=1,2,\cdots,n; S=1,2,3)$$

式中,X_i^S 表示第 i 产业 S 项最终需求所诱发的产值额;C_{ik} 表示矩阵 $(I-A)^{-1}$ 中的元素;Y_k^S 表示第 i 产业第 S 项最终需求额;$S=1、2、3$ 分别代表投资、消费、净出口三个最终需求项目。

所谓生产诱发系数(即某产业的生产诱发系数),就是把第 i 产业的最终需求项目的诱发额除以相应的最终需求项目的合计所得的商。用公式表示为:

$$R_i^S = \sum_{k=1}^{n} C_{ik} Y_k^S \bigg/ \sum_{k=1}^{n} Y_k^S \quad (i=1,2,\cdots,n; S=1,2,3)$$

式中,R_i^S 表示第 i 产业第 S 项最终需求的生产诱发系数;$\sum_{k=1}^{n} Y_k^S$ 表示各产业第 S 项最终需求的合计数。

通过投入产出表计算得到相应的生产诱发系数,便可得到有关最终需求项目的一张生产诱发系数表。其经济含义就是当某项最终需求的合计数(如各产业消费需求合计数)增加一单位时,某一产业内该项最终需求的变化能诱发多少单位的生产额。它可以揭示一国各种最终需求项目对诱导各个产业部门的作用大小程度。

2. 生产的最终依赖度

某产业生产的最终依赖度是指某产业的生产对各最终需求项目(消费、投资、出口等)的依赖程度。这里既包括该产业生产对某最终需求项目的直接依赖,也包括间接依赖。其计算方法是,将第 i 产业最终需求项目的生产诱发额除以该产业总产值所得的商。用公式表示就是:

$$Z_i^S = \sum_{k=1}^{n} C_{ik} Y_k^S \bigg/ X_i \quad (i=1,2,\cdots,n)$$

最终依赖度 Z_i^S 的经济含义是:各产业总产出之中,各项最终需求的贡献是多少。有了最终需求依赖度,我们就可以了解各个产业的生产与发展主要是依赖消费还是依赖投资或是出口。据此,可把各个产业分类为"消费依赖型"产业、"投资依赖型"产业和"出口依赖型"产业等。

3. 综合就业系数和综合资本系数

利用里昂惕夫逆矩阵还可以计算随着不同产业生产的增长而最终需要投入的就业人数和资本额。

综合就业系数指的是,某产业如果要创造一单位的生产产值,在本产业和其他产业直接和间接总共需要多少人参加生产。计算公式为:

$$(L_1 \quad L_2 \quad \cdots \quad L_n) = (a_{v1} \quad a_{v2} \quad \cdots \quad a_{vm}) \begin{bmatrix} C_{11} & C_{12} & \cdots & C_{1n} \\ C_{21} & C_{22} & \cdots & C_{2n} \\ \vdots & \vdots & \vdots & \vdots \\ C_{n1} & C_{n2} & \cdots & C_{nn} \end{bmatrix}$$

上式中 $L_1, L_2, \cdots, L_n$ 分别是 $1, 2, \cdots, n$ 产业的综合就业系数;C_{ij} 为 $(I-A)^{-1}$ 中的元素;a_{v1} 至 a_{vm} 分别是 $1, 2, \cdots, m$ 产业的就业系数,它等于某产业的就业人数除以该产业的总产值。

综合资本系数指的是某产业进行一单位产品的生产,在本产业和其他产业直接和间接总共需要多少资本量。计算公式为:

$$(K_1 \quad K_2 \quad \cdots \quad K_n) = (a_{C_1} \quad a_{C_2} \quad \cdots \quad a_{C_n}) \begin{bmatrix} C_{11} & C_{12} & \cdots & C_{1n} \\ C_{21} & C_{22} & \cdots & C_{2n} \\ \vdots & \vdots & \vdots & \vdots \\ C_{n1} & C_{n2} & \cdots & C_{nn} \end{bmatrix}$$

上式中 $K_1, K_2, \cdots, K_n$ 分别是 $1, 2, \cdots, n$ 产业的综合资本系数;C_{ij} 为 $(I-A)^{-1}$ 中的元素;a_{C_1}, a_{C_2} 至 a_{C_n} 分别是 $1, 2, \cdots, n$ 产业的资本系数,它等于某产业的资本总额除以该产业的总产值。

根据综合就业系数,可以对不同产业中的劳动投入情况进行比较。此外,可以根据不同时期的综合就业系数,得到随时间发展,产业的劳动投入情况如何变化。从各产业的资本系数看,一般而言,电力、运输、邮电通讯、煤气供应等公共性产业和基础性产业的投资的资本系数都较大;在制造业中资本系数较高的产业多半是水泥、钢铁、化工、造纸等产业[①]。

(四) 产业波及效果预测分析

产业波及效果分析的应用范围很广泛,除了前面介绍的应用之外,在波及效果分析中,也可以将其应用到经济预测中。通常有如下两种预测分析应用。

1. 特定需求的波及效果预测分析

国民经济各产业之间有紧密的联系,一个产业生产发生变化,会引起其他产业的一系列

---

① 杨公朴.产业经济学[M].上海:上海财经大学出版社,2005:414.

变化。预测某些产业发生变动对整个国民经济产生的全面影响,是投入产出法的一个重要应用内容。

假定国民经济中第 k 产业有较大的发展,因为某些产业重要工程的建设,第 k 产业的产量增加 ΔX_k。当 ΔX_k 已经确定的情况下,第 k 产业的产量就不再取决于其他产业的产量,它成为事先确定的变量,我们据此可以预测由 ΔX_k 所引起的其他产业生产的变化。

根据方程 $\boldsymbol{X}=(\boldsymbol{I}-\boldsymbol{A})^{-1}Y$ 可以推导出公式:

$$\begin{bmatrix} \Delta X_1 \\ \Delta X_2 \\ \vdots \\ \Delta X_{k-1} \\ \Delta X_{k+1} \\ \vdots \\ \Delta X_n \end{bmatrix} = \begin{bmatrix} C_{1k} \\ C_{2k} \\ \vdots \\ C_{k-1k} \\ C_{k+1k} \\ \vdots \\ C_{nk} \end{bmatrix} \frac{\Delta X_k}{C_{kk}}$$

在上式中,C_{ij} 为 $(\boldsymbol{I}-\boldsymbol{A})^{-1}$ 中的元素,$\Delta X_i (i=1,2,\cdots,n)$ 分别为各产业生产的增加量。利用上述公式计算得到的 ΔX_i,包括了 ΔX_k 的直接和间接影响。这对于分析某些重要工程对国民经济的全部影响,是很有意义的。例如高速公路、铁路、港湾、大型钢铁基地、巨型化工联合企业,以及大规模住宅建设等投资项目,这些大型投资对国民经济的影响较大,且一旦投资运行,就会增加大量需求,这些需求又直接或间接地影响到其他产业部门。因此,在对大型投资项目进行可行性分析时,就可以使用上述方法进行该项目对国民经济各产业部门的波及效果预测分析。

2.某产品价格变动的波及效果预测分析

国民经济体系中,某种产品价格变动必然要引起其他产品价格的变动。主要包括某些产业的工资、利润、折旧、税金等变动以及产品价格变动对其他产业产品价格带来的全部影响(包括直接影响和间接影响)。同上述预测方法一样,假定 k 产业产品价格变化为 ΔP_k,则 ΔP_k 对整个价格体系的影响可以通过下面的公式计算。

$$\begin{bmatrix} \Delta P_1 \\ \Delta P_2 \\ \vdots \\ \Delta P_{k-1} \\ \Delta P_{k+1} \\ \vdots \\ \Delta P_n \end{bmatrix} = \begin{bmatrix} C_{1k} \\ C_{2k} \\ \vdots \\ C_{k-1k} \\ C_{k+1k} \\ \vdots \\ C_{nk} \end{bmatrix} \frac{\Delta P_k}{C_{kk}}$$

在上式中,C_{ij} 为 $(\boldsymbol{I}-\boldsymbol{A})^{-1}$ 中的元素,$\Delta P_i (i=1,2,\cdots,n)$ 分别为各产业产品价格变化数量。

产业波及效果预测分析

某国某时的投入产出表如下。请根据表中的数据计算农业的生产诱发额和最终依赖度。

	中间需求			最终需求			总产出
	工业	农业	其他	投资	消费	净出口	
工业	20	60	0	10	100	10	200
农业	70	140	75	60	150	15	510
其他	0	110	45	45	95	5	300
D	30	50	40				
V	50	90	90				
M	30	60	50				
总投入	200	510	300				

第一步：求出直接消耗系数矩阵和逆矩阵。它们分别是：

$$A = \begin{bmatrix} 0.1 & 0.12 & 0 \\ 0.35 & 1.27 & 0.25 \\ 0 & 0.21 & 0.15 \end{bmatrix} ; \quad (I-A)^{-1} = \begin{bmatrix} 1.1963 & 0.2191 & 0.0644 \\ 0.6390 & 1.6430 & 0.4833 \\ 0.1654 & 0.4253 & 1.3066 \end{bmatrix}$$

第二步：计算生产诱发系数。

W 农投资 $=(0.6390 \times 10 + 1.6430 \times 60 + 0.4833 \times 45)/(10+60+45)=1.1019$。即总投资增加一单位时，农业将诱发1.1019单位生产。

W 农消费 $=(0.6390 \times 100 + 1.6430 \times 150 + 0.4833 \times 95)/(100+150+95)=1.0326$。即总消费增加一单位时，农业将诱发1.0326单位的生产。

W 农出口 $=(0.6390 \times 10 + 1.6430 \times 15 + 0.4833 \times 5)/(10+15+5)=1.1151$。即总出口增加一单位时，农业将诱发1.1151单位的生产。

第三步：计算最终需求依赖度。

Q 农投资 $=(0.6390 \times 10 + 1.6430 \times 60 + 0.4833 \times 45)/510=0.2458$。即农业对投资的依赖度是24.58%。

Q 农消费 $=(0.6390 \times 100 + 1.6430 \times 150 + 0.4833 \times 95)/510=0.6986$。即农业对投资的依赖度是69.86%。

讨论：根据上述案例并结合课程内容，总结产业关联分析的内容与步骤。

第十章 产业关联

学习要点

1. 产业关联是指产业间以各种投入品和产出品为连接纽带的技术经济联系和联系方式。产业关联分析是借助投入产出分析方法对产业之间的关联关系及其关联效应进行分析的。投入产出表和投入产出模型是产业关联分析的基本工具。

2. 投入产出表是以矩阵的形式记录和反映一个经济系统在一定时期内各部门之间发生的产品及服务流量和交换关系。投入产出表分为实物型和价值型两种。价值型投入产出表分为三大部分：中间需求部分是投入产出表的核心，它反映在一定时期（如一年）内一个国家社会再生产过程中各产业之间相互提供中间产品的依存和交易关系；最终需求部分反映各产业生产的产品或服务成为最终产品那部分的去向；毛附加价值部分反映了各产业提取折旧基金的价值及其创造的国民收入的价值构成，以及国民收入额在各产业部门间的分布比例。

3. 在价值型投入产出表中可建立三个平衡关系。各行的平衡关系是：各行的中间产品价值＋各行的最终产品价值＝各行的总产品价值；各列的平衡关系是：各列的生产资料转移价值＋各列新创造价值＝各列的总产值；行与列之间还存在如下平衡关系：第一，横行各产业部门的总产出等于相对应的同名称的纵列各产业部门的总投入；第二，最终产品总量等于国民收入总量和固定资产折旧总量之和，即最终需求部分和毛附加价值部分相等。

4. 根据投入产出表还可以确定各类关联系数。包括直接消耗系数、完全消耗系数、直接折旧系数、劳动报酬系数和社会纯收入系数，等等。直接消耗系数又称为投入系数或技术系数，其经济含义是生产单位 j 产品所直接消耗的 i 产品的数量。其计算方法是依据投入产出表的数据，将各产业部门的总产品去除它所消耗的各种投入要素分量。直接消耗系数的计算公式为：$a_{ij}=\dfrac{x_{ij}}{X_j}$（$i,j=1,2,\cdots,n$）。直接消耗系数是建立投入产出模型的最重要、最基本的系数。这一指标可以使我们很容易地判断产业间技术联系的数量关系，也是判断产业结构是否合理的依据，是判断产业间直接联系的程度，衡量产业发展水平和技术水平的基础指标，因而也是产业结构分析的最基本指标。

5. 根据价值型投入产出表的平衡关系和各类系数，可以构建投入产出分析的两个基本模型：$(I-A)X=Y$ 和 $(I-C)X=N$。第一个模型通过矩阵 $(I-A)$ 把 X 与 Y 联系起来，揭示了总产品与最终产品之间的相互关系。第二个模型通过 $(I-C)$ 把 X 与 N 联系起来，揭示了总产值与国民收入之间的函数关系。根据分析需要，我们还可建立中间产品流量模型、劳动力流量模型和国民生产总值流量模型。

6. 以整个国民经济社会再生产的均衡关系为基础所建立的投入产出表及其模型，为分析产业关联特征及其比例关系提供了有力的定量化工具。可以对产业关联中有关产业间比例、产业内的投入结构、分配或销售结构，以及产业间联系的广度、深度等问题进行量化分析。

7. 产出结构和投入结构分析一般用中间需求率和中间投入率、投入系数和分配系数等指标来度量。某产业的中间需求率，是指各产业在一定时期（通常为一年）内对某产业产品的中间需求之和,与整个国民经济对该产业部门产品的总需求之比。某产业部门的中间投入率是指该产业部门在一定时期(通常为一年)内,生产过程中的中间投入与总投入之比。

8. 产业关联度分析指从两方面考察各产业部门间的关联程度:一是考察产业间联系的广度和深度;二是考察产业结构体系中各产业间的影响力和感应力。产业关联效应是指一个产业在生产规模、产值、技术等方面的变化通过产业间关联纽带对其他产业部门产生的直接和间接的影响,是产业间相互依存、相互作用和相互影响而产生的经济效应。产业关联效应包括前向关联效应和后向关联效应。

9. 对产业波及效果进行分析,主要使用三个基本工具,即投入产出表、直接消耗系数表(又称投入系数表)、逆阵系数表,来对产业波及效果的现状和未来趋势进行预测。产业波及效果的现状分析基本上不涉及对未来情况的预测分析,其实质是运用逆阵系数从投入产出表提供的数据中引申出有关系数(包括产业影响力系数和感应度系数、生产诱发系数和生产的最终依赖度、综合就业系数和综合资本系数等),来认识产业波及现状的有关规律。波及效果预测分析主要包括特定需求的波及效果预测分析和某产品价格变动的波及效果预测分析。

思考:

1. 简述投入产出表中三个组成部分的经济含义。
2. 什么是直接消耗系数,其经济含义及在产业关联分析中的作用如何?
3. 什么是中间需求率和中间投入率?简述其在产业关联分析中的作用。
4. 产业关联分析和产业波及分析的基本工具各是什么?
5. 简述产业影响力系数和感应力系数的经济含义及其作用。
6. 简述产业关联分析的主要内容。
7. 阐述产业波及效果分析的内容与方法。

第十一章

产业布局

广义的产业结构包括产业的空间结构或地理分布结构,即产业在地域空间上的分布和相互关系。产业的空间分布是否合理,也是决定资源能否优化配置和高效利用、整个国民经济能否协调持续发展的重要因素。产业布局理论就是研究产业国际国内地理分工与分布状况及其规律的理论。本章着重阐述产业布局的基本理论、产业布局的制约因素、产业布局的机制和模式,以及产业布局效果评价方法。

一、产业布局的理论基础

产业布局理论通过研究产业在地域空间上的分布与组合状况及其规律,逐步形成了相对成熟的理论体系,对于各国制定产业布局调整政策具有重要的指导意义,构成了产业布局政策与实践的理论基础。产业布局理论包括区域分工协作理论和产业区位理论两大部分。这里,首先阐述产业布局的含义,然后对这些理论予以介绍。

(一) 产业布局的含义

就一个国家的范围而言,产业布局是指各个产业及产业内的各部门在整个国土范围内的分布与组合。就全球范围而言,产业布局则是指国际或国际区域间的产业分工与空间分布。它包含以下几个方面的含义[①]:

首先,产业布局是各产业在地域空间上的分布状况。产业的地理空间分布是各个国家在一定的自然条件下和社会发展的历史进程中形成的,是以往不同发展阶段产业布局规划实施的结果,也是今后新的产业布局调整的依据和出发点之一。产业的地理空间分布状态是产业布局的基本含义之一,它包括各产业在各地区的不同发展水平、密集与分散程度、主要地理位置及它们之间的空间距离以及产业的各种构成要素在各地区的分布状态等。

其次,产业布局是产业的地域分工与协作关系,是各产业的地域组合。产业的发展受到自然条件、地理环境、交通运输和市场需求等诸多因素的制约。一个产业没有必要也不可能定位在所有区域,也不可能满足所有区域的市场需求。自然资源和各种要素的利用以及市场需求的满足,都需要不同地区的产业通过分工协作来完成。所以产业地理分布的实质就是产业的地理分工与协作。这种地理的分工与协作是合理利用资源,优化资源配置的需要,也是产业发展的需要。

第三,产业布局是对产业在地理空间上的协调与组织。产业布局不仅仅是资源与要素根据市场信号在区域间自发流动的结果,同时也是人们主动自觉进行协调与组织的结果。在生产社会化的条件下,为使社会再生产顺畅地进行,一方面,需要通过资源优化与资产重组,使资源与资产存量在区域间重新优化配置,另一方面,应对资产增量,即对总投资在各地区进行合理分配,并对重大投资项目的地理分布和企业建设地点的选择进行宏观调控,在区域专业化协作的基础上大力发展区域间的经济联合。这种组织与协调活动是内涵于产业布局之义中的。

---

① 邬义钧,邱筠.产业经济学[M].北京:中国统计出版社,2001:303.

第四,产业布局是对产业空间转移与产业区域集群的战略部署和规划。在一个国家,特别是在地域辽阔的大国中,各个地区所处的自然条件和社会发展阶段总是存在着差异,各地区产业的发展总是处于由不平衡到平衡,由新的不平衡再到新的平衡的运动状态中,在社会发展的进程中,人们不是消极被动地去适应这种运动,而是积极主动地揭示产业布局的内在规律,并依此进行有意识、有目的的经济活动。因此,从生态系统、社会系统与经济系统可持续发展目标出发,对产业的空间转移与区域聚集做出长远的规划与部署,也是产业布局的基本含义之一。

(二)产业区域分工理论

产业布局与区域分工协作间密切的因果关系,是产业布局理论最早涉及的研究领域之一。产业布局是以区域资源差异与分工协作为基础的,对这些问题的研究就产生了产业布局的区域分工协作理论。从实质上讲,产业发展是资源合理配置的结果,而资源合理配置的最简单方法就是实行不同区域间资源的相互流动和优化组合,因此,区域分工协作理论在确定产业发展方向及合理的产业结构等方面对产业布局具有直接的指导作用。

1. 绝对优势论、比较优势论和动态优势论

亚当·斯密在其 1776 年出版的《国富论》中提出了绝对成本优势理论或绝对利益说。认为各国分工的基础是有利的自然禀赋或后天有利的生产条件(主要是生产技术)。各国生产各自在成本上具有绝对优势的产品进行交换,将会使各国的土地、劳动和资本得到最充分的利用,从而大大提高劳动生产率,增加社会物质财富[1]。因此,亚当·斯密的绝对成本优势理论不仅成为国际自由贸易理论的基础,成为产业布局的区域资源差异与分工协作理论的源泉,而且也成为一国产业布局的理论依据。

大卫·李嘉图在其 1817 年出版的《政治经济学及赋税原理》中继承和发展了亚当·斯密的绝对成本优势理论,提出了比较成本优势理论或比较利益说。李嘉图与斯密一样,都认为贸易双方生产成本的差异是国际分工和贸易的前提,但他进一步认为,即使在一个国家(或区域)各个产业的产品成本都劣于另一个国家(或区域)的条件下,通过合理分工生产各自具有比较优势的产品,国际(或区际)分工和贸易仍能使双方得到好处[2]。李嘉图的比较优势成本理论揭示了区域分工协作和自由贸易的积极意义,提出了依据各自劳动生产率和劳动成本的差异进行互利发展的基本思路,因而成为经典的产业布局的区域分工与贸易理论的源泉。

动态比较优势原理是上述静态优势原理的发展和完善。其基本点是:产业优势不是一成不变的。从当前看,有的产业虽然在市场竞争中没有什么优势,但如果它对国民经济发展有重大意义,或代表经济发展方向,政府就会加以扶持,经过一段时期的努力,也可以转化为具有比较优势的产业。这个原理又叫作"扶持幼小产业说",其实质是用动态观点来看问题:产业的优势不是一成不变的,而是随时间的推移和环境条件的变化而变化的。

2. 资源禀赋论

该理论是由瑞典经济学家埃利·赫克歇尔和他的学生贝蒂尔·俄林创立的。俄林在其

---

[1] 〔英〕亚当·斯密:国民财富的性质和原因的研究(节选本)[M].郭大力,王亚楠,译.范家骧选编.北京:商务印书馆出版,2002.

[2] 〔英〕大卫·李嘉图.政治经济学及赋税原理[M].周洁,译.北京:华夏出版社,2005.

1933年出版的《域际贸易与国际贸易》中分析了比较利益产生的原因,认为生产要素禀赋的相对差异决定了区域分工与贸易、国际分工与贸易的产生。资源禀赋差异的具体表现有:一是土地及矿产资源的差异;二是资本的差异;三是劳动力素质和数量的差异;四是技术水平的差异;五是经营管理水平的差异。根据商品生产过程中所包含的生产要素密集程度不同,可以把国际贸易商品主要分为劳动密集型、资源密集型、资本密集型和技术密集型商品四类。俄林认为,最终生产要素禀赋差异是贸易产生的重要条件,贸易的实质是国家之间充裕要素与稀缺要素的交换,各国比较利益的地位是由各国拥有的生产要素相对充裕程度来决定的,贸易产生的结果是逐渐消除不同国家之间商品价格差异,进而使两国生产要素价格趋于均等化。生产要素价格和商品价格均等化趋势是贸易使产业活动适应于生产要素的地区供应情况的自然结果①。资源禀赋论实际上也是一种比较优势理论,它强调从多种生产要素最佳配置中降低成本、提高效益从而取得比较利益。这使它成为现代产业区域分工协作的基础性理论。但它过分突出资源供给的差异,单纯地强调生产要素的供给对产业区域分工与贸易格局的影响,忽略了生产要素需求方面的影响。

3. 技术差距理论和产品生命周期理论

英国经济学家波斯纳1959年首先运用技术创新理论修正俄林模式,提出了技术差距理论,又称创新与模仿理论。它是以科学发明、技术创新的推广过程中创新国和模仿国之间的技术发展不平衡来解释国际产业分工和贸易产生与发展的理论。技术差距是指一个国家以技术创新和控制技术外流而保持的一定贸易结构。这说明技术差距是产生比较优势和贸易利益的一个重要因素。从动态来看,一个科技发达国家是不断再创新、再出口的,因而技术创新国家总是可以靠技术创新和控制技术外流而不是靠要素禀赋来获得特殊利益、保持其贸易结构的。该理论是用技术创新因素代替资源禀赋论模式中的资源禀赋,对解释区域分工与贸易发展有积极意义②。

美国经济学家弗农和威尔士对技术差距理论做了进一步的发展。他们提出了产品生命周期理论。该理论把产品生命分为四个阶段:第一阶段是创新产品阶段,此时的产品是技术密集型的;第二阶段是定型产品生产阶段,此时产品由技术密集型转为资本密集型;第三阶段是定型产品发展阶段,此时产品逐渐由资本密集型转向劳动密集型,比较利益由技术力量较强的国家开始转到劳动力较富裕的国家,从而引起贸易格局的变化;第四阶段是标准化产品阶段,生产技术标准化使产品开始大批量标准化生产,原来技术创新国失去优势而转变为进口国、生产成本较低的国家则占据了优势而转变为出口国。产品生命周期理论主要研究了各种生产要素在不同状态下所发挥的重要作用,因而可以用来解释部分工业品的国际贸易格局,解释世界性产业转移和产业结构调整的某些趋势。如可以用它来解释传统产业从发达国家转向发展中国家的产业空心化趋势。这使它成为分析经济全球化条件下区域分工协作和产业布局的重要理论之一,成为以技术发展为依据的产业梯度转移理论的核心内容③。

---

① 〔瑞〕贝蒂尔·俄林.域际贸易与国际贸易[M].北京,商务印书馆,1986年版,第31页。
② 简新华,魏珊.产业经济学[M].武汉:武汉大学出版社,2001.
③ 简新华,魏珊.产业经济学[M].武汉:武汉大学出版社,2001.

4. "中心-外围"理论

阿根廷经济学家普雷维什 1950 年首次提出了"中心-外围"理论。普雷维什把世界经济体系分成两部分：一部分是由发达国家组成的工业国中心地带，另一部分是由不发达国家组成的初级产品外围地带。外围地带始终围绕着中心国家的意旨而发展，从而形成由发达国家为中心控制着发展中国家组成的外围地带的"中心-外围"结构。普雷维什理论的重要特点是从区际收支角度，而不仅仅是从资源禀赋差异角度来考察产业区际分工、贸易与经济发展的关系。他提出的有关发展中国家应广泛采用非初级产品出口和进口替代战略的政策主张虽然失之偏激，却为发展中国家改善区际贸易条件、调整区际分工利益、制定产业布局及调整战略提供了新思路和理论基础[①]。

（三）产业区位理论

产业布局的区位理论主要研究产业空间定位和组合的规律，为合理布局提供规划方案和政策依据。产业区位理论形成于 19 世纪初至 20 世纪中叶，是适应产业多样化和复杂化发展及产业合理化布局实践需要的产物，是经济学和地理学等学科进一步发展与融合的产物。随着产业发展和产业布局的调整，产业区位理论也随之得到迅速发展和不断完善，并形成各具特色的产业布局理论。

1. 古典产业区位理论

古典产业区位理论包括杜能的农业圈层理论和韦伯的工业区位理论。

（1）杜能的农业圈层理论。1826 年德国经济学家杜能（Von Thunen）撰写了著名的《孤立国同农业和国民经济的关系》一书，提出了著名的农业圈层理论。他认为，在农业布局问题上，什么地方适合种什么作物，并不完全由自然条件决定，农业经营方式也不是任何地方越集约化越好。在确定农业活动最佳配置点时，要把运输因素考虑进来。容易腐烂、集约化程度高的农产品生产要安排在中心城市附近，如生产鲜菜、牛奶等；需粗放经营的可安排在离中心城市较远的地方，如放牧等。为此，他设计了孤立国六层农业图（如图 14-1 所示）：第一圈层为自由农作圈，主要生产鲜菜、牛奶；第二圈层为林业圈，主要生产木材；第三圈层为轮作农作圈，主要生产谷物；第四圈层为谷草农作圈，主要生产谷物、畜产品，以谷物为重点；第五圈层为三圃农作圈，主要生产谷物、牧产品，以畜牧为重点；第六圈层以外是荒野。这就是著名的农业圈层理论。杜能研究的虽然是农业区位理论，但给西方许多工业区位研究者以启发。

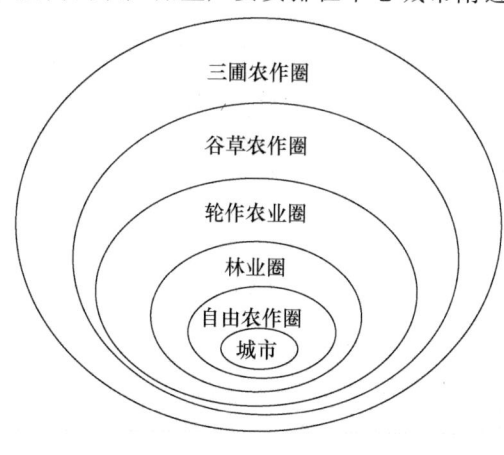

图 11-1 杜能的农业圈层理论

（2）韦伯的工业区位理论。德国经济学家韦伯 1909 年撰写的《工业区位论》一书中

---

① 简新华，魏珊. 产业经济学[M]. 武汉：武汉大学出版社，2001.

系统地论述了他的工业区位理论。韦伯认为,工业布局主要受到运费、劳动费和聚集力三方面因素的影响。其中,运费是对工业布局起决定作用的因素,工业部门生产成本的地区差别主要是运费造成的,如钢铁、制糖等,这类工业的最优区位通常在运费最低点上。韦伯认为,劳动费和运费一样,也是影响工业布局的重要因素。对劳动费在生产成本中占很大比重或与运费相比在成本中所占比重大一些的工业而言,运费最低点不一定是生产成本最低点。当存在一个劳动费最低点时,它同样会对工业区位施加影响。韦伯还认为,聚集力也会对工业最优区位产生影响。聚集力是指企业规模扩大和工厂在一地集中而带来的规模经济效益和企业外部经济效益的增长。聚集经济效益,一方面取决于聚集的产业或企业的种类与结构,另一方面取决于聚集的规模。

2. 现代产业区位理论

在第三次产业革命和世界经济格局变化的影响下,产业区位理论也随之迅速发展,形成了各种不同的理论流派。其中包括成本学派、市场学派、成本-市场学派、社会学派、行为学派等。

(1) 成本学派理论。成本学派理论的核心是以生产成本最低为准则来确定产业的最优区位。该学派的主要代表人物就是韦伯。韦伯之后,美国学者胡佛(E. Hoove)于1931年、1948年分别写了《区位理论与皮革制鞋工业》和《经济活动的区位》两本书,对韦伯的理论作了修改。他认为:第一,如果企业用一种原料生产一种产品,在一个市场出售,且在原料与市场之间有直达运输,则企业布局在交通线的起讫点最佳,因在中间设厂将增加站场费用。这就是胡佛的终点区位优于中间区位的理论,它为大城市工业集中提供了依据。第二,如果原料地和市场之间无直达运输线,原料又是地方失重原料(在生产过程中只有一部分重量转移到成品中,另一部分作为废料排出的原料),则港口或其他转运点是最小运输成本区位。这就是胡佛的转运点区位论。这一理论是对工业布局理论的重要贡献,为人们在港口布局工业提供了理论依据。此外还有赖利(W. Relly)、艾萨德(W. Lsard)等也是成本学派的重要代表人物。赖利对产品交换的不同价格政策对工业区位的不同影响进行了深入研究。艾萨德根据韦伯理论,排除了一些不切实际的假设,对运输指向的工业作了更详尽的分析。

(2) 市场学派理论。市场学派理论的核心内容是产业布局必须充分考虑市场因素,尽量把企业安排在利润最大的区位。在市场激烈竞争中,商品销售问题日益突出,这时在考虑生产成本与运费的同时,还必须充分考虑市场划分与市场网络合理结构的安排。研究市场划分的主要理论有谢费尔(Shaller)的空间相互作用理论,费特尔的贸易区边界区位理论,帕兰德的市场竞争区位理论,罗斯特朗的盈利边界理论,以及吉的自由进入理论等。其中,空间相互作用理论受到许多学者的关注。空间相互作用理论的基本原理是任何两地之间都存在一定的相互作用关系,两地的市场间分界点为两地作用均衡点。研究市场网络合理结构安排的理论主要有克里斯塔勒的中心地理论和廖什的区位经济学。

(3) 成本-市场学派理论。成本-市场学派是在成本学派与市场学派的基础上形成的。这一学派建立了一般均衡理论,而且探讨了区域产业布局与总体产业布局问题。艾萨德是区域科学的创始人,1954年他出版了《区位和空间经济》一书,试图在杜能、韦伯、克里斯塔勒和廖什等人的研究基础上建立一般区位理论。他详细讨论运输量、运费率、劳动力等对企业区位的影响,提出了著名的替代原则,通过对市场的分析提出了竞争布局模式。此外,他还讨论了工业的聚集和规模经济、经济区的规模、经济的地域特点和贸易理论等。

除上述三个学派外,区位理论发展到20世纪中期还产生了行为学派与社会学派。行为学派的主要思想是把人的主观态度及由其所决定的人的行为当作影响产业区位的主要因素。社会学派则着重研究各种社会因素对产业地理分布的影响。

（四）以后起国家为出发点产业布局理论

二战后，随着殖民地国家走上独立自主道路。落后地区产业布局理论开始受到重视。西方一些学者以后起国家为出发点提出了增长极理论、点轴理论、地理性二元经济理论等，大大丰富了产业布局理论的内容，构成了产业布局实践的重要理论基础。

1. 增长极理论

增长极理论是由法国经济学家佩鲁提出的，其核心内容是：在一国经济增长过程中，由于某些主导部门或者有创新力的企业在特定区域或者城市聚集，从而形成一种资本和技术高度集中，增长迅速并且有显著经济效益的经济发展机制。由于其对临近地区经济发展同时有着强大的辐射作用，因此被称为"增长极"。根据增长极理论，后起国家在进行产业布局时，首先可通过政府计划和重点吸引投资的形式，有选择地在特定地区和城市形成增长极，使其充分实现规模经济并确定在国家经济发展中的优势和中心地位；然后凭借市场机制的引导，使得增长极的经济辐射作用得到充分发挥，并从其临近地区开始逐步带动增长极以外地区经济的共同发展。

2. 点轴理论

点轴理论是增长极理论的延伸，从区域经济发展的空间过程看，产业，特别是工业先集中于少数点，即增长极。随着经济的发展，工业点的增多，点与点之间由于经济联系的加强，必然会建设各种形式的交通通信线路使之相联系，这一线路即为轴。这些轴线首先是为点服务而产生，但它一经形成，对人口和产业就具有极大的吸引力，吸引企业和人口向轴线两侧聚集，并产生新的增长点。点轴理论就是根据区域经济由点及轴发展的空间运行规律，合理选择增长极和各种交通轴线，并使产业有效地向增长极及轴线两侧集中分布。从而由点带轴、由轴带面，最终促进整个区域经济的发展。

3. 地理性二元经济理论

地理性二元经济理论是瑞典经济学家缪尔达尔在《经济理论和不发达地区》一书中提出的。他认为：在后起国家经济发展过程中，发达地区由于要素报酬率较高，投资风险较低，因此吸引大量劳动力、资金、技术等生产要素和重要物质资源等由不发达地区流向发达地区，从而在一定时期内使发达地区与不发达地区的差距越来越大。另外，产业集中超过一定限度后，往往出现规模报酬递减现象。这样发达地区会通过资金、技术乃至人力资源向其他地区逐步扩散，以寻求不发达地区经济增长的机会，特别是对不发达地区产品和资源的市场需求合相应增加。

二、产业布局的机制与模式

一个区域的产业地理分布结构受该区域的自然条件、人口规模以及社会文化与经济发展水平等各种因素的影响。产业布局的机制就是影响产业布局的各种因素相互制约和相互作用的机理。产业布局政策也往往通过产业布局机制的媒介来实施。产业布局的不同机制、路径与方式、方法组合构成了产业布局的模式。

(一) 产业布局的制约因素

实施产业合理布局,必须研究和把握影响产业布局效果的因素。为此,我们可以从宏观、中观和微观多层次综合地进行深入考察制约产业布局的主要因素。

1. 自然因素

自然因素包括自然条件和自然资源两方面。自然条件是人类赖以生存的自然环境,包括原始自然环境和经过人类利用改造后的自然环境。自然资源是指自然条件中被人类利用的部分。联合国环境规划署把它界定为:自然资源是在一定时空和一定条件下,能产生经济效益,以提高人类当前和将来福利的自然因素和条件,包括可再生与不可再生自然资源。自然条件和自然资源并不截然分开。随着人类科学技术的进步,对自然环境的改造,可不断地变自然环境为可利用的自然资源。自然因素是制约产业布局的物质基础和先决条件,其影响是十分显著的:

(1) 人类社会发展的不同阶段,自然因素对产业布局的制约程度是不同的。人类社会发展初期,生产力水平低下,自然因素的分布状况决定了人类社会生产活动的分布。产业革命后,社会进入工业大生产阶段,自然条件特别是自然资源的分布状况直接影响产业的地理定位,在工业原料、燃料丰富的地方往往形成工业区。第二次世界大战以后,发达国家进入后工业化时期,生产力高度发展,自然因素对产业布局的影响主要表现在人类的生产活动向最适宜的地区集中、以充分发挥地区优势,降低生产投入,取得最大收益。

(2) 自然因素对产业的地理分布具有直接和间接制约作用。由于第一产业的劳动对象直接来自大自然,因此,第一产业的分布状况直接受制于自然因素。自然因素对第三产业的影响,突出表现在直接影响旅游业的布局。自然资源对第二产业具有直接和间接的影响,直接影响主要表现在工业用地、用水等对工业布局的制约,以及一些工业对环境的特殊要求;间接影响主要是指对以农产品为原料的制造业,如食品工业,对以采掘工业为原料的原材料工业及化学工业等的布局的影响。

(3) 自然条件各要素也直接或间接地制约着产业地理分布。例如,稳固的地质基础是制造业、建筑业发展的前提。火山地震活跃带、大断层附近不宜进行大规模的工业、城市建设。平原地区有利于进行大规模现代化耕作、灌溉,有开阔的场地供制造业、建筑业使用和发展各种运输线路,是产业布局的最优场地。地势崎岖地区,修筑道路困难,影响对内、对外的经济联系,不宜发展耗能耗料多的制造业。盆地地区空气流通差,不易发展冶金、化工等工业。气候除了对农业影响最大之外,对水利枢纽、建筑工程、露天采矿、飞机制造、海洋航运、航空运输等影响也很大。水不仅影响农业,对制造业、交通业等的布局也有重要影响。动植物分布也决定了某些产业的布局,如亚欧、北美大陆北部是温带针叶林带,该地就成为世界木材的主要供应地和造纸业的集中分布区。热带、温带草原地区则成为畜牧业分布区。

(4) 自然因素直接或间接地影响区域性生产分工。由于自然因素对劳动生产率、产品等具有直接和间接的影响,在市场经济和竞争的条件下,产业活动必然向自然因素最优的分布区集中,形成一定规模各具特色的专业化部门,完成区域性生产分工。如世界大型的重工业区,都在当地丰富的煤或铁资源的基础上发展起来的,世界主要谷物产区都分布在地势平坦、土壤肥沃、气候适宜的地区。

2. 社会因素

(1) 经济区位对产业布局的制约。经济区位是指地球上某一地点与具有经济意义的其他地点间的空间联系，也就是一国一地区或一城市在国际国内地域生产分工中的位置。如上海市位于中国东部沿海经济发达地区的中点，既是京沪、京杭铁路的交汇点，又是整个长江流域与长江沿岸各河港的出海口。新加坡地处马六甲海峡的东端，太平洋与印度洋、亚洲与大洋洲间相互交往的十字路口上。经济区位的优劣与否，与交通、信息条件等的关系十分密切，并决定市场范围的大小。世界上许多工业区分布在区位条件较好的城市或港口，这些地方交通方便，市场广阔，可以利用其便捷的交通条件从其他地区取得运费不高的能源和原材料，产品又便于就近销售。灵通的信息，有利于及时了解市场需求，调整产品结构。

(2) 人口因素对产业布局的制约。任何产业的布局都必须考虑人口这个重要因素。首先，人口数量，特别是劳动力资源充足有利于充分开发利用自然资源，发展生产。人口数量对产品消费有重大影响，因此，特大城市区域都分布着为本市人口消费服务的都市工业和城郊农业。其次，人口的质量或素质高低对产业布局有重大影响。人口素质的高低是与一定的生产力水平相联系的，高素质的人口和劳动力是发展高层次产业的基础。最后，人口分布及迁移对产业布局也有影响，在人口稀少地区大多布局可以有效利用当地自然条件、自然资源的优势产业，以利于提高劳动生产率、弥补开发地区时的高投资；在人口稠密地区，通常安排轻纺、电子、仪器、仪表、机械等产业部门，吸收更多的劳动力就业。

(3) 社会历史因素也制约产业的地理分布。社会历史因素主要包括社会经济基础、管理体制、国家宏观调控法律政策、国内政治条件等。现有的社会经济基础主要是指历史遗留下来的产业基础、积累的文化和科学技术基础及经济管理基础等，其中以产业基础最为重要。历史继承性是产业布局的基础特征之一，同时历史上形成的产业基础始终是布局新的产业的出发点。经济体制对产业布局的影响是十分显著的，中国过去在高度集中的计划经济体制下，产业布局主要依靠国家投资的计划分配和建设项目的计划安排，往往造成布局不合理。在市场经济体制下的产业布局，主要受市场需求控制、比较注重效益，但往往具有较大的盲目性，造成产业布局的波动性和趋同化。此外，国家制定和完善各种经济法规，对国内外政治条件的正确评估等都会对产业布局产生明显的影响。

3. 经济因素

(1) 经济发展水平高低制约产业的空间位置。如在农业水能资源开始作为动力在手工业中被利用时，手工业的分布一般指向沿江沿河，呈分散布局状态。第一次产业革命后，随着蒸汽机的出现，工业开始摆脱依水而设的格局，而趋向燃料指向，各主要煤炭产地成为工业中心。电力的发明，又使许多产业部门能够分布于远离燃料产地的大城市。而新技术革命的发展，又使产业向空港、高速公路交通枢纽、沿海地区及知识密集区集中。

(2) 市场需求和市场竞争对产业布局具有指向作用。产业布局必须以一定范围市场区对产品的需求量为前提，即产品的市场需求容量是产业布局的重要空间引力。因此，在产业的布局上应把对市场行情的了解，对市场需求的掌握放在战略高度加以考虑，同时在不同的市场区内，会形成不同的市场需求结构。而市场需求结构制约产业布局的部门结构，是形成主导产业、辅助产业协作配套、生产地域综合体的指南。市场竞争可以促进生产的专业化协作和产业的合理聚集。市场竞争的结果充分表明：凡专业化程度高的地区或企业，能在市场竞争中占据有利地位，为了提高竞争力，产业布局必然向有利于推广新技术、提高产品质量、提高劳动生产率的专业化协作方而发展；同时，具有一定规模和强大技术、经济实力的生产综合体更有利于发挥聚集经济效益，这必然促使产业布局朝合理聚集的方向发展。此外，市场竞争可使产业布局指向更有利于商品流通的合理区位。

(3) 基础设施对产业布局的制约。基础设施，特别是其中的交通设施和信息设施对产业分布的影响很大。交通条件优越的地区，人流、物流方便快捷，对产业布局十分有利。在市场经济条件下，灵活的信息，有利于准确地掌握市场，正确分析影响布局的条件，以达到合理布局的目的。

4. 技术因素

技术进步不断地拓展人们利用自然资源的广度和深度，使自然资源获得新的经济意义。随着技术水平的提高，燃料结构由木材向煤、天然气转变，使世界的燃料基地不断扩大；由于选矿、冶炼技术的进步，使品位较低的矿藏获得了工业利用的价值。这将使原料、动力资源不断丰富，各类矿物资源的平衡状况及它们在各地区的地理分布状况不断改善，从而拓展产业布局的地域范围。同时，技术进步能提高资源的综合利用能力，使单一产品生产区变为多产品的综合生产区，从而使生产部门的布局不断扩大。技术进步不断地改变着产业结构，特别是随着一种新技术的出现，往往伴随着一系列新的产业部门的诞生。这些产业部门都有不同的产业布局指向性，这就必然对产业布局的状况产生影响。随着技术的进步，生产力的提高，三次产业结构也不断发生变化，使人类生产、生活居住的地域方式也出现了很大变化，这将导致城市化趋势，从而对产业布局产生影响。

(二) 产业布局的机制

具体的产业布局活动都是在一定的产业布局机制作用下进行的，产业布局政策也往往要通过产业布局机制来实施。但产业布局机制不可能脱离经济运行机制而独立存在，一定的产业布局机制总是以一定的经济运行机制为基础的，产业布局机制是指各种影响和决定产业空间分布与组合的因素的互相制约和作用的内在机理，是经济运行机制在空间上的反映和延伸，是经济运行机制的重要组成部分。综观世界各国经济发展的历史及其产业布局的基本特征，可将产业布局机制分为以下两大类型。

1. 产业布局的计划机制

产业布局的计划机制是在 20 世纪 30 年代由苏联首先确立。第二次世界大战以后，在中国和东欧一些国家流行。这种布局机制在特定时期的特定条件下，曾发挥过一定的积极作用，但随着时间的推移，这种布局机制的弊端也越来越显露出来。因此，到 20 世纪 90 年代，这种布局机制逐渐被扬弃，但计划机制作为对市场机制固有的缺陷和局限性的修正手段，仍将对具体的产业布局活动和产业布局政策的实施产生影响，特别是在现代市场经济条件下，仍有一定的作用。产业布局计划机制的特点如下：

第一，产业布局的主体是中央政府。高度集中的计划体制下，产业布局的决策权、资产增量和建设项目在各个地区的分配权，乃至资产存量在各个地区之间的转移权都高度集中在中央政府手中。地方政府以中央政府派出机构的身份享有执行中央政府指令的权力，对布局项目的安排几乎没有什么自主权,而企业则根本没有这方面的权力。

第二,产业布局的目标是国家整体利益。产业布局目标主要是由中央政府计划所体现的国家利益。这里的国家利益包括国家经济利益、国家政治利益、国家安全利益和体现在国家利益上的地区利益和部门利益。在这些利益中,地区经济利益往往被忽视,被置于次要地位。为了国家整体利益可以完全牺牲地区经济利益和企业经济利益。

第三,产业布局的手段是行政命令。产业布局主要通过中央部门和各级地方政府执行中央政府的行政命令来实现。这种行政命令发生作用的基础是,中央政府直接控制的资产增量和部分资产存量,对一定规模以上建设项目的审批权及人事任免权。

2. 产业布局的市场机制

产业布局的市场机制是随着资本主义制度的建立而逐步发展起来的。随着中国以市场为取向的经济体制改革的展开,产业布局的市场机制已被引入并发挥作用。这种机制作为产业布局机制的基础,已为世界各国所普遍认同。但由于市场机制自身的缺陷和局限性,靠市场机制自发作用是难以实现产业合理布局的。因此,世界各国先后认识到发挥市场机制基础作用的同时,还必须有国家干预或宏观调控,所不同的只是干预或调控的力度和方式不同。产业布局的市场机制的特点如下:

第一,产业布局的主体是企业。企业有权选择自己的区位,而且不受除国家产业政策和区域政策以外的非经济因素的干扰。一般只有在企业自发选址导致产业活动的空间组合效率下降时,或出于社会福利考虑需扶持落后和萧条地区经济发展时,国家才进行干预或调控。

第二,产业布局的目标是利润最大化。在市场经济条件下,企业作为独立的产业布局主体,在布局项目的选择上,总是倾向于风险小、利润大的项目;在布局区位的选择上,总是倾向于投资环境较好,能使资本边际产出效率高的地点上。尽管国家的有关政策也能对企业选址发生影响,但这种影响是以改变各布局区位的盈利条件为基础的。

第三,产业布局的手段是经济利益导向。也就是产业布局主体依据价值规律和市场价格信号,从自身利润最大化出发,自发地选择最优区位。

3. 两种机制的比较

(1)决策过程比较。在市场机制条件下、决策权力分散,决策过程快,决策实施比较迅速,而且决策比较精心和难确,转换也比较快。但是,作为决策主体的企业是从自身利益最大化出发的,往往各有所求、各行其是,不可能很好地兼顾国家整体利益和长远的利益。计划机制条件下决策权力集中,有利于国家从宏观的角度把握产业布局的总体格局。但是其决策过程长,信息反馈速度慢,而且由于信息不完备、计划手段不完善及各种行为因素,容易造成重大布局失误。

(2)区域经济稳定性比较。市场机制难以避免市场力量的盲目性对总体产业布局目标的冲击,一旦造成布局不合理时,往往要通过对生产力破坏作用很大的市场重整过程来实现,不能保持区域经济的平稳运行。而计划机制是从全局性、长期性和预见性的角度出发考虑布局问题,从理论上讲,可以避免市场力量的盲目性所带来的对生产力的破坏,有利于区域经济的稳定运行。

(3)区域分工效率比较。市场机制下区域分工追求的是各布局主体的利益最大,但各布局主体的利益分别最大时,并不等于总体利益最大,因此,市场机制区域分工的效益比较低。计划机制下追求的是总体利益最大,为了使总体利益最大,可以使各地区从分工中所得的效益大于或小于各地区可能获得的效益,甚至可以使某些地区在分工中只有负效益。因此,从理论上讲,计划机制的区域分工效率比较高。

(4)利益驱动比较。市场机制承认各布局主体的权力和经济利益,各布局主体权力和经济利益的均衡,能有效地激励地方政府和企业优化产业布局的积极性。而计划机制则忽视地方政府和企业作为布局主体的权力和经济利益,因此,不利于激励地方政府和企业的积极性。

(5)自我调整能力比较。市场机制采用的是一种横向的决策过程,决策过程短,实施灵活,缓冲或自我调整的机会多,波及面小,造成的后果也相对较轻。而计划机制采用的是纵向决策过程,决策效率低,决策过程时滞长,信息传递容易失真,一旦造成失误,缓冲或自我调整的机会少,失误延续时间长,造成的后果更为严重。

(6)可操作性比较。市场机制的可操作性比较强。实践证明,市场机制可作为产业布局的基础手段,计划机制虽然有某些理论上的优势,但是缺乏可操作性。

(三)产业布局的模式

产业布局的模式是产业布局的路径、方式和方法及产业布局总体特征的概括,是各国产业布局实践的结果。从各国产业布局实践来看,产业布局的模式有以下四种。

1. 增长极模式

增长极模式是增长极理论在产业布局实践中的具体应用。这种布局模式的主要特点是:首先确定一些经济区域,并根据该地的自然环境、人文条件和交通便利状况,选择具有发展潜力与带动作用的产业作为主导产业或主导产业群;其次,通过政策引导和扶持,培育出几个经济增长极;最后,通过各增长极的扩散和辐射作用带动区域其他地区及其周围区域的经济发展。比如我国改革开放之初,主要在东部地区重点培育了一批增长极,包括经济特区的设立、开放城市的确定、各类开发区的建设等,对我国区域经济的发展都起到了非常积极的作用,收到了明显的效果。现在,有学者认为,我国中西部地区同样可以推行这种增长极模式,通过多层次的增长极在不同点上带动经济发展。而且我国地域辽阔,经济的内向型特征和资源分布的不平衡特征决定了中西部地区更适合采取这种模式。

2. 点轴布局模式

点轴布局模式显然是增长极模式的延伸。其特点是:在增长极形成与发展的基础上,通过建立和完善极与极、点与点之间的各种连接线路和流动管道,其中包括各种交通道路、动力供应线、资源供应线等,以形成连接增长极的轴线。通过这种轴线的培育与发展,再带动其两侧地区的生产和生活条件的改善,吸引其周边地区的人口、企业向轴线两侧集聚,并产生出新的产业增长点和增长极。点轴贯通,就形成了点轴系统。当前我国产业布局中比较公认的两种点轴模式是:"T"型模式(以沿海、沿江、沿边为轴线,以线路上的大中型城市为首的包括轴线上的主要城市为点而展开的产业布局模式)和"弓箭型"模式(以沿海或京沪铁路线为弓,京广线为弦,长江为箭,上海是箭头,以此为脉络而展开产业布局模式)。

3. 网络布局模式

网络布局是点轴模式的延伸,是地区经济比较发达地区的一种布局模式。其特点是:

在经济发达地区,经济密度高,交通通信发达,地区产业布局根据区内城镇体系和交通通信网络系统依次展开,把网络的中心城市和主导城市作为高层次的地区增长极,把网络中的主轴线作为一级轴线,布局和发展区内高层次的产业。我国东部的京津房地区、长江三角洲地区、珠江三角洲地区都属于这种开发模式。

4. 区域梯度开发模式

这种模式的基本理论基础是:由于经济技术的发展是不平衡的,客观上存在一种技术梯度,有梯度就有空间转移。生产力的空间转移要从梯度的实际情况出发,首先让有条件的高梯度地区引进、掌握先进生产技术,然后逐步向处于二、三级梯度的地区报移,实现经济分布的相对均衡。20世纪70年代末80年代初,这种梯度开发理论就引入我国,并很快运用到我国生产力的总体布局之中。因为我国存在着东、中、西三大地带,根据其发展水平和创新能力,它们分别被认为是高梯度、中梯度和低梯度地区。因此,可以成为我国产业结构升级、调整与产业扩散的基本模式。

三、产业布局效果评价

产业布局效果是指在区域产业布局过程中,由于生产要素的地域分布与组成的变化所产生的区域经济空间结构的变化以及这种变化所产生的经济增长效应。一个国家或区域的产业布局状况直接或间接地制约着该国或区域的经济发展水平与经济发展质量。因此,对于产业布局效果进行评价是区域开发和产业结构合理化与高度化调整的重要依据。产业经济布局效果评价也就成为产业布局理论的重要内容之一。

(一)产业布局评价的内涵

产业布局效果评价包括两种类型:一是预评价;二是后评价。预评价是指在产业布局决策阶段,对布局方案进行技术经济效益、社会效益和生态环境效益的评价论证,并进行各种效益预测,为决策者提供决策依据,以提高决策的科学性。后评价是指在产业布局方案实施后,再进行经济效益、社会效益和生态环境效益的评价论证,以检验产业布局方案在科学技术上的可行性和经济上的合理性,从中总结经验教训,以便采取切实可行的措施,进行区域的再开发,或调整区域布局方案,实现区域经济发展目标。显然,这两种评价都具有重要意义。由于预评价一般在区域规划和可行性研究中进行,所以,本节主要阐述区域布局效果的后评价方法。

一般来说,产业布局效果评价的内容主要包括集中度分析、均衡度分析、产业专门化分析和区域产业结构变动模式分析等。下面,我们主要介绍产业布局评价的一些指标与方法。

(二)集中度分析

评价区域产业布局集中度的指标主要有集中度指数、地理联系率、区域集中度、分散度、静态不平衡差、标准偏差、变差系数、基尼系数等。

1. 集中度指数及其变化

集中指数是表明某种经济活动在某区域内集中程度的指标,其计算公式为:

$$C = \left(1 - \frac{H}{T}\right) \times 100$$

式中:C为集中程度指数,T为全国或全区总人口或总面积,H为占全国或全区经济总量半数的地区人口或面积,集中度指数在 0—100 之间波动。

一般来说,如果 $C \leqslant 50$ 为相当分散;$50 < C \leqslant 70$ 为分布比较平衡;$70 < C \leqslant 90$ 为相当集中;$90 < C \leqslant 100$ 为高度集中。

利用这一指数来揭示区域产业集中程度,可分别计算区域开发前的集中度指数 C_0 和区域产业布局后的集中度指数 C_1,如果 $C_1 < C_0$,则说明集中度降低;反之,则说明集中度升高。

2. 地理联系率及其变化

地理联系率是反映两个经济要素在地理分布上的联系情况的指标。如果两个要素在地理上的分布比较一致,地理联系率高,就意味着产业空间集中度低;反之,地理联系率低,就说明两要素的地理分布差异大,意味着产业空间集中度高。地理联系率的计算公式如下:

$$G = 100 - \frac{1}{2}\sum_{i=1}^{n}|S_i - P_j|$$

式中:G为地理联系率,S_i为区域第 1 要素(如总产出)占全国或全区的比重,P_j为区域第 2 要素(如人口)占全国或全区的比重。

利用地理联系率来评价区域产业布局集中程度时,可分别计算区域布局前的地理联系率 G_0 和区域布局后的地理联系率 G_1。如果 $G_0 < G_1$,则说明集中度降低;反之,则说明集中度上升。

3. 区域集中度及其变化

区域集中度也是反映经济现象在全国或地区集中程度的指标,用全国或地区构成中比重居前 3 位或前 5 位的区域的比重之和来表示。其计算公式为:

$$J = X_1 + X_2 + X_3$$

式中:J为集中度;X_1、X_2、X_3分别为占全国或全区经济总量的比重居第一、二、三位的地区的比重。

集中度越大,说明经济布局的集中程度越高。同样,利用集中度来揭示区域经济布局集中程度时,可分别计算区域布局前和布局后的集中度 J,如果前者小于后者则说明集中度上升了;反之,则降低了。

4. 分散度及其变化

分散度从相反的角度描述了经济布局的集中度。分散度是指在全国或全区经济总量中居前 3 位或前 5 位的地区的比重之和减去其余各地区比重平均值的差,与其余各地区比重平均值之比。其计算公式为:

$$F = \frac{\sum \frac{X_j}{n}}{\sum X_i - \sum \frac{X_j}{n}} = \frac{\sum X_j}{n \sum X_i - \sum X_j}$$

式中：F 为分散度；$X_i(i=1,2,3)$ 是前3位区域的比重，$X_j(j=1,2,3,\cdots,n)$ 是其余区域的比重，是除前3位区域以外的其他区域散。F 越趋于0，表明集中度越大；F 越趋于l，表明分散度趋大。同样，利用分散度来揭示区域经济布局集中程度时，可分别计算区域布局前的分散度 F_0 和区域布局后的分散度 F_1，如果 $F_0 < F_1$，则说明分散度升高；反之，则说明分散度降低。

(二) 均衡度分析

经济的空间集中度与均衡度呈现反向关系。集中度越高，均衡度就越低。一个国家或地区内不同区域之间的经济发展是不平衡的，区域之间的产出差距越大，则说明该国家或地区的经济空间集中度越高，不平衡度越高，平衡度越低；反之，则相反。

1. 静态不平衡差及其变化

静态不平衡差指标是衡量区域产业布局均衡度的一个重要指标，其计算公式为：

$$C = \left(1 - \frac{L}{M}\right) \times 100$$

式中：C 为两个区域之间的静态不平衡差；L 为经济实力较弱的地区的经济指标；M 为经济实力较强的地区的相应经济指标。

静态不平衡差越大，说明均衡度越低；反之则相反。此指标只能用于每两个地区间的对比，不能从总体上反应区域内经济分布的均衡度。当然，为了说明均衡度的变化，也必须计算区域布局前的静态不平衡差 C_0 和开发后的静态不平衡差 C_1。如果 $C_0 < C_1$，说明均衡度降低；反之，说明均衡度增大。

2. 标准差及其变化

衡量区域布局的均衡度也可以用标准差指标，标准差可以较全面反映区域绝对差异。其计算公式为：

$$\delta = \sqrt{\sum \frac{(Y_i - \overline{Y})^2}{n}}$$

式中：δ 为标准差；$Y_i(i=1,2,3,\cdots,n)$ 某地区的经济指标；$\overline{Y}$ 为各地区相应经济指标的平均值；n 为地区数。该指标数值越大说明均衡度越低，反之则均衡度越高。

通过上述计算方法，可以判断出区域开发前后区域产业经济布局的变化情况。但经济布局是集中一些好，还是分散一些好？这不能简单地下结论。一般来说，一个国家或一个地区在工业化初期或开发初期，由于条件限制，经济布局难以展开，只能把经济要素较多地集中在少数条件最好的地区、地点，这时集中度高一些是合理的。随着国民经济的发展和工业化程度的提高，区域经济实力增强，发展条件得到改善，经济布局就应该适当展开，在正常情况下,其集中度相对于前一阶段而言适当降低是合理的。

(三) 区域产业结构专门化分析

产业布局是产业在地理空间的分工与协作关系,一些区域(或地区)会因各种因素的影响而使某个产业或产业群集中分布在某一区域,形成产业的区域专门化或专业化。这种区域专业化分工既是产业空间集中的表现,又是区域经济竞争力的重要方面。产业的区域专门化分析可以从三个角度来分析:一是从产业地理集中的角度来分析,产业地理集中程度越高,说明产业的区域专门化程度越高,反之则相反;二是从区域产业结构的相似程度,区域间产业结构越相似,说明产业的区域专门化程度越低,反之则相反;三是从区域产业多样化程度来分析,区域产业种类越丰富,说明产业区域布局结构越合理。

1. 区位熵与专门化率

区位熵(Location Quotient)是反映各产业专业化程度的指标,同时也可以用来分析产业的地区集中程度和区域产业竞争优势,因此也称为产业地区集中度。其计算公式为:

$$LQ_{ij} = \frac{e_{ij}}{e_{it}} \bigg/ \frac{E_{nj}}{E_{nt}}$$

式中:LQ_{ij}是i地区j产业部门的区位熵,e_{ij}是i地区j部门的职工人数(或j部门产值),e_{it}是i地区的职工总数(或地区总产值),E_{nj}是全国j产业部门中的职工人数(或j部门产值),E_{nt}是全国职工总数(或全国总产值)。

如果$LQ_{ij}>1$且数值越大,说明该地区j产业部门的专业化程度或集中化程度越高;反之,若$LQ_{ij}<1$且数值越小,说明该地区j产业部门的专业化程度或集中化程度越低。

专门化率的计算公式为:

$$S_r = (m/M) \times (n/N)$$

式中:S_r为专门化率;m为某区域某产业的净产值;M为全国相应产业的净产值;n为该区域全部产业的净产值;N为全国全部产业的净产值。专门化率超大,该产业的专门化程度也就超高。专门化率越低,该产业的专门化程度就越低。通过对比区域开发前后产业部门的专门化率变化,可以看出区域产业结构的变动趋势和产业布局效果。

2. 区域产业结构专门化指数

区位熵和专门化率是反映区域产业结构中某一产业的相对倾斜度,而区域产业结构专门化指数则是反映整个区域产业结构的倾斜度。它是区域产业构成比与全国产业构成比之差的绝对值总和的一半。其计算公式如下:

$$Z = \frac{1}{2} \sum_{i=1}^{n} |A_{ij} - A_j|$$

式中:Z为区域产业结构专门化指数;A_{ij}为i区域j产业的比重;A_j为全国j产业的比重。此指数在0—1之间。当其值为0时,表明该区域没有专门化产业,其产业结构与全国完全一致;当其值为1时,表明该区域的产业与全国产业不尽相同,即该区域有的产业,全国其他地方没有;全国其他地方有的产业,该区域又没有。指数值越大,表明区域产业结构越具特色。可以通过计算区域开发前后的这一指数变化来评价区域产业布局前后产业结构专门化程度的变动情况。

3. 区域结构相似系数

结构相似系数是联合国工业发展组织采用的用来衡量不同国家或地区之间产业结构差异程度的指标。其计算公式如下:

$$S_{12} = \frac{\sum X_{1i} X_{2i}}{\sum X_{1i}^2 \sum X_{2i}^2}$$

式中:S_{12} 是结构相似系数,X_{1i} 是区域 1 中 i 产业的结构比重,X_{2i} 是区域 2(一般取作全国)中 i 产业的结构比重,以系数介于 0—1 之间,系数值越大,相似程度越高,反之越低;系数值越小,相似程度越低。通过计算区域开发前后的结构相似系数,也可以评价区域布局前后产业结构的专门化程度的变动情况。

(四) 区域产业结构变动模式分析

区域产业结构变动模式是区域产业布局与结构调整的结果。分析区域产业结构变动模式,可以从区域经济结构整体演变的角度研究产业布局的效果,并对区域产业布局效果进行评价。区域产业结构变动模式评价的依据是 H. S. 帕洛夫提出的产业转移分析理论。该理论对工业结构变化与区域经济增长间的关系进行了概括,认为区域经济增长中客观存在着两种不同的转移因素作用:一是比例转移;二是差异转移。比例转移和差异转移之和就是总的经济转移①。转移分析理论的重要意义在于它指出了各区域经济条件的差异使各区域有可能采取多种多样的适宜于本地区经济发展特点的产业布局与经济增长模式。

1. 比例转移指数

比例转移是指全国范围内结构变动对区域经济增长的影响,即如果一个区域的专业化部门同时又是全国范围的低速增长部门,则比例转移下降;反之,则比例转移上升。换言之,一个区域可因拥有一个在本区乃至整个全国范围内高速增长的产业部门而获得有利的经济增长机会。比例转移指数是用来量度全国范围内工业结构变化对区域经济影响的经济指标。其计算公式为:

$$S_p = \sum \left(\frac{E_{it}}{E_{i0}} - \frac{E_t}{E_0} E_{ij0} \right)$$

式中:S_p 为比例转移指数,E_{it} 是全国 i 部门在 t 期的产出量;E_{i0} 是全国 i 部门在基期的产出量;E_t 是全国在 t 期的总产出量;E_0 是全国基期总产出量;E_{ij0} 是基期 j 区域 i 部门产出量。

若 $S_p > 0$,表明区域工业体系中拥有全国工业结构变动中高速增长的部门,且支持了区域的经济增长。若 $S_p = 0$,说明区域工业体系中拥有全国工业结构变动中高速增长部门,但

---

① 转自张墩富:区域经济开发研究[M].北京:中国轻工业出版社,1998.

对该区域的经济增长影响并不显著。若 $S_p<0$，说明区域工业中不存在全国工业结构变动中的高速增长部门。

2. 差异转移指数

差异转移是指区域工业结构变动对区域经济增长的影响，即一个区域的经济增长过程可能由本地区具有比较优势的产业报动，尽管这种产业可能是全国范围内的衰退产业或低速增长产业。差异转移指数就是用以量度区域工业结构变化对区域经济增长影响的经济指标，其计算公式为：

$$S_d = \sum \left(E_{ijt} - E_{ij0} \frac{E_{it}}{E_{i0}} \right)$$

式中：S_d 为差异转移指数；E_{ijt} 是 j 地区 i 部门在 t 期的产出量；E_{ij0} 是 j 地区 i 部门在基期的产出量；E_{it} 是全国 i 部门在 t 期的产出量；E_{i0} 是全国 i 部门在基期的产出量。

若 $S_d>0$，表明区域内存在着比较优势部门，且支持了区域的经济增长。若 $S_d=0$，表明区域比较优势部门未对区域经济增长产生显著作用。若 $S_d<0$，表明区域比较优势部门衰退，对区域经济增长产生负效应。

3. 总体转移指数

比例转移和差异转移之和就是总的经济转移，即两种不同的工业结构变动因素对区域经济增长影响的总和，用总体转移指数来度量。总体转移指数，是两个变量之差，即实际的区域经济变化和按全国平均变化速度计算的区域经济变化之差，它包括比例转移和差异转移两部分。其计算公式为：

$$S_a = E_{jt} - \frac{E_t}{E_0} E_{j0}$$

式中：S_a 是总体转移指数，E_{jt} 是 j 地区 t 期的工业总产出量，E_{j0} 是 j 地区基期的工业总产出量，E_t 是全国 t 期的工业总产出量，E_0 是全国基期的工业总产出量。

若 $S_a>0$，表明区域工业产出总量增长高于全国水平，意味着该区域经济发展较快；若 $S_a=0$，表明区域的工业产出总量增长与全国平均增长水平持平；若 $S_a<0$，则表明区域工业总产出量增长低于全国平均水平，即意味着该区域经济发展相对缓慢。

4. 区域产业结构的变动模式

在计算了三个转移指数后，就可以分析、判断和评价区域产业结构的变动模式。常见的产业结构变动模式主要有以下三种。

(1) 与全国工业结构变动趋同模式。即当 $S_p/S_a>0.5$ 时，也即在一定时期内，区域主要赖以发展那些在全国工业结构变动中高速增长的部门来促进该区域的经济增长。

(2) 区域优势产业主导模式。即当 $S_p/S_a=0.5$ 时，区域产业结构向优势产业倾斜，也即在一定时期，区域产业结构主要依靠发展本区域内的优势产业来促进区域经济增长。

(3) 平行发展模式。即当 $S_p/S_a=S_d/S_a$ 时，区域产业结构既发挥了区域优势，又与全国产业结构变动一致，也即在一定时期内，区域充分利用了全国工业结构变动及区域比较优势产业的双重有利条件来促进本区域的经济增长。

中国的战略新兴产业空间布局与规划状况[①]

顾名思义,战略性新兴产业是指具有战略意义的新兴产业。2010年10月《国务院关于加快培育和发展战略性新兴产业的决定》将节能环保产业、新一代信息技术产业、生物产业、高端装备制造产业、新能源产业、新材料产业、新能源汽车产业确定为重点发展的战略性新兴产业。

全国各个省份为了加快产业结构调整,实现经济增长方式的转型提升,纷纷按照《国务院关于加快培育和发展战略性新兴产业的决定》的要求,纷纷出台了战略性新兴产业发展规划,并且辅以各种促进战略性新兴产业发展的财政、金融、税收和人才等政策。表11-1列出了全国30个省份的战略新兴产业发展规划。

表11-1 全国30个省份的战略新兴产业发展规划

地 区	战略新兴产业
北京	新能源汽车、可再生能源、生物医药、信息服务、物联网、文化创意
天津	航空航天、新一代信息技术、新材料、生物技术与健康、新能源、节能环保、高端装备制造
河北	新能源、新一代信息、生物、新材料、高端装备制造、节能环保、新能源汽车和海洋经济
山西	新能源、新材料、节能环保、高端装备制造、现代煤化工产业、生物产业、煤层气产业、新一代信息技术产业、新能源汽车产业
内蒙古	新能源、新材料、新医药、信息技术和节能环保
辽宁	新能源、新材料、新医药、先进装备制造、信息产业、节能环保、海洋产业、生物育种和高技术服务
吉林	生物医药、生物化工、电子信息、新材料、新能源、新能源汽车、先进装备制造、节能环保、文化、旅游
黑龙江	新能源、新材料、高端装备制造、生物、电子信息、节能环保
上海	新一代信息技术产业、高端装备制造业、生物产业、新能源产业、新材料产业、节能环保、新能源汽车
江苏	新能源、新材料、生物技术和新医药、节能环保、软件和服务外包、物联网、沿海开发产业、现代农业、文化产业
浙江	生物、新能源、高端装备制造业、节能环保产业、海洋新兴产业、新能源汽车、物联网产业、新材料以及核电关联产业
安徽	电子信息、节能环保、新能源汽车、新能源、生物、新材料、高端装备制造、公共安全
福建	新一代信息技术产业、生物与新医药产业、新材料、新能源、节能环保、高端装备制造、海洋高新产业
江西	光伏、风能与核能、新能源汽车及动力电池、航空制造、半导体照明、金属新材料、非金属材料、生物、绿色食品、文化及创意
山东	新材料、新医药、新信息和海洋科技
河南	新电子、新能源、新材料、新医药
湖北	电子信息、生物医药、节能环保、新能源、新材料、航空航天
湖南	先进装备制造、新材料、新能源、节能环保
广东	高端新型电子信息产业、新能源汽车产业、LED产业、生物产业、高端装备制造业、节能环保产业、新能源产业、新材料产业
广西	生物医药产业、新材料、新能源、节能环保、新一代信息技术产业、新能源汽车产业、生物农业、先进装备制造业、海洋产业、养生长寿健康产业

---

① 资料来源:韦福雷,胡彩梅:中国战略性新兴产业空间布局研究[J].经济问题探索,2012(9).

续表

地 区	战略新兴产业
海南	新能源、新材料、新能源汽车、信息产业、生物和医药、高端装备制造、节能环保和高技术服务业
重庆	通信设备产业、集成电路产业、新能源汽车产业、环保装备产业、轨道交通装备产业、生物医药产业、新材料产业、风电装备产业、光源设备产业、仪器仪表产业
四川	新一代信息技术、新能源装备、高端装备制造、新材料、生物医药、节能环保装备、新能源汽车
贵州	新材料、生物技术和新医药、高端装备、节能环保、新一代信息产业、新能源、智能电网、软件和服务外包
云南	光电子、新材料、高端装备制造、节能环保、新能源
陕西	高端装备制造、新一代信息技术、新能源、新材料、生物、节能环保、新能源汽车
甘肃	新材料产业、新能源产业、生物产业、信息技术产业、先进装备制造产业
青海	新能源、新材料、高端装备制造、节能环保
宁夏	新材料、新能源、生物发酵、先进装备制造、新一代信息技术、节能环保
新疆	新兴能源、新材料、先进装备制造、生物、信息、节能环保、清洁能源汽车

从表 11-1 中可以得到以下信息：

从总体上来看，几乎所有的省份都把新能源产业或新能源汽车和新材料产业作为未来优先发展的重点产业，具有明显的分散布局特征，在空间布局将造成严重的趋同化趋势。

节能环保产业：有 5 个省份把节能环保产业放在优先发展的最后 1 位或不作为优先发展的对象；有 10 个省份把它放在第 2—4 位优先发展，主要集中在黄河中下游地区。

新一代信息技术产业：有 4 个省份把新一代信息技术产业放在优先发展的最后 2 位或不作为优先发展的对象；有 9 个省份把它放在优先发展的前 3 位，主要集中在长江中上游地区。

生物产业：有 4 个省份把节能环保产业放在优先发展的最后 2 位或不作为优先发展的对象，主要集中在西部地区；有 9 个省份把它放在第 1—2 位优先发展，主要集中在东部沿海。

高端装备制造业：从表 11-1 可以看出，有 6 个省份把高端装备制造业放在优先发展的最后 1 位或不作为优先发展的对象；有 12 个省份把它放在第 1—2 位优先发展，主要集中在中部地区和西北地区，产业聚集特征明显。

新能源产业：有 7 个省份把新能源产业放在优先发展的最后 3 位或不作为优先发展的对象，主要集中在中部地区和西南地区；有 12 个省份把它放在优先发展的前 3 位，主要集中在西北地区和东北地区。

新材料产业：有 6 个省份把新材料产业放在优先发展的最后 3 位或不作为优先发展的对象；有 14 个省份把它放在优先发展的前 2 位，主要集中在西北地区和东北地区。

新能源汽车产业：有 14 个省份把新能源汽车产业不作为优先发展的对象；仅有 8 个省份把它放在优先发展的前 5 位。

讨论：请根据以上信息来分析我国战略性新兴产业布局机制存在的问题与对策。

第十一章 产业布局

学习要点

1. 就一个国家范围而言,产业布局是指各个产业及产业内的各部门在整个国土范围内的分布与组合。就全球范围而言,产业布局则是指国际或国际区域间的产业分工与空间分布。

2. 产业布局是以区域资源差异与分工协作为基础的,对这些问题的研究就产生了产业布局的区域分工协作理论,包括绝对优势论、比较优势论和动态优势论、资源禀赋论、技术差距理论和产品生命周期理论和"中心-外围"理论等。

3. 产业布局的区位理论主要研究产业空间定位和组合的规律,为合理布局提供规划方案和政策依据。产业布局的区位理论包括古典产业区位理论和现代产业区位理论。古典产业区位理论又包括杜能的农业圈层理论和韦伯的工业区位理论。现代区位理论又包括成本学派理论、市场学派理论和成本-市场学派理论。成本学派理论的核心是以生产成本最低为准则来确定产业的最优区位。市场学派理论的核心内容是产业布局必须充分考虑市场因素,尽量把企业安排在利润最大的区位。成本-市场学派是在成本学派与市场学派的基础上形成的。这一学派建立了一般均衡理论,而且探讨了区域产业布局与总体产业布局问题。另外还有以后起国家为出发点产业布局理论,包括增长极理论、点轴理论和地理性二元经济论。

4. 一个区域的产业地理分布结构受该区域的自然条件、人口规模以及社会文化与经济发展水平等各种因素的影响。产业布局的机制就是影响产业布局的各种因素相互制约和相互作用的机理,包括计划机制和市场机制。产业布局的模式包括增长极模式、点轴模式、网络布局模式和区域梯度开发模式。

5. 产业布局效果评价包括两种类型:一是预评价,二是后评价。一般来说,产业布局效果评价的内容主要包括集中度分析、均衡度分析、产业结构专门化分析和区域产业结构变动模式分析等。评价集中度的指标主要有集中度指数、地理联系率、区域集中度、分散度、静态不平衡差、标准偏差、变差系数、基尼系数等。均衡度分析主要是从相反的角度考察经济的空间集中度,主要指标包括静态不平衡差、标准差、变异系数等。区域产业结构专门化分析主要从三个方面进行:一是考察产业地理集中的角度;二是考察产业结构的相似程度;三是考察区域产业多样化程度。

6. 区域产业结构的变动模式是区域产业布局与结构调整的结果。分析区域产业结构变动模式,可以从区域经济结构整体演变的角度研究产业布局的效果,并对区域产业布局效果进行评价。区域产业结构变动模式评价的依据是 H.S.帕洛夫提出的产业转移分析理论。该理论对工业结构变化与区域经济增长间的关系进行了概括,认为区域经济增长中客观存在着两种不同的转移因素作用:一是比例转移;二是差异转移。比例转移和差异转移之和就是总的经济转移。转移分析理论的重要意义在于它指出了各区域经济条件的差异使各区域有可能采取多种多样的适宜于本地区经济发展特点的产业布局与经济增长模式。

思考：

1. 简述现代产业布局理论各派的主要观点。
2. 制约产业布局的主要因素有哪些？
3. 产业布局的主要模式有哪些？
4. 如何评价产业布局的效果。
5. 谈谈我国产业聚集存在的问题与对策。

第十二章

产业集群

20世纪90年代以来,随着知识经济时代的到来和经济全球化与区域一体化趋势的增强,国际分工和区域经济格局发生着前所未有的变化。世界范围内的产业地理集中与产业聚集速度进一步加快。各种形式的产业集群大量涌现,并成为各国区域经济发展的重要引擎和竞争力源泉。本章主要介绍产业集群的含义与特征,阐述产业集群形成的机理与运行机制,分析产业集群的竞争优势及其社会经济效应。

一、产业集群的含义、特征与类型

(一)产业集群的含义

迄今为止,各学科对"产业集群"有着许多不同的称谓,诸如产业集群(industrial cluster)、产业群(cluster of enterprise)、集群或簇群(cluster)、区域产业集群(regional industrial cluster)、区域集群(regional cluster)、地方生产系统(local production systems)、新产业区(new industrial districts)、产业区(industrial districts)、产业集聚(industrial agglomeration)、产业综合体(industrial complex)、创新环境(innovative milieu)、区域创新系统(regional innovative system)等。虽然称呼不同,但其含义大同小异,都从不同侧面反映了产业集群的地理特征、产业联系特征、经济外部性特征和社会文化特征。

目前,迈克尔·波特(Michael E. Porter)的定义最具代表性。他将产业集群界定为:在某一特定领域内相互联系的,在地理位置上集中的公司和机构的集合,包括一批对竞争起重要作用的、相互联系的产业和其他实体,例如零部件、机器和服务等专业化投入的供应商和专业化设施的提供者,向下延伸至销售渠道和客户,并从侧面扩展到辅助性产品的制造商,以及与技能或投入相关的产业公司。此外,许多集群还包括提供专业化培训、教育、信息研究和技术支持的政府和其他机构——例如大学、标准制定机构、智囊团、职业培训提供者和贸易联盟等[①],可用图12-1表示。迈克尔·波特的这一解释侧重于产业集群的参与主体、产业特征、地理空间特征和集群竞争优势,为众多学者所接受。

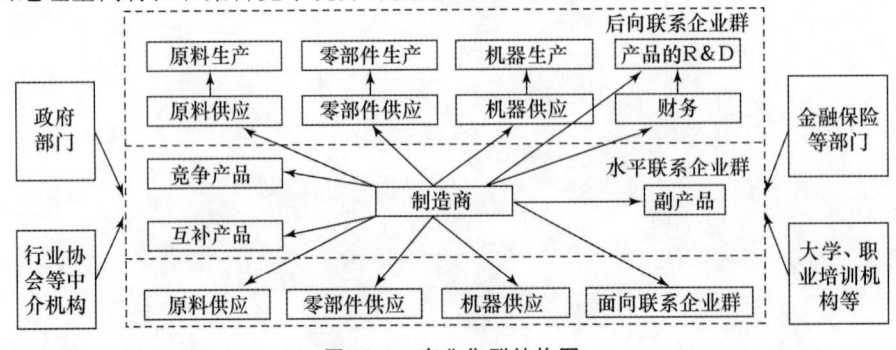

图12-1 产业集群结构图

---

① Porter M.: Clusters and the new economics of competition. Harvard Business Review, 1998, 76(6): 77—90. 转自:魏守华,企业集群中的公共政策研究[J].当代财经科学,2001(6):53.

可以说,产业集群是一个类似于生物有机体的产业群落,它是企业自组织或有组织的综合体,而不是无组织的混合体。它揭示了在一些地方相关企业集结成群,从而获得竞争优势的现象和机制①。在这种产业集群内,某些特定产业中相互联系的企业和关联的机构,通过价值链和各种联系渠道,相对集中在特定的地理空间,形成一个有机的群体。集群内的企业既有竞争又有合作,既有分工又有协作,彼此间形成一种互动性的关联。由这种互动形成的竞争压力、潜在压力有利于构成集群内企业持续的创新动力,并由此带来一系列的产品创新,促进产业升级的加快。这种产业空间组织形式所有的群体竞争优势和集聚发展的规模效益是其他形式难以相比的。因此,从根本属性上看,产业集群是一种中间性产业组织形态,是一个柔性生产系统、产业种群生态系统和区域创新系统。

(二)产业集群的特征

1. 空间特征:经济活动的空间集聚

这个特征有以下两个方面的意思:一是经济要素、组织、行为的空间接近性或对地理与空间的集约使用;二是集聚或集中的要素与活动必须达到一定规模。或者说,集群经济在单位地理空间的有高密度,在总体区域的经济规模上容量大。这是产业集群之"集群"二字最重要的外在表现形式,也是产业集群的一个非常明显的特征②。例如,意大利的瓷砖业有一百多家瓷砖厂、几百家相关公司全集中在意大利一个很不起眼的小镇萨索尔洛及其周围地区。又如,美国的硅谷地处加利福尼亚北部圣弗朗西斯科南部的一个长70公里、宽15公里的条状地带,集聚了近万家高科技公司。

2. 产业特征:区域产业专业化和多样化

从产业发展和产业结构变动角度来看,产业集群表现为产业的区域专业化和区域的产业多样化。这一特征的具体含义是,固定在某一地理区域上的产业集群专注于某一产业的经营,产业群以某一主导产业为核心。其外在表现是特定产业与特定地域的双重结合。例如,浙江以前被称为"块状经济"中的"一乡一品""一镇一业"现象。这是对某一产业集群进行产业划分、识别并冠以某一产业之名的理论基础和现实基础。又如,美国硅谷高科技产业群和好莱坞娱乐业群、印度班加罗尔软件业群以及国内河北清河县羊绒产业群和浙江诸暨大唐袜业群等。这反映了社会分工的地域纬度。但与此同时,围绕主导产业或产业群又形成了大量相关产业在特定区域的聚集。产业内部分工的深化和产业链条的延长,也导致特定区域内的产品结构和产业结构日益丰富和多样化③。

3. 组织特征:中间性网络组织

研究发现,产业集群就是一群自主独立而互相关联的企业依据专业化分工与协作关系而建立起来的一种网络组织或中间性产业组织。这种组织的结构介于纯市场和层级两种组织之间,比市场稳定,比层级组织灵活。借助这种特殊组织结构,产业集群中的企业之间可以克服或降低因分工的复杂性、需求的多样性、交易中的不确定性、资产专用性和机会主义

---

① 王缉慈.地方产业集群战略[J].中国工业经济,2002(3).
② 刘斌.产业集聚竞争优势的经济分析[M].北京:中国发展出版社,2000.
③ 梁琦.产业集聚论[M].北京:商务印书馆,2004.

行为等所带来的交易成本。同时,这种特殊的组织结构不仅使企业的经济活动根植于地方社会网络,而且有助于形成共同的价值观念和产业文化,有利于企业间合作与信任,促使交易双方很快达成并履行合约,还可以节省企业搜寻市场信息的时间和成本。企业之间可通过建立长期的交易关系,主要通过信任和承诺来进行协作。因此,集群内的每个企业都可以获得集群外的企业所没有的竞争优势。

4. 制度与文化特征:社会植根性与社会资本累积

产业集群不仅仅是一个从事区域专业化的聚集经济体,更是一个内部各主体之间存在复杂相互作用并有强烈文化同质和植根性的社会有机系统。产业集群网络具有社会根植性,这种根植性是指集群的各种网络关系和企业活动是构建在地方社会结构之上,是它们对地方的归属性。集群内企业具有相同或相近的社会文化背景和制度环境。企业经济行为深深根植于或嵌入于共同的圈内语言、背景知识和交易规则,因而具有可靠性、可预测性,易于产生交往默契并交流"行业秘诀",从而既有效地防止各种机会主义行为,又促进知识沿空间的扩散和"溢出"。而在相互信任和满意基础上形成的社会资本便产生了"集群胶",使众多企业黏结在一起,既增强了区域整体凝聚力,又使企业深深扎根于当地。

社会资本的质量和数量对产业集群的运行效率产生着重大影响。因为产业集群为了获取专业化的动态效率(包括规模经济、对复杂多变的市场环境的快速反应等)和避免刚性一体化制度产生的很高的内部管理成本,其内部各主体之间的产权联系并不很紧密,而它们之间的资产专用性和与其他企业的交易频率却很高。为了阻止由此可能带来的交易费用快速上升、交易不确定性和机会主义行为,此时社会资本的作用就凸显出来,因为网络组织的运行需要这样一种社会基础设施的支持。正如日裔美籍学者福山(Francis Fukuyana)所说:"当一个社群分享同一套道德价值观,借此建立对彼此规律与诚实行为的期望以后,这个社群的信任度也就会跟着提升,这已经变成通则了。"①总之,优良、巨额的社会资本才是集群经济集聚、结网、扎根的深厚基础和肥沃土壤。

5. 生产特征:"柔性制造+持续创新"

现在的研究普遍认为,人类的社会生产迄今为止经历了单件生产、福特制生产和后福特制生产等三种形式,而其中第三种则是现代社会正在经历的并决定经济竞争力基础的生产范式。产业集群作为现代生产组织的一种重要形式和规模巨大的经济聚合体,必然要以后福特制生产形式作为自己的生产基础。这种后福特制生产形式就是以"柔性制造""敏捷生产"和持续创新等新的生产方式为基础②。原因在于:目前,世界经济逐步进入"新竞争"时代,企业所面对的市场环境和技术环境开始发生重大变化。首先,买方市场成为主流,消费者需求的个性化和易变性特征凸显,产品生命周期和开发周期开始日益缩短,打破了企业原来大规模生产与销售标准化产品的基础。其次,随着世界统一市场的日渐形成,企业正面对世界各地空前激烈的竞争。最后,现代信息网络技术和交通运输工具的飞速发展,深刻改变着现代经济的效率基础、生产方式和组织形式。在这种情况下,诸如及时制生产、精益生产、柔性专业化、敏捷制造、大规模定制、持续改进或永续创新等,便在产业集群内应运而生,构

---

① 〔美〕弗兰西斯·福山.信任:社会道德与繁荣的创造[M].呼和浩特:远方出版社,1998.
② 张旭梅,等.敏捷虚拟企业:21世纪领先企业的经营模式[M].北京:科学出版社,2003.
刘刚.后福特制研究[M].北京:人民出版社,2004.

成了产业集群的重要生产与技术特征。

(三) 产业集群的类型

基于产业集群的广泛性和多样性,许多学者通常将产业集群划分成相应的类型。诸如,根据产业集群的形成方式分为诱致型产业集群、强制培育型产业集群与引导培育型产业集群;根据产业集群中企业之间的合作程度分为松散型产业集群与紧密型产业集群;根据集群内主导产业和产品属性分为传统产业集群与高技术产业集群,或农、林等产业集群、制造业集群与服务业集群等,或者又具体分为汽车产业集群、家电产业集群、IT产业集群、商业和金融业产业集群等。根据现有的文献,产业集群主要有以下几种分类。

1. 基于产业技术特征的分类

根据产业集群的产业技术特征可分为三类,即传统产业集群、高新技术产业集群和资本与技术结合型产业集群。传统产业集群是以传统手工艺或劳动密集型产业为基础,主要从事纺织、服装、制鞋、家具、五金制品等产品生产。这类产业集群主要以生产专业化、非正式的社会关系和制度安排,以及企业间的合作为特征,劳动分工比较精细,专业化程度较高,市场组织网络发达。典型的案例是意大利的特色产业区和我国温州的小商品集散地。高新技术产业集群主要依托当地的科研力量(如著名大学和科研机构),以R&D的高投入、风险资本的巨大收益和精致的技术密集型产品为主要特征的产业集群。这类产业集群中的企业主要从事高新技术产品生产,企业间相互密切合作,具有强烈的创新氛围。美国的硅谷和印度班加罗尔软件产业集群是这方面的典型代表。资本与技术结合型产业集群主要是依托大型企业而发展起来的产业集群。这种产业集群的产品有高附加值、数量大、品种多、技术复杂等特点。如日本的大田、德国南部的巴登-符腾堡等。

2. 基于集群组织结构的分类

从集群内的市场结构或企业间市场关系角度,产业集群可分为大小企业共生型集群和小企业群生型集群。大小企业共生型集群是指不同规模的企业聚集所形成的综合体,其中既有一些规模较大、创新和竞争能力较强、与外界联系较广的大企业,又有一大批进行专业化生产和配套服务的中小企业,两者有机形成一个大中小企业共生互助、协调发展的产业群落。小企业群生型集群是由众多的中小企业按照专业化分工和产业联系,共同形成一个互助互补、竞争力较强的有机的产业群落。因此,把产业集群单纯理解为小企业集群,是不全面的,也是不符合客观实际的。

同时,根据产业集群内部企业之间的市场协作关系,也可将产业集群分为多元化产业集群和转包型产业集群。前者是基于整体性的单个厂商的垂直专业化和该产业集群的垂直多元化而形成的,其竞争优势可以从企业产业集群内外的协作中获得;后者是建立在一个狭窄的垂直和水平专业化基础上的,其中大多数企业作为一个或多个大企业的转包商,小企业竞争力的获得主要是基于其与大企业之间的协作所导致的交易费用的减少。

3. 基于集群形成动力和生成方式的分类

从集群形成的动力及动力源角度,可把产业集群分为"原发型"和"嵌入型"。"原发型"集群往往与某些历史积淀的产业知识、特殊的人力资本等要素密切相关,主要依靠当地自发经济力量的内生推动而形成。"嵌入型"集群往往是由于外来产业的引进,在专业化分工及报酬递增的推进下发展壮大起来。

同时,依据集群的形成方式是"由下而上"还是"由上而下",则可把产业集群分为自发型、诱致型、强制培育型的产业集群。自发型产业集群是在市场机制作用下,靠企业自发集聚而形成。诱致型产业集群是企业在市场机制调节下出现自发集聚,政府以服务协调的身份介入,通过培育和引导而集聚演进成的集群。强制培育型产业集群是政府通过规划等形式促进企业集聚,人为地创造和培育产业集群。

4. 基于集群生成机制或运作机制所进行的分类

按照集群生成机制或集群的运作机制来划分,产业集群可分为以下四种类型。

(1) 基于核心技术的产业集群。某一产业或产品中的核心技术是这类产业集群得以生存和发展的基础。位于产业集群核心的大企业通常是核心技术的控制者,并通过其所掌握的核心技术与周围的中小企业建立了各种分工与协作关系。这种产业集群的聚集基础主要是技术,因此同一产业集群内的企业有时并不聚集在某一特定的地理空间内。

(2) 基于销售网络的产业集群,也可看成是商贸服务性产业集群。共享的销售网络体系是这类产业集群发展的基础。在这种产业集群中,大多数企业规模小、技术力量薄弱、管理水平不高,产品又以低档次的小商品为主,附加价值和相对劳动生产率都较低。这样的企业只有依托共享的销售网络,才能将自身的产品与分散的消费者联系起来。

(3) 基于品牌的产业集群。品牌是一种专用性很强、具有超值获利能力的知识资产。品牌经营具有很高的规模经济要求。在这种集群内,品牌企业众多,并且对于生产规模经济要求不高的企业,可以加入品牌俱乐部,以追求品牌的批发、营销上的规模经济。

(4) 基于知识共享的产业集群。基于知识共享的产业集群,实际上是指对某类知识具有共同偏好的企业聚集在一定区域范围内,它们处于共同的知识环境中,这不仅为知识交流、知识学习提供了可能,更重要的是它为各企业内部的知识创新奠定了基础。

5. 基于集群演化和成长过程的分类

1998年联合国贸发组织秘书处根据集群内企业技术的总体水平、集群变化的广泛性以及集群内企业间相互协作与网络化程度这三个指标,将产业集群分为非正式产业集群、有组织的产业集群、创新型产业集群等(见表12-1)。这实际上表明了产业集群演化过程和成熟程度。

(1) 非正式产业集群。集群内企业的技术水平远远落后于产业前沿,工人技能水平低,企业间缺乏信任,没有共享信息的传播,集群内部竞争残酷,几乎没有合作。企业规模小,技术创新和产品创新几乎没有。

(2) 有组织的产业集群。集群内许多企业不断通过培训和"学徒制"提高员工的技能水平,使企业在科技能力上不断提高。企业间相互交流,解决共同的难题,尤其是在基础设施和公共服务机构方面,运用集体建设的方法。企业已经认识到了合作的重要性,但相互之间的合作不可持续,企业之间的竞争还很激烈。企业在技术创新和产品创新方面都有所加强。

(3) 创新型产业集群。这是一种成熟或成功型集群。集群内的企业从事知识密集型的生产活动,有着极强的产品设计、工艺创新以及技术适应能力。并且,企业将这种能力与市场有效地结合起来,使集群迅速成为具有极高竞争力的竞争者。集群生产联系中最突出的是众多中小企业为大企业生产零部件。对于复杂的单元制造,大企业都会向小企业提供技术平台,并给予指导和严密的技术审查。

表 12-1 Lynn Mytelka 和 Fulvia Farinelli 的产业集群分类

要素	类型		
	非正式集群	有组织的产业集群	创新型集群
关键参与者参与度	低	低到高	高
企业规模	个体、小	中小企业	中小企业和大企业
创新	几乎没有	有些	持续
信任	几乎没有	高	高
技能	低	中	中
技术	低	中	中
关联	有些	有些	广泛
合作	几乎没有	有些,不持续	高
竞争	高	高	中到高
产品创新	几乎没有	有些	持续
出口	几乎没有	中到高	高

资料来源:Lynn Mytelka 和 Fulvia Farinelli(2000). 转自陈剑锋,唐振鹏:国外产业集群研究综述[J],国外经济与管理,2002 年第 8 期,第 23 页。

6. 基于集群功能的分类

根据集群的功能,可把产业集群分为三类或三种模式。一是传统的纯集聚模式;二是产业综合体模式;三是社会网络(俱乐部)模式。① 各种模式的基本特征如表 12-2 所示。

表 12-2 三种产业集群模式的特征

特征	纯集聚	产业综合体	社会网络
企业规模	原子型的	有些是大企业	变化的
关系特征	不可识别的 缺乏联系的 不稳定的	可识别的 稳定的商业联系	信任 忠诚 联合游说或疏通关系 合资经营 非机会主义的
成员	开放的	封闭的	部分开放的
集群接近性	支付租金 特定区位需要	内部投资 特定区位需要	历史的 经验 特定区位需要,但非充分条件
空间影响	租金上涨	对租金没有影响	对租金有部分影响 资本化
空间范围	城市	地方而非城市	地方而非城市
典型实例	竞争的城市经济	钢铁或化学生产综合体	新产业区
分析方法	纯集聚模式	区位—生产理论 投入—产出分析	社会网络理论

资料来源:Gordon, I. R. & McCann, P., 2000.

---

① Gordon, I. R. & McCann, P. Industrial clusters: complexes, agglomeration and/or social networks(2000). *Urban Studies*, 37(3): 513—532.

由于前两种模式早就存在,并进行了较多的理论探讨,为了区别的需要,学术界通常把近年来出现的社会网络之模式称为新产业集群或新企业集群。这种新型产业集群具有三个主要特点:一是同业和相关产业的很多企业在地理上集聚;二是有支撑的制度结构;三是企业在地方网络中密集地交易、交流和互动。① 在这种集群中,通过市场网络联结起来的专业化中小企业起到了主导作用,这与产业综合体模式刚好相反。在产业综合体中,一般拥有一个或多个规模较大、竞争和创新能力较强的大企业,起着支配性或主导作用。

此外,我国学者根据我国产业集群的形成方式与特点将产业集群分为五种类型②:一是专业镇模式。即依靠当地企业家精神和工商业传统,建立在农村或乡镇工业基础上的特色集群(在浙江称为专业化特色产业区)。例如,珠三角地区的"一镇一业""一村一品"专业镇模式。二是以招商引资或企业创新网络形成的产业集群模式。如苏锡常地区的高新技术产业集群、北京中关村的 IT 产业集群、台湾新竹的集成电路集群、广州天河的软件产业企业集群、深圳的高技术产业群等。三是通过全球产业链整体性转移或外包加工形成的集群模式。如广东东莞电脑制造业、制鞋业、玩具业等集群。四是以跨国公司为龙头聚集配套企业发展起来的集群。如以北京首信、诺基亚为龙头企业,吸引了包括 IBM、长城计算机公司、北京金长科国际电子公司、三洋能源有限公司、台湾富士康等公司在内的企业而形成的产业集群。五是通过改制在公有基础上经过企业繁衍和聚集而形成的集群。如在青岛海尔、重庆嘉陵、辽宁营门的东北钢琴集团等企业附近繁衍和衍生的企业群。

二、产业集群的演化过程与形成机理

产业集群作为一个有机的具有生命力的产业群落,它的出现、增长和发展也是一个逐步演进的渐进过程。产业集群的形成与发展是多种因素相互作用的结果,各种因素相互作用的机制构成了产业集群生成与发展的内在机理,也是产业集群竞争优势的重要源泉。可以认为,是否具有较强的竞争优势,是判断一个产业集群形成与否的重要标志。

(一) 产业集群的演化过程

一个产业集群从出现到最终形成,需要一个漫长的过程。阿霍坎加斯(P. Ahokangas)等人曾经提出过一个产业集群演化模型,将产业集群的发展过程分为三个阶段。③

1. 起源和出现阶段

在产业集群演进的起始阶段,具有创新精神的创业者利用其独特的私人关系和接触理顺与现有网络的联系。一批快速增长的新企业的建立,并在某一地点相互集聚,这就需要解决新活动的合法性问题。这些新的创业活动大都是市场导向型的,需要加强与外部的合作,

---

① 王缉慈,等.创新的空间:企业集群与区域发展[M].北京:北京大学出版社,2001:9—10.
② 转自随映辉.产业集群成长、竞争与战略[M].青岛:青岛出版社,2005:11.
③ P. Ahokangas, M. Hyey, and P. Rasanen: Small technology-based firms in tast-growing regional cluster. New England Journal of Entrepreneurship, Vol.2 1999.

以便能够充分利用各种外部可用资源。随着各种新企业不断进入集群,大量企业的群集将可以获得集聚经济效益。同时,企业集聚的增加将导致企业家阶层和各类人才市场的形成。此外,随着市场竞争的不断加剧,区内将出现一些为相同消费者提供服务的活动,供应商也将逐步发展起来。

2. 增长和趋同阶段

一旦确立了其合法地位,如设立相关产业园区和组织机构等,集群将进入实质性增长期。在这一阶段,创业的成功将取决于以迅速增长和变化为特色的外部环境的完善能力。这样,就需要有一广泛的、高质量的、松散联结的网络,以及更差别化的企业经营战略,这种社会网络和差别化战略,对集群中的小企业能否取得成功是至关重要的。大量企业在空间上相互接近,将导致各种思想、技术和信息传播的加快,由此促使企业经营活动出现模仿和同构化。随着这种相互模仿和同构化的持续,集群将进入趋同阶段:新进入集群的企业数量和企业增长率都将出现下降。

3. 成熟和调整阶段

在成熟的集群环境中,迅速增加的资源竞争将导致成本增加,出现集聚不经济,由此带来集聚经济的丧失。同时,在现有集群中,各种创业活动变得更加保守,也更带有模仿性。如果这种集聚不经济持续下去,随着模仿和同构化的增加,集群内企业的数量将出现下降,创业和创新开始在现有集群以外的地区发生。显然,如果这种模仿不能向创新方向转化,甚至发展成为仿冒、造假,将会产生类似"劣币驱逐良币"的效应,导致整个集群出现衰败,严重时甚至会走向毁灭。

为了使集群能够持续下去,需要适时进行战略调整和再定位,如及时调整结构、促进产业升级、鼓励并强化创新、营造良好的创新氛围、完善市场组织网络、对造假行为进行制裁等。这样,通过战略调整和再定位,将促使集群重新进入快速增长的轨道,并保持较强的竞争力和创新能力。这说明,并非任何一个产业集群都是可持续的,只有那些能够成功地进行战略调整的集群,才能始终保持较高的竞争力,实现可持续发展。对于这些产业集群来说,具备一个完善的自调整机制,是它们最终能够取得成功的关键所在。①

(二)产业集群形成与发展的制约因素

产业集群的形成与发展是一定区域的历史与现实、内在与外在、主观与客观、市场与政府等一系列相互交错因素综合作用的结果。在这一过程中,主导因素与驱动力量不同,集群的生成与发展路径也各不相同。概括而言,以下因素在产业集群的形成与发展过程中起到了关键作用。

1. 自然资源、要素禀赋和运输成本

无论是历史上还是现在,都有不少产业在靠近自然资源和要素禀赋优良的地方聚集。自然资源和要素禀赋条件在一定程度上促进或限制了本地产业发展的可能,在产业集群的形成过程中,起到了一个基础性的作用,可以成为引发产业集聚的一个重要诱因。另外,企业总是希望以最低的成本进入市场,这里面当然包括运输成本这一重要的成本因素,所以,

---

① 魏后凯.现代区域经济学[M].北京:经济管理出版社,2006:172.

同类企业比较容易在一个靠近市场、运输成本较为低廉的地方聚集。自然资源、要素禀赋和运输成本基本上都属于自然的因素,虽然与产业组织和竞争基本无关,而且随着交通运输技术的进步和相关设施的改善,这种自然性因素在现在的产业集群中所起的作用已日渐次要,但是,自然因素仍然是产业集群,特别是传统产业集群生成与发展的基础性因素。

2. 专业化生产要素与产业文化

专业化的生产要素和产业文化是产业集群产生的初始条件,也是产业集群增强和升级的必备条件。专业化生产要素,与传统意义上的土地、资本、劳动力等同质性要素不同,是指技术型人力、先进的基础设施、技术型专业知识、产业特定技术以及某些专门针对单一产业的要素条件,等等。专业化生产要素具有专用性、非竞争性,难以模仿和替代。这些要素在一定区域内一旦生成便凝结,经过漫长的内生演变与累积沉淀过程,形成专业化的空间集聚或空间不均匀分布状态,为特定产业集群的兴起奠定了基础。如温州鹿城区鞋类产业群的制鞋技术传统可以追溯到嘉靖年间民间加工朝廷贡品时期;宁波服装产业群的产生与唐代的"奉帮裁缝"、清代的"红帮裁缝"有关。专业化生产要素的低流动性和专用性导致该区域内孕育出并大量聚集着从事相关产业活动的技术型工匠和特质劳动力,使得该区域内人们的社会经济生活时时沐浴在浓厚的产业空气中。同类工匠的地理集聚产生了竞争压力,使得技术进步、生产工艺改进等创新活动频繁,这些创新成果往往由于工匠之间地理上的靠近而在区内很快地传播与扩散,营造出一种"创新—溢出"的共享文化。这种产业氛围与当地的文化、习俗等不可移植要素融为一体,形成特定的产业文化。产业文化在空间上的流动性很弱,不断强化成为这一区域的特有资源,催生着产业集群的兴起。因此,产业文化是产业集群兴起的催生剂。①

3. 规模经济与外部性

规模经济和外部性是经济学家讨论最多的关键性因素。相同的企业之所以能够聚集在一个地方,最为重要的原因是试图充分利用规模经济和外部性的作用。大量的企业聚集在一起生产,就形成了很大的规模,同时也产生了巨大的需求,不但会产生生产上的规模经济效应,而且会产生需求上的规模经济效应。这种规模经济效应足以保证企业能够得到从中间产品到劳动力的高品质、低成本的供给,获取较高的经济绩效。外部经济性是一种因聚集而使相邻企业之间相互提供的"免费服务",包括降低交易费用、实现外部规模经济、共同的市场效应等。先进入某个地区的企业,在生产中会产生经济活动的外部效应,如果这个企业规模很大的话,产生的外部性就更大,为后进入的企业创造了生产和生活用的基础设施、劳动力市场、中间产品的获得渠道,甚至是生产地点的知名度等。后来的企业就可以充分利用这种正外部性,使自己无须经过市场交换就获得利益。所以,充分的外部性足以使后来的企业聚集在原有的企业周围,形成产业集群。

4. 根植于本地文化的网络关系和社会资本

文化是由一系列自发生成的习俗、惯例、规则和制度组成的,是一系列编码化的知识和浓缩的人类智慧精华。共同的文化是创造信任、增强信心、创造各种诱发归属感的联系纽带,是一种宝贵的社会资本。网络中的所有人或组织都可以(经常是不自觉地)使用这一共

---

① 刘义圣,林其屏.产业集群的生成与运行机制研究[J].东南学术,2004(6):131—137.

有资源,从而降低交易成本和组织成本。企业网络关系是一个自我构建过程,企业通过各种经济和非经济活动扩充自己的关系网络。这种关系网络对于企业来说也是一种无形的社会资本。丰富的社会资本与文化资本使区域内部的经济关系具有很强的社会嵌入性。企业关系网络镶嵌于地区文化网络之上,企业在所属文化网络中扩充其关系边界,从中获取收益、实现自身利益,共同构建着本地的繁荣,共同演绎着本地的区域优势,成为产业集群发育成长的内因。

5. 有效率的微观经济主体和企业家精神

有效率的微观经济主体与企业家精神密不可分,主要表现在三个方面:首先是创新,主要包括制度创新、市场创新、技术创新和产品创新等。它起始于企业家对市场机会的识别、选择和对技术的敏感。企业家的市场创新和技术创新促进区域内产业资源的有效配置。产品创新能较好地满足市场需求,使企业获得较大的利润。同时产品创新能招来许多企业模仿和跟进,并通过各种有效的制度创新获得地方政府的支持。在制度允许的情况下,区域企业家的创新活动推动了产业集群的形成。其次是企业合作意愿,如果聚集在一起的企业没有意识到形成一个合作网络的好处,那么即使其他所有条件都具备,也不能够形成一个具有整体合力的群体。最后,企业家精神是吸引其他产业内企业和相关企业聚集在周围的决定性因素:一方面,这些优秀的企业家成为当地企业家的角色样板,通过近距离的观察和学习,大大节省了企业家积累管理和技术知识的成本;另一方面,这些企业在当地的成功会吸引大批企业模仿和跟进,当大量的企业进入特定行业而形成区域的企业集聚时,就会带动配套与服务企业的加入。由于区域规模经济效应,将吸引更多的专业人才、技术和资金的进入,由此形成产业集群。显然,这是一个企业家集聚的过程,是企业家精神引发集体的企业精神的过程。

另外,市场需求的容量与结构、相应的制度安排和政府的产业政策等,都对产业集群的形成和发展具有重要的影响。许多产业集群(包括高新技术产业集群)都是通过政府推动和相关产业的引领与支持而逐步形成的。

(三) 产业集群的形成机理

人们对产业集群现象及产业集聚区发生机制的研究可以直追溯到马歇尔时代。自此以后,经济学家一直致力于产业集聚发生机理和演化过程的研究,形成了产业集群形成机制理论。除了马歇尔的三要素说、韦伯的聚集力理论外,从总体上看,当代有关产业集群形成机理研究大多是从经济地理观点、组织观点和战略观点的角度展开的。

1. 经济地理学的观点

这种观点特别强调企业所面临的地理和功能环境特点对集群形成的影响,其主要代表人物是新经济地理的倡导人克鲁格曼(P. Krugman)和劳克(J. F. Rauch)。在新经济地理学看来,产业集聚的发生、发展的机理在于:普通的收益递增和不完全竞争、无所不在的多重均衡、历史、偶然事件与累积循环、自我反馈机制等。

克鲁格曼不仅以美国毛毯业集聚的典型案例来说明产业集聚的发生与发展源于历史的偶然事件以及由自我完成的预言而累积循环,而且以严谨的数学模型推导证明了历史与预期在产业集聚的发生与发展中的决定作用。① 在他看来,产业集聚是否发生于某一地区,取决于该地区的初始条件是否具备适合该产业成长的最初优势,而这一优势往往是由历史的偶然事件决定;这种初始优势,尤其是初始的经济条件优势,如运输成本、规模经济及制造品的份额,能否不断自我强化(即"累积循环"或"正反馈"),则是集聚进一步发展的关键。历史上的偶然事件,即便是一个很不起眼的微小事件,都可能使一个产业定位于一个地区,并开始其动态累积循环过程。这一过程中使人们对这个地区产生某种预期,相信这一地区将成为产业的中心,而这一预期又将激励企业和劳动力不断进入该地区。从而使得该地区的产业不断聚集,市场得以不断扩大,规模经济日益显著,经济增长优势也得以不断强化,于是这个自我完成的预言得以实现。②

克鲁格曼以规模报酬递增、不完全竞争的市场结构为假设前提,在斯蒂格利茨垄断竞争模型的基础上,论证了一旦初始集聚优势确定,产业集聚将在规模报酬递增、运输成本和需求的交互作用中不断自我反馈和强化下去。克鲁格曼偏重密切的经济联系导致集聚而非比较优势,并且认为技术外溢是集聚的次要因素,因为低技术产业也能形成集聚。③

克鲁格曼用模型化的方法通过严密的数学论证从深层次上揭示了产业集聚发生的机制,弥补了马歇尔和韦伯观点的不足。但是,他比较强调大型公司的内部增长和组织间能量化的市场联系,而忽视了公司活动所产生的难以量化的非物质联系(如信息、技术联系)和非正式联系(如人际关系和基于信任的联系)。

2. 产业组织理论的观点

与经济地理观点不同,组织观点强调单个企业的空间行为是由其内部和功能环境决定的。斯科特(A. J. Scott)和哈里森(B. Harrison)是这方面的典型代表。

斯科特将交易成本方法运用到区位分析中,认为集群的兴起和增长是在内部和外部交易成本之间抉择的结果。他认为,集群是企业垂直分解的空间结果。当企业垂直分解时,经济中的外部交易活动的水平将增加,由此将促使那些具有强烈愿望和经济联系的生产企业相互向集群集中。反过来,大量生产企业的集聚将极大地降低外部交易的空间成本。在这种情况下,将会产生两方面的效果:一是搜寻和续约成本的下降将进一步加剧企业的垂直分解;二是投入需求的高度非标准化以及生产企业需要面对面的接触,也加剧了垂直分解的趋势。因此,垂直分解强化了集聚,而集聚又进一步加剧了垂直分解。④

哈里森对产业集群的分析建立在社会经济理论的基础之上。他认为,在产业集群的形成过程中,人际关系和结构如企业间联系的网络,应被看成是一个重要的因素,产业集群的出现是来自人际接触的需要。在他看来,具有灵活性的小企业集群是理想的集群类型。在这种集群中,大量小企业在生产过程的某一或多个阶段实行专业化,相互间密切合作,共同分享设备、信息甚至技术人员,由此形成一个联系的网络。在这种企业间联系网络中,信任起着至关重要的作用,而企业间联系的重建(包括企业区位)将有助于增进这种信任。由此,

---

① 美国的毛毯业是由于道尔顿小城的一个名叫凯瑟琳·伊万斯的小女孩偶然发明的一个不同寻常的植毛床罩而兴起并集聚于道尔顿。
② P. Krugman: Increasing returns and economic, geography. Journal of Political Economy,1991,(99): 483—499.
③ 保罗·克鲁格曼. 地理与贸易[M]. 张兆杰,译. 北京:北京大学出版社,2000.
④ Scott, A. J.: Industrial organization and location: Division of labor, the firm and spatial process. Economic Geography, 1986, 62(3): 215—231.

集群的出现是"信任最大化"的结果。①

表 12-3　一些学者对产业集群产生原因和区位的解释

学者	集群产生的原因	集群的区位
克鲁格曼（2000）	◆ 集群是由于历史、偶然或者"自我完善的预言"而产生的 ◆ 集群的增长取决于报酬递增、运输成本和需求的交互作用	◆ 集群一般可以在任何区位出现 ◆ 现有集群将增长和维持下去
Rauch（1993）	◆ 集群是偶然出现的。工业开发商可以纠正无效率 ◆ 企业的再区位取决于再投资成本和更高生产成本之间的抉择	◆ 集群一般可以在任何区位出现 ◆ 有些企业仍保留在现有集群，其他的则转移到新起的集群
Scott（1986）	◆ 集群会加剧企业的垂直分解，而垂直分解又将强化集群	◆ 现有集群将发展成为小的专业化企业的群聚地
符正平（2002）	◆ 企业聚集的形成过程是一个网络外部化的过程	◆ 集群将在最先进驻企业的区位出现，最先进驻的企业扮演庄家或孵化器角色
波特（2002）	◆ 高竞争力产业集群可以刺激创新，只有创新才能创造并维持集群所必需的竞争优势	◆ 由于竞争者的进入，高竞争力产业集群将维持下来，并保持增长
Storper（1992）	◆ 集群是在技术灵活性、成本最小化与更新过时的技能和知识之间抉择的结果	◆ 集群将出现在高创新地区，在这种集群内，存在一批专业化、灵活的小企业

资料来源：Meijboom 和 Rongen(1995).符正平(2002).转自魏后凯：现代区域经济学[M].经济管理出版社,2006.

我国学者符正平引入网络外部化理论解释产业集群的形成过程。他认为，产业集群的形成过程，其实质也是一个网络外部化的过程。由于存在着网络外部化即网络效应，产业集群将在最先进驻企业的区位出现，最先进驻的企业将扮演庄家或孵化器的角色，因为它们的表现和势力将影响后续企业的区位预期形成。网络效应不但在吸引新企业进入集群过程中起作用，而且在集群孵化形成过程中也很重要。集群要获得自我持续成长能力，集群企业的数量必须达到某种最低临界规模。过了临界规模以后，新企业进入集群的速度将加快，集群将进入起飞阶段并很快达到饱和。②

3.战略管理理论的观点

战略管理理论主要是从战略的角度探讨集群的形成原因和影响因素。其主要代表人物是竞争战略专家波特和斯托珀(M.Storper)。

迈克尔·波特从他独特的"钻石体系"和国家竞争优势分析框架出发，重构了有关产业集聚的新竞争经济理论。他认为，产业集聚是在特定区域中相互关联的一群企业和相关机构的集中，集聚体内企业之间是独立、非正式的关系，它不同于科层组织或垂直一体化组织，而是一种松散的价值体系。它作为一种空间组织形式所具有的效率、灵活等特性可以产生竞争优势。迈克尔·波特认为，产业在地理上的聚集，能够对产业的竞争优势产生广泛而积极的影响，集聚促进区域竞争，并因此保持或增加其经济增长的速度。

波特特别强调创新的重要性，他认为竞争力主要取决于创新和升级的能力，这种创新能力主要来自支持性产业、本地的相关产业和竞争性产业。他认为，高竞争力产业集群可以刺

---

① Harrison B. Industrial district：Old wine in new bottles. Regional Studies,1992,26(4)：449~483.
② 符正平.论企业集群的产生条件与形成机制[J].中国工业经济,2002(10)：23—24.

激创新,只有创新才能创造并维持集聚区所必需的竞争优势。因此,通过加入具有竞争力的产业集聚体,企业可以提升它们的竞争力。一方面,在产业集聚区中,各产业间存在着一种互动关系,一个有竞争力的产业通常会提升另一个产业的竞争力;另一方面,由于存在竞争压力和挑战,企业将更加努力地争取获得对抗其竞争对手的优势。同时,竞争者的存在也迫使企业不断创新。①

与波特的观点不同,斯托珀认为,灵活生产系统而不是创新本身是集群成功的关键。在他看来,企业只有在转换成本较低的情况下才具有竞争力。也就是说,企业能够迅速从一种生产技术转换到另一种生产技术,而没有导致生产成本的较大提高。但当各种企业被组成一个生产网络(即一批按照集体组织方式行动的专业化小企业)时,才有可能实现这种"技术活力"。由此,他认为产业集群是一种有效的空间组织形式,它是在技术灵活性、成本最小化和更新过时的技能和知识之间抉择的结果。②

三、产业集群的运行机制与竞争优势

产业集群内部有自己的运行机制。通过这些机制,集群内企业完成竞争与合作,并且通过价格调节和网络关系,整个集群内的企业得以协调运转,使产业集群具有强劲、持续的竞争优势和外部经济效应。

(一) 产业集群的运行机制

产业集群的类型和集群所处发展阶段不同,其内部运行机制也不同。一般而言,大多数成熟的产业集群都具备一系列完善的运行机制,包括互补性机制、交易费用机制、知识外溢机制、信任机制及创新机制等。③

1. 专业分工与互补性机制

专业分工与互补性机制是集群内企业通过专业化分工而形成的联系紧密的产业链关系。集群的专业分工不同于传统分工,是一种以集聚经济为主导、以雄厚的社会资本优势为基础的区域分工。集聚经济是由集聚规模经济和集聚范围经济共同作用而形成的一种复合经济。集聚经济可以降低行业平均成本,可以产生"联合需求",从而形成规模性专业化的生产和服务,促进互补和关联产业的发展,并进一步深化企业之间分工和企业内部分工。社会资本是能够通过推动协调的行动来提高社会效率的信任、规范以及网络。它存在于个人之间、群体之间和组织之间的社会网络中,是一种具有生产性的真实或虚拟资源的综合,是产业集群竞争优势的重要源泉。

---

① 〔美〕迈克尔·波特.国家竞争优势[M].北京:华夏出版社,2002.
② M. Storper: The limits to globalization: Technology districts and international trade. Economic Geography, 1992, 68(1): 60—91.
③ 刘义圣,林其屏.产业集群的生成与运行机制研究[J].东南学术,2004(6): 131—137.

第十二章 产业集群

2. 文化向心机制

区域内的工商业传统、风俗习惯、文化水平、心理素质、主流的价值观念、社会风气,以及社会关系网络等社会资本,使集群区域内的行为主体在同一类型或同一模式的文化环境中得以教化、培养,从而以相同的思维方式、价值观念、社会习俗、行为方式聚合起来,使群体因同一的思维方式、行为方式和文化而形成一种向心的力量。这种向心机制,可以更好地引导集群内的人们进行分工协作和创新活动。

3. 基于信任的合作竞争机制

在产业集群内,集中在一起的大量企业出于长期的利益考虑,基于可预见性和可依赖性的规则,经过长期多次的交易与博弈,便形成了一种以信任为基础,既有竞争又有合作的合作竞争机制。信任作为维护产业集群的竞争合作秩序的内在约束,为提高和增强企业之间的凝聚力起到了非常重要的作用。这种合作竞争机制的根本特征是互动互助、集体行动。通过这种合作方式,企业可以在培训、金融、技术开发、产品设计、市场营销、出口、分配等方面,实现高效的网络化的互动和合作,以克服其内部规模不经济的劣势,从而能够与比自己强大的竞争对手相抗衡;可以顺畅信息的流通,加快观念、知识和技术的传播,缓和经济利益的冲突,减少交易的困难,从而获取集体效率;有助于企业建立战略联系和伙伴关系,实行灵活的专业化生产;同类企业的地理聚集产生的竞争压力,使得技术进步、生产工艺改进等创新活动十分频繁。

4. 交易费用节约机制

产业集群的空间聚集与社会文化特征,有利于交易费用的节约。集群企业的空间接近性可以降低企业间每一次交换的交易成本,继而在连续的交易过程中大大减少总的交易成本。集群企业的经济活动根植于地方社会网络之中,企业与企业、人与人之间的合作,共同的社会文化背景和一致性的价值观念,可以减少经济活动中的不确定性。在信任和承诺的基础上,单个企业的失信和违约成本相当高,因为这意味着他得面对整个集群全体企业的惩罚,这样能够减少交易中的违约行为。另外,有限区域范围内聚集足够数量的同类企业,使企业可以较为容易地在当地获得替代的、同质的交易合作伙伴,形成代理人多元化机构,增强谈判力量,从而减少和克服因资产专用性而可能产生的机会主义行为。

5. 技术扩散和共享机制

产业集群在技术扩散和共享这方面有不可比拟的优势。产业集群就是相关企业在空间上的有机集聚,能够产生较强的知识和信息累积效应,能够提供实现创新的重要来源。地域上的接近,使得集群内企业的技术保密成本很高,而学习成本很低。企业学习其他企业的技术极为方便,技术和信息交流成为一种互利行为。由于产业集群内部存在着多重联系,大量的专门的知识和信息就很难停留在企业内,企业常常自觉不自觉地把质量管理、设备改良、生产工艺流程设计、新产品生产方法、新技术情报、新产品开发技术等传送到其他企业中,特别是从大企业传递到中小企业,从而产生了一种超市场的技术传递行为。产业集群内这种超市场的知识和技术传播,打破了市场经济中技术扩散的产权屏障,能够加快集群内知识和技术的积累,促进不同类型知识的流动,并强化集群的创新能力和竞争能力。

6. 持续创新机制

大批相关企业聚集在一个地区,既加强了彼此的竞争,又可能产生互相学习的效应,使原来基于资源禀赋的比较优势发展成为创新优势。想创新、实施创新,加快企业技术创新步伐,促进新业务与新企业的衍生,构成了一种特有的机制,从而激励集群企业不断追求和积累新知识、新技术。此外,在柔性生产与灵活的专业化分工情况下,具有一定创造力的熟练工人在使用多用途设备中,能够不断地发明新的产品和新的生产方法,从而也促进了产业群内的不断创新。这种创新机制使集群内的企业更具有竞争优势。

(二) 产业集群的竞争优势

产业集群拥有明显的竞争优势。这种竞争优势主要体现为两个方面:一是通过集群内企业间的合作与竞争及其协同效应而获得诸多经济效率方面的竞争优势,包括资源获取和资源优化配置优势,规模经济、范围经济和外部经济优势,基于质量基础的产品差别化优势,区域营销优势和市场竞争优势等[①];二是通过支撑机构和企业间的相互作用所形成区域产业网络优势和创新优势。具体而言,主要体现在以下几个方面:

1. 资源的获取与优化配置优势

集群一经形成就可以在资源获取和资源配置方面获得竞争优势。这种优势体现在:第一,集群形成后,就会通过其网络和产业链条,将与其有直接联系的各种物资资源和生产要素、配套服务机构和相关产业等吸引过来。而且,随着集群竞争力的增强,这种资源吸引效应还会逐步加速,形成"集群—资源吸引—集群扩张—加速资源吸引"的循环累积过程。第二,集群形成后,在竞争机制、学习效应和创新机制的作用下,新产品和新工艺不断涌现,生产、营销、物流、环保等技术不断改善,这些都使地区的资源质量和要素质得以不断提升。第三,集群形成以后,集群内的企业将会通过灵活专业化分工与互补机制、竞争合作机制等,实现资源的充分利用好优化配置,提高资源利用效率。第四,集群作为一个柔性生产集聚体,在资源高度聚集和素质不断提升的条件下,各种资源能够随着市场的变化和新的产业链的出现,将迅速流向有竞争力的优势产业,最大限度地实现资源的最优配置。

2. 成本节约和规模经济优势

从集群内部组织分工与交易过程来看,地理空间的接近性、集群内部的持续创新机制、分工专业化与互补机制、文化向心及信任机制和社会资本优势,可使企业节约各种成本,包括生产和运输成本及交易费用,获得成本优势。从集群内企业规模结构及其效应来看,企业从集群中可获得规模经济优势。其中包括:第一,内部规模经济。在集群经济中,由于中间产品的转移成本很低,分工精细化及其资产专用性提高所带来的机会主义倾向难以实现等原因,生产同种产品的各种可分割性的功能操作不断地从企业内部剥离出去,导致其内部单位产品生产的长期平均成本下降,因而可获得企业内部规模经济。第二,外部规模经济。又可看作同一产业的内部规模经济。主要表现在:一是集群内企业可利用空间接近性,通过专业化分工与协作,以弥补其在技术、资金、人才、管理方面的不足,获得资源互补方面的外部规模经济。二是集群庞大的联合需求与供给可形成整体市场规模,既可提高企业市场控制和议价能力,从而节约成本,又可为专门满足市场缝隙与边缘需求的新企业开辟市场空间,促进产业内部分工和集群规模扩大,同时还能推动地方政府加大基础设施建设和公共服

---

① 魏守华,石碧华.论企业集群的竞争优势[J].中国工业经济,2002(1):60.

务能力提高及软环境改善,使集群企业共享基础设施方面的外部规模经济。三是集群企业可以共建销售网络,从中获得营销方面的外部规模经济。四是集群企业可以借助集群优势迅速形成名牌效应和价格优势,并拓展国际经济联系渠道,增强企业国际竞争力。

3. 产品差异化和范围经济优势

在柔性生产方式下,集群内的一些企业可以根据市场需求,及时地调整产品的产量和创新产品样式,形成产业差异化,比较容易实现企业内部范围经济。与此同时,通过专业化分工,集群企业协同参与价值链的全部增值活动。这些专业化的企业联合起来进行多样化产品的生产,便可以形成行业的范围经济。而这种范围经济对单个企业来讲,则是外部的范围经济,也可以看作是某一行业或区域的内部范围经济。

4. 创新、创业优势

大批产业相关的企业聚集在一个地区,既加强了彼此的竞争,又可能产生互相学习的效应,使原来基于资源禀赋的比较优势发展为创新创业优势,加快企业技术创新步伐,促进新业务与新企业的衍生,形成了创新环境、创新机制和创新优势。这些创新优势包括:创新的激励机制、创新的学习效应、创新的文化氛围、创新的服务体系、创新的人际环境、创业文化与创业优势等。与此同时,分工细化和新产品的产生及产业链条的不断延长,为新产业的诞生和创业活动提供了空间。

5. 品牌和文化优势

产业集群还可以形成区域品牌优势和集群文化优势。集群内部企业之间的竞争与合作促进了产品质量、集群的整体形象和区域品牌知名度的提高。区域品牌构成了集群企业共享的重要无形资产。同时,不同的集群植根与不同的当地文化背景,并在企业竞争与合作的过程中,形成各自的特殊集群文化。作为一种长期积累起来的深层次的集群文化,它是难以模仿的,是吸引人才、激励人才的机制,是一种默契的交易竞争规则,也是每个集群的特有的竞争优势所在。

(三) 产业集群竞争优势的来源

对于产业集群竞争优势的来源,韦伯把它归之为集聚经济,马歇尔强调外部经济的重要性,克鲁格曼则认为是报酬递增、运输成本和需求交互作用的结果。波特运用他的钻石模式,强调需求条件、关联与支持性产业、因子条件、企业竞争与战略密切配合的重要性。我国学者则把它归纳为地域分工、外部经济、合作效率和技术创新与扩散的综合作用[①],或认为,资源的创新性整合能力,资源禀赋和资源整合能力构成了产业集群的竞争优势[②]。

事实上,产业集群竞争优势的来源是多方面的。最根本的源泉在于其运行机制。其中,因地理集中而形成的集聚经济、柔性生产方式、灵活专业化(社会网络)、创新的环境、合作竞争等都发挥着重要的作用。[③]

1. 集聚经济

产业集群的最重要特点之一,就是它的地理集中性,即大量的相关产业相互集中在特定

---

① 魏守华.集群竞争力的动力机制以及实证分析[J].中国工业经济,2002(10).
② 蔡宁,吴结兵.企业集群的竞争优势:资源的结构性整合[J].中国工业经济,2002(7).
③ 凌云,王军.先进制造业基地建设的理论与实践[M].北京:中国经济出版社,2004:32—36.

的地域范围内。这种产业的地理集中能够产生广泛的集聚经济效益：共同利用各种基础设施、服务设施、公共信息资源和市场网络；共同利用某些辅助企业，包括提供零部件或中间产品、加工厂脚料或废料以及提供生产性服务的辅助企业；减少能源和原料损耗，缩短原料和产品运输距离，从而节约生产和运输成本；可以面对面地交谈，从而增进了解和信任，并互通情报，减少信息搜寻和交易成本；可以增加本地市场需求，提供更多的发展机会；可以促进技术创新，加快观念、思想和知识的扩散等等。广义地讲，集聚经济源于各种相关经济活动的集中而带来的效益。这种集聚经济是外部规模经济的重要组成部分。因此，因地理集中而带来的集聚经济效益，是集群创造和保持竞争优势的重要源泉之一。

2. 柔性生产方式

柔性生产方式是对福特式刚性生产方式的否定，是适应知识经济时代的需求多变与不确定性以及生产方式转变的产物。它是指具有极强的快速反应能力、能够适应市场变化的一种灵活生产方式。它的主要特征是小批量、多品种、零库存、低成本和短周期。柔性生产方式主要包括三个方面：一是企业生产与管理方式的柔性化；二是企业外部的柔性化网络关系；三是柔性化的劳动过程和具有合作与创新精神的团队。① 柔性生产能够发挥区域各种生产要素的整合能力和协同效应，使企业在技术设备、劳动力雇佣、组织形式、空间分布、竞争方式以及与供应商之间的关系等方面获得更大优势。

3. 灵活专业化

柔性生产方式要求企业灵活专业化。一般来说，灵活专业化可分为两种类型，分别以产业专有资产和企业专有资产为特征。前者是对产业专用资产的不同组合而实现灵活专业化，二者是通过企业的创新以及大中小企业之间的合作实现灵活专业化，这实际上是大企业主导型的灵活专业化模式。

灵活专业化的本质就是企业内部分工的外部化或社会化。通过这种企业内部分工的外部化，可以使更多的功能操作实现内部规模经济，而且由于集群企业的联合需求可形成规模性专业化的生产和服务，又为每个企业提供了丰富的外部规模经济。由于存在着这种灵活专业化，在产业集群内，大中小企业与服务单位和政府机构群聚在一起，共同构成一个机构完善，功能齐全的生产、销售、服务、信息网络，也就是社会化的市场组织网络或地方产业配套体系。通过这种地方配套网络体系，企业能及时、便捷地获得所需的原材料和零部件，并及时将自己的产品供给客户。显然，这种完善的地方产业配套体系，对减少不确定性，降低信息搜寻和交易成本，提高生产效率，都是至关重要的。

4. 创新的环境

企业创新需要有一个适当的周围环境。如前所述，产业集群一旦形成则会具备一种持续创新的机制，这种创新机制本身就是产业集群竞争优势的来源。在产业集群中，由于地理接近，企业间密切合作与竞争，互补性的专业分工与协作以及柔性化生产方式和共同的文化背景，都将有利于各种新思想、新观念、新技术和新知识的创造与传播，从而形成知识的溢出

---

① Malecki, E. J. Technology & Economic Development: The Dynamic of Local Regional and National Competitiveness[M]. Addison Wesley Longman Limited, 1997. 转自盖文启：产业的柔性聚集及其竞争力[J], 经济理论与经济管理, 2001(10): 25.

效应和学习效应,增强了企业的研究和创新能力。具体来说,产业集群创新环境包括以下几个方面:创新的激励机制、创新的学习机制、创新的文化氛围、创新的服务体系、创新的人际环境和创业文化与创业优势。这一创新环境一旦形成,产业集群的创新优势就会不断发挥出来。

5. 合作竞争

如上所述,在产业集群内,大量企业相互集中在一起,既展开激烈的市场竞争,又进行多种形式的合作,由此形成一种既有竞争又有合作的合作竞争机制。这种合作竞争机制的根本特征是互动互助、集体行动。建立在信和家庭联系的基础之上的这种合作竞争机制可以克服其内部规模经济的劣势,从而能够与比自己强大的竞争对手相抗衡。这种集体行动的互动机制的形成,将可以顺畅信息的流通,加快观念、知识和技术的传播,缓和内经济利益引发的冲突,减少交易的困难,从而获取集体效率。此外,采取合作竞争的方式,也有助于企业建立战略联盟和伙伴关系,实行灵活的专业化生产,从而获得竞争优势。

(四)产业集群的功能与社会经济效应

产业聚集或产业集群发展,不仅会使集群本身形成强大的竞争优势和竞争力,而且还会带来一系列社会经济效应。对于提升区域经济发展水平和综合经济实力,促进社会进步具有重要作用。产业集群发展实际上是经济发展的一种战略方式。其社会经济功能与作用主要体现在以下几个方面:

1. 提升企业和产业竞争力

如上所述,产业集群可以使集群内的企业进行持续的技术创新,获得成本优势,品牌优势,产生规模经济和范围经济效应,同时也使企业借助集群的整体优势而获得市场竞争优势,从而提高企业竞争力。而集群中的产业又是若干企业集中于某一区域而形成的。针对这些产业而言,利用集群化发展,可以获得集群规模经济和外部经济效应。显然,这种经济效应可以迅速提升产业在区域、国内或国际市场上的竞争力。

2. 促进中小企业发展

中小企业发展的先天不足是企业规模小、市场接近难、市场势力弱、融资渠道少、人才贮备不足、信息资源欠缺等等,而产业集群的网络化正是把大小不等的各厂商和各类机构联成一个有效的网络。尤其是,各厂商都只是该产业集群网络中的一个节点,面对市场的首先是产业集群本身,其次才是各具体企业。产业集群整体的规模很大,市场势力很强,集群内的人才丰富、信息多,资源共享,有效地避免了中小企业发展的先天不足。

3. 加快增长方式转换和产业结构升级

产业集群的特征、产生机理和运作机制表明,产业集群就是一个柔性生产系统、是一个灵活专业化分工与协作网络和持续创新系统。在这个系统之中,企业内部的柔性管理、企业间的分工与协作、竞争与合作以及持续创新活动,必然会导致新产品、新工艺、新技术的产生与发展,促进生产方式的转换和产业层次的提升,从而改变那种单靠高投入、高能耗和高污染途径而获得经济增长的方式。同时,大量生产性企业在空间上的聚集,不仅会吸引各种生产要素和相关产业的地理集中,而且还会吸引大量服务机构、科研机构和政府机构的地理集中,促进基础设施、公共服务和软环境的改善,促进了服务业在该地的聚集,这也必将推动产

业结构知识化、生态化和高级化发展。

4. 推动工业化、城市化和区域经济发展

产业聚集于某一地区后,伴随着企业内部规模经济和地方化经济的产生,人口与劳动力的聚集,必将导致加工制造产业、辅助产业、配套产业及服务行业的产生与聚集。多元化的产业使得市场不断扩大,并形成区域极化效应,促进区域经济中心——城市的形成和发展。反过来,城市化又以其良好的基础设施与公共物品的聚集而促进工业化。从产业集群和城市化的关系来看,首先,产业集群为城市化拓展了地理空间。在城市土地价格上升和劳动成本提高的情况下,集群性产业能会向周边地区转移分散,使得周边地区的城市化水平也会提高。其次,产业集群能够促城市群的形成和发展。产业集群可在一个城市内部,也可跨越不同市区,这样,城市之间和集群之间就会形成交叉网状的相互作用结构。比如长三角、珠三角城市群的发展和演进就与该地产业集群的发展紧密相关。再次,产业集群发展可以降低城市化的成本。产业集聚使得城市生产和生活功能有效分离,提高城市了规划的科学性、布局的合理性、设施共享性,使企业交易成本和生产成本降低。与此同时,产业集群的地方性与集中化可以提升聚集地的经济总量,拉动当地就业,增加当地收入,推动该地服务业发展,促进区域经济增长和可持续发展。

5. 推动国家和区域创新系统的形成

区域创新系统是指区域网络各个节点(企业、大学、研究机构、政府等)在协同作用中结网而创新,并融入区域的创新环境中而组成的系统。区域创新系统是国家创新系统的基础和有机组成部分,是国家创新系统的子系统,体现了国家创新系统的层次性特征。区域创新系统获得成功的前提是本地的创新网络,即建立在企业间,以及企业与科研机构间长期的合作的基础之上。无论是国家创新系统还是区域创新系统,其目标都是通过知识有效的积累、传承与增长来促进技术创新,从而导致生产率的大幅度提高;其方式是通过创新系统的主体构成有效的网络、互动创新。这一要求不仅为产业集群的网络特性而体现,而且是产业集群效应的重要组成成分。因此,产业集群可作为国家与区域创新系统的一种重要实现方式。①

综上可看出,产业集群的功能并非单一而是多重的,它实际上是经济发展的一种战略方式。根据发达国家区域经济发展的经验,在落后地区通过产业集群实现跨越式发展是一条有效的发展模式。特别是在中国,至今还存在着失业问题、三农问题、城乡差距、资源约束与环境污染等制约经济平稳发展的诸多因素,仍然面临着结构调整、生产方式转换和企业转型等促进可持续发展的艰巨任务。因此,大力实施产业集群发展战略具有特别重要的现实意义。

 案 例

美国的硅谷和中国的中关村

硅谷(Silicon Valley)地处美国加州北部旧金山湾以南,早期以硅芯片的设计与制造著称,因而得名。

---

① 钱平凡.产业集群:经济发展新战略[N].经济日报,2003-9-22.

第十二章 产业集群

旧金山湾区很早以前就是美国海军的研发基地。1933年，森尼维尔（Sunnyvale）空军基地（后来改名为墨菲飞机场）成为美国海军飞艇的基地。在基地周围开始出现一些为海军服务的技术公司。二战后，国家航天委员会（美国航天局NASA的前身）将墨菲飞机场（Moffett Field）的一部分用于航天方面的研究，为航天服务的公司也开始出现，包括后来著名的洛克希德公司（Lockheed）。二战结束后，美国的大学回流的学生骤增。为满足财务需求，同时给毕业生提供就业机会，斯坦福大学采纳Frederick Terman的建议开辟工业园，允许高技术公司租用其地作为办公用地。最早入驻的公司是20世纪30年代由斯坦福毕业生创办的瓦里安公司（Varian Associates）。Terman同时为民用技术的初创企业提供风险资本。惠普公司是最成功的例子之一。在20世纪90年代中期，柯达公司和通用电气公司也在工业园驻有研究机构，斯坦福工业园逐步成为技术中心。1956年，晶体管的发明人威廉·肖克利（William Shockley）在斯坦福大学南边的山景城创立肖克利半导体实验室。1957年，肖克利决定停止对硅晶体管的研究。当时公司的八位工程师出走成立了仙童（Fairchild）半导体公司，称为"八叛逆"。"八叛逆"里的诺伊斯和摩尔后来创办了英特尔（Intel）公司。从1972年第一家风险资本在紧挨斯坦福的Sand Hill路落户，风险资本极大促进了硅谷的成长。1980年苹果公司的上市吸引了更多风险资本来到硅谷。Sand Hill在硅谷成为风险资本的代名词。除了半导体工业，硅谷同时以软件产业和互联网服务产业著称。施乐公司在Palo Alto的研究中心、在OOP（面向对象的编程）、GUI（图形界面）、以太网和激光打印机等领域都有开创性的贡献。现今的许多著名企业都得益于施乐公司的研究，例如苹果和微软先后将GUI用于各自的操作系统，而思科公司的创立源自将众多网络协议在斯坦福校园网内自由传送的想法。

目前，硅谷已经成为美国重要的电子工业基地，也是世界最为知名的电子工业集中地。择址硅谷的计算机公司已经发展到大约1500家。其特点是以附近一些具有雄厚科研力量的美国一流大学斯坦福、伯克利和加州理工等世界知名大学为依托，以高技术的中小公司群为基础，并拥有思科、英特尔、惠普、朗讯、苹果等大公司，融科学、技术、生产为一体。硅谷体现出的人文精神是允许失败的创新，崇尚竞争，平等开放！因此，硅谷还是美国高科技人才特别是信息产业人才的集中地，也是美国青年和世界各国留学生心驰神往的圣地。在硅谷，集结着美国各地和世界各国的科技人员达100万以上，美国科学院院士在硅谷任职的就有近千人，获诺贝尔奖的科学家就达30多人。如此一批科技专家聚在一起，必然思维活跃，互相切磋中很容易迸发出创新的火花。硅谷高新技术公司的创立和资金投入方兴未艾，仍然呈现出大发展的趋势。2008年硅谷人均GDP达到83 000美元，居全美第一。硅谷的GDP占美国总GDP的5%，而人口不到全国的1%。

中关村在地理位置上是指由中国科学院和毗邻的北京大学、清华大学环抱而成的一个地区。在这个地区，科技、教育、文化与高新技术产业相连，相互渗透。基础研究、应用研究、高新技术研究相互衔接，是中国最早设立的国家自主创新示范区，也是中国高新技术产业聚集区的典型代表。

中关村起源于20世纪80年代初的"中关村电子一条街"。1988年5月，国务院批准成立北京市高新技术产业开发试验区，它就是中关村科技园区的前身。1999年，中国政府开始实施科教兴国战略，并做出重大战略决策，要求加快建设中关村科技园区。2005年8月，国务院做出了关于支持做强中关村科技园区的八条决定。2009年3月,国务院批复同意建设中关村国家自主创新示范区,要求把中关村建设成为具有全球影响力的科技创新中心,成为创新型国家建设的重要载体,掀开了中关村发展新的篇章。《批复》指出,要加快改革与发展,努力培养和聚集优秀创新人才特别是产业领军人才,着力研发和转化国际领先的科技成果,做强做大一批具有全球影响力的创新型企业,培育一批国际知名品牌,全面提高中关村自主创新和辐射带动能力,推动中关村的科技发展和创新在21世纪前20年再上一个新台阶,使中关村成为具有全球影响力的科技创新中心。2011年1月26日,国务院又批复同意了《中关村国家自主创新示范区发展规划纲要(2011—2020年)》,进一步明确了中关村示范区今后十年的战略定位和发展思路。在2011年,国家"十二五"规划中明确提出"把北京中关村建设成为具有全球影响力的科技创新中心"。2012年10月,国务院批复同意调整中关村国家自主创新示范区空间规模和布局,由原来的一区十园增加为一区十六园,示范区面积由原来的233平方千米,增加到488平方千米。

经过20多年的发展建设,中关村已经聚集了以联想、百度为代表的高新技术企业近2万家。共有5000人拥有博士学位,25 000拥有硕士学位,180 000人是学士学位。有超过8000家高科技公司,一半以上是IT产业公司。形成了以新一代互联网、移动互联网和新一代移动通信、卫星应用、生物和健康、节能环保以及轨道交通等六大优势产业集群以及集成电路、新材料、高端装备与通用航空、新能源和新能源汽车等四大潜力产业集群为代表的高新技术产业集群和高端发展的现代服务业,构建了"一区多园"各具特色的发展格局,成为首都跨行政区的高端产业功能区。

中关村示范区经济发展始终保持较高的增长速度。2012年中关村示范区实现总收入2.5万亿元,同比增长25%以上;高新技术企业增加值超过3600亿元,占北京市GDP比重的20%,比上年提高了一个百分点;企业实缴税费达到1500亿元,同比增长超过60%;企业从业人员达到156万人,比上年增加18万人;企业利润总额1730亿元,同比增长13%;实现出口230亿美元,约占全市出口总额近四成;企业科技活动经费支出超过900亿元,同比增长25%。

讨论:根据上述资料,对比分析硅谷和中关村这两个高新技术产业集群的形成机理和发展模式,并阐述产业集群的功能及社会经济效应。

学习要点

1. 按照迈克尔·波特(Michael E. Porter)的定义,产业集群是在某一特定领域内相互联系、在地理位置上集中的公司和机构的集合,包括一批对竞争起重要作用的、相互联系的产业和其他实体。可以说,产业集群是一个类似于生物有机体的产业群落,它是企业自组织或有组织的综合体,而不是无组织的混合体。

2. 产业集群的特征:在空间上表现为经济活动的空间集聚;在产业上表现为区域产业专业化和多样化;在组织上表现为中间性网络组织;在制度与文化上表现为一种社会植根性与社会资本累积;在生产技术上表现为"柔性制造+持续创新"。

3. 基于产业集群的广泛性和多样性,许多学者通常将产业集群划分成相应的类型。诸如,根据产业集群的形成方式分为诱致型、强制培育型与引导培育型的产业集群;根据产业集群中企业之间的合作程度分为松散型与紧密型产业集群;根据集群内主导产业和产品属性分为传统产业集群与高技术产业集群,或农林等产业集群、制造业集群与服务业集群等,或者又具体分为汽车产业集群、家电产业集群、IT产业集群、商业和金融业产业集群等。

4. 产业集群的形成与发展是一定区域的历史与现实、内在与外在、主观与客观、市场与政府等一系列相互交错因素综合作用的结果。影响产业集群形成与发展主要因素包括:自然资源、要素禀赋和运输成本、专业化生产要素与产业文化、规模经济与外部性、根植于本地文化的网络关系和社会资本等。另外,市场需求的容量与结构、相应的制度安排和政府政策等,都对产业集群的形成和发展具有重要的影响。许多产业集群(包括高新技术产业集群)都是通过政府推动和相关产业的引领与支持而逐步形成的。

5. 人们对产业集群现象及产业集聚区发生机制的研究可以追溯到马歇尔时代。自此以后,经济学家一直致力于产业集聚发生机理和演化过程的研究,关于产业集群的形成机制,除了马歇尔的三要素说、韦伯的聚集力理论外,当代还有新经济地理观点、产业组织观点和战略管理观点。在新经济地理学看来,产业集聚的发生、发展在于:普通的收益递增和不完全竞争、无所不在的多重均衡、历史、偶然事件与累积循环、自我反馈机制等;组织观点则强调单个企业的空间行为是由其内部和功能环境决定的;战略管理理论观点主要是从战略的角度探讨集群的形成原因和影响因素(如波特的砖石模型)。

6. 产业集群的类型和集群所处发展阶段不同,其内部运行机制也不同。一般而言,大多数成熟的产业集群都具备一系列完善的运行机制,包括专业化分工与互补性机制、文化向心机制、基于信任的合作竞争机制、交易费用机制、技术与知识外溢和共享机制、持续创新机制等。

7. 产业集群拥有明显的竞争优势。这种竞争优势主要体现为两个方面:一是通过集群内企业间的合作与竞争及其协同效应而获得诸多经济效率方面的竞争优势,包括资源获取和资源优化配置优势,规模经济、范围经济和外部经济优势,基于质量基础的产品差别化优势,区域营销优势和市场竞争优势等[1];二是通过支撑机构和企业间的相互作用所形成区域产业网络优势和创新优势。

8. 产业集群竞争优势的来源,韦伯把它归之为集聚经济,马歇尔强调外部经济的重要性,克鲁格曼则认为是报酬递增、运输成本和需求交互作用的结果。波特运用他的钻石模式,强调需求条件、关联与支持性产业、因子条件、企业竞争与战略密切配合的重要性。事实上,产业集群竞争优势的来源是多方面的。最根本的源泉在于其运行机制。其中,因地理集中而形成的集聚经济、柔性生产方式和灵活专业化(社会网络)、创新环境、合作竞争等都发挥着重要的作用。

9. 产业聚集或产业集群发展,不仅会使集群本身形成强大的竞争优势和竞争力,而且还会带来一系列社会经济效应。对于提升区域经济发展水平和综合经济实力,促

---

[1] 魏守华,石碧华.论企业集群的竞争优势[J].中国工业经济,2002(1):60.

进社会进步具有重要作用。具体体现在：提升企业和产业竞争力、促进中小企业发展、加快增长方式转换和产业结构升级、推动工业化、城市化和区域经济发展、推动国家和区域创新系统的形成。

思考：

1. 简述产业集群的特征。
2. 简述产业集群的运行机制。
3. 简述产业集群的竞争优势。
4. 简述产业集群的社会经济效应。
5. 分析我国产业集群发展的现状、问题与对策。

第十二章

产业竞争力

随着全球经济一体化进程的加快,世界各国之间的经济竞争也日趋激烈。为了在竞争中争取主动,寻找存在的问题与对策,许多国家都对竞争力问题非常重视。国家竞争力、区域竞争力、城市竞争力、产业竞争力和企业竞争力等相关问题被逐步纳入经济研究的范围,同时也构成了产业经济理论的重要内容。本章主要阐述产业竞争力问题,包括产业竞争力的概念、产业竞争力的构成因素和源泉、产业竞争力的度量与评价方法等。

一、产业竞争力的相关概念

(一) 竞争力的起源与发展

竞争力是一个古老却又崭新的概念。早在古代,随着民族和国家的出现,这一观念就已经出现。国家之间的利益冲突及其在政治、军事等方面的解决方式与结果,构成了人们对这一概念的直观理解。正因如此,对于这一概念的探讨最初多集中于军事力量方面,涉及军队的组织、战略的谋划与战术的运用等。原因在于当时的国际冲突主要是以军事和武力方式来解决的。军事力量的强弱便成为国家竞争的主要问题。然而,不可否认的是,经济因素在这里也起着重要作用,一国军力的强大与否归根结底依赖于其经济实力。随着时间的推移,竞争力的内涵也逐渐扩大。经济因素在竞争力中的地位日趋提高。在人们的心目中,富国与强国几乎成为同义语。

18世纪后,随着第一次工业革命在欧洲的完成,经济力量的壮大与竞争力的增强之间的联系变得日益简单明了。发达国家凭借其强大生产力所创造的坚船利炮横扫全球,把战火燃烧到大洋彼岸的别国领土,同时也把经济发展机遇与民族生存的严酷事实带来了世界各个角落。"落后就会被动、挨打"的道理奠定了不发达国家建立民族工业的决心。全球意义上的现代化也就首先从工业化的进程开始。

不发达国家工业化的出现及其进程的加速,使竞争力具有了现代意义。首先,由于工业化,各国的经济社会过程,特别是经济过程出现了统计学意义上的均值化,具有了可比较的共同基础。诸如国民生产总值、国民收入、国际收支等经济度量单位成为普遍接受的标准,出现了在现代会计学基础上的国民经济核算。其次,由于工业化,产出规模呈直线增长趋势,经济活动也超越了国界,成为国际经济活动。各民族、各个经济体之间的联系呈现前所未有的密切化,出现了相互竞争合作的局面。显然,前者使竞争力的度量与比较成为可能,而后者又使这种度量与比较变得必要。对国际竞争状况的研究由此而得到推进。

第二次世界大战后,特别是20世纪六七十年代后,随着科学技术的进步以及不发达国家工业化进程的加速,一方面各国经济间的联系日益紧密,出现了世界经济一体化的趋势;另一方面,各国之间的竞争与摩擦也日趋尖锐。为协调这些利益关系,出现了一系列诸如国际货币基金组织、世界银行等国际性及区域性国际组织。这些国际组织纷纷成立了专门的研究部门或机构,组织一批专家,首先是经济专家致力于对各国状况的研究与分析,不仅形成了一批统计指标与分析工具,而且形成了一批理论文献,使竞争力的研究大大深化。

（二）竞争力及其相关概念

目前,竞争力的概念在很多领域和不同层次上被广泛使用,既有经济的,又有政治的;既有国家层面的,又有组织和个体层面的。在经济学领域,竞争力的概念侧重于对不同主体经济实力或竞争优势的理解,形成了宏观、中观和微观三个层次的概念。宏观层次的竞争力主要包括国家(或地区)竞争力、国际竞争力;中观层次的竞争力包括区域竞争力、城市竞争力、产业竞争力等;微观层次的竞争力包括企业竞争力和产品竞争力等。这里,我们按照这三个层次,只介绍国际竞争力和国家竞争力、产业竞争力、企业竞争力和产品竞争力的概念。

1. 国际竞争力和国家竞争力

国际竞争力是20世纪80年代出现的新概念,目前并没有一致性定义。世界经济论坛认为国际竞争力是一国能够实现持续高经济增长的能力。瑞士洛桑国际管理开发学院认为,国际竞争力是指一国创造增加值,从而积累国民财富的能力,并且通过协调四对关系而实现其国际竞争力。这四对关系是:资产条件与竞争过程、引进吸收能力与输出扩张能力、全球经济活动与国内家园式经济活动、经济发展与社会发展。美国《关于国际竞争能力的总统委员会报告》中提出:国际竞争力是在自由、公正的市场条件下,能够在国际市场上既能提供好的产品、好的服务,同时又能提高国民实际收入的能力。OECD在《科技、技术与竞争能力》报告中指出:国家经济的国际竞争能力是建立在国内从事外贸企业的竞争能力之上的,但是又远非国内企业竞争能力的简单累加或平均的结果。

从上述对国际竞争力的界定来看,国际竞争力主要是指一个国家(或地区)作为整体性经济主体而参与国际市场竞争并获取相关经济利益的能力。显然,这里的国际竞争力基本上与国家竞争力是同一用语。国家竞争力的主体是国家或地区;其竞争范围是国际市场;其竞争对象是国际资源与要素;其竞争目的是获取国际经济利益。当然,国际竞争力不等同于国家竞争力,因为参与国际市场竞争的主体不仅是国家,还有产业、企业或产品等。因此,国际竞争力从层次上分为产业国际竞争力、企业国际竞争力和产品国际竞争力等。

2. 产业竞争力

产业竞争力是从中观经济角度对竞争力概念所做的解释。迈克尔·波特在《国家竞争优势》中认为,产业竞争力就是在一定贸易条件下产业所具有的开拓市场、占据市场并因此而获得比竞争对手更多利润的能力。即产业竞争力与产业的最终利润潜力或产业利润率是相一致的。中国社科院工业经济研究所的金培博士则把产业竞争力定义为:在国际自由贸易条件下(或在排除了贸易壁垒因素的假设条件下),一国特定产业以其相对于他国的更高生产力,向国际市场提供符合消费者(包括生产性消费者)或购买者需求的更多产品,并持续地获得盈利的能力。

可见,产业竞争力是指国民经济体系中某一产业作为一个整体而参与市场竞争,并与其他同类产业相比而能获取较高经济绩效的能力。其参与主体是中观层次的产业;其竞争范围既可以是一个国家内部的区域间市场,也可以是国际市场;其竞争对象既可以是国内资源与要素,又可以是国际资源与要素;其竞争目标是获取比其他国家(或地区)的同类产业更高的整体绩效。当然,根据产业竞争的范围,产业竞争力可以分为产业国际竞争力和产业国内竞争力。而在一般情况下,产业竞争力主要是指产业的国际竞争力,而不是国内区际竞争力。因为在一些国家或地区，同一产业并不存在区域间的差异与竞争问题，而只是与其他国家的同类产业进行竞争，产业竞争中隐含的竞争主体是国家。

3. 企业竞争力和产品竞争力

企业竞争力和产品竞争力则是从微观角度对竞争力概念所进行的界定。世界经济论坛提出，竞争力是指企业目前和未来在各自的环境中以比他们在国内和国外的竞争都更具吸引力的价格和质量来进行设计、生产并销售货物以及提供服务的能力和机会。企业竞争力是指在竞争市场中，一个企业所具有的能够持续地比其他企业更有效地向市场提供产品或服务，并获得盈利和自身发展的综合能力。① 樊纲提出，竞争力指的是一国产品在国际市场上所处的地位——最终可以理解为"成本"概念，即如何能以较低的成本提供同等质量的产品，或者反过来，以同样的成本提供质量更高的产品。

事实上，企业竞争和产品竞争不仅体现在国际市场中，而且也体现在国内市场之中，因而企业竞争力和产品竞争力也分别有国际竞争力和国内竞争力之分，即企业国际竞争力和企业国内竞争力、产品国际竞争力和产品国内竞争力。

综上所述可见，竞争力实际上就是经济主体参与市场竞争而获取经济利益的能力。这种能力因经济主体的层次不同而区分为国家（地区）竞争力、区域竞争力、城市竞争力、产业竞争力和企业竞争力等；因市场竞争的范围不同而区分为国际竞争力和国内（区域）竞争力。在大多数研究文献中，"竞争力"主要是针对国际市场竞争而言的，强调的是"国际"竞争力。因而，竞争力概念主要是指国际竞争力。

（三）产业竞争力与国家、企业竞争力的关系

1. 产业竞争力与国家竞争力的关系

就产业竞争力与国家竞争力的关系而言，迈克尔·波特认为："在国家层面上，'竞争力'的唯一意义就是国家生产力。""该国经济繁荣时，'国家竞争力'这个词本身没有意义。国家经济的基本目标是提供人民高水平的生活，要实现这个目标并非依赖模糊不清的'竞争力'一词，而是借助运用劳动和资本等国家资源所谈到的生产率。"他把"国家"作为影响产业和企业竞争力的一个重要因素。他认为，国家竞争力与产业竞争力的关系，也正是国家如何刺激产业改善和创新的关系；产业有竞争力，国家自然有竞争力，一国的竞争力依赖于它的产业创新与升级能力。就是说，产业竞争力决定国家竞争力，同时，国家又通过其制度与政策影响产业竞争力。在讨论产业或产品竞争力时，其隐含的主体就是国家或企业。因此，产业和产品竞争力分析与国家和企业竞争力分析具有同等价值。

2. 产业竞争力与企业竞争力

就产业竞争力与企业竞争力的关系而言，一般认为，产业内企业竞争力的增强是该产业竞争力增强的基础，因此没有企业竞争力，产业竞争力就无从谈起。但是，产业竞争力不是企业竞争力的简单相加，而是许多企业的个别竞争力通过"力的合成"而形成的综合竞争力。如果一国某产业范围内的各企业之间没有协调与合作，只是无序竞争，内耗高，那么该产业的"力的合成"效果就不佳，不利于该产业竞争力的提升；反之，如果企业之间能够做到分工

---

① 臧旭恒，徐向艺，杨慧馨. 产业经济学[M]. 经济科学出版社，2005：407.

协作和有序竞争,则该产业"力的合成"效果就会提高,有利于产业竞争力的提升。

3. 产业竞争力与产品竞争力

就产业竞争力与产品竞争力而言,由于产品竞争是产业或企业竞争的载体,任何产业(或企业)竞争都是通过产品竞争表现出来的,因此,可以认为产品竞争力是产业或企业竞争力的基础与源泉;产业或企业竞争力是产品竞争力的综合体现。

综上所述,可以看出,不同层次的竞争力之间存在着一种逻辑关系,这就是:产品竞争力→企业竞争力→产业竞争力→国家竞争力。

(四) 产业竞争力的实质

产业竞争力的中心问题是各地各国各产业的竞争优势比较。竞争优势和比较优势的区别在于前者所涉及的主要是各地或各国同一产业比较关系,后者涉及的主要是各地各国不同产业间的比较关系。各地各国要识别本地或本国具有竞争力的产业,就要把本地或本国的产业与国内区域间或国家间相同的产业进行比较,找出竞争优势。因此,产业竞争力是基于同一产业比较的概念。而比较的差异,则最终从产品、企业或产业的市场实现中表现出来。

因此,产业竞争力的实质是产业的比较生产力。所谓比较生产力,是一个产业(产品或企业的集合)能够以比其他竞争对手更有效的方式持续生产出消费(包括生产性消费)者愿意接受的产品,并由此而获得满意的经济收益的综合能力①。具体地说:

(1) 比较生产力是与其他竞争对手相比较的生产力。在市场竞争中,生产力的高低只有与其他竞争对手相比较才有意义,因此,比较生产力是个相对的概念。

(2) 比较生产力是以一定技术条件和管理水平为基础,其最终的实现形式是企业产品(包括与之相联系的服务)。

(3) 比较生产力是一种综合性的供给能力,它不仅表现在生产环节,而且体现在产前产后的各个环节中。

(4) 检验比较生产力高低的最终指标是所生产出的产品是否能在市场上实现,即被消费者接受,并使其生产者获得满意的经济收益。

比较生产力在概念上与一般所说的生产力概念没有实质的不同,但更强调了与竞争对手相对的比较意义。因此,生产同类产品的效率是生产力的表现,所以,比较生产力不仅有一般的效率含义,也包含竞争对手之间相对立的策略含义。②

二、产业竞争力研究的理论基础

有关产业竞争力问题的研究可以追溯到马克思的价值及价值增值规律理论和古典经济学的比较优势理论及其在近、现代的发展。这些理论虽然并未明确竞争力命题,但却清晰地

---

① 朱春奎.产业竞争力评价评价方法与实证研究[D].华中科技大学博士论文,2002:18.

② 同上.

解释了竞争力的形成机理,是当代产业竞争力理论的重要组成部分和理论基础。

(一) 马克思竞争和竞争力理论

马克思的经济竞争理论体现在他的价值理论和剩余价值理论之中。马克思认为,经济竞争主要从三个层面上展开:单个资本家为追逐超额剩余价值不断提高劳动生产率而进行的成本竞争;为实现商品价值不断提高使用价值、改善商品质量而进行的质量竞争;为瓜分剩余价值不断提高资本流动性而进行的部门之间的竞争。这三种竞争形式分别围绕价值决定、价值实现和剩余价值的分配来展开,它们构成了马克思竞争理论的基本内容,同时也构成了其竞争力理论。

马克思最先揭示了商品竞争力的来源。在马克思看来,社会必要劳动是竞争力的最终规定性,只有当个别劳动耗费最多的低于社会必要劳动耗费时,个别商品生产者才能以最低的价格销售同质量的商品。在一定的市场价格条件下,存在这样的过程:个别企业提高生产率 →个别价值下降 →个别价格低于市场价格 →竞争 →该部门生产率普遍提高。在这里,竞争力的来源就是劳动生产率的提高和个别劳动耗费的减少。同时,在对剩余价值生产的分析中,马克思直接把劳动生产率的提高与相对剩余价值的生产相联系,认为提高工人的劳动强度和劳动生产率,是资本家增强自己的竞争能力的基础,从而揭示了劳动生产率的提高对于单个资本(企业)在市场竞争中的重要意义。

马克思通过对资本再生产、生产集中和资本集中的分析,还揭示了生产规模对生产过程效率的影响。他认为,剩余价值的资本化即积累,这将导致资本再生产规模的扩大。并且,竞争还会导致资本集中和垄断的产生及市场结构的变化,从而探寻了资本竞争力的另一个重要来源,使竞争力的来源多样化。

另外,需要指出的是,马克思竞争理论中涉及竞争力问题的内容十分丰富,在马克思有关市场竞争的任何一个范畴中,我们都可以得到有关竞争力来源及其形成机制的启示,而其中有关社会必要劳动规律的相关论述,则直接奠定了关于商品生产者竞争力来源的科学基础。①

(二) 比较优势理论

1. 静态比较优势理论

古典经济学家亚当·斯密于 1776 年首次提出了绝对优势理论。此后不久,另一位古典经济学家大卫·李嘉图于 1871 年提出了比较优势原理。根据该理论,商品的相对价格差异或要素的相对生产率,即比较优势,是国家之间进行贸易的基础。一个国家应专门生产那些自己相对具有较高生产率的商品,去交换那些自己相对具有较低生产率的商品,这对两国都有好处。由于李嘉图理论中的一些假定条件(如技术和规模报酬不变假设)不再适合于国际贸易的新变化,于是,在此基础上又产生了一个新的比较优势理论,这就是人们熟知的赫克歇尔-俄林(H-O)理论。其基本内涵是:所有国家可以具有同等技术,但要素禀赋不同,如土地、劳动力、资本和自然资源等方面的差异,而国家之间这种要素禀赋差异决定国家间的要素流动和贸易格局。于是,许多学者认为,研究产业竞争力应当遵循比较优势原理。

---

① 李春林.区域产业竞争力:理论与实证[M].北京:冶金工业出版社,2005:14.

第十三章 产业竞争力

2. 动态比较优势理论

由于历史的局限,古典比较优势理论描述的只是"静态"比较,当加入规模经济、技术进步、国际资本流动等因素时,则该理论就明显过时。故从20世纪50年代开始,一些经济学家提出了动态比较优势理论,包括动态优势说、技术差距论、产品生命周期理论和内生增长理论。内生增长理论又包括"干中学"、"技术外溢"、"内生比较优势论"等。这些理论都为研究产业竞争力提供了理论依据。

日本经济学家筱原三代平1955年从动态和长期的观点出发,把生产要素的供求关系、政府政策、各种可利用资源的引进、开放等因素综合到贸易理论中,从而将传统的比较优势理论动态化。他认为每个国家的经济发展过程都是一个动态过程,在这一过程中包括生产要素禀赋在内的一切经济因素都会发生变化。后起国的幼稚产业经过扶持,可以由劣势转化为优势,即形成动态比较优势。

美国经济学家波斯纳(Posner)于1961年提出了技术差距理论或模仿时滞说。他放松了赫-俄模型的相同技术假定,认为虽然技术处于领先的国家具有出口技术密集型产品的比较优势,但由于这种技术会通过专利转让、直接投资和国际贸易的示范效应等逐步传播和扩散到其他国家。因而,随着时间的推移,新技术终将被其他国家所掌握。

美国哈佛大学教授弗农(Ray-mond Vernon)于1966年创立了产品生命周期理论。他将产品的不同阶段与研究开发、技术投入、资本投入以及劳动等要素流动结合起来,认为当一种产品在它的生命周期中运动时,生产要素的比例会发生规律性的变化,由技术密集型产品转变为资本密集型产品,再转变为劳动密集型产品;比较优势也随之从技术力量雄厚的创新国转移到其他发达国家,最后转移到发展中国家,从而从动态的角度揭示了发达国家与发展中国家之间比较优势不断转化的过程。

以阿罗(Arrow)、克鲁格曼(Krugman)和卢卡斯(Lucas)为代表的经济学家在20世纪80年代先后提出了"干中学""技术外溢"等学说,形成了新增长理论(内生增长理论)。该理论则从技术进步角度研究了比较优势的内生性与动态转移问题。该理论认为技术和比较优势可以通过后天的专业化学习获得或通过投资创新与经验积累人为创造出来,强调规模报酬递增、不完全竞争、知识创新与经验积累。这些理论明确了技术的来源和传播扩散途径,阐释了技术创新、技术外溢、边干边学等经济活动对比较优势的影响,以及后进国家如何通过技术引进和模仿创新逐步缩小与先进国家的差距,从而突破了传统比较优势理论静态分析的框架,也克服了将技术视为外生变量的缺陷,从而将动态比较优势理论的发展推向一个新的阶段。

(三) 现代竞争和竞争优势理论

1. 现代竞争理论

现代竞争理论是从古典和新古典竞争理论发展而来的,是对以往竞争理论的超越,也是现代产业竞争力研究的理论基础。与传统竞争理论不同,现代竞争理论把竞争看作是一个动态变化的过程而不是一种静止的最终状态,从而抛弃了把完全竞争作为现实的或理想的竞争模式的框架。

现代竞争理论源于张伯伦、罗宾逊的"不完全竞争"理论和克拉克的"有效竞争"概念,其中最有影响的有两个学派：一是哈佛学派的产业组织理论。该理论具体分析了市场结构、市场行为和市场绩效之间的相互关系，进一步充实并发展了克拉克提出的有效竞争理论，从规模经济、进入退出壁垒等方面实证分析了产业市场绩效，为产业竞争力研究提供了基本理论依据与重要方法。二是芝加哥学派的产业组织理论。该学派主张市场自由竞争，减少国家干预，对20世纪80年代以来美国竞争政策的转变起到了重要作用。尽管这两个学派存在一些差异，但都强调市场竞争，因而对分析产业竞争力的形成具有很强的指导意义。

2. 竞争优势理论

20世纪90年代初，迈克尔·波特在比较优势的基础上，革命性地提出了竞争优势的概念。在他的竞争优势理论中，迈克尔·波特认为，自然资源禀赋差异是潜在的比较优势，表现的是各国在资源禀赋上的有利地位；而竞争优势才是各国在国际贸易格局中的现实态势，是在比较优势的基础上多种要素综合作用的结果。拥有比较优势未必就有竞争优势，而只有获得竞争优势才能最终实现国际分工利益。迈克尔·波特的竞争优势分为企业和产品竞争优势、产业和区域竞争优势、国家竞争优势，都是国际竞争力的重要源泉。因而可以说，竞争优势理论拉开了竞争力研究的序幕。

三、产业竞争力的决定因素与形成机制

产业竞争力的决定（影响）因素与形成机制是评价产业竞争力的基本前提，也是分析产业竞争力源泉、制定产业政策的重要基础。因此，充分而深刻地认识产业竞争力的决定因素与形成机制，具有重要的现实意义。

（一）产业竞争力的分析模型

产业竞争力的分析模型是根据产业竞争力的决定因素及其相互关系所建立的分析框架。目前，国内外大多数学者都认同迈克尔·波特的"钻石模型"，有的学者在此基础上进行了拓展，形成了其他一些富有参考价值的模型。

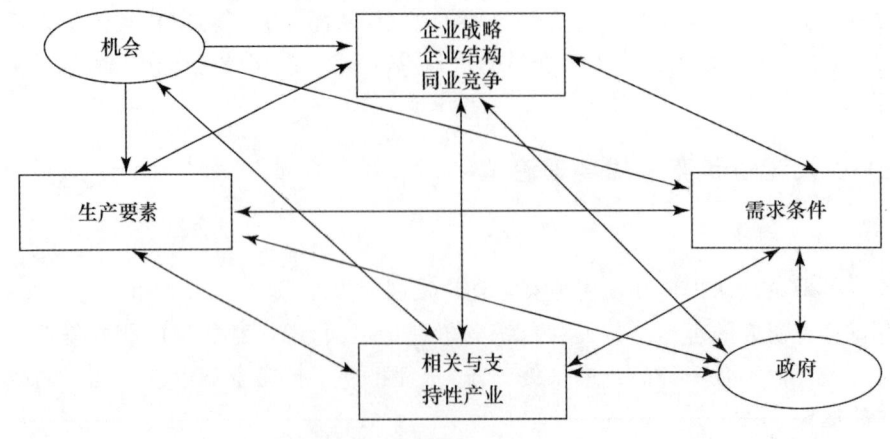

图 13-1 完整的"钻石模型"

1. 波特的"钻石模型"

迈克尔·波特认为,产业竞争能力是由生产要素、需求条件、相关与支持产业、企业战略、企业结构和同业竞争、机会和政府六个要素共同决定的。其中,影响最大、最直接的因素就是前四个因素,后两个是辅助因素,它们之间彼此互动,共同决定产业竞争力(如图13-1所示)。在一国的许多行业中,最有可能在国际竞争中取胜的是那些国内"钻石"环境对其特别有利的行业,因此"钻石"环境是产业国际竞争力的主要来源。

其中,"生产要素"是指一个国家在特定产业竞争中有关生产方面的表现,如人工素质或基础设施方面的良莠不齐。"需求条件"是指本国市场对该项产业所提供产品或服务的需求状况。"相关与支持性产业"是指这些产业的相关产业和上下游产业是否具有国际竞争力。"企业战略、企业结构和同业竞争"是指企业的组织结构、管理形态和所处的市场竞争环境状况。"机会"是指一些突发性因素,包括基础科技的砝码创新、外国政府的重大决策、战争等。"政府"是指政府的政策干预及相关因素。机会对竞争优势的影响不是决定性的,同样的机会给不同的企业可能造成不同的影响,能否利用机会以及如何利用机会还是取决于四个基本要素。政府对产业竞争优势的作用主要在于对四种要素的引导与促进上。

2. 波特-邓宁模型和对外开放模型

20世纪90年代以后,由于经济全球化、国际资本流动和跨国公司的行为对各国经济发展的影响日显突出,于是1993年英国学者J.邓宁(J. Dunning)对波特的"钻石模型"进行了批评与补充。他认为,迈克尔·波特没有充分讨论跨国公司与"钻石模型"之间的关系,在跨国公司的技术和组织资产受到"钻石模型"配置影响的同时,跨国公司会对国家的来自资源和生产力的竞争力给予冲击。因此,他将跨国公司商务活动(MBA)作为另一个外生变量引入迈克尔·波特的"钻石模型"中。这一理论后来被学术界称为波特-邓宁模型(如图13-2所示)。

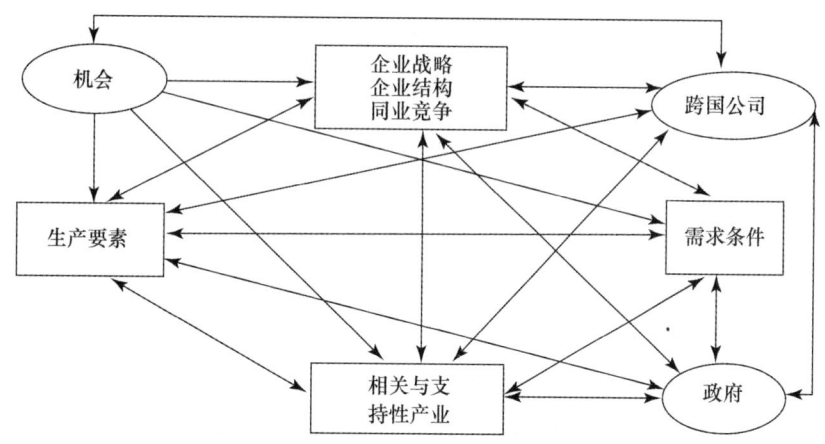

图13-2 波特-邓宁模型

我国有学者认为,对外开放对产业国际竞争力具有重要影响,因此,波特的"钻石模型"中应加上一个"对外开放"因素,从而提出了发展的波特"钻石模型",即对外开放与产业国际竞争力模型(如图13-3所示)。该模型将各要素分成三个层次:最上层的是产业国际竞争力,它由中间层次——波特因素支撑;最下层是对外开放,包括外贸、外资和技术转让等方面。从实质上看,这个模型与波特-邓宁模型基本相同,都强调了对外经济交往对产业竞争力的作用。

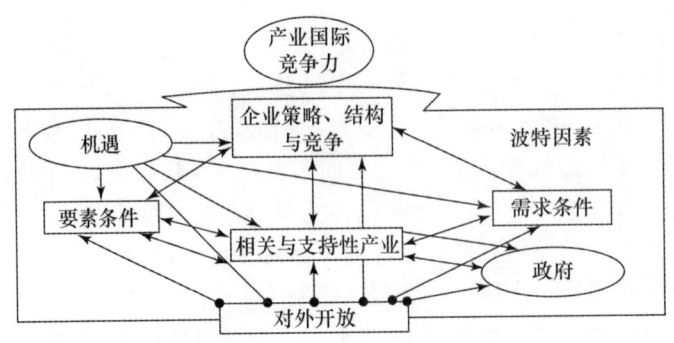

图 13-3 对外开放模型

3. 九因素模型

迈克尔·波特的"钻石模型"主要是解释发达国家的产业竞争力,这一理论应用于欠发达或发展中国家时,需要加以修正。为此,乔东逊构建了一个九因素模型(如图 13-4 所示)①。

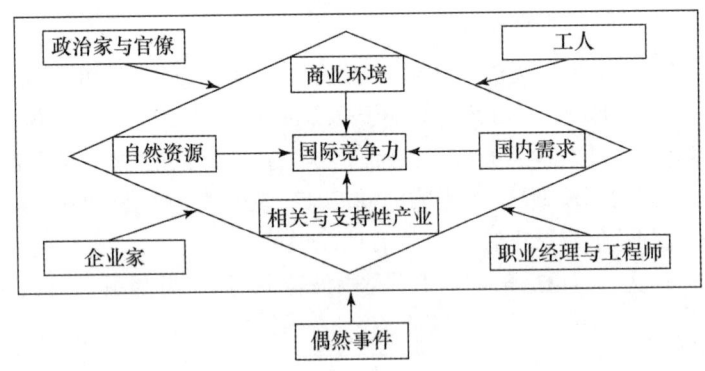

图 13-4 九因素模型

他认为有四种决定国际竞争力的物理因素:自然资源、商业环境、相关与支持产业和国内需求;同样也有四种决定国际竞争力的人力因素:即工人、政治家与官僚、企业家、职业经理与工程师;外部偶然事件是国际竞争力的第九个因素。新的九因素模型与迈克尔·波特的"钻石模型"的区别体现在要素分类和辅助因素两个方面,"钻石模型"将自然资源和劳动力划入要素条件,九因素模型将自然资源放在资源禀赋之下,同时将劳动力划入工人的范畴。

4. 层次结构模型

我国有些学者认为,无论是波特的"钻石模型",还是建立在"钻石模型"基础之上的拓展模型,都没有反映出不同因素对产业竞争力的作用程度。而且众多因素几乎可以涉及经济社会、政治、文化的一切方面,如果只是把它们划分为平行的几个大类,就很难令人一目了然地认识到它们各自在产业竞争力形成过程中的作用大小和作用层次。为此,可以在"钻石模型"的基础上,根据各种因素所处的层次,建立产业竞争力来源的层次结构模型。该模型把产业竞争力

---

① Dong-sung Cho, Hwy-chang Moon, From A dam Smith to Michael Porter evolution of competitiveness theory, worlds scientific, 2000。

的构成因素分为直接来源、影响因素和决定因素三个层次(如图 13-5 所示)①。

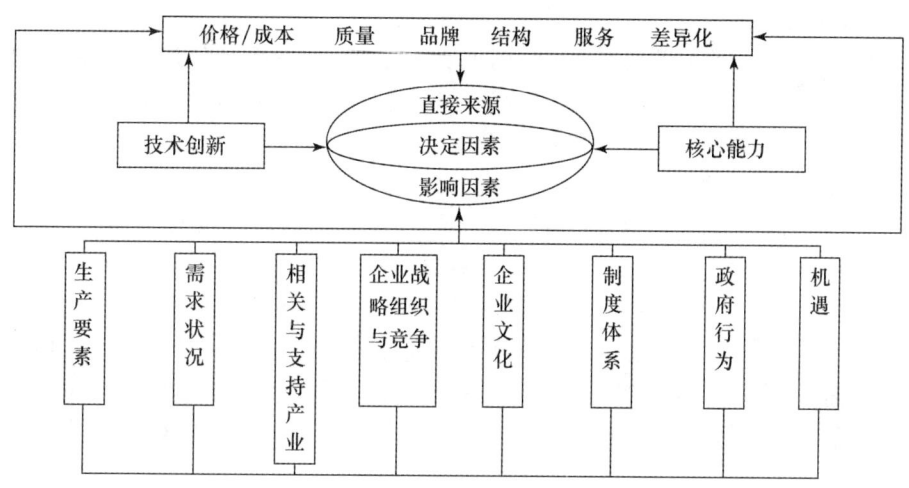

图 13-5　层次结构模型

(二)产业竞争力因素的结构层次分析

从产业竞争力影响因素的结构层次来看,产业竞争力源于三个层次的构成要素:一是产业竞争力的直接来源或基础性因素;二是产业竞争力的间接来源或环境因素;三是产业竞争力的核心来源或决定性因素。

1. 产业竞争力的直接来源或基础性因素

产业竞争力体现的是在市场竞争中的比较关系。因此,产业竞争力首先表现在诸如产品的价格、成本、质量、服务、品牌和差异化等方面比竞争对手所具有的差异化能力。价格及成本、质量与品牌、产品结构、服务、差异化等是产业竞争力的直接来源。

(1) 价格及成本。产品的价格是决定产业竞争力的第一个直接因素。如果其他条件相同,那么在同一市场上,价格较低的产品具有较强的竞争力;反之,价格较高的产品具有较低的竞争力。成本是决定产品价格的基础,成本的高低决定了产品是否具有价格竞争优势和获利能力。"尽管质量、服务以及其他方面也不容忽视,但是贯穿于整个战略的主题是使成本低于竞争对手的关键。"②无论是从消费者选择的角度还是企业获利的角度,成本优势都是企业竞争力的基础来源。

(2) 质量与品牌。质量是产业竞争力的功能性要素。在其他条件相同的情况下,产品质量与产业竞争力成正比,也是取得信誉的根本竞争手段。同样,品牌将带来以下竞争优势:高水平的品牌知晓度和忠诚度;可减少营销成本;可提升讨价还价能力;可比竞争者卖更高的价格;企业可以更容易地开展品牌拓展等。因此,品牌作为一种无形资产,对企业供应商、消费者和竞争者都产生相应竞争优势。

(3) 产品结构。在现代市场经济条件下,极少有某种单一的产品能够长期占领国际市场。即便是有很强国际竞争力的产品,如果不成系列,不更新换代,其国际竞争力最终也会

---

① 朱春奎.产业竞争力评价方法与实证分析[D].华中科技大学博士论文,2002:21.
② [美]迈克尔·波特.竞争战略[M].北京:华夏出版社,1997.

衰落下去。因此，产品系列结构、规格品种，特别是产品更新代的频度，对产业竞争力的强弱有着十分重要的影响。

(4) 服务。高质量的服务是竞争优势的重要来源。为用户服务，就是要从用户的需求出发，把他们的意向反映到产品和销售服务上来，如帮他们安装调试、排除故障；为他们提供备品条件、制订检修计划；为他们培养技术人员，及时听取他们对产品的评价和意见，回答他们提出的各种技术问题等。总之，要通过多服务，使用户满意、建立企业的信誉；还可以通过技术服务，取得第一手反馈资料，及时改进和提高产品质量，为进一步提高产品的竞争力创造条件。

(5) 差异化。差异化的经济意义是制造稀缺，是企业对某一产品在供求平衡或供大于求的市场结构中制造产品某一方面或产品经营过程中某一环节有别于竞争对手的稀缺，即"局部的供不应求"，从而使自己的产品产生竞争优势，以及获创新的超额价值。具有竞争优势的企业都拥有较强的差异化能力，或者说，差异化能力是企业在竞争中脱颖而出的关键因素。实现竞争性差异化的工具有：产品差异化、服务差异化、人员差异化、渠道差异化和形象差异化等。

2. 产业竞争力的间接来源或环境因素

(1) 生产要素。生产要素可以分为基本要素和高等要素两类。基本要素包括自然资源、气候、地理位置、非熟练和半熟练劳工、债务资本等；高等要素包括现代化电信网络、高科技人才、尖端学科的研究机构等。生产要素还可以分为通用要素和专门要素两类。通用要素又包括可以为不同行业所共用的高速公路、资金和大学毕业生等要素。专门要素是指应用面很窄的专业人才、基础设施和专门知识。高等要素加专门要素是行业竞争取胜的有利条件。但是，高等要素也有"无形损耗"，专门要素也会随时间推移而变成通用要素。因此，培育和发展竞争优势的关键是要创造新的高等要素和专门要素，并不断提高和改善它。

(2) 需求因素。一般而言，企业的投资、生产和市场营销首先是从本国需求来考虑的，企业从本国需求出发建立起来的生产方式、组织结构和营销策略是进行国际竞争的重要影响因素。国内需求状况的不同会导致各国竞争优势的差异。当本国需求占全球细分市场较大份额时，本国企业易于占据竞争优势。如果本国需求具有超前性，那么为之服务的本国企业也就相应地走在了世界其他企业的前头。

(3) 相关与支持产业。企业的竞争优势不仅取决于自身的能力和策略，而且也取决于供货商和相关行业的能力和策略。具有国际竞争力的供货商能带动下游行业提高竞争力；相关行业往往依托相同的技术和供货，易于开展互相的信息交流和合作，而且有技术外溢效果；上游产业具有竞争力，也有助于提高下游产业的竞争优势。如果一国的相关产业和支持产业很发达且具有很强的竞争力，就可对该国特定产业的竞争产生很大的影响。

(4) 企业的组织、战略和竞争状态。在不同国家和不同行业中，企业的目标、战略和组织方式有很大差别。各个国家由于环境不同，需要采用的管理体系也就不同，适合一国环境的管理方式能够提高该国的竞争优势。一个国家内部市场的竞争结构也会对产业竞争力产生重大影响。国内竞争不仅对创新带来压力，而且还促使企业去探寻提升竞争优势的方式。国内竞争的存在会使一些简单的竞争优势来源失去意义，这就使一国的企业去寻求更高等级或更有长期效果的竞争优势来源。

(5) 制度体系。制度是在特定社会范围内调节人与人之间社会关系的一系列习惯、道德、法律、法规等的总和，它由社会认可的非正式约束、国家规定的正式约束和实施机制三个部分构成。在经济增长过程中,制度的功能表现为:降低交易成本;为经济活动提供服务;为实现合作创造条件;提供激励机制;促进外部效用内部化;抑制人的机会主义行为。事实上,产业竞争力依据于某种社会性安排,在这种安排里,各种相关的竞争因素、不同部门的相互作用以及不同水平层次政策的交织作用,最终导致了竞争优势的产生。

(6) 企业文化。企业文化是指导企业经营和员工行为的价值体系和经营理念。它和制度一起构成了指导、规范企业经营支持体系。与制度体系相比,企业文化具有能动性和稳定性,对企业员工行为和作风具有更深层次的影响。企业文化影响组织的准则态度,是成功企业的一个重要因素。不同的企业拥有着不同的企业文化,产生着不同的竞争力。如果企业文化与竞争战略相结合,企业文化可强有力地巩固一种基本战略以寻求建立竞争优势。

(7) 政府行为。政府行为对产业竞争力的影响主要表现在:政府行为对高级专门要素和基础条件的形成起着至关重要的作用;政府行为对经济体制,包括对产权制度可以产生重大影响;政府行为对决策结构和企业的组织和管理产生重大影响;政府行为对国内市场竞争可以产生重要影响;政府可以通过各种政策措施,如出口退税、出口补贴、汇率贬值等,对产业竞争力施加重要影响。

(8) 机遇,即偶然事件。偶然事件是环境中不可预见的变化,通常与国际商业系统没有关系,通常包括新技术或产品上出乎意料的突破、石油市场、世界资本市场或汇率上的急剧波动、外国政坛的变化、国际需求的变化和战争的爆发。其重要性在于,它们造成了非连续性,改变了各国产业竞争地位,使不适应新形势的产业失去其国际竞争优势,而为能适应新形势的产业获得国际竞争优势提供了机遇。诚然,一国产业能否利用偶然事件所提供的机遇来获得竞争优势,还要取决于其他各种因素,尤其是产业中的企业把握市场机遇的能力。同样的机遇在不同的国家,也可能产生完全不同的结果。

3. 产业竞争力的核心来源或决定性因素

(1) 技术创新。技术创新是把科技成果转化为现实生产力的一种基本的技术经济活动方式,是一个从新产品或新工艺设想的产生到市场应用的完整过程,它主要包括新设想的产生、研究、开发、商业化生产到扩散这样一系列的活动。技术创新对产业竞争力的决定性作用主要体现在:第一,技术创新是提高产品竞争力的重要途径,一方面可以通过降低成本而使产品更具有价格优势,另一方面可以通过增加用途、完善功能、改进质量而使产品对消费者更具特色吸引力。第二,技术创新促进经济增长方式的转变。经济增长方式转变,最核心的措施便是从发展战略到具体政策都高度重视技术创新,实行以技术创新为内在机制的发展模式。第三,技术创新是知识经济时代增强产业竞争力的重要途径。在科学技术飞速发展、竞争日趋激烈的当今世界,技术创新作为知识创新的核心内容和具体实践环节,日益成为知识经济的基础和推动经济增长的根本动力。

(2) 核心能力。企业核心能力是指企业开发独特产品、发展独特技术和发明独特营销手段的能力。它以企业的技术能力为核心,通过企业战略决策、生产制度、市场营销、内部组织协调管理的交互作用而获得使企业保持竞争优势的能力。企业的核心能力通过其核心产品和最终产品体现出来。它是以知识、技术为基础的企业能力的有机组合,是支持企业在激烈的竞争中生存和发展的根基。现代企业在核心能力、核心产品和最终产品三个不同层次上展开竞争。市场竞争与其说是基于产品的竞争,不如说是基于核心能力的竞争。核心能力是市场竞争优势之源。在未来的竞争中,只有在核心能力和核心产品方面有优势的企业,才能不断开发新产品,保持持续、牢固的竞争优势。

(三) 产业竞争力的形成机理与发展阶段

1. 产业竞争力的形成机理

各类产业竞争力因素不能自发地形成产业竞争力,需要通过一系列过程才能使它们转化为产业竞争力。产业竞争力是在企业生产经营动态过程中形成和发展的。世界经济论坛(WEF)和瑞士洛桑国际管理发展学院(IMD)认为国际竞争力是竞争力资产与竞争力过程的统一。所谓资产,是指固有的(如自然资源)或创造的(如基础设施);所谓过程,是指将资产转化为经济结果(如通过制造),然后通过国际化(在国际市场测量的结果)所产生出来的竞争力。这一解释说明了国际竞争力的形成过程。借鉴这一合理思路,从产业竞争力来源的结构层次出发,可以将产业竞争力的形成过程定义如下:

$$产业竞争力 = 竞争力资产 \times 竞争力过程 \times 竞争力环境$$

上述公式表明了产业竞争力是竞争力资产、竞争力过程和竞争力环境的统一。竞争力过程是将竞争力资产和竞争力环境转化为竞争力的过程,包括企业的业务过程和管理过程;竞争力环境是指影响产业竞争力的外部因素。而竞争力资产则是指产业固有的,包括企业内部经营要素、生产线、设备及其他基础设施等;或创造的,如品牌价值、市场信誉、企业文化等。一般而言,竞争力资产包括硬资产和软资产两大类。伴随着以知识为基础的经济时代的来临,智力资本(包括市场资产、知识产权资产、人力资产、基础结构资产等四类无形资产)对于促进经济增长的贡献日益突出,在企业发展中发挥着越来越关键的作用。基于上述理解,对产业竞争力的形成机理可作如下描述①。

(1) 产业竞争力是竞争力资产、竞争力环境和竞争力过程的整合统一体,资产、环境和过程三者缺一不可。

(2) 产业竞争力的形成是一个动态过程,产业竞争力的提高需要不断优化企业业务活动过程和管理过程。

(3) 产业竞争力资产包括硬资产和软资产,单纯依赖硬资产的国家、地区或企业可能富有,但却不具竞争力。硬资产匮乏的国家、地区或企业,可以通过强化软资产,凭借高效的转换过程而变得极有竞争力。

(4) 竞争力环境的建立和优化是维系产业竞争力不可忽视的重要方面,特别是对发展中国家和地区而言,更是如此。

(5) 在竞争力资产和竞争力环境一定的条件下,通过高效的竞争力过程创造新资产是提升产业竞争力的核心,成功的关键在于通过持续的技术创新和制度创新,建立核心能力和持续竞争优势。

(6) 产业竞争力是可变的,也是可以长期维持的。通过竞争力资产、竞争力环境和竞争力过程的组合,某国或某地的特定产业可以从竞争优势转变为竞争劣势,也可以从竞争劣势转变为竞争优势,甚至长期保持竞争优势。

2. 产业竞争力的发展阶段

任何国家在其经济发展过程中,产业国际竞争力都会出现出不同的形式和特点。一国

---

① 转自朱春奎.产业竞争力评价方法与实证分析[D].华中科技大学博士论文,2002:36.

第十三章 产业竞争力

产业参与国际竞争的过程大致可以分为四个依次递进(也可能发生折返)的阶段:第一个阶段是要素驱动;第二个阶段是投资驱动;第三个阶段是创新驱动;第四个阶段是财富驱动。在这四个阶段中,前三个阶段是产业国际竞争力增长时期,第四个阶段则是产业国际竞争力下降时期①。

(1) 要素驱动阶段。处于这一阶段的国家,凡是具有国际竞争优势的产业,几乎都得益于某些基本的生产要素。这种类型国家中土生土长的企业参与国际竞争的方式,只能依靠较低的价格取胜。这些国家的产业技术层次低,或者所需的技术是廉价的和可以广泛使用的;技术主要来源于其他国家而不是自创的;较先进的产品设计和技术是通过被动的投资或外商直接投资获得;外商企业提供了大多数的进入国际市场的渠道,本国企业很少能直接与外国消费方建立关系。虽然拥有丰富的自然资源,可以在一段时间内维持较高的人均收入,但要素驱动的经济缺乏生产力持续增长的基础。

(2) 投资驱动阶段。这一阶段的竞争优势是以国家及其企业的积极投资意愿和能力为基础的,具有竞争优势的产业一般是资本密集型产业。在这一阶段,企业不仅使用外国技术,而且也改进外国技术。企业具有吸收和改进外国技术的能力,是一国达到投资驱动阶段的关键,也是要素驱动与投资驱动的根本区别。投资驱动阶段的主要优势是投资的愿望和能力,而不是提供某种特定产品或使用某种特定生产工艺。一国各产业从要素驱动转向投资驱动的过程是渐进的,一些产业会率先进入投资驱动阶段,然后向其他产业扩展。投资驱动阶段的显著特点之一是:就业的大量增加和工资及要素成本的大幅度提高,一些价格敏感的产业开始失去竞争优势。同要素驱动阶段相比,投资驱动阶段的经济不容易受外部冲击和汇率变动的伤害,但仍然是比较脆弱的。

(3) 创新驱动阶段。在这一阶段,民族企业能在广泛领域成功地进行竞争,并实现不断的技术升级。随着个人收入的增加,教育水平的提高,对生活便利的要求的不断增加,以及国内竞争的强化,消费者需求越来越成熟。企业不仅运用和改进从国外获得的技术,而且创造技术。民族企业在产品和生产技术、市场营销以及产业竞争的其他方面居领先地位。有利的需求条件、供给基础、专业化的要素以及本国相关产业的形成,使民族企业不断地进行创新,而且创新能力向更多的新产业扩散。一国进入创新驱动阶段的显著特点是:高水平的服务业占据越来越高的国际地位,这是产业竞争优势不断增强的反映。在创新驱动阶段,政府的作用发生很大的变化,资源配置、贸易保护、许可控制、出口补贴以及其他形式的直接干预的重要性越来越降低。政府主要在鼓励创造更多的高级要素、改善国内需求质量、刺激新的产业领域的形成、保持国内竞争等几个方面发挥间接作用。

(4) 财富驱动阶段。这一阶段是最终导致产业竞争力衰弱的时期,它的驱动力是已经获得的财富。投资者、经理人和个人的动机转向了无助于投资、创新和产业升级的其他方面。企业回避竞争,更注重保持地位而不是进一步增强竞争力,实业投资的动机下降,有实力的企业试图通过对政府施加影响,以达到保护自己的目的。长期的产业投资不足是财富驱动阶段的突出表现。进入财富驱动阶段的国家,一方面是"富裕的",一些资本雄厚的企业和富人享受着成功产业和过去投资所积累的成果;另一方面,财富驱动阶段又是一个衰落的阶段,许多企业受到各种困扰,失业和潜在失业严重,平均生活水平下降。

---

① [美]迈克尔·波特.国家竞争优势[M].北京:华夏出版社,2002:533—545.

3. 产业竞争力的生命周期

每一个产业都有自己的生命周期。产业生命周期分为形成期、成长期、成熟期和衰退期①。在产业生命周期的不同阶段,产业竞争力的主导来源是不同的。

(1) 形成期。一般来说,当其竞争力的来源局限于自然资源如丰富的矿藏、广袤而肥沃的土地时,该产业处于早期阶段。尽管这些资源可以利用,但一些国家因为缺乏管理知识和技术而不能有效利用这些既有资源。产业收益是通过生产廉价产品及利用未加工的资源和非熟练劳动力获得的。

(2) 成长期。从形成期发展到成长期,产业需要愿意全面支持企业的政治家和官僚。政治家和官僚创造有利于积极投资的产业环境,挑选扶持特定产业,对特定产业提供行政和金融上的支持、税收优惠、保险、信息服务和支付担保。政府扶持企业直至企业能够控制足够的需求或已接近国外的技术水平。市场是按照完全垄断或寡头垄断模式组织起来的。

(3) 成熟期。在产业的成熟阶段,创新在制造工艺、产品开发及商业组织方面进行。水平和垂直相关产业间的联系在这一阶段更为紧密,在上游和下游领域追求平衡发展的企业在国际市场上保持竞争力。企业家在鼓励投资的环境中发挥主导作用。这一阶段将会达到这一点:某一产业的国际竞争力延伸到水平和垂直相关的产业,政府措施如资本的最佳分配,市场保护和补贴变得不合时宜,国内和外国公司在产业内进行激烈的竞争,这种竞争有利于产品开发上和质量上的改善。

(4) 衰退期。经历了成熟期而不能保持创新的产业自然而然地进入衰落期。在这一阶段,市场饱和,消费者对产品质量的要求很高。如果企业试图满足成熟消费者的需求,生产成本将会增加,这将导致国际竞争力的衰落。如果职业管理人员和工程师能够相互协作,实现组织上和技术上的创新,产业就能够解决这些问题。

四、产业竞争力评价体系

目前,在国际上应用比较广泛的竞争力评价体系有四个,它们分别是瑞士洛桑国际管理发展学院(IMD)评价体系、世界经济论坛(WEF)的评价体系、荷兰格林根大学的评价体系和联合国工业发展组织(UNIDO)的评价体系。这些评价体系有些侧重于国家竞争力评价,如IMD的评价体系和WEF的评价体系;有些侧重于评价产业竞争力,如荷兰格林根大学的评价体系和UNIDO的评价体系。在国内,一些研究机构和学者也对产业或企业竞争力问题进行了研究,并建立了相应的竞争力评价体系,如中国企业联合会的企业竞争力评价体系,原国家计委宏观经济研究院产业发展研究所课题组建立的产业竞争力评价体系等。

(一) 瑞士洛桑国际管理发展学院的评价体系

瑞士洛桑国际管理发展学院(IMD)1996 年设计了国际竞争力评价体系。经过 1997 年、

---

① Dong-sung Cho, Hwy-chang Moon, From A dam Smith to Michael Porter evolution of competitiveness theory, worlds scientific,2000.

1998 年和 2000 年的修正与完善,其国际竞争力评价体系由八大竞争力评价要素、45 个方面、290 项具体指标所构成(如表 13-1 所示)。

表 13-1　IMD 的国家竞争力评价体系

评价要素	评价目标	评价内容与指标
国内经济	国内经济实力	分为 7 个方面:增加值;资本形成;私人最终消费;生活费用;经济部门;经济预测;储蓄积累。共 30 个具体指标
国际化程度	参与国际贸易和国际投资的程度	分为 7 个方面:对外贸易;商品与劳务出口;商品与劳务进口;国家保护;外商直接投资;文化开放;汇率和证券投资。共 45 个具体指标
政府作用	政府政策对增强竞争力的作用程度	分为 6 个方面:国债;政府开支;政府参与经济;政府效率和透明度;财政政策;社会政治稳定。共 46 个具体指标
金融环境	资本市场的发育状况和金融服务业的质量	分为 4 个方面:资本收益;金融效力;证券市场;金融服务。共 27 个指标
基础设施	基础设施能力和满足企业发展需求的程度	分为 4 个方面:能源自治;技术设施;交通设施;环境。共 37 个具体指标
企业管理	企业管理在创新、盈利和责任方面的有效程度	分为 5 个方面:生产率;劳动成本;公司经营;管理效率;企业文化。共 37 个具体指标
科学技术	与基础研究和应用研究密切相关的和半技术能力	分为 5 个方面:研发人员;科学研究;专利;技术管理;科学环境。共 25 个具体指标
国民素质	国民素质和生活质量	分为 7 个方面:人口;劳动力;就业;失业;教育结构;生活质量;劳动态度。共 43 个具体指标

以上八个方面基本上构成了产业国际竞争力分析的指标框架。其中,国内经济、国际化程度、政府作用、金融环境、国民素质和基础设施等竞争力要素是产业国际竞争力的支持性条件。企业管理和科学技术要素,以及国际化程度要素中的产业商品与劳务出口、商品与劳务进口、外商直接投资,基础设施要素中的产业自身能源供应及技术设施等是产业国际竞争力的基础条件。

将该分析框架用于产业竞争力分析时的不足之处是,缺乏对典型的产业结构和产业组织特征的反映,而世界经济论坛的评价体系却恰好地弥补了这一缺陷。

(二)世界经济论坛的评价体系

世界经济论坛(WEF)1997 年设计的国际竞争力评价体系包括三个评价方面和三大分析指数。

三个评价方面包括:第一,国际竞争力综合水平。主要指标有实际国内生产总值增长率、通货膨胀率、实际出口增长率、直接利用外资占国内生产总值的比率以及失业率。第二,国际竞争力的实力水平。主要是指生产总水平、经济运行稳定性和国际交换。第三,潜在国际竞争实力,含经济衰退的可能性和未来世界最具国际竞争力的国家两类指标。

三大分析指数包括以下内容:第一,国际竞争力指数。该指数由八个方面的要素构成:国际贸易和国际金融的开放因素;政府预算、税收和管理因素;金融市场发展因素;运输、通信、能源和服务性基础设施因素;基础科学、应用科学和技术科学因素;企业组织、企业家、企业创新和风险经营的管理因素;劳动力市场及流动性因素;法规和政治体系因素。第二,经济竞争力指数。该指数是在国际竞争力指数的基础上加上了人均国民收入水平对未来增长前景的影响。第三,市场化增长竞争力指数。该指数是在经济竞争力指数的基础上增加了对全球统一市场可比基础的测度。

1998年,世界经济论坛又引入了微观竞争力指标,主要由商业环境和企业内部管理水平与经营战略的成熟程度两个因素构成。其中,商业环境包括要素投入的质量、需求条件、相关的支撑产业、公司竞争环境等四个方面的48项指标;企业内部管理水平与经营战略包括公司的竞争战略、人力资源建设、研究开发、从国外获得技术许可等15项指标。2000年,世界经济论坛又对竞争力指标的构成进行了调整,将国家和地区的综合经济竞争力分为经济成长竞争力和当前竞争力两部分。经济成长竞争力主要由反映居民储蓄率和国民投资率的金融指标,反映国内市场开放、竞争程度和经济开放程度指标,以及经济创造力指标等三大指标构成。此外,为了反映知识经济时代的特性,世界经济论坛还在经济成长性指标的构成中加大了科技创新能力影响度的权重,引入了反映国家和地区技术能力和创业难易程度的"经济创造力目标"。经济创造力指标由两部分内容构成:第一部分是反映一国创新能力和技术水平的"技术指标",该指标主要由自主创新能力和从国外获得技术的能力确定;另一部分是反映新企业创业难易程度的"创业指标"。

(三) 荷兰格林根大学的评价体系

该体系用于进行产业产出与生产率的国际比较,强调产业竞争力可以由价格水平、生产率水平及质量水平等三个方面因素反映。在进行评价时,对不同地区和不同行业分类按同一分类体系标准化,得到可比数据,然后根据这些可比数据计算出反映产业国际竞争力的主要参数。这些参数包括:第一,相对价格水平,含产出相对价格水平、投入相对价格水平或相对单位劳动成本水平。第二,生产率,包括劳动生产率和资本生产率等单要素生产率以及全要素生产率;第三,质量水平,用反映产品附加值水平的指标间接反映产品的质量水平;第四,品牌竞争力,主要包括品牌在开拓和占领市场上的能力、品牌的超值创利能力和品牌的发展潜力等三个因素之和。

这一评价体系与前面两个体系最大的区别在于实现了各国(各地区)的产业分类按同一体系进行标准化,保证了数据指标的对称性。这一特点是通过用单位价值率将各国产业产品的数量、价格折算为国际可比价格,再根据有关数据计算劳动生产率、资本生产率、全要素生产率、单位劳动成本和价格水平等指标,作为衡量产业竞争力的主要参数。

(四) 联合国工业发展组织的评价体系

联合国工业发展组织(UNIDO)于2002年在维也纳发布了《2002—2003年工业发展报告》。该报告评估了全球工业发展的多样性和差异性,并引入了发展排行榜,揭示了各个国家工业发展水平的巨大差异和结构因素的显著差别。在报告中,UNIDO建立了一套分析各国工业竞争力的指标体系,并以87个国家统计资料为基础,计算出各国工业的竞争力指数。

这套指标体系选择了四个指标测量国家或地区生产和出口制成品的竞争能力,即人均制造业增加值、人均制成品出口、制造业增加值中高技术产品的比重、制成品出口中高技术产品的比重。前两个指标反映工业能力,后两个指标反映技术的层次和工业的升级。最后将四个指标量化为分指数,按照各自的权重,得出各国的工业竞争力指数。

（五）其他评价体系

国家发展改革委宏观经济研究院产业发展研究所课题组曾建立了一个产业竞争力评价体系。该课题组认为，产业国际竞争力包括竞争实力、竞争潜力、竞争能力、竞争压力、竞争动力、竞争活力六个方面的内容。

竞争实力是反映产业"要素供给"方面的实力，包括人力、财力、技术创新实力三个方面。评价人力的指标主要有：大学文化劳动者比重、技术工人素质、企业家素质；评价财力的指标有：产值（规模）、总资产；评价技术创新实力的指标主要是：研究与开发经费强度、研究与开发人员强度。

竞争潜力是指产业发展的潜在能力，主要指一国产业发展面临的有利条件，包括比较优势和后发优势。反映比较优势的指标有资源禀赋、劳动力成本、资金成本。

竞争能力是指把竞争实力、竞争潜力转化为市场占有率和竞争优势的能力，包括市场化能力、资源转化能力和技术创新能力。评价市场化能力的主要指标有经济增长率、市场占有率、显示性比较优势；资源转化能力是反映产业将资源转化为产品的效率和获利能力，包括全员劳动生产率、总资产贡献率、增加值率三个指标；技术创新能力是反映产业将技术转化为商品的能力，包括创新度（新品产值率）和专利数比重两个指标。

竞争压力是反映产业发展的外部推力，显然，激烈的市场竞争有助于产业高竞争力。竞争动力是反映产业参与竞争的能动性，一个产业只有竞争才能提高竞争力，离开了竞争就没有竞争力可言。竞争活力是反映产业参与国际竞争的灵活性指标，它取决于产业结构（相关与辅助产业状况）、产业组织、基础设施等方面的因素。

> **学习要点**
>
> 1. 目前，竞争力概念在很多领域和不同层次上被广泛使用，既有经济的，又有政治的；既有国家层面的，又有组织和个体层面的。在经济学领域，竞争力概念侧重于对不同主体经济实力或竞争优势的理解，形成了宏观、中观和微观三个层次的概念。宏观层次的竞争力主要包括国家（或地区）竞争力、国际竞争力；中观层次的竞争力包括区域竞争力、城市竞争力、产业竞争力等；微观层次的竞争力包括企业竞争力和产品竞争力等。
>
> 2. 产业竞争力的中心问题是各地各国各产业的竞争优势比较。因此，产业竞争力的实质是产业的比较生产力。所谓比较生产力，是一个产业（产品或企业的集合）能够以比其他竞争对手更有效的方式持续生产出消费（包括生产性消费）者愿意接受的产品，并由此而获得满意的经济收益的综合能力。
>
> 3. 产业竞争力的理论可以追溯到马克思的价值及价值增值规律理论和古典经济学的比较优势理论及其在近、现代的发展，包括静态和动态的比较优势论、资源禀赋论和产业组织的竞争理论。这些理论虽然并未明确竞争力命题，但却清晰地解释了竞争力的形成机理，是当代产业竞争力理论的重要组成部分和理论基础。
>
> 4. 产业竞争力的分析模型是根据产业竞争力的决定因素及其相互关系所建立的分析框架。目前，国内外大多数学者都认同波特的"钻石模型"，有的学者在此基础上进行了拓展，形成了其他一些富有参考价值的模型，包括波特-邓宁模型和对外开放模型、

九因素模型、层次结构模型。

5. 从产业竞争力影响因素的结构层次来看,产业竞争力源于三个层次的构成要素:一是产业竞争力的直接来源或基础性因素,如产品价格、成本、质量、服务、品牌和差异化等方面比竞争对手所具有的差异化能力;二是产业竞争力的间接来源或环境因素,如生产要素、市场需求因素、相关与支持产业、企业的组织、战略和竞争状态、制度体系、企业文化、政府政策,甚至偶然事件等等;三是产业竞争力的核心来源或决定性因素,主要是指技术创新和企业核心能力。

6. 竞争力的形成机理。各类产业竞争力因素不能自发地形成产业竞争力,需要通过一系列过程才能使它们转化为产业竞争力。WEF 和 IMD 认为国际竞争力是竞争力资产与竞争力过程的统一。可以将产业竞争力的形成过程定义如下:产业竞争力＝竞争力资产×竞争力环境×竞争力过程

7. 一国产业参与国际竞争的过程大致可以分为四个依次递进(也可能发生折返)的阶段:第一个阶段是要素驱动;第二个阶段是投资驱动;第三个阶段是创新驱动;第四个阶段是财富驱动。在这四个阶段中,前三个阶段是产业国际竞争力增长时期,第四个阶段则是产业国际竞争力下降时期。

8. 目前,在国际上应用比较广泛的竞争力评价体系有四个。在国内,一些研究机构和学者也对产业或企业竞争力问题进行了研究,并建立了相应的竞争力评价体系,如中国企业联合会的企业竞争力评价体系,国家发改委宏观经济研究院产业发展研究所课题组建立的产业竞争力评价体系等。

思考:

1. 试分析产业竞争力及其实质。
2. 简述产业竞争力分析的理论基础。
3. 产业竞争力的影响因素有哪些?
4. 简述产业竞争力的形成机制和发展阶段。
5. 如何评价产业竞争力?

第十四章

政府规制

在现代市场经济条件下,政府与市场之间的关系问题,始终是经济理论与政策所关注的核心问题。政府为什么、如何及采取什么样的方式与具体措施来对产业市场进行规范与限制,以防止市场失灵和产业效率损失,则是政府规制研究的主要内容。政府规制研究在20世纪70年代以来取得了丰富的研究成果,并逐渐形成了一门相对独立的新兴应用经济学科——"规制经济学"(Economics of Regulation)。本章主要阐述政府规制的概念与类型、规制的依据与政策、规制改革与重构等问题。

一、政府规制的概念与类型

(一) 政府规制的含义与特征

规制(Regulation)或政府规制(Government Regulation),在我国往往被翻译为"管制"或"监管",其含义大同小异。同时,对于"规制"的概念,在国内外政治学、法学和经济学文献中有不同的解释,争议颇多。这里,首先概述经济学者对规制概念的解释,然后阐述本书对政府规制概念与特征的理解。

1. 经济学中的政府规制

按照《新帕尔格雷夫经济学大辞典》的定义,规制是指"国家以经济管理的名义进行干预"①。卡恩(Kahn,A. E.)指出,规制"作为一种基本的制度安排,是为了维护良好的经济绩效,其实质是政府命令对竞争的取代",是"对该种产业的结构及其经济绩效的主要方面的直接政府规定,如进入控制、价格决定、服务条件及质量的规定以及在合理条件下服务所有客户时应尽的义务的规定"②。丹尼尔·史普博(Spulber,Daniel F.)提出,规制是"由行政机构制定并执行的直接干预市场配置机制或间接改变企业和消费者的供需决策的一般规制或特殊行为"③。斯蒂格勒(Stigler,George J.)指出规制"作为一种法规,是产业所需并为其利益所设计和操作的",是国家"强制权力"的运用④。金泽良雄则从最为广泛的意义上解释了规制,他指出,规制是指在市场经济体制下,以矫正和改善市场机制内在问题为目的,政府干预和干涉经济主体(特别是企业)活动的行为⑤。

2. 政府规制的含义

综合以上解释,可以对政府规制作如下的理解:政府规制是政府或其授权机构根据法律、法规的规定,或通过颁布新的法律、法规,设计新的制度机制,对微观市场经济活动,包括进入与退出、价格、服务条件及产品质量等,所进行规范和限制。它既是一系列制度机制的

---

① 参见《新帕尔格雷夫经济学大辞典》关于 Regulation 的词条,第 2135 页。
② Kahn, A. E. *The Economics of Regulation: principles and institutions*, New York Wiley, 1970, 3.
③ 〔美〕丹尼尔·史普博.管制与市场[M].上海:上海人民出版社,1999:45.
④ G. J. Stigler. The Theory of Economics Regulation, *Bell Journal of Economics*,1971, 2: 3—21.
⑤ 〔日〕金泽良雄.经济法(新版)[M].东京:有斐阁书店,1980:30.

总和,也是一系列规制活动的集合,是产业市场实现健康、稳定、有序发展所不可或缺的制度安排,目的在于实现市场公平与效率的有机统一。

政府规制有广义和狭义之分。广义的政府规制,既包括政府对经济主体的直接干预和微观控制,又包括政府对市场的间接干预和宏观调节,也就是说,政府规制政策包含了市场经济条件下政府几乎所有旨在克服广义市场失败现象的法律制度,以及以法律为基础的对微观经济活动进行某种干预、限制或约束的行为。在规制经济学中,经济学家对规制的解释更多的是狭义的解释,特指政府对微观经济活动直接的行政性规范和控制。而本书则倾向于对政府规制作广义的理解,这是因为,如果狭义地去理解政府规制,那么,政府对市场的间接干预就会被排除在政府规制之外,从而难以把握政府与市场之间的全部关系。

3. 政府规制的特征

政府规制的定义表明,政府规制的特征表现在以下几个方面。

第一,政府规制行为是由特定的行政机构做出的。

第二,政府规制行为的依据是相应的法律法规和制度机制,这些法规可能来源于宪法或其他由立法者制定的法律,也可能来源于行政机构依据授权原则制定的具体规章、设计的制度机制。

第三,政府规制涉及立法、司法和执法等方面,是一个极其复杂的政治与经济过程,而且在这一过程中,规制者(机构)往往集立法、司法和执法三个权力于一身。

第四,政府规制是市场经济条件下不可或缺的制度安排。

第五,政府规制的目的是为了维护正常的市场经济秩序,提高资源配置效率,增进社会福利水平。

(二) 政府规制的相关概念

与政府规制相关的概念有"规制方式""规制模式""规制机制""规制制度体系"等。了解这些概念有助于人们更为深刻地认识和把握政府规制行为及其实质。

1. 规制方式和规制模式

规制方式主要是指政府对社会经济领域实施规制行为的行为方式及其特征。主要表现为政府对微观经济主体及决策活动所进行的干预是直接干预,还是通过中间媒介进行的间接干预。规制方式体现了规制者与被规制者发生规制关系的联系程度,也体现了政府介入社会经济领域的广度和深度。而规制模式或规制体制模式则是对政府规制与市场机制各自在经济领域中的作用范围、作用程度、结合方式及其具体实现形式的总体概括。规制模式与规制方式是密不可分的。因为规制方式本身也表明了政府介入某一经济领域的程度,体现出了政府与市场的结合程度及其具体实现形式。所以,规制模式实际上就是由各种规制方式组成的有机组合体,不同的规制方式组合体则构成为不同的规制模式(如图14-1所示)。

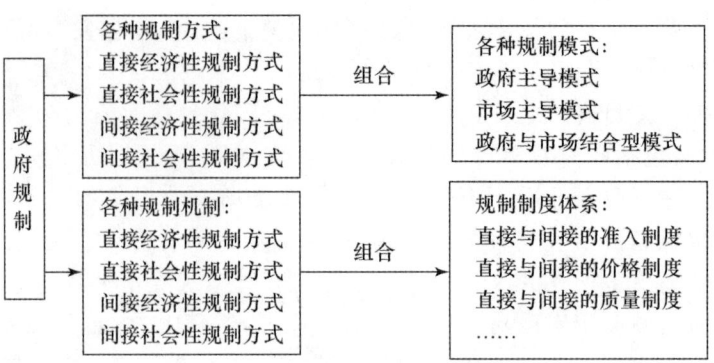

图 14-1　规制方式、规制机制、规制模式和规制制度体系

2. 规制机制和规制制度体系

规制机制是指政府规制行为发挥作用的传导过程及其内在机理,是由规制组织(机构)、规制程序、规制手段或各种具体规制制度等相互作用、相互影响而构成的动态有机体。它体现为规制机构以何种组织形式或具体制度机制来实施其规制行为,如具体的定价制度、市场准入制度等。因此,规制机制有时也可以理解为那些比较具体的规制制度或规制工具,是与规制方式相对应的具体制度机制和制度安排。规制的具体制度机制和制度工具是规制方式的具体体现,规制方式只有在规制机制的运行和具体实施过程中才得以体现出来。规制制度体系一般是指构成政府规制的各种具体制度要素及其相互作用、相互影响所形成的制度框架结构。规制制度体系与规制机制二者也是密不可分的,规制制度体系实际上就是由各种具体的规制机制或各种具体的规制制度相互关联而构成的有机组合体,是规制的制度与机制体系(如图 14-1 所示)。

(三) 政府规制的类型

主流规制经济学按照规制的目标与手段不同,将政府规制分为直接规制(Direct Regulation)与间接规制(Indirect Regulation)。其中,直接规制又按照内容的不同分为直接经济性规制和直接社会性规制[①]。这种分类似乎忽略了社会性规制中的间接规制。事实上,规制可以首先根据规制的目标和手段不同,将其分为直接规制(方式)和间接规制(方式);然后再以规制内容为标准分为经济性规制和社会性规制;最后,将规制内容与规制方式结合,则可把规制分为直接经济规制(机制)和间接经济规制(机制)、直接社会性规制(机制)和间接社会性规制(机制)。

1. 直接规制(方式)和间接规制(方式)

从规制目的和手段来分,规制可分为直接规制(方式)和间接规制(方式),或简称为直接规制和间接规制。直接规制主要是指政府利用各种行政手段或类似规制措施,直接干预经济主体的决策活动。其最大的特点是政府通过禁止、认可和许可的手段,直接介入经济主体决策活动,具有明显的行政性特征。间接规制是以形成并维持市场竞争秩序的基础,即以有效地发挥市场机制职能而建立完善的制度为目的,不直接介入经济主体的决策而仅制约那

---

① [日]植草益.微观规制经济学[M].北京:中国发展出版社,1992:22.

第十四章 政府规制

些阻碍市场机制发挥职能的行为之政策①。这种方式的特点在于政府是通过建立和完善市场法律制度,以间接的手段来规范和约束那些不利于市场机制发挥作用的行为,形成并维持市场竞争秩序。

2. 经济性规制和社会性规制

从规制的内容来看,政府规制可分为经济性规制和社会性规制。

经济性规制是指规制的对象或内容主要涉及的是经济问题,是对市场中企业的进入与退出、企业规模与数量、企业市场行为、产品(服务)的数量与质量及价格及投资、财务、会计等方面的活动所进行的规制。经济性规制可分为市场准入规制、产品数量与质量规制、价格规制、企业运营规制,等等。

社会性规制所处理的对象和内容主要是社会性问题。这些社会性问题主要包括外部性、信息不对称、非价值物②、社会中不希望发生现象和问题。社会性规制"是以保障劳动者和消费者的安全、健康、卫生以及保护环境和防止灾害为目的,对物品和服务的质量以及伴随着提供它们而产生的各种活动制定一定标准,并禁止、限制特定行为的规制"③。社会性规制包括环境规制、公共和生产安全规制、卫生与健康规制、非价值物规制、对社会不希望发生的现象(如社会不公、有损风化等)的规制,等等。

表14-1 政府规制的分类

	规制内容类型	规制方式类型	规制机制类型(举例)
政府规制	经济性规制	直接经济性规制(机制)	直接准入规制 直接价格规制 国有化或政府直接供给等
		间接经济性规制(机制)	间接价格规制 间接准入规制 其他,如反垄断和不正当竞争规制
	社会性规制	直接社会性规制(机制)	强制性信息公开 直接关闭污染企业或取缔非法物品 直接监督检查和行政处罚等
		间接社会性规制(机制)	社会性立法与制度、间接准入规制、界定产权、形成产权交易市场等
		组合而成规制模式	组合而成规制制度体系

3. 直接经济性规制(机制)和间接经济性规制(机制)

把规制内容与方式相结合,经济规制可分为直接经济性规制机制和间接经济性规制机制(简称为直接经济规制和间接经济规制,如表14-1所示)。其中,直接经济性规制机制一般包括:①直接举办和经营国有企业;②直接价格规制,即政府直接定价;③直接准入规制,即通过审批、许可等行政命令性手段,直接限定特定经济主体进入市场,限制其提

---

① 〔日〕植草益.微观规制经济学[M].北京:中国发展出版社,1992.
② 即依照道德伦理规范而应在一定程度上或者是全面限制和禁止其生产销售的物品。如毒品、黄色书刊等。见〔日〕植草益.微观规制经济学[M].北京:中国发展出版社,1992.
③ 〔日〕植草益.微观规制经济学[M].北京:中国发展出版社,1992.

供产品的数量与质量,如只允许某个企业而不允许另外一个企业进入某一市场领域;④其他直接规制机制。

间接经济性规制一般包括:①间接价格规制。运用财政、税收、间接定价等各种手段进行价格调节。②间接准入规制。通过立法建立质量标准、技术标准和市场主体资格标准等,构建市场准入与竞争平台。凡是符合条件和标准者都可进入市场,而不限定某个特定企业进入市场。③市场行为规制。即通过界定和保护私有产权、通过反垄断和反不正当竞争等法律维护市场秩序;④其他间接规制机制。

4. 直接社会性规制(机制)和间接社会性规制(机制)

把规制内容与规制方式相结合,社会性规制可分为直接社会性规制(机制)和间接社会性规制(机制)(如表 14-1 所示)。

直接社会性规制(机制)主要体现为直接准入规制。其规制机制一般包括针对负外部性的直接准入规制和直接惩罚措施、针对产品或服务质量的直接监督检查与处罚措施、强制性信息公开制度、强制性安全和环境保护措施及对特定非价值物的禁止措施等。

间接社会性规制(机制)主要体现为利用社会法律制度来规范和约束容易产生社会性问题的各种行为和现象的发生。规制机制一般是指各种社会性法律制度,如环境保护法律、生产安全和劳动法律、社会保障立法、公平分配法律及其他社会性制度规范等。与间接经济性规制一样,间接社会性规制(机制)主要是通过法律制度和一般行为规范保证社会公平与稳定,而不像直接社会性规制那样直接介入特定市场主体特定行为及其决策活动。

5. 规制模式分类

根据各种规制方式的组合情况可以把规制模式分为政府主导模式、市场主导模式和政府与市场结合型模式(如图 14-1 所示)。

如果政府对某一领域完全采取直接规制方式,或者,政府对某一领域进行规制的各种规制方式都是以直接方式为主导,那么,这种规制模式就是一种政府主导模式;如果政府既对某一经济领域采取直接规制方式;也采取间接方式,二者的作用范围十分明确而又能够相互配合。那么,这种规制模式就是一种政府与市场结合型模式;如果政府对某一经济领域没有采取任何直接规制,或者实施规制所采取的都是一些作用程度及作用范围很小的间接规制方式。那么,这种模式就是一种市场主导型规制模式。

二、政府规制的理论依据

从实践上看,政府规制迄今已经经历了规制、规制放松及规制重构的动态演进过程。作为对这一实践过程的理论再现,经济学家也从专业分工角度对这一实践过程进行了深入研究,使得规制理论也经历了一个由规制的公共利益理论到规制的利益集团理论,再到激励性规制理论的演变过程。这些理论在对政府规制及其改革实践进行诠释的同时,也构成了政府规制及其改革实践的重要理论依据。

(一) 规制的公共利益理论

按照传统自由经济理论,只要存在健全的市场体系,许多问题可以在市场机制的作用下得到解决,政府一般不应做出干预。但是,19世纪末在特殊行业出现的卡特尔和托拉斯组织,特别是20世纪初的经济危机,引起了人们对市场机制有效性的质疑。许多学者越来越深刻地认识到了市场失灵的存在及其危害,并以帕累托和庇古的福利经济学为基础,提出了规制的公共利益理论。

规制的公共利益的理论在政府是公共利益代表的假定前提下,以市场失灵和政府的矫正措施为研究主题,分析了市场失灵的根源和政府规制的现实根据。该理论认为市场是脆弱的,市场机制存在失灵的领域。市场失灵的根源在于经济活动中存在诸如自然垄断、外部性、公共物品和信息不对称等问题。如果放任自流,就会导致不公正或低效率。而政府规制是对市场失灵的回应,是对社会公正和效率需求所做的无代价、有效和仁慈的反应。政府的公共政策是从公共利益出发而制定的规则,目的是为了控制被规制的企业对价格进行垄断或者对消费者滥用权力,具体表现为控制进入、决定价格、确定服务条件和质量及规定在合理的条件下服务所有客户时的应尽义务等[1]。在这一过程中,政府可以代表公众对市场做出理性的调整,使这一规制过程符合帕累托最优原则。

现实中,由于传统微观经济学关于完全竞争市场的条件很难满足,市场失灵不可避免,由此,根据公共利益规制理论,政府规制的潜在范围几乎无边无际,哪里有市场失灵,哪里就应当相应地实施政府规制。这样,规制公共利益的理论几乎可以被用来解释所有的政府规制问题,其理论分析和政策建议一直以正统理论的面目在规制经济学中居于统治地位,是现代公共经济学的基石,同时也构成了实践中系统化规制体系形成的理论基础,为20世纪70年代以前大量兴起的国有化运动和政府规制提供了政策依据。

(二) 规制的利益集团理论

20世纪30年代世界经济危机以来,主张对国民经济进行规制的公共利益规制理论观点占据了主流。但是,20世纪60—70年代,随着政府规制的强化,政府规制本身的缺陷也日益凸显。经济学家通过对政府规制效果的实证分析和规制的政治动因考察,对公共利益规制理论提出了质疑与批判,形成了规制的利益集团理论。规制的利益集团理论包括早期的规制俘获理论和规制经济理论。

1. 规制俘获理论

规制俘获理论是规制的利益集团理论的最早雏形,是以施蒂格勒(G. J. Stigler)为代表的芝加哥学派在政治学的利益集团理论基础上进一步发挥而形成的。该理论认为,公共利益规制理论夸大了市场失灵的程度,而没有认识到市场竞争和私人秩序解决这些所谓市场失灵的能力;市场和私人秩序完全可以在没有政府干预的情况下解决绝大多数市场问题,即使在不成功的少数情况下,可以由公正的法院来制止侵权行为[2];如果法院和私人秩序不能

---

[1] Mitnick B. *The Political Economy of Regulation*[M]. New York: Columbia University Press, 1980: 23—56.
[2] R. H. Coase, The Problem of Social Cost. *Journal of Law and Economics*, 1960, 10(3): 31—44;
R. A. Posner. Theories of Economic Regulation, *Bell Journal of Economics* 1974, 5: 335—358.

够完美地解决所有问题,规制也不见得奏效,反而可能把事情搞得更糟。原因在于:一方面,规制的政治决策过程通常会被产业界所左右,不但无法约束垄断定价,相反还会通过政府支持垄断①。另一方面,即使规制者真想提高社会福利水平,他们也往往因自身能力所限而极少成功。因此,政府规制的范围越小越好,即使在其最低限度内,也难以保证规制结果是有效的②。1962年,斯蒂格勒和弗里兰德发表了著名的论文③,用实证数据证明了规制无效、规制机构可能被受规制产业所俘获的论断。

2. 规制经济理论

规制经济理论是由施蒂格勒开创,并在佩尔兹曼(S. Peltzman)和贝克尔(Becker)等人那里得到了完善和推广。该理论在接受公共选择理论关于"政府及其官员也是经济人"假定的基础上,结合奥尔森(Olson)的集体行动理论,运用标准的均衡分析方法,从制度供给和需求的角度,用寻租、设租、官僚成本、利益集团等概念,分析了利益集团对政府规制形成及其效果的影响。对政府规制的发生的成因与规制失灵的根源做出了新的解释,为规制改革和放松规制提供了理论依据。

(1) 施蒂格勒模型。施蒂格勒对规制的经济分析有两个前提:一是政府的基础性资源是强制权;二是规制的需求者与供给者都是理性经济人,可以通过选择行为来谋求最大效用。由于利用公共资源和国家权力可以提高经济集团的经济利益,于是便产生了对规制的需求;而规制的供给则产生于民主政治过程。哪些行业被规制,规制会采取何种具体的形式,都是由规制的供给和对规制的需求相互作用来决定的。因此,规制本质上是利益集团利用国家权力将社会资源从其他利益集团向本集团转移的一种工具。由于一个利益集团寻求国家权力的支持而获得租金时,会损害其他利益集团的利益,因此其他利益集团为了保护自己的利益也会寻求国家权力的支持来阻止前一个集团的寻租行为,这就出现了寻租竞争。寻租竞争增加了社会的立法成本、造成社会资源的无谓浪费。寻租竞争的结果究竟是实施有利于哪个集团的规制或什么样的法律被通过,这取决于寻租竞争中利益相反的两个集团的力量的对比,力量强大的集团往往是赢家。施蒂格勒的结论是:产业成员比分散的消费者更容易受到激励和更能以组织形式去影响政治,规制有利于生产者,生产者总能赢④。

(2) 佩尔兹曼模型。佩尔兹曼试图把施蒂格勒的分析模型化,主要讨论在实行政府规制的情况下,出于压力集团之间的斗争,规制者对被规制的产品如何定价的问题。佩尔兹曼在施蒂格勒的两个假设基础上,增加了第三个假设,即利益集团的竞争以选票的形式影响政治家的选择,进而决定了规制的发生。他将其模型化,提出了价格和进入的最优规制政策模型。通过模型分析得出结论认为,规制决策者的政治利益是通过使政治支持最大化来实现

---

① Kalt, J. and Zupan, M., Capture and Ideology in the Economic Theory of Politics. *American Economic Review*, 1984. 74: 279—300.

② Peltzman. S. 1989. *The Economic Theory of Regulation after a Decade of Deregulation*. Brookings Papers on Economic Activity, Special Issue, 1—41.

③ G. J. Stigler and Friedland, C. What Can Regulation Regulate? The Case of Electricity, *Journal of Law and Economic* 1962. 5(10): 1—16.

④ G. J. Stigler, The Theory of Economic Regulation, *Bell Journal of Economics & Management Science*, 1971, 2(1): 3—31.

的;在最优化的条件下,规制的政治均衡过程是受各种利益集团的影响所致;政治均衡的边际条件是政治支持替代率(绝对值)等于由生产者利润和消费者剩余相互转移而得的边际替代率。这表明俘获规制机构不是单一利益集团,效用最大化的政治家根据边际条件在不同集团之间配置利益导致政治均衡。任何集团的经济利益都可以互换,政治家通常可以雇佣所有集团的服务①。

(3) 贝克尔模型。贝克尔则建立了压力集团之间政治影响的竞争模型——政治均衡模型。他假设政治家、政党、选民传递相互竞争的利益集团的压力,不同的集团压力对政治程序的影响不同,压力越大,相对影响力越大,从而形成规制政策在政治市场上的"纳什均衡"。最终,更有影响力的利益集团的福利增加,市场失灵得以纠正,社会福利的无谓损失得以降低②。

(三) 激励性规制理论

20世纪80年代,规制改革与放松浪潮席卷全球,而90年代末又出现了规制重构与优化的趋势。这种现象迫切需要经济学家们做出更为科学的理论解释。与此同时,微观经济学领域形成了信息经济学以及与之相关的委托代理理论、机制设计理论、激励理论、动态博弈论等理论成就。这些成就被吸收到规制理论中,从而形成了被命名为新规制经济学的激励性规制理论,构成了现代经济学中最具活力的领域之一。

1. 激励性规制理论的研究特点

激励性规制理论将西方规制理论关注的重心从为什么规制扭转到怎样规制的轨道上来,不再像传统规制理论那样关注特定的规制制度,而是在机制设计文献的传统下,以刻画最优规制为目的,主要是研究政府怎样规制的问题。具体而言,激励性规制理论就是研究在保持原有规制结构和信息不对称的委托-代理框架下,设计规制规则或活动方案,给予企业一定的自由裁度权,以诱导企业正确地利用信息优势,选择规制者所期望的行为。这种机制或方案既能激励企业降低成本,提高经济绩效,减少逆向选择、道德风险等问题,又能实现社会福利最大化的规制目标。因此,激励性规制相对于传统规制而言,只需关注企业的产出绩效和外部效应,而较少控制企业的具体行为,企业在生产经营中具有更大的自主权。激励性规制理论包括公共利益理论框架下的"激励性规制合同设计理论"和利益集团理论框架下的"利益集团政治的委托-代理理论"。

2. "激励性规制合同设计理论"

"激励性规制合同设计理论"在保持规制的公共利益前提下,修正了其信息完全假设,在委托-代理框架下內进行激励合同设计。激励规制合同包括强激励型和弱激励型两种③。强激励型合同是指在边际上,企业承受较高比例的成本;企业利润的多少与企业成本的高低密

---

① S. Peltzman, Toward a More General Theory of Regulation, *Journal of Law and Economics*, 1976, 19(2): 211—241.
② G. S. Becker, A Theory of Competition among Pressure Groups for Political Influence, Quarterly Journal of Economics, 1983, 98(3): 371—400; G. S. Becker, Public Policies, Pressure Groups and Dead Weight Costs, Journal of Public Economics 1985, 28(3): 329—47.
③ 张竹昕,让·拉丰,安·路易斯塔什.网络产业:规制与竞争理论[M].北京:社会科学文献出版社,2000: 7—10.

切相关；企业得到的总货币补偿随企业实际成本的变化而变化，成本越高，企业的净收益越低。弱激励型合同是指企业的利润不受成本变动的影响，企业的成本将完全得到补偿；同时，企业降低成本的收益不完全归企业所有，将部分转移给政府和消费者。在信息不对称的情况下，提高合同的激励强度，企业将努力降低成本，产生大量的超额利润，这些利润完全归企业所有，称为信息租金。如果要通过分享等途径减少企业的信息租金，则必然要降低合同的激励强度，企业降低成本的动机也会随之减弱。因此，在设计激励规制合同时，规制机构面临着激励强度与信息租金之间的两难选择。规制者在制定规制合同前需要通过甄别不同类型企业，消除企业谎报成本的动机。也就是说，激励规制合同的设计，必须针对企业的类型空间，设计出在企业类型给定的情况下，每一个参与者都是最优策略诚实执行者的机制，也叫作"诱使其说真话"的机制。

3. "利益集团政治的委托-代理理论"

"利益集团政治的委托-代理理论"否定了规制的公共利益假设，并在信息不对称假设下，吸收政治学中前沿的规制体系非整体观，打开规制机构这个"黑箱"，将其分为规制者和国会两层，形成了一个包括企业等利益集团、规制机构、国会的三层科层结构的代理理论分析框架。该理论承认规制者为了最大化自身效用，可能被利益集团俘获而与之合谋，而国会则以最大化社会福利为目标。该理论认为利益集团影响政治决策的根本原因在于政治决策影响他们的利益；他们有力量影响政治决策的理由在于规制中有他们的切身利益。当切身利益大于或等于用作俘获规制机构的成本时，影响政治决策的行为就会发生。因此，有必要制定一套减少或阻止规制机构被俘获的激励机制。这项机制既要描述规制者的激励和行为，又要描述利益集团的激励和行为，还要描述国会的目标——社会福利最大化。

三、政府规制的现实依据与政策措施

按照规制的公共利益理论，政府规制发生的现实依据就是市场失灵，政府规制的目标是通过矫正市场失灵，以实现社会公平、公正与社会福利最大化。然而，实践表明，政府规制的范围并非仅仅局限于市场失灵领域，许多没有市场失灵的领域，同样也有政府规制的身影。而且有些市场失灵也不一定必须需要通过政府规制才能得以矫正，市场本身有时也可以治理某些市场失灵。从产业组织理论角度来看，公共政策包括政府直接规制的目标是通过产业组织结构调整和企业市场行为控制，以获得较高的市场绩效和稳定而可持续的经济社会发展效果。所以，除了市场失灵之外，一些"社会不希望发生的现象"、公共目标及其社会目的性，恐怕也是政府规制的重要依据。

（一）自然垄断与政府规制

在一般经济学理论中，各种形式的垄断包括自然垄断被认为是市场失灵的第一种表现，是政府规制存在的现实依据。而在产业组织理论和规制经济学中，经济学家主要侧重于对某一行业的自然垄断性质及其规制行为的研究，从而形成了自然垄断和自然垄断行业的政府规制理论。

1. 自然垄断的含义与特征

自然垄断是经济学中的一个传统概念,最早是由穆勒(Mill)在1848年提出,但直到1902年,法罗(Farrer)才意识到规模经济是自然垄断的条件之一。19—20世纪初期的经济学家认为,形成自然垄断的条件包括两点,即单一厂商生产的规模效益和过度或"毁灭性"竞争造成的不良结果。1982年,鲍莫尔(Baumol)给出的解释是:一个产业在整个产量范围之内,如果其成本是次可加性的,那么这个产业是自然垄断产业。所谓成本次可加性,是指对于任意两个(或以上的)产出水平 Q_1、Q_2,有 $Q_1+Q_2=Q$,如果成本函数 $C(Q)<C(Q_1)+C(Q_2)$ 成立,即建立一个产出为 Q 的企业的成本,比分别建立两个独立的企业 Q_1 和 Q_2 要低。也就是,如果一个厂商生产整个行业产出的生产总成本比两个或两个以上厂商生产这个产出的生产总成本低,这个行业就是自然垄断的。那么,这个行业只要有一个企业存在已经足够了。

概括以上解释,可以对自然垄断产业作如下界定:自然垄断产业是指其主要业务具有规模经济效益,或具有成本次可加性的产业。在我国,人们通常所说的公用事业,包括铁路、航空、电力、邮政、煤气和自来水供应等行业,大都具有自然垄断性质,属于自然垄断行业。

自然垄断行业的主要特点包括:第一,它们的规模经济或网络经济效应非常突出,大都具有成本次可加性;第二,它们都需要投入大量资本才能运营,而一旦资本投入就"沉淀"在这个行业里很难再抽出;第三,不实施规制就有可能导致"毁灭性"竞争。

2. 自然垄断规制的理由与范围

对于自然垄断性产业或公共物品生产的公用事业,需要进行政府规制。原因在于:一方面,自然垄断产业的成本次可加性和规模经济性,决定了该行业最好由一家企业垄断经营才符合效率要求,如果大量小规模企业进入该行业将造成资源浪费甚至毁灭性竞争,因此需要准入规制。另一方面,在自然垄断行业,如果由一家或少数几家企业垄断经营,并任由企业来确定价格,那么,它们会追求高额的垄断利润,而不会考虑消费者的利益,因此需要对其产品价格进行规制。

现代自然垄断理论认为,在解决自然垄断问题时,应该区分三种情况:第一种情况,其他企业进入自然垄断行业有不可逾越的障碍时,垄断企业的行为必须受到规制,特别是价格规制和产品与服务质量规制;第二种情况,其他企业进入该行业没有障碍,而垄断企业不具备竞争承受力时,不仅垄断企业的行为需要规制,而且该行业内的竞争程度也必须受到规制;第三种情况,其他企业进入该行业没有障碍,自然垄断企业对新来者的竞争也具备竞争承受力时,没有必要对该行业进行规制,潜在竞争者的进入威胁将迫使垄断者制定盈亏相抵的价格或者边际成本价格,同时努力降低成本。

3. 自然垄断规制的政策内容

对自然垄断产业的政府规制,从规制的制度机制、具体手段或方法上看,主要有以下几种形式。

(1)准入规制。准入规制包括直接的和间接的投资准入、技术与设备准入、执业资格准入等,目的是控制行业中的企业数量、经营范围和企业规模,形成合理的自然垄断结构,保证公共供给和供求平衡。其具体手段包括审批、行政许可、登记注册、审核与备案、监督检查、经济与行政处罚等。

(2) 价格规制。价格规制包括直接和间接的价格水平规制和价格结构规制。从理论上讲,政府直接定价可以采取边际成本定价、平均成本定价、拉姆齐定价等方法。而在实践中,许多国家对铁路、航空、通信、自来水、煤气供应和邮政等行业的价格规制,主要采取的是平均成本定价和结构性定价及其变形形式。这主要包括传统的两部或三部定价、阶段性定价、高峰负荷定价、差别定价与反价格歧视、公平收益率规制等。近年来,随着规制改革的推进,建立在激励性规制理论基础之上的激励性规制机制在许多国家得到了广泛应用,诸如最高限价制、特许投标制、区域间比较竞争制等。这些变形的价格规制制度,改变了政府直接定价方式,形成了具有间接性和激励性的新规制方式。这种激励性规制机制既避免了政府因成本信息不足而定价不准的弊端,又能够激励企业努力降低成本,提高效率,在应用中取得了明显效果。

(3) 产品质量规制。对于公共事业或自然垄断产业的产品质量,许多国家都有相应的产品质量法和消费者权益保护法。这些法律制度为产品质量的间接规制提供了依据;同时,针对不同自然垄断产业,各国和各个行业分别都有相应的产品质量标准,包括国际标准、国家标准和行业标准等,也是产品质量间接规制的重要方面。另外,各国都建立了产品质量监督检查机构及相应的监督体系与制度机制,可以对产品质量实施直接的监督检查与惩处。

(4) 企业内部治理结构与运营规制。对于从事自然垄断和公用事业的企业,特别是国有公营企业,其内部治理结构与微观运营状况也受到政府直接与间接的规制。许多国家的公司法或企业法律,以及相应的财政与财务会计制度、审计制度等,都是对企业内部治理结构、财务会计和资产运营等微观活动进行间接规制的重要法律根据。同时,政府相关机构根据相关法律而对企业内部管理与运营所进行的直接监督检查,对违规者依法进行惩罚。这是政府对企业内部治理与运营进行直接规制的重要体现。

(5) 其他规制制度与政策,如环境、卫生与健康及安全规制。世界上大多数国家都有相应的环境保护、卫生健康、生产和公共安全等方面的社会性立法。这些法律既适用于竞争性行业,又适用于自然垄断行业或公用事业,是一个国家对自然垄断行业实施社会性规制的重要组成部分。

(二) 公共物品与政府供给

公共物品是市场失灵的第二种表现,也是政府规制存在的现实依据。但是,需要指出的是,大多数公共物品的供给行业都属于公共事业或公共服务业,具有自然垄断性质。所以,有关公共物品的政府规制问题,实际上等同于自然垄断产业的政府规制。对此,由于前文已经涉及而不再详述。公共物品研究的核心是其供给主体选择问题,而不是其规制问题。因此,这里重点讨论公共物品的供给问题。

1. 公共物品的含义与特征

公共物品可以说是正的外部效应的极端情形。在汝信主编的《社会科学新辞典》(1998)中,将公共物品定义为:公共物品是指一种提供给某个消费者使用而旁人不必另付代价亦可同时得到享用的商品或劳务。公共健康与福利项目、教育、道路、研究与开发、国家安全和国内安全、清洁环境,所有这些都贴上了公共物品的标签。

第十四章 政府规制

按照公共物品理论,公共物品在消费方面具有两个基本特征:非竞争性和非排他性。非竞争性是指公共物品一旦提供,则一个人的消费并不减少其他消费者的可用量,也就是说,对于任一给定的公共物品的产出水平,增加额外一个人消费,不会引起该产品成本的任何增加,即消费者人数的增加所引起的产品的边际成本等于零。这主要源于公共物品的不可分割性。非排他性是指只要某一社会存在公共物品,就不能排斥该社会任何人消费该物品。这是因为在技术上根本无法排斥消费者对它的使用,或者对消费者进行收费的成本过高。公共物品的非排他性表明,要采取收费的方式限制任何一个消费者对公共物品的消费是很困难的,甚至是不可能的。任何一个消费者都可以免费消费公共物品。常见的公共物品有国防、路灯、警察、消防、公路、灯塔、电视与无线电广播、清洁的空气,等等。

2. 公共物品的分类

在公共物品一般理论中,人们往往根据它在消费上的非竞争性和非排他性特征而将其分为纯公共物品和准公共物品。纯公共物品具有完全的非竞争性和非排他性,准公共物品具有局部非竞争性和局部非排他性。纯公共物品如国防和灯塔;准公共物品有三类:具有非竞争性但不具有非他性的准公共物品,如闭路电视;具有非排他性但不具有非竞争性的准公共物品,如道路;有些私人产品(排他)如教育和医疗,有时人们也把它视为公共物品。另外,从存在形态上区分,公共物品还可分为有形的和无形的公共物品。

4. 公共物品与政府供给

在公共物品问题上,存在着被称之为"市场失效"现象,主要表现在:第一,公共物品具有很强的外部性,私人收益小于社会收益,甚至无利可图,私人不愿意提供或无能力提供;即使能够提供,也往往会造成供给不足和供求失衡问题。第二,对于公共物品,人们有"免费搭车"问题,"免费搭车"心理使人们很难判断居民对公共物品的需求程度和需求偏好,因而难以用市场价格来衡量公共物品成本与价值。

一般来说,市场本身不能很好地解决公共物品的供给问题,因此要保证公共物品得到充分供应必须依赖政府力量。但是,现代公共物品理论的研究表明,并不是所有的公共物品都是由政府提供,而且政府提供与政府直接生产也是两回事。在技术条件和能力允许的条件下,公共物品也可以由私人自愿提供,或由私人提供,政府购买或采购。

研究表明,政府提供公共物品的范围包括:第一,公共性程度高的公共物品,如国防、公共安全、公共秩序等。第二,非政府力量不愿意或无力提供且外部性大、非排他性强的公共物品,如城市绿地,公共防疫、基础性研究等。第三,非政府力量愿意却没有能力提供或有能力提供但非竞争性程度高的公共物品,如跨地区的道路,大江、大河的整治,桥梁,港口,消防设施等。需要指出的是,公共物品的政府供给并不等于公共物品完全由政府直接生产。政府组织直接生产只是政府提供的形式之一,公营企业或半官方机构生产、政府与私人合同生产、公私合营等都是公共物品提供的重要形式。

5. 公共物品的私人提供

公共物品的主体选择不是主要取决于其非竞争性和非排他性,而是取决于提供主体的技术与能力及其效率。在技术和能力允许的条件下,政府以外的私人也能提供传统意义上的公共物品。私人提供公共物品的方法很多,以下就是典型例子。

(1)技术方法。在技术进步条件下,市场经常能够以有效的方式解决公共物品问题。

企业经常通过开发出某种技术,使不掏钱者不能享受到某种物品或服务的好处,从而解决了搭便车问题。比如,有线电视公司对其转播加密,没有订购的家庭就不能收看电视。

(2) 捆绑提供。公共物品也可以在人们购买私人物品时由卖主捆绑提供。比如,购物街向购物者提供了很多传统上被认为属于公共物品的服务:照明、保安、休息室等。就这些服务直接向每个人收费是不现实的。于是,购物街就通过向在这条街上销售的私人物品中取一定费用来提供这些服务。

(3) 明晰个人产权。其他一些公共物品问题可以通过明晰个人对相应的经济资源的产权的办法来解决。比如清淤一个被污染的湖泊。在其他公共物品问题上,如在环保、土地使用、动植物保护等领域,界定明晰的产权都可以解决公共物品问题。

(4) 经济合同。有时,可以用合同制来解决其他公共物品和外部性问题。如果某企业的研究开发活动给同行业其他企业带来好处,这些企业就可以联合签订合同共同研究。

(三) 竞争性行业的市场失灵与政府规制

应当说,这里的"竞争性行业"是相对于自然垄断或公共品行业而言的。自然垄断和公共品行业以外的所有行业都可视为竞争性行业。从产业技术特征来讲,竞争性行业就是生产和销售具有同类属性或具有替代性产品的行业,是一种可竞争性市场。在竞争性行业的市场中,完备的市场体系与市场机制是资源配置的基础和产业高效率的源泉,但其中也存在市场失灵现象。这种市场失灵正是政府对竞争性行业进行规制的现实根据。除了自然垄断、行政性垄断和公共物品及外部性问题之外,竞争性行业的市场失灵主要表现为私人垄断与不正当竞争、内部性和外部性问题。对于外部性问题,我们将在后续的"外部性与社会性规制"中再详细分析。

1. 垄断行为与市场失灵

垄断是经济学的核心概念之一,人们对它的理解,仍处于不断发展之中。在微观经济学和传统产业组织理论中,垄断仅仅被理解为一种垄断结构,即垄断是一个或少数几个厂商独占或瓜分市场份额的市场结构状态。市场中的企业数目与企业规模,或者说市场集中度指标被视为垄断与否的重要判断标准。而现代产业组织理论则开拓性地区分了"垄断结构""垄断行为"及"垄断者的行为"。认为,垄断结构与垄断行为没有必然联系,而且垄断行为与垄断者的行为也根本不是一回事。现实中,垄断结构中并不必然存在垄断行为,而非垄断者也并不一定没有垄断和不正当竞争行为。因此,对于垄断应当从结构与行为相结合的角度去理解。以下表述是在对各种"垄断定义"进行归纳的基础上所得出的较为一般性的概括,即垄断是指特定经济主体为了特定目的通过构筑市场壁垒从而对目标市场所做的一种排他性控制状态,是指在市场交易中,一些经济主体凭借自身经济优势或超经济势力,对商品生产、商品价格、商品数量及市场供求状态实行的非正当排他性控制,以牟取非正常暴利的经济行为。

一般认为,垄断行为会带来市场失灵和社会福利损失:一是垄断厂商为了获取高额垄断利润,往往通过限制其产量来抬高商品的价格,获取垄断利润,剥夺消费者剩余,造成社会福利损失。二是垄断价格会阻断价格在合理配置资源过程中的作用,造成资源配置扭曲,主要表现在:过剩生产能力的存在;供给不足;资本、技术、劳动、信息等生产要素流动性减弱。三是垄断价格一旦形成,企业间的价格竞争就不存在,竞争的压力也会大大减小,改善经营管理和推动技术革新的动力也相应减弱,造成管理低效率和动态技术低效率。另外,垄断还往往会导致寻租和腐败行为的产生。

2. 不正当竞争行为与社会福利损失

对于不正当竞争行为,经济学文献中并没有确切的定义。而在法学和法律文献中,不正当竞争被解释为:一种通过非正当或非合法手段损害其他经营者权益,扰乱经济秩序的非公平竞争行为。这种解释显然也没有阐明其实质内涵。事实上,各国法律基本上是以列举的方式对不正当竞争行为进行了界定,构成了区分不正当竞争行为与正当竞争行为的差别的法律依据。我国《反不正当竞争法》(1993)所列举的不正当竞争行为有以下几种:(1)假冒行为:包括假冒注册商标;擅自使用知名商品名称和他人企业名称;伪造、冒用认证标志等质量标志;伪造产地等。(2)滥用权利行为:指政府及所属部门滥用行政权力进行市场封锁。(3)限购排挤行为:公用企业或具有独占地位的企业控制市场,排挤竞争对手的行为。(4)商业贿赂行为。(5)虚假广告行为。(6)侵犯商业秘密行为。(7)降价排挤行为。(8)搭售行为。(9)不正当奖励销售。(10)诋毁商誉行为。(11)串谋投标行为。

不正当竞争行为的实质是一种侵权行为,它侵害竞争对手的合法权益和消费者福利,破坏经济秩序与社会公平公正。因而是政府规制的对象。

3. 内部性与市场失灵

内部性是对由信息不完全和信息不对称所引起的一系列问题的概括,是指虽经交易但交易一方得到了未在交易合同中反映的成本或收益①。内部性也可以分为负和正两种:前者如劣质产品给消费者造成的损害并没有在交易合同中反映;后者如职工培训而从中得到的好处也没有在劳动合同中反映出来②。

内部性问题可以分别从信息不完全(不充分)和信息不对称两个方面来分析:

(1) 信息不完全(不充分),即无论是生产者还是消费者都在某项交易中缺乏或无法掌握足够的信息,其结果是不完全契约的形成或是交易无法进行。就生产者方面而言,由于无法充分地了解产品的市场需求量和需求种类,以及以最低成本生产和提供这些产品的最佳投入规模、技术水平和组织管理等的信息,其结果要么是生产不足,要么是生产过剩,或是未能以最佳的资源组合进行生产。就消费者方面而言,由于消费者无法拥有充分的信息以决定在多种多样的产品和价格中选择哪种为好,其结果一方面是导致消费者无法达成福利最大化,另一方面也难以实现有效资源配置。如果双方根本没有有关某项交易的知识与信息,则双方不可能达成协议,即使双方达成协议,这种协议也往往是不完全契约,其中的有些权益无法在合约中体现出来,造成事后纠纷。

(2) 信息不对称,即交易双方中,其中一方可能具有信息优势,而另一方却处于信息劣势,从而产生了所谓"信息偏在"。信息不对称的后果是逆向选择和道德风险。事前的信息不对称容易发生逆向选择;事后的信息不对称容易出现道德风险。逆向选择是市场的一方不能观察到另一方商品的类型或质量,由于信息不对称或获取信息的高成本,而使其选择行为发生反向。它有时也被称为隐藏信息问题,旧车市场就是典型的例子。道德风险这一名

---

① 〔美〕丹尼尔·史普博.管制与市场[M].上海人民出版社,1999:74.
② 同上,64—65.

词最初来自于保险业,指的是个人在获得保险公司的保险后,降低防范意识、减少提防行为,从而导致发生风险的概率增大。道德风险的实质是信息优势一方利用信息优势而实施的侵权行为或败德行为。

内部性问题是由三类交易成本所引起的:一是存在风险条件下签订意外性合约的成本;二是当合约者行为不能完全观察时所引起的观察或监督成本;三是交易者收集他人信息或公开自己拥有的信息所引起的成本。因信息问题而产生的这种交易成本也直接影响产权的界定。如果信息不足或信息的隐藏性比较强,搜寻和利用这些信息的成本就可能比较高,与信息有关的产权就难以提前得到界定,从而使市场失灵。

4. 竞争性行业的政府规制政策

根据以上所述,竞争性行业的政府规制主要包括针对垄断与不正当竞争的规制和针对内部性的规制。但如果按照产业组织理论或规制经济学理论进行分类,那么,竞争性行业的政府规制则可包括针对企业组织治理结构的规制、针对市场结构的规制和针对市场行为的规制等。

(1) 企业组织治理结构的规制(市场主体规制)和运营规制。与自然垄断和公用事业规制一样,竞争性行业中的企业内部治理结构与微观运营状况,也受到政府直接与间接的规制。所不同的是,对于私人企业的规制,更多的是一种间接规制。许多国家的公司法或企业法律,以及相应的财政与财务会计制度、审计制度等,都是对企业内部治理结构、财务会计和资产运营等微观活动进行间接规制的重要法律依据。各种私营企业或公司的设立及其内部产权安排,都必须符合公司法或企业法律的规定;公司或企业的财务制度不能违反或与之相抵触。同时,政府相关机构还根据相关法律对企业内部管理与运营所进行监督检查,是政府对企业内部治理与运营进行直接规制的重要体现。

(2) 市场结构的规制。竞争性行业的结构规制主要是间接规制(也有直接规制),是为了控制行业集中度而对市场结构状态进行调整的一种制度。其目的是反对私人垄断,防止过度竞争,促进市场有效竞争。政府一般通过控制市场中企业的数量与规模来控制市场结构和市场竞争秩序。所以,其规制政策的主要内容包括市场准入规制和企业规模控制两个方面。市场准入规制的主要手段包括:一是以登记注册和行政许可的方式发放营业执照或经营许可证;二是制定行业标准、执业资格标准、产品质量标准、技术与设备准入标准、投资方向调节政策等,以控制企业及人员、设备及技术和企业投资的市场准入。企业规模控制的手段主要包括两方面:一方面是在过度竞争情况下,推动小规模企业联合、并购,以形成合理的市场结构;另一方面是分拆占据垄断地位的大型企业,促进市场竞争。

(3) 市场行为的规制。市场行为规制主要是针对滥用市场势力(垄断行为)、滥用信息优势、不正当竞争、各种形式的侵权等行为的政策,是一种只要企业市场行为对其他企业和消费者行为产生有害的影响,无论这种影响是实际的还是潜在的,政府就会修正这种行为的政策。美国司法部起诉微软公司的捆绑销售、联邦贸易委员会对英特尔公司不公平交易、欧盟委员会查处可口可乐公司垄断行为等,都构成了当今反垄断行为规制的典型案例。

企业市场行为包括价格行为和非价格行为。因此,针对市场行为的政策也就包括价格行为规制政策和非价格行为规制政策。价格规制主要针对的是垄断企业的掠夺性定价、歧视性定价、阻止进入性定价行为和其他不正当价格行为。非价格规制政策的主体内容是反垄断与不正当竞争立法,包括:一是禁止以限制性协议、决议或协同行为为内容的政策;二是禁止滥用独占地位(支配地位)或者通过串谋操控市场的行为的政策;三是控制集中或者并购,即监控不合理并购行为的政策;四是禁止捆绑销售、阻止进入等不正当竞争和不公平交易行为的政策;五是产权保护和防止、禁止与打击严重侵权行为的政策,等等。

(4)信息与契约规制。这个规制是针对内部性问题而进行的规制,目的是防止违约侵权纠纷、逆向选择和道德风险行为的发生。人们可以利用信号示意或是信息甄别来消除信息不对称。但是在信息收集成本很高的情况下,就需要政府规制。政府信息与契约规制的内容主要包括:一是建立信息发布机制,即政府利用其优势收集并免费提供与发布信息公共品;二是建立强制性信息公开制度,强制企业公开其产品价格、质量、财务状况等信息;三是完善质量标准与执业资格制度,因为符合质量标准的产品(服务)和符合执业标准的人员(或企业)一旦能够获得市场准入,其本身就传递着一种公开的质量信息;四是契约规制,包括合同文书规范、履约行为规范和事后补救制度等;五是打击虚假和欺诈性信息传递行为(虚假广告等),规范信息市场秩序。

(5)其他规制政策。如企业内部公平分配制度、特定行业的财税与信贷支持政策或抑制政策等,都是政府间接经济规制的重要表现形式。

竞争性行业政府规制的法律与制度依据主要包括民法、商法、价格法、合同法、反垄断和反不正当竞争法、消费者权益保护法、产品质量法、知识产权保护法等。一般通过司法调查与经济诉讼、行政处罚等手段实施规制。

(四)外部性与社会性规制

社会性规制所处理的对象和内容主要是社会性问题。这些社会性问题主要包括外部性、内部性和"社会中不希望发生的现象与问题"。其中,"社会不希望发生的现象与问题"主要表现为非价值物、分配不公、有损社会公德与风化的行为、经济犯罪行为等。外部性和内部性被认为是市场失灵的两个重要表现,它们与"社会中不希望发生的现象和问题"共同构成了政府社会性规制的重要根据。社会性规制适用于所有行业,既包括自然垄断与公共事业,又包括竞争性行业。由于内部性的规制问题已在前文阐述,所以,在这里我们重点分析针对后两者的社会性规制问题。

1. 外部性的含义与类型

外部性是指一种物品或活动施加给社会的某些成本或效益,而这些成本或效益不能在该物品或活动的市场价值中得到反映。当一个行为主体的行动直接、间接地影响另一个或另一些行为主体的福利时,我们就说前者的行动对后者具有外部性。在传统外部性理论中,外部性的实质是私人收益和社会收益的不相等。所谓私人收益,即一项私人活动所产生的对实施这一活动的私人的净收益;社会收益则是这项活动对实施个体和社会中的所有其他人的净收益之和。

按外部性所产生的经济后果,外部性可以分为负的(或消极的)外部性和正的(或积极的)外部性。二者划分的依据在于私人成本与社会成本,私人收益与社会收益的对比关系。通常,通过私人收益和社会收益的比较,我们能够判断一种产品或服务的供应情况。当一项产品或服务的私人收益大于社会收益时,我们就会观察到这项产品或服务的过度供给,此时存在负的外部性；反之则会产生供给不足，此时存在正的外部性。

我们还可以区分两种外部性，一种是可穷尽的，一种是不可穷尽的。在完全信息条件下，可穷尽的外部性能够被计量，可以建立起排他性权利，是私人物品的外部性；而不可穷尽的外部性是公共物品，但有些不可穷尽的负外部性的供应方及其供应量是可以分割与计量的，如企业的环境污染。

2. 外部性与市场失灵

外部性的影响是"不以市场为媒介"的。这种影响不仅不能通过市场和价格机制反映出来，相反，还妨碍市场机制的作用，使市场机制不能按帕累托效率有效配置资源。在下图14-2(a)中，实现帕累托效率资源配置的产量为是 X_0，而在图 14-2(b)中，因为外部经济的存在，其产量移至 X_1，没有构成示范效率的产量。在图 14-2(c)中，在外部不经济存在的情况下，产量移为 X_2 也无法实现帕累托效率的产量。可见，只要有外部性存在的场合（无论是正外部性，还是负外部性）都会导致资源配置低效，偏离帕累托最优。

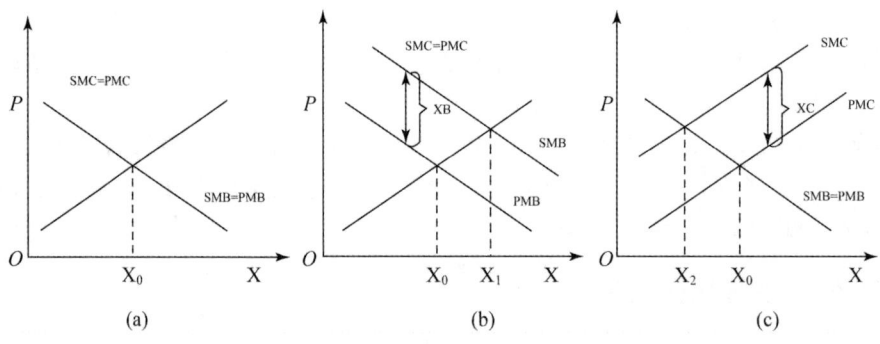

图 14-2　外部性与市场失灵

另外，外部性的存在还会带来如下后果：正的外部性往往导致搭便车行为和供给不足；负的外部性导致过度供给和社会福利损失。

3. 外部性的市场治理方法及其局限性

早期的理论认为，外部性的重要特征是独立于市场机制之外，它不属于买者和卖者的关系范畴，即市场机制无力对产生外部性的厂商给予补偿或惩罚，需要政府干预公共领域的经济，保护和维护市场，为市场机制有效配置资源提供条件。但是，不少经济学家认为，外部性的本质是产权界限的不确定。在这领域最有突出研究成就的是科斯。"科斯定理"表明，只要把外部效应的影响作为一种财产权明确界定下来，外部经济效应的问题都可以通过当事人之间的直接交易将这些成本和收益"内部化"，从而产生有效的资源配置。科斯认为，在不存在交易成本的情况下，只要通过明确界定，任何的产权安排都能产生最优效果。

但是，在现实经济生活中，许多场合的外部性所涉及的财产权是很难界定的。即使产权已被界定，这种解决办法通常也是不可行的。第一，如果交易成本报高，双方交易可能并不值得。第二，如果厂商们使用策略性的讨价还价手段，也可能无法最终达成协议。第三，如果任何一方缺乏关于减少污染造成的成本或收益的信息，结果就可能不是最优的。因此，外部性问题只能靠政府力量来解决。

4. 政府的社会性规制

事实上,很多外部性是由私人部门"生产",在公共领域"生存"的,比如私人企业的环境污染、劣质产品的外部影响等;而公共经济活动本身也是产生外部性的重要根源。正如公共产品是正外部性的一种极端情形一样,包括产权界定在内的所有公共性经济活动都具有很强的外部性,比如各种经济与社会法律制度的确立与实施、公共资源的开发与利用、公共卫生与公共防御、社会保障等,都会产生正的或负的外部性。同样,社会不希望发生的现象与问题,诸如非价值物、分配不公、各种败德行为等,都具有负外部性。所有这些都可以纳入政府社会性规制的范畴。政府规制是一条降低交易费用和解决外部性问题及其他社会性问题的有效途径。

社会性规制的手段和制度机制很多,既有直接规制又有间接规制,其内容纷繁复杂,涉及社会领域的方方面面。择其要者,简单列举如下:

(1) 资源与环境规制。首先,以环境污染的负外部性规制为例,主要包括:一是直接控制,即发放许可证或规定当事人的排污限额与设备使用的标准及治理措施;二是对减少污染或使用低污染设备的当事人加以补贴;三是根据污染排放量对排放污染的当事人课以税款或征收排污费;四是政府创造"污染排放权"向当事人拍卖。其次,再以正外部性规制为例,正外部性规制的方法主要包括:一是财税优惠;二是金融支持;三是政府补贴等。比如教育、医疗、各类公用设施等公共物品。补贴的办法在当今社会被普遍使用。另外,世界各国在空气、水资源、森林资源和矿产资源等方面都有相应的社会立法,用于防止环境污染、消除资源的过度开发与低效利用,以保护资源环境,促进资源的合理开发和有效利用。

(2) 产品(服务)质量规制和非价值物取缔制度。产品质量的优劣也会对社会带来较强的外部性问题。因此,世界上许多国家都对产品质量有着极为严格的规定。除了各种行业标准、产品质量认证体系等市场准入标准,以及产品质量法律及企业内部质量监控制度和社会监督机制与监督体系之外,政府有关机构还对产品质量进行直接的监督检查,并对劣质产品和非价值物生产与提供者予以严惩,确保群众人身与财产安全。

(3) 卫生与健康规制。在这方面,政府规制政策包括主要包括公共卫生、公共预防、各种社会保障制度和医疗保险制度等。

(4) 劳动条件和生产安全规制。政府在这方面的规制政策主要有:劳动法或劳动者权益保障制度、劳动合同与就业制度、工作环境与劳动条件制度、生产安全制度与设备操作规范、劳动报酬和最低工资制度等。

(5) 分配不公和收入差距调节。消费者的需求在一定程度上取决于其收入状况。然而,市场竞争机制在发挥优胜劣汰的效率作用时,还会造成收入和财富分配的不均衡,形成贫富分化。随着贫富分化的加剧,将会产生一系列社会问题,加大社会进步的成本,因此分配规制与收入差距调节也是政府社会性规制的重要内容。

四、规制失灵和规制改革与重构

现代意义上的政府规制是以1887年美国国会创建州际商业委员会(ICC)为标志,便展开了其全面而系统化的发展过程。在许多国家,这一过程使得公共所有和政府规制几乎渗透到了社会各个行业领域。直到20世纪70年代末期,系统化政府规制的进程便达到了顶峰,改革与放松规制的浪潮席卷全球,并持续到21世纪初。之后,放松规制与再规制并存的局面相继在许多国家出现,政府规制便走上了其重构与优化的道路。可见,政府规制实践已经历了从系统化规制到放松规制,再到重构与优化规制的演变历程。

(一) 政府规制失灵与规制改革的成因

政府规制可以解决部分市场失灵和社会问题,但它不是万能的,也存在政府规制失灵问题。政府规制失灵是政府规制改革与放松的重要原因之一。另外,经济全球化和产业技术进步以及经济理论的发展也促成了规制的改革、放松与重构过程。

1. 政府规制失灵的原因

按照公共选择理论,政府规制失灵的根本原因在于:第一,政府及其官员也是"经济人",而不是什么慈善机构和公共利益代表,其目标是追求自身政治与经济利益最大化,而不是公共利益最大化。第二,政府也是有限理性的。未来的不确定性和信息不充分、不对称,使得政府不再是以往理论所认为的那种全能全知、完全理性的实体,因而政府规制也存在失灵问题。

公共选择理论认为政府失败的具体原因与表现如下。

(1) 公共决策失误。公共决策过程十分复杂,存在种种困难、障碍和制约因素,使得政府难以制定并实施好公共政策,导致公共决策失误。其原因是:一是社会实际上不存在公共利益,而只有各种特殊利益的"缔约"过程;二是即使现实中存在共同利益,但集体行动的决策制度和方式也难以保证其公正性和合理性;三是决策信息的不完全性;四是投票人的"短视效应"。

(2) 政府自身具有扩张本性。近两个世纪以来特别是第二次世界大战后,西方国家的政府迅速膨胀,原因在于:一是公共物品提供和外在效应消除导致政府扩张;二是收入和财富再分配导致政府扩张;三是利益团体的存在导致政府扩张;四是官僚机构的存在导致政府扩张;五是财政幻觉导致扩张。公共选择理论家们特别指出,官僚机构和立法部门都追求预算的最大化,他们与利益集团结成"铁三角"导致政府预算只有不断扩大的趋势。政府扩张导致社会资源浪费,经济效益降低,资源配置低效,社会福利减少;政府开支的增长还是引发通货膨胀的一个诱因。

(3) 官僚机构低效率。其原因在于:一是官僚机构垄断,缺乏竞争;二是政府官员缺乏追求利润的动机,导致机构臃肿,人浮于事,效率低下;三是缺乏对政府会员的监督。

(4) 寻租。即通过政府规制的寻租、通过关税和进出口配额的寻租、在政府采购中寻租等。有些公共选择学者还注意到,政府及其官员在寻租过程中未必都是被动的角色,而可以充当主动者,这就是所谓的"政治创租"和"抽租"问题。寻租活动导致"政府失败",因为它导致经济资源配置扭曲。

2. 政府规制的"成本-收益"分析

政府规制失灵意味着规制成本超出了规制收益。"成本-收益"分析方法来判断政府规制失灵的程度。

(1) 政府规制的成本。规制成本可分为如下几类:第一,立法成本,即规制制度与政策的制定成本;第二,组织成本,即形成机构、人力资源、协调管理等方面的成本;第三,执行成本;第四,寻租成本,是一种机会成本。

(2) 政府规制的收益。规制的收益就是规制给当事人和社会带来的福利,即消费者剩余和生产者剩余减去规制成本的净值。政府规制的收益还可以分为私人收益和社会收益两类。所谓私人收益,指的是规制实行后对被规制产业带来的利益增量。尽管在一些场合下政府规制会减少被规制的产业垄断利润,但在另一些场合下则会给被规制产业带来好处。如对电信行业实行进入规制,就可以使原有的电信企业共享垄断收益。政府规制的社会收益是指实行规制后所带来的社会福利的增量,亦即消费者剩余和生产者剩余的总增加量,如政府实行环境规制的好处。

(3) 政府规制的成本-收益分析。规制的成本-收益分析对于判断是否及应该怎样实行政府规制具有重要意义。但是,由于政府机构活动的特性以及规制行为的社会性,要在占有完全信息的基础上,准确了解企业和社会在规制前后的成本、收益状况,进而准确估量政府规制的成本与收益是困难的,甚至是不可能的。这是因为:第一,政府规制是一种特殊的公共产品,而公共产品及其社会后果很难用经济指标准确计算出来;第二,政府规制在成本—收益方面存在着长期与短期的矛盾,如放松环境规制后,在短期内虽然降低了企业成本,带来了巨大效益,但从长期来看,却可能大大伤害社会公众的利益,社会将为之付出巨大的代价;第三,政治家们不希望公众了解政府用于规制的花费,因而使公众很难了解规制的真实成本。

3. 规制改革的成因

规制改革包括规制放松和规制的优化与重构。规制放松有两方面的含义:一是完全取消规制,使企业处于完全自由竞争状态;二是部分地取消规制或是规制方式转换,即将原来较为严格、烦琐、苛刻的规制条款变得较为宽松开明。规制的优化与重构是指规制方式与规制机制及规制模式的重新设计与构建。规制放松与重构实质上都是在承认规制必要性前提下的一种规制改革路径。

总的来说,规制改革的原因主要在于规制失灵。当然也是出于经济效率和政治等方面的原因,具体而言:第一,由于技术经济条件的变化,政府进行经济性规制的理论依据逐渐消失;第二,产业间替代竞争加剧,受规制产业发展受到限制;第三,政府规制失灵引发规制改革与放松规制的要求;第四,传统规制方式的弊端也需要寻找新的规制方式;第五,关于政府规制理论研究的一系列新进展为政府规制改革、放松与重构提供了理论依据;第六,经济全球化的发展引发规制改革、放松与重构的要求。

(二) 传统规制的弊端与激励性规制

20 世纪 70 年代前,西方经济学对政府管制的研究主要集中于自然垄断产业的价格与进入问题上,其核心是探讨规模报酬递增情况下的定价与费率结构问题①。因此,传统规制主要是指规制改革之前在自然垄断产业领域所实施的价格与准入规制。这种规制具有明显的弊端,并逐步被现代的激励性规制所取代。

1. 传统规制措施的类型

除了直接的严格准入规制之外,传统价格规制在理论上的形式有边际成本定价、平均成本定价、拉姆齐定价、收益率(投资回报率)规制等。而实践中,各国对自然垄断的价格规制主要采用平均成本定价、两部定价、公平报酬率、高峰负荷定价等形式,后三者实际上也是平均成本定价的变形形式。这里,主要对实践中的定价形式进行介绍。

(1) 平均成本定价。即按照生产产品的平均费用对企业产品进行定价,使企业不亏损也不盈利。但它只考虑到了企业的成本补偿问题,却忽视了消费者损失。而且在政府如果不予以补贴,由企业自己实现收支平衡的情况下,有些多元化企业就会通过交叉补贴减少其他企业的社会福利。

(2) 两部定价。两部定价也称两部收费方法,是一种"成本加成定价法"。它使产品价格由两部分构成:一是与消费量无关的固定费用;二是与消费量有关的按边际计价的从量费用。其公式是$P=F+RQ$,其中,P为总费用,F是固定收费,R为单位消费量付费比例,相当于边际成本。可见,两部定价的第一部分费用是为了弥补边际成本定价的不足而向消费者收取的"入门费"。很多公用事业的定价都使用了两部定价法,如电信资费、航空客运等。

(3) 公平报酬率规制。它是政府规制机构制定出的一种容许受规制产业投资者获得"公平的"收益率的价格。其目的在于阻止垄断者获得垄断利润,降低这些行业的价格并借此增加产量。合理收益率由下式确定:$\pi=PQ-wL-rK$;约束条件为:$(PQ-wL)/K \leqslant Z,Z=r+v$。这里,$P$为产品价格,$Q$为产量,$L$为劳动量,$w$为工资率,$K$为资本总额,$r$为单位资本成本(隐含的单位资本租金率)。$Z$是规制者容许的资本成本收益率,$v$由规制者确定。

这种规制形式实际上也是一种成本加成或利润共享机制。它能够保证企业收支相抵,以避免自然垄断产业破产的风险。政府通过承诺一个资本公平回报率,可确保自然垄断产业如电力、电信发展所必要的长期投资。但实践证明它是低效率的,容易产生 A-J 效应:即增加资本投资就可以得到较多的绝对利润。在一定产量水平上,企业不存在降低成本的激励②。

2. 传统规制方式存在的问题

在激励性规制理论看来,传统规制形式存在的局限性包括:第一,由于规制取决于成本基础(成本加成),因而被规制企业缺乏降低成本的激励。企业一方面能够将成本的上升转嫁给规制者,另一方面,即使降低了成本,其成果也不会被自己占有。第二,由于收费测算时未考虑需求方面的因素(需求的价格弹性),因而,缺乏形成有效收费体系的激励机制。第三,由于与成本相关的信息存在非对称性,很难确定合适的资本-收益比率,常常使受规制的收益率设定偏高,形成信息租金,为企业留下过高的利润。第四,传统规制方式需要规制者

---

① 陈富良.放松规制与强化规制——论转型经济中的政府规制改革[M].上海:上海三联书店,2001:3.

② 有关 A-J 效应的介绍,可见王俊豪.政府管制经济学导论[M].北京:商务印书馆,2003年版,第87—90页。张红凤.西方规制经济学的变迁[M].北京:经济科学出版社,2005年版,第118—124页。

完成大量的成本核定工作,它增大规制者所需要的信息量,也加剧了非对称信息的作用。

从实践上看,传统规制形式的局限表现在:第一,导致企业内部管理低效率;第二,导致规制滥用支出和官僚机构的膨胀;第三,导致被规制企业的寻租行为和规制部门政策的随意性;第四,规制滞后效应所带来的社会福利损失无法克服;第五,抑制了竞争与创新,庇护了低效率,鼓励了工资-价格的螺旋式上升,同时价格与边际成本的不一致又导致了资源配置的低效率,推动了成本扩张、浪费为主的竞争;第六,取代了消费者对产品质量和价格的选择。

3. 激励性规制的类型

在技术进步迅速,人们的消费需求多种多样的现代社会,刻板僵化的行政方式越来越不受欢迎。人们对传统规制方式的不满,迫使政府规制部门不得不寻找新的规制理论。博弈论和信息经济学的发展恰好为激励性规制理论的形成和发展创造了条件。建立在激励性规制理论基础上的激励性规制措施如下:

(1) 最高价格限制(价格上限制)。它是在一定范围内允许企业产品的价格上涨到一定最高水平的一种价格水平规制。在一般情况下,价格上限规制通常采取的是 RPI-X 模型。其中 RPI 表示零售物价指数,相当于通货膨胀率;X 是由规制当局确定的,表示在一定时期内生产效率增长的百分比。

RPI-X 模型意味着受规制企业在任何一年中制定的名义价格取决于 RPI 和 X 的相对值,即如果某企业本期的价格为 P_t,则下期的规制价格 P_{t+1} 为:$P_{t+1}=P_t(1+RPI-X)$。如果考虑到以价格转嫁为目的的费用上升率,则 RPI-X 模型可以扩展为:$P_{t+1}=P_t(1+RPI-X+Y)$,Y 是以价格转嫁为目的的费用上升率。

价格上限规制之所以能够激励企业降低成本、提高生产率,是因为在企业生产率增量中,规制当局预先设定的 X 归消费者享有,超过 X 的部分为企业所保留。也就是说,企业生产率的实际增量超过规制当局预先设定增量(X)的部分越大,企业的成本就越低,企业可获得的利润就越多。只要不超过平均价格上限,企业就能够在限定范围内自由变动其产品或服务价格。

(2) 特许投标规制。即政府将给予特定企业的垄断性事业特许权(即垄断经营权)限定在一定时期内,在特许期结束之后再通过竞争投标的形式确定特许权归属,以激励特许企业提高效率。

(3) 区域间标尺竞争规制(Yard Stick Competition Regulation)。它是将受规制的全国垄断企业分为几个地区性企业,使特定地区的企业在其他地区企业成就的刺激下,努力提高自己内部效率的一种规制方式。

(4) 菜单规制(Menus Regulation)。它是一种综合性规制方式,它将多种规制形式组合成一个菜单,供受规制企业选择。

(5) 其他激励性规制措施。如延期偿付率规制,就是允许消费者先消费商品或服务,在一定时期后再付费的规制方式;利润分享规制(Profit Sharing Regulation),是让消费者直接分享公用事业超额利润或分担亏损,它可以采取购买后退款或为将来购买提供价格折扣等形式;联合回报率规制(Banded Rate of Return Regulation),是以投资回报率规制为基础的一种规制方式,它规定了一定的投资回报率范围,受规制企业可以在这一范围内根据企业目标确定回报率大小。

(三) 政府规制改革的内容与措施

纵观各国规制改革的实践过程可以看出,改革的内容与措施主要表现在以下几个方面。

1. 放松自然垄断产业的价格与准入规制

从20世纪70年代后半期开始,很多国家都放松了针对自然垄断和特殊产业直接价格与准入规制。以美国为例,在证券领域,1975年取消了固定手续费规制措施,将其改为由需求动向来决定。在航空领域,1978年通过了放松航空业规制法案,取消航线认可、认可运费,解散了民间航空委员会等。在内陆运输、铁路、卡车、公共汽车等方面彻底放松了运费和市场准入规制。在能源领域,主要是放松了天然气和石油的价格规制以抑制通货膨胀和节约能源。在金融领域,取消了存款利率的规制,并对办理同样存款业务的所有金融机构的准备率实现均等化,还放宽了筹措资金幅度的限制。此外,准许商业银行进入证券市场,放松银行业的地理限制,并放松了证券等的业务规制。1998年的亚洲金融危机和2008年的全球性金融危机,使得金融领域政府规制改革再次被推到风口浪尖上。改革国际货币制度与国际金融体系、强化金融的直接与间接监管,是未来金融规制的发展趋势。

2. 重构规制模式及其制度体系

规制方式的选择与优化组合构成新的规制模式,规制机制设计与优化组合形成新的规制制度体系。20世纪80—90年代以来,随着信息经济学、可竞争市场理论、特许投标理论及激励性规制理论的诞生与发展,世界上许多国家都以这些理论为指导,改变了以往将规制和竞争相对立的思想,强调规制和竞争关系的相互依赖性,强调规制方式的选择与规制机制的设计主要是为建立更有竞争力的环境,而不是替代竞争。规制方式更多地从直接规制转变为间接规制,并对规制的制度机制进行了改革,重新设计了针对价格、准入、产品质量、内部性问题、财务管理与企业内部治理结构的规制机制,构建了新的规制制度体系与竞争促进性规制框架。以电信产业为例,在电信企业被拆分之后,规制机构采用了激励性定价机制,从资本回报率规制转向了最高限价规制,使得规制体制更加具有弹性。在其他领域,新的规制机制除了最高限价制外,区域间标尺竞争规制、特性投标制、利润分享制等,也得到实际应用,取得了十分明显的良好效果。

3. 实施民营化改造和分业经营、引入竞争机制

20世纪80年代末到90年代,发达国家在自然垄断和公用产业进行了私有化运动,主要采取了三种方式:一是出售国有资产;二是打破国家对行业垄断的格局,取消限制新企业进入的政策法规;三是通过招投标,鼓励私人部门提供可市场化的产品和服务。英国先后对电力公司的发电、输电、供电业务进行拆分,形成了一家输电公司多家发电和供电公司的竞争格局。日本在20世纪80年代的放松规制活动中,对电信电话公司和国铁进行民营化改革,并在其他自然垄断产业引入竞争。20世纪90年代上半期,日本原则上解除了发电部门的进入许可制度,建立了剩余电力收购制度,使发电部门新企业的进入成为可能,形成了供给主体的多元化。引入竞争机制最明显的例子就是电信行业。从美国法院强制解散AT&T开始,美国电信业就步入了竞争的行列。目前,美国、加拿大的电信业已全部开放,没有任何一部分是自然垄断性。美国、加拿大的邮政服务虽然一级邮件业务是垄断的,但二级邮件、三级邮件和快递服务是开放竞争的。

第十四章 政府规制

4. 完善法律法规，强化间接经济规制和社会性规制

各国在规制改革过程中都制定了较为完善细致的法律法规，使整个规制改革过程有法可依。如美国政府于1976—1982年，仅在交通运输领域就颁布了《铁路振兴和规制改革法案》《航空货运放松规制法》《航空客运放松规制法》《汽车运输法》《铁路法》和《公共汽车管理改革法》等一系列法案。英国政府规制改革也是以立法为先导的，1984—1990年先后颁布了《电信法》《煤气法》《自来水法》和《电力法》等。日本在规制改革期间，也制定了许多法律，如《电力事业法》《铁路事业法》《电气通讯事业法》等①。

从各国规制改革与重构的总体趋势看，其基本走向是放松直接经济性规制，强化间接经济规制和社会性规制。如反垄断和反不正当竞争规制虽然有所改革，但任何国家都没有放松对垄断行为和不正当竞争行为的规制，有些国家还正在加快反垄断立法的进程。新的激励性和竞争性规制机制包括最高限价制、特许投标制和区域间比较竞争规制，也更多地体现为一种间接经济规制制度的完善与强化。与此同时，规制的重心在内容上从经济性规制转向社会性规制，世界上许多国家都大大加强了质量、环境、最低服务水平和劳动保障等社会性规制，优化了规制制度体系与制度结构。

5. 改革规制体制，强化对规制者的规制

在规制改革过程中，产权变更或放松规制都对原有规制体制和规制机构存在的必要性及存在的形式提出了疑问。针对这种情况，各国都对规制机构和规制体制进行了调整，在规范和缩小规制范围与权限的同时，重组规制机构和规制体制，主张规制的独立性、透明性、有效性和高效性。同时，通过构建各种民主程序和制度机制，强化对规制者的规制和监督。美国政府在规制改革过程中发展了独立的规制机构系统，有意地将它们与主管部门分开。各规制机构由5～7名中立的委员组成委员会，委员会下设担当行政事务的秘书处和反映消费者意见的听证会等组织。目前，对自然垄断产业规制的主要联邦规制机构包括州际贸易委员会、联邦能源规制委员会、联邦通讯委员会等。英国除了建立各种新的规制机构外，还包括垄断与兼并委员会和公平交易办公室。在整个政府规制运行过程中，各产业的政府规制总监与负责各产业的国家大臣发挥着关键性作用，构成了英国规制体系设置的特色之处。

学习要点

1. 政府规制有广义和狭义之分。广义的政府规制，既包括政府对经济主体的直接干预和微观控制，又包括政府对市场的间接干预和宏观调节，也就是说，政府规制政策包含了市场经济条件下政府几乎所有旨在克服广义市场失败现象的法律制度，以及以法律为基础的对微观经济活动进行某种干预、限制或约束的行为。在规制经济学中，经济学家对规制的解释更多的是狭义的解释，特指政府对微观经济活动直接的行政性规范和控制。

2. 政府规制类型。从规制目的和手段来分，可分为直接规制和间接规制；从规制的内容来看，可分为经济性规制和社会性规制。直接规制主要是指政府利用各种行政

---

① 夏大慰,史东辉,等. 政府规制：理论、经验与中国的改革[M]. 北京：经济科学出版社,2003.

手段或类似规制措施,直接干预经济主体的决策活动;间接规制是以形成并维持市场竞争秩序的基础,即以有效地发挥市场机制职能而建立完善的制度为目的,不直接介入经济主体的决策而仅制约那些阻碍市场机制发挥职能的行为之政策。经济性规制是指规制的对象或内容主要涉及的是经济问题,是对市场中企业的进入与退出、企业规模与数量、企业市场行为、产品(服务)的数量与质量及价格及投资、财务、会计等方面的活动所进行的规制。社会性规制所处理的对象和内容主要是社会性问题。这些社会性问题主要包括外部性、信息不对称、非价值物、社会中不希望发生现象和问题。

3. 规制理论经历了一个由规制的公共利益理论到规制的利益集团理论,再到激励性规制理论的演变过程。这些理论在对政府规制及其改革实践进行诠释的同时,也构成了政府规制及其改革实践的重要理论依据。而政府规制发生的现实依据就是市场失灵(垄断、信息不对称、外部性和公共物品)。然而,实践表明,政府规制的范围并非仅仅局限于市场失灵领域。而且有些市场失灵也不一定必然需要通过政府规制才能得以矫正。所以,除了市场失灵之外,一些"社会中不希望发生的现象"、公共目标及其社会目的性,恐怕也是政府规制的重要依据。

4. 在一般经济学理论中,各种形式的垄断包括自然垄断被认为是市场失灵的第一种表现,是政府规制存在的现实依据。而在规制经济学中,经济学家主要侧重于对自然垄断性质及其规制行为的研究,从而形成了自然垄断规制理论。自然垄断行业具有如下主要特点:第一,规模经济或网络经济效应非常突出,大都具有成本次可加性;第二,需要大量资本投资,且沉淀成本较高;第三,不实施规制就有可能导致"毁灭性"竞争。因此对于自然垄断行业的政府规制包括:(1)准入规制;(2)价格规制;(3)产品质量规制;(4)企业内部治理结构与运营规制;(5)其他规制制度与政策,如环境、卫生与健康及安全规制。

5. 公共物品是市场失灵的第二种表现,也是政府规制存在的现实依据。但提供公共物品的行业大都是自然垄断行业,所以公共物品研究的核心是其供给主体选择问题,而不是其规制问题。在公共物品问题上,存在着被称之为"市场失效"现象,主要表现在:第一,公共物品具有很强的外部性,私人收益小于社会收益,甚至无利可图,私人不愿意提供或无能力提供;即使能够提供,也往往会造成供给不足和供求失衡问题。第二,对于公共物品,人们有"免费搭车"问题。所以政府提供公共物品就成为理所当然的事情。但值得注意的是,政府提供公共物品不等于由政府直接生产公共物品。在技术和能力具备的情况下,私人也可以提供公共物品。

6. 竞争性行业的市场失灵主要表现为私人垄断与不正当竞争、内部性和外部性问题。因此,竞争性行业的政府规制则可包括针对企业组织治理结构的规制、针对市场结构的规制和针对市场行为的规制等。具体包括:(1)企业内部治理结构规制(市场主体规制)和运营规制;(2)市场结构规制,主要内容包括市场准入规制和企业规模控制两个方面;(3)市场行为规制。针对滥用市场势力(垄断行为)、滥用信息优势、不正当竞争、各种形式的侵权等行为等;(4)信息与契约规制;(5)其他规制政策。如企业内部公平分配制度、特定行业的财税与信贷支持政策或抑制政策等。

第十四章 政府规制

7. 社会性规制的对象和内容主要是外部性、内部性和"社会中不希望发生的现象与问题"。其中,"社会不希望发生的现象与问题"主要表现为：非价值物、分配不公、有损社会公德与风化的行为、经济犯罪行为等。外部性是指一种物品或活动施加给社会的某些成本或效益,而这些成本或效益不能在该物品或活动的市场价值中得到反映。社会性规制的手段和制度机制很多：(1) 资源与环境规制；(2) 产品（服务）质量规制和非价值物取缔制度；(3) 卫生与健康规制；(4) 劳动条件和生产安全规制；(5) 分配不公和收入差距调节。

8. 政府规制可以解决部分市场失灵和社会问题,但它不是万能的,也存在失灵问题。其根本原因在于：第一,政府及其官员也是"经济人"；第二,政府也是有限理性的。规制改革的原因主要在于规制失灵。当然也是出于经济效率和政治等方面的原因。具体而言：第一,由于技术经济条件的变化,政府进行经济性规制的理论依据逐渐消失；第二,产业间替代竞争加剧,受规制产业发展受到限制；第三,政府规制失灵引发规制改革与放松规制的要求；第四,传统规制方式的弊端也需要寻找新的规制方式；第五,关于政府规制理论研究的一系列新进展为政府规制改革、放松与重构提供了理论依据；第六,经济全球化的发展引发规制改革、放松与重构的要求。

9. 纵观各国规制改革的实践过程可以看出,改革的内容与措施主要表现在以下几个方面：一是放松自然垄断产业的价格与准入规制；二是重构规制模式及其制度体系；三是实施民营化改造和分业经营、引入竞争机制；四是完善法律法规,强化间接经济规制和社会性规制；五是改革规制体制,强化对规制者的规制。实施激励性规制是规制改革的主要方向。激励性规制措施包括：(1) 最高价格限制（价格上限）；(2) 特许投标规制；(3) 区域间标尺竞争规制；(4) 菜单规制；(5) 其他激励性规制措施。

💡 思考：

1. 解释政府规制、经济性规制和社会性规制、直接规制和间接规制、外部性、逆向选择、道德风险。
2. 简述政府规制的现实依据。
3. 阐述自然垄断行业的特征及其规制政策。
4. 竞争性行业规制政策包括哪些内容？
5. 简述社会性规制的成因与措施。
6. 简述规制失灵的成因与改革取向。
7. 简述传统规制措施及其方法的弊端。
8. 简述激励性规制措施及其优点。
9. 试分析我国金融监管改革趋势。
10. 试分析我国供水价格规制改革的政策取向。

第十五章

产业结构政策

第十五章 产业结构政策

产业结构政策是产业结构理论研究的最终落脚点,是一国根据结构变动规律对产业结构进行调整,以促进产业结构优化,实现经济可持续发展的重要政策。产业结构政策从内容上有广义和狭义之分。狭义的产业结构政策主要包括主导产业选择与战略产业扶持政策、传统产业改造与衰退产业调整政策、幼稚产业保护政策和产业可持续发展政策等。除此之外,广义的产业结构政策还包括产业布局政策。本章主要阐述产业结构政策中的主导产业选择和战略产业扶持政策、传统产业改造与衰退产业调整政策,以及产业布局政策等内容。

一、产业结构政策概述

产业结构政策的一般理论主要涉及产业结构政策的含义、特征与类型、功能与作用、目标与原则及政策演变的规律等问题。本节主要对这些问题作简要概述。

(一)产业结构政策及其实质

所谓产业结构政策,就是指一国政府针对本国在一定时期内产业结构的现状与问题,并遵循产业结构演进的一般规律,通过经济手段、法律手段和必要的行政手段,对产业结构状态进行调整,以促进产业结构合理化与升级,实现经济可持续发展的一系列政策的总称。

理解产业结构政策的含义应把握以下几点:

(1)产业结构政策的主要依据是产业结构演进规律。理论研究与各国产业结构演变的实践表明,产业结构变动是有规律可循的。这种规律性表现为主导产业优势地位的更迭和产业结构不断由简单到复杂、由低级到高级的发展过程。这一过程的持续时间可以缩短,但其阶段不可跨越。因此,旨在推动产业结构合理化与升级的产业政策,必须遵循这种规律,按规律办事。

(2)产业结构政策的指向是产业结构的现存问题。产业结构政策既要体现产业结构演进的规律,更要符合本国实际,是针对本国产业结构的突出问题而制定的,其目的是解决结构性问题,促进产业结构优化。

(3)产业结构政策的核心和焦点是推动产业技术创新。各国产业发展的经验表明,技术创新是产业结构优化的根本动力。无论是产业结构的合理化还是高度化,都离不开技术创新的支持。没有持续的技术创新,产业结构的合理化和高度化就会失去动力和物质基础。

(4)产业结构政策的实质在于求得经济增长和资源配置效率的改善,推动产业经济可持续发展。

(5)产业结构政策的制定主体是政府,产业结构政策的实施主体是企业。

(二)产业结构政策的类型及其作用

产业结构政策的形式多种多样,大致可以归纳为产业调整政策和产业援助政策两种基本类型。前者的目标是产业结构合理化,后者的目标是产业结构高度化。从具体内容看,广义的产业结构政策通常包括:主导产业选择与战略产业扶植政策、传统产业改造和衰退产业调整政策、幼稚产业保护和中小企业政策,以及产业技术政策和产业布局政策等。

产业结构政策的总体功能与目标是通过产业结构调整,实现产业结构的合理化和高度化,提升产业竞争力,促进经济社会可持续发展。不同类型的产业结构政策,其功能与目标也是不同的,具体而言包括以下几个方面。

(1) 促进产业结构合理化发展。在一定的经济发展阶段上,产业结构内各产业因不同的发展程度和作用而处于不同的地位,形成明显的层次性。多层次、多类型的产业及其复杂的经济技术联系,只有互相协调,结构才能合理,比例才能恰当,产业才能发展。因此,产业结构政策的一个重要目标就是依据不同产业的地位、作用、现状和发展趋势,采取区别对待的措施,促使不同层次的产业保持协调发展的比例关系,实现产业部门间的优势互补、相互促进和良性循环,使自然资源和人力资源得到充分高效的利用。

(2) 推动产业结构转换与升级。在市场机制作用下,产业结构也可以自发地实现功能转换与层次升级,但市场机制下的产业结构对需求结构的反应是滞后的,调整也要有一个过程。而且产业内的垄断、技术和资本壁垒的存在,会使市场机制的调节作用受阻乃至失灵,会使产业结构转换缓慢。因此,产业结构政策的第二个目标是推动产业结构的转换。政府可以通过调整、保护、扶植、改造、淘汰等措施,加速产业结构的换代。同时,产业结构政策通过各种措施,提高产业的技术集约化程度,推进产业结构的高度化。

(3) 推动产业技术进步、提升产业竞争力。产业技术进步是产业竞争力的源泉和产业结构升级的根本动力。只有不断促进产业技术进步才能推动产业结构高级化发展。因此,产业结构政策的第三个目标是通过产业技术政策推动产业升级和产业竞争力提升。推动技术创新,大力发展高新技术产业,并以高新技术改造传统产业等政策,不仅能够提高产业的技术集约化程度,促使以劳动密集型产业为主的产业结构向以技术密集型、集约型产业为主的产业结构转变,实现产业结构的升级;而且可以推动产业技术的进步、高新技术的普及和运用,提高各种产业的技术水平。

(4) 推动经济协调可持续发展。经济发展的质量及其可持续性,取决于产业结构的合理化与高度化状况,结构不合理或出现产业结构断层,往往导致产业结构逆转与经济波动。同时,一个国家内部不同区域间的经济协调与否也直接影响整个国民经济发展的可持续性。在一定条件下,区域经济的过度不平衡将导致整个国民经济发展的不可持续。因此,产业结构政策的第四个目标是通过产业结构的整体性调整和产业区域布局调整,实现区域经济的协调与可持续发展。产业布局政策包括区域产业发展战略、发展规划与区域产业分布结构调整政策。这些政策能够促进产业在区域间的合理分工与专业化发展,实现产业有效地理集中与集群化,充分发挥集群竞争优势,促使各地区资源的整合与优化配置。

(三) 产业结构政策的演变规律与趋同趋势

总结各国的实践经验可以看出,产业结构政策的演变大致遵循以下几方面的规律:一是政策内容从简单到复杂、从零星分散到系统化、规范化方向发展,政策对象从局部产业向全体产业发展;二是政策手段从直接干预为主向间接干预为主转变,政策推行方式从日常行政为主向法治化方向转变;三是政策目标从单一性向多元化转变,从局部向全局、从短期向长期、从纯经济领域向综合国力和生活质量领域扩展;四是产业政策决策方式向民主化、科学化发展。产业结构政策的演变规律体现了经济发展和时代进步对产业政策的总体要求。

对比各国和各地区产业结构政策及其变动的特征可以发现,各国产业结构政策有趋同的趋势,主要体现在以下几个方面。

(1) 政策功能定位的趋同。政策功能定位趋同的制度基础,是各国经济体制的相互接近。经济全球化趋势的增强使得平等互利、等价交换的市场经济原则和优胜劣汰的市场竞争制度,已经超越意识形态的壁垒,开始在全球范围内成为各国共同采用的基本经济制度。在这种前提下,各国对产业结构政策的功能定位正在趋向一致,即都在向"弥补市场缺陷"的方向靠拢。

(2) 政策对象的趋同。政策对象的趋同源于构成产业基础的企业制度正在趋于相互接近。这表现在东西方各国的主流企业,无论其所有制基础如何,都正在按照现代企业制度的规范进行经营的共同方向演变。由于政策作用对象行为规范相似,那么,相同的政策干预就可能引起相似的反应,进而产生大致相同的效果。此外,由于各国企业的行为规范的彼此接近,为了实现类似的政策目标,各国在政策手段上可以相互借鉴的因素也在逐步增加。

(3) 政策目标与手段的趋同。主要表现为各国的产业结构政策都在不约而同地以维护本国的经济利益、促进产业资源的优化配置、实现产业结构的高度化、改善国民的生活质量,以及增强本国产业的国际竞争力为基本目标。为了这些目标的实现各国又纷纷采取大致相同的法律、行政与经济手段。随着经济全球化进程的展开,产业政策目标与手段的趋同程度还可能进一步加深。

(4) 政策内容的趋同。政府目标、行业和企业制度等方面的彼此接近和利害关系上的一致性,是产业政策内容趋同的催化剂。通过多边磋商,不同国家在贸易、金融、科技等政策领域完全可以建立符合参与方共同利益的协议关系,从而为制定共同的贸易、金融、科技政策提供可靠基础。

应当指出,政策趋同的可能性只是表明各国产业政策中的共同因素有扩大的趋势,并不意味着将来各国的产业政策会完全一致。因此,它与产业政策的民族性特征并不矛盾。可以断言,只要各国的主权性质不变、行政疆界尚存,只要国情和国家利益的差异没有消失,那么,各国的产业政策就永远会带上自身的烙印。世界上不可能存在适合于一切国家的产业政策模式。

二、主导产业选择和战略产业扶持政策

主导产业优势地位的更迭是产业结构演变规律的一个重要表现。实践表明,任何国家和地区在任何发展阶段,其经济的高速增长,都离不开主导产业的带动作用。战略产业事关国家与民族长远利益和发展潜力。因此,进行主导产业选择和战略产业扶持,加大其政策倾斜力度,并为其发展提供良好的制度与政策环境,便构成了产业结构政策的重要内容之一。

(一) 主导产业和战略产业

主导产业选择政策就是政府根据产业结构演变规律和一定的技术标准,选择和确定主导产业,并运用经济、法律、行政等各种手段来支持和引导主导产业的健康发展,并使其发挥带动作用的所有政策的总和。战略产业扶持政策就是政府对事关国家与民族长远利益的产业采取各种法律、行政和经济的手段进行培育与扶持的各种政策的总和。

1. 主导产业的概念与特征

按照罗斯托的解释,主导产业是指能够依靠科技进步和创新获得新的生产函数,能够通过快于其他产品的"不合比例增长"的作用,有效地带动其他相关产业乃至所有产业迅速发展的产业或产业群。

作为主导产业应同时具备以下特征:

(1) 能依靠科技进步或创新引入新的生产函数,具有很大的市场潜力,需求的收入弹性高,能创造新的市场需求;

(2) 能够迅速地吸收先进的科学技术,形成持续高速的增长率,创造较高的附加值;

(3) 具有较强的扩散效应,对其他产业乃至所有产业具有决定性的影响。

2. 战略产业的概念与特征

战略产业是指在国民经济中处于战略地位,并在将来对国家与社会经济的发展具有战略意义的产业。战略产业有可能成为主导产业,但不是所有的战略产业都可成为主导产业。战略产业一般包括基础产业和支柱产业以及未来可能成为主导产业的产业。基础产业事关其上下游产业的长远发展,支柱产业是构成当前和未来经济总量和国民收入主要来源的产业。因此,战略产业是关系国家与民族长远利益的产业,如粮食、能源、基础设施、军工和高科技产业等。与其他产业相比,战略产业具有以下特征。

(1) 战略性和长远性。战略产业必须是事关国家和民族当前利益和长远利益的产业,它在产业结构体系中长期处于战略地位和重点发展的地位。

(2) 基础性和支柱性。战略产业是国民经济发展的基础与支柱,也是综合实力的源泉。战略产业对于新增长点的形成、传统产业技术改造、产业升级等都具有不容置疑的作用。如果发展不足或发展滞后,则直接对国家与民族的生存、发展、竞争能力与未来安全产生严重影响。

(3) 关联性和渗透性。战略产业具有和其他产业较强的产业关联效应,能有效地带动其他相关产业的发展。其成长对国家经济增长的贡献率较高,能带动其他产业共同创造就业机会、提高社会消费水平、改善国家贸易条件、提升产业高度,从而使国家总体经济实力得以增强。

(4) 非经济目的性。战略产业的存在与发展不仅仅具有经济意义,而且具有政治与社会意义,即具有非经济目的性和社会公共性。它的发展不仅是追求较高的经济效益,而且更重要的是着眼于国家与民族未来的生存、发展与安全,着眼于国家与民族在国际政治与经济中的地位。

(二) 主导产业的选择基准

从主导产业对经济增长的意义上看,其选择合理与否不仅关系主导产业本身的发展,而且关系整个经济的增长和产业结构的协调化与高度化。因此,确定合理的主导产业选择基准,是正确地选择主导产业从而实现产业结构合理化的前提和基础。主导产业选择一般有以下几项基准。

1. 关联度基准

关联度基准是赫希曼于1958年根据发展中国家的经验指出的。他认为发展中国家应当首先选择那些"诱发投资最大化"、关联强度比较强的产业作为主导产业。产业关联度基准的指标是产业关联度,它是产业的影响力系数和感应度系数之和。产业影响力系数和产业感应力系数的计算方法,可参见产业关联分析一章,在此不再详述。

2. 需求收入弹性基准

需求收入弹性是需求增长率与收入增长率之比,表示需求增长对收入增长的依赖程度。其计算公式是:

$$需求收入弹性 = 对某产业产品的需求增长率 \div 国民收入增长率$$

需求收入弹性基准是日本经济学家筱原三代平在日本经济高速增长时期提出的选择主导产业的标准之一。在价格不变的情况下,随着收入的增加,人们对不同商品需求量的增长率是不同的。因此,在人均收入水平逐步提高的情况下,以需求收入弹性高的产业作为主导产业,使其在产业结构中的比重逐步提高,是符合产业结构变化方向的。

3. 技术进步和生产率上升基准

技术进步主要通过生产率上升率、技术密度、技术进步贡献率来衡量的。生产率上升基准也是筱原三代平提出的,日本政府在制定产业政策时参照了这一基准。它是指某一产业的要素生产率与其他产业的要素生产率之比,一般用全要素生产率(TPP)进行比较。

技术密集度也称研发投入强度,指研究开发经费占产品销售额、产值或增加值的比重。技术进步贡献率指产业增加值的增长扣除劳动力增长带来的增长和资本的增长带来的增长后的余额。

这一基准反映了主导产业创新率高、迅速有效地吸收技术进步成果的特征,优先发展全要素生产率上升快、技术密集度高、技术进步贡献率大的产业,有利于改善贸易条件和贸易结构,提高整个经济资源的使用效率。

4. 短缺替代弹性基准、增长后劲基准和瓶颈效应基准

在实践中,将前述几条基准运用于一些发展中国家后,所选择的主导产业并未能得到成功的发展。通过研究发现,上述标准在运用时需要有必备的条件,如产业基础比较完备,不存在严重的瓶颈制约;整个产业结构具有较好的同质性,不存在二元经济的结构性矛盾;企业素质较好,具有较强的自我调节能力;产业间的要素流动性较好、不存在严重的要素流动障碍等。当这些条件得不到满足时,上述的选择标准就会失去效用。

为此,中国学者周振华提出了适合于发展中国家选择主导产业的三项标准,即重点扶植那些无法替代的短缺性产业,满足社会最迫切而又必不可少的需求的短缺替代弹性基准;重点支持那些对整个产业体系的发展有深刻和长远影响的产业,以保持整个经济的持续稳定增长的增长后劲基准;重点发展那些瓶颈效应大的产业,以减少因瓶颈而造成的摩擦效应的瓶颈效应基准。

5. 科学发展基准

科学发展观和新型工业化道路要求主导产业选择要避免选择那些资源浪费和对自然资源与环境有破坏性的产业。事实上,高能耗、高投入和高污染产业本身也缺乏产业国际竞争潜力,必须通过技术更新与改造提升技术含量才能实现可持续发展。因此在新经济条件下,主导产业选择,必须考虑产业对资源的消耗和对环境所造成的影响。科学发展标准主要表

现在资源消耗(物耗和能耗)低和环境污染小两个方面。这两个方面基本上可以通过产业的经济效益水平来考察,因为物耗和能耗本身就是经济效益的部分内容。而环境污染的大小一般可以通过治理污染的成本反映出来。

(三) 产业选择与扶持政策的主要内容

主导产业选择和战略产业扶植政策是产业结构政策中的主导方面和关键部分。它的特点是着眼于未来的产业优势,直接服务于产业结构高度化和国家长远利益。而且,随着经济全球化趋势的增强,国际竞争越来越激烈,主导产业选择和战略产业扶植政策就越重要。这是总结世界经济发展规律所得出的基本结论。

1. 主导产业选择政策的基本内容

一般情况下,推动主导产业发展的政策应包括以下内容。

第一,形成主导产业发展的良好环境。政府应通过产业发展战略和发展规划,并利用各种有效手段,尽可能地协调主导产业与产业环境之间的矛盾,解除主导产业发展的约束条件,创造比较完善的市场条件和产业环境,推动主导产业快速发展。

第二,对主导产业进行扶植和保护。对某些国内市场潜力巨大、技术先进、产业关联度高的产业,在它成长为具有国际竞争力之前,需要政府在国际贸易协定许可的范围内,通过适当的财政金融扶植政策和贸易保护政策对其进行适度的扶植与保护。

第三,优先发展基础产业。基础产业对主导产业具有巨大的支持能力,因此,政府对主导产业的扶植可以通过加大对基础产业的扶植力度,提高基础产业对主导产业的支持能力,以避免主导产业在发展过程中由于基础产业和基础设施的制约而得不到高速发展。

第四,推动主导产业技术创新。主导产业的技术要求高,投资需求大,因此,在实施主导产业政策时,要充分考虑通过产业技术政策优化主导产业的产品结构。制定有利于主导产业成长的技术进步政策,完善科技信息流通体制,加强产业界的科技队伍建设,并建立有利于促进主导产业发展的投、融资体系,增加研究开发投入,促进高新技术产业化。

2. 战略产业扶持政策的目标与基本内容

由于战略产业在国家与民族生存与发展中具有举足轻重的地位,因此主导产业扶持政策必须达到如下目标:一是能够使战略产业迅速有效地吸收创新成果,并获得与新技术相关联的新的生产函数,推动战略产业升级;二是保证战略产业具有巨大的市场潜力,可望获得持续的高速增长;三是强化战略产业同其他产业的关联性关系,消除战略产业发展滞后所带来的瓶颈作用,使其能够带动相关产业的发展。

根据日本和美国等国的经验,战略产业的政策内容包括:

第一,推动农业基础设施建设,加大农业科技及其成果转化,保证粮食稳定增产、有效供给和粮食安全。

第二,加大能源、交通通信等基础工业与基础设施建设的科技与资金投入,促进能源、基础工业和基础设施产业的升级,发挥其经济发展后劲与推动作用。

第三,创建国家和区域创新系统,提高战略产业技术创新能力,鼓励企业形成和自主知识产权,并通过各种措施推动高科技产业发展。

在高科技产业发展方面:建立高科技工业园区,加快高新技术的研究开发和成果应用;

促进国防工业转产,规划军民两用技术的发展;采取各种措施支持高新技术的开发与产业化;构建"政、产、学、研、金"技术合作创新体系与机制,共同推进高新技术的研究开发与推广应用;加速"国家信息基础设施"建设;增加对尖端军事技术、信息和通信技术、生物技术、新材料技术,环保技术等领域中关键技术的开发投资,推进相关产业快速发展。

3. 主导和战略产业政策的具体手段与措施

产业结构政策的实施手段主要有直接措施和间接措施两大类。

直接措施包括直接的行政规制,如价格补贴、配额规制和直接贸易保护、技术引进规制、政府直接投资和财政直接支持等;间接措施包括税收减免、融资支持、信息与技术援助、间接诱导等。

这些措施不仅体现了政府对产业的支持、保护或逐步调整的意图,更为重要的是表现为政府拟通过政策倾斜、鼓励产业创新、激发产业内在活力、利用产业关联效应带动整个产业结构高级化的长远战略构想。

三、传统产业改造和衰退产业调整政策

产业结构政策,不仅要正确选择和支持主导产业与战略产业,而且要对技术与工艺比较落后、陷入停滞和萎缩的传统产业和衰退产业实行改造、收缩、转移、淘汰和调整。

(一) 传统产业和衰退产业

1. 传统产业的含义

所谓传统产业,是指管理方式、生产技术与生产工艺相对比较落后的产业。这里的"传统"是相对而言的,关键在于管理技术与生产技术与工艺上的差别。在同一国家的同一经济发展阶段中,采用传统管理方式和传统生产技术与工艺的产业相对于采用先进管理方式和新型生产技术与工艺的产业而言,就是传统产业。传统产业有时会被用来与新兴产业相比较,成为与新兴产业相对而言的概念,这主要是因为新兴产业大多采用比较先进的管理方式、生产技术与工艺。但传统产业概念并非与新兴产业概念完全相对称,因为"传统"与"新兴"的含义只是对产业产生时间先后的对比,而产业产生时间的先后并不能反映产业的技术水平和产业发展的潜力。所以,传统产业概念特指的是技术上相对落后与效率上相对低下的产业。

2. 衰退产业的特征与成因

所谓衰退产业,是指经历了幼小期、成长期、成熟期之后,进入了产业生命周期的最后一个发展阶段——衰退期的产业。其一般特征是:产品需求量和销售量大幅度下降,技术进步率下降且创新无望,可能被新兴产业所取代。具备这些特征的产业就被视为"衰退产业"或"夕阳产业"。在日本,煤炭、纺织、炼铝、钢铁等产业曾经先后被沦为衰退产业。

衰退产业一般是由以下原因所导致的。(1)技术原因:技术的进步,将引起生产方式、生产结构和需求结构的变化,技术进步无望的产业则难以适应这种变化而沦为衰退产业。(2)

资源原因:如资源密集型产业的资源枯竭引起的产业衰退。(3)效率原因:在经济发展过程中,各种投入要素的成本上升率会产生差异。当某种投入要素的成本上升率特别高时,需大量投入该要素的产业会因成本上升、利润下降而出现衰退。(4)需求变化原因:随着经济发展和人均收入水平的提高,某些产业会因产品需求弹性下降而出现衰退。(5)国际竞争原因:由于国际分工格局的变化,某种有比较优势的产业会因竞争优势丧失被转移到其他国家,则会使本国原来具有比较优势的产业趋于衰退。(6)制度与体制原因:由于市场体系不完善、市场机制不健全、企业制度落后,造成过度竞争导致某些产业过早出现衰退现象。

3. 传统产业与衰退产业的关系

对于传统产业而言,如果技术落后且创新无望,那么它也将进入衰退期,转变为衰退产业,同时因效率低下,导致竞争力不强,也有可能促使传统产业的市场需求逐步萎缩而沦为衰退产业。但并不是所有的传统产业都会沦为衰退产业,传统产业与衰退产业的重要区别在于传统产业的产品需求和销售量并不一定大幅度下降,而且经过有效的技术改造,可以实现效率的大幅度提高和产品的高附加值化,而衰退产业则在创新无望的情况下必然会转型或逐步退出。

(二) 产业改造与调整的必要性

对传统产业进行改造,并使衰退产业逐步转移、退让和淘汰,是产业结构演进规律的要求,也是技术进步和经济全球化条件下促进产业结构合理化与高级化发展要求,更是提升产业国际竞争力的必然选择。

1. 传统产业改造的必要性

(1)传统产业并不一定都是市场需求逐步萎缩的衰退产业,其中一些传统产业在一定条件下还有可能是一个国家的基础产业或支柱产业,处于国民经济发展的战略地位。这些传统产业的经济与社会功能是当前条件下其他新兴产业所无法替代的,其产品也可能是人民生活和企业生产所必需的,因而是国民经济体系中所必不可少的产业。因此,对于一些传统产业有必要予以保留并进行有益的改造,使其焕发生机。

(2)一些传统产业的主要问题在于其技术落后和效率低下,如果能够通过技术改造可以使其焕发生机,并能提高其国际竞争力和附加值水平,那么,对其进行可行的技术更新与改造就是一个正确合理的选择。

(3)通过改造而不是简单地使其转移和退出,可以减少结构调整中的大量交易成本,避免沉淀成本上升和资源浪费,做到资源合理利用与优化配置。

(4)运用高新技术对传统产业进行信息化和现代化改造,可以提升产业国际竞争力和整个产业结构体系的高级化程度,促进社会经济可持续发展。

2. 衰退产业调整的必要性

(1)优化产业结构的需要。衰退产业是一个国家或地区内技术落后且创新无望、效率低下的产业,这些产业的存在不利于产业结构升级与合理化。因此,对衰退产业实施转移、退出和淘汰政策是产业结构合理化和高级化发展的要求。

(2)提高资源配置效率的需要。衰退产业占用了大量的人力、物力和自然资源,运行成本较高,甚至具有高能耗、高投入和高污染的特点,如果能够及时转移或退出,并由高技术、高效率和低污染环保型产业所替代,则有利于资源的合理配置和效率的提高。

(3) 避免过度竞争,促进有序竞争的需要。衰退产业的出现,是产业结构演进过程中的必然结果,为了缓解产业衰退过程中出现的产业过度竞争并由此而产生的一些消极影响,对衰退产业实施限制、转移、退出政策,有利于促进社会资源的有序转移和产业市场的有序竞争。

(4) 维护社会稳定的需要。衰退产业的自然萎缩,不但会产生资产方面的沉淀成本,而且会产生结构性失业。而失业规模的增加,即使在社会失业保障制度较为完善的国家,也往往会造成社会动荡。因此,政府有必要通过衰退产业调整政策,事先规划好结构性失业的劳动力培训和就业转移,以避免社会动荡,维护社会稳定。

(三) 产业改造与调整政策的主要内容

1. 传统产业改造的方式与措施

传统产业改造就是运用高新技术武装传统产业,实现传统产业的信息化、现代化和生产方式的转变。传统产业改造包括产业升级和区位调整两种方式与途径。

(1) 产业升级方式与途径。产业升级有三种含义:一是产品使用价值的增加过程,如改变产品性能等;二是产业生产工艺的改进过程;三是把新技术固化于产品之中,提高产品的技术含量的过程。因此,可以把产业升级概括为:某一产业由低附加值、低使用价值、低技术含量向高附加值、高使用价值、高技术含量转变的过程。具体地说,产业升级的途径有:①生产定制化,即厂商按客户要求设计产品,根据订单生产产品;②流程再造,即采用新技术、新工艺、新设备和新的组织形式与管理手段改造生产组织结构和生产流程,形成柔性管理和灵活的专业化分工与协作流程;③产品升级,即用先进技术改造传统产品,提升产品技术含量。其改造的模式有:一是绿色化产品生产模式,包括生产过程的绿色化,即进行绿色产品设计、绿色产品生产(即清洁生产:利用清洁能源、减少废物排放,生产绿色产品)、绿色产品包装、绿色营销等;二是精细化生产模式,即由"重、厚、大"型产品向"轻、薄、小"型产品发展。

(2) 区位调整方式与途径。区位调整的目的在于形成产业地理集中,发挥产业聚集力对传统产业的提升作用。产业区位调整的具体措施包括:① 传统产业区位重构,即通过直接投资转移,重新选择传统产业的区位。② 促进传统产业聚集,这包括两个方面:一是为优势产业创造外部区位环境,尽最大努力降低产业区位移动壁垒;二是通过资源重组加速产业聚集。③ 创造并维持聚集效应,具体措施是:一是创造良好的竞争环境,增强企业之间的信任和承诺;二是实施区位品牌战略,拓展销售网络。

2. 衰退产业调整政策的主要措施

(1) 促进转产和转移。即减少或停止生产某些产品的衰退产业部门,协助其选择适宜的转产方向,通过提供转户贷款、减免税和发放转产补贴等方法,促进衰退产业的资本转移。

(2) 消除就业者退出障碍。具体措施包括建立健全劳动力市场、构建社会保障制度、提供就业信息、进行转产培训和技能指导、对录用失业者的企业予以补贴等。

(3) 加速设备折旧。政府通过制定和实施衰退产业设备的报废量、报废时间表和提前折旧率的规定,采取促进折旧的特别税制,对因设备报废而产生的损失提供部分补偿,加速

设备折旧,减少转产损失。

(4) 采取保护和援助措施。如减轻资本要素转移的矛盾。政府通过税负、价格补贴等方式缓和衰退产业生产量和利润的急剧下降,为其生产调整、资本与劳动力转移创造时机。但这类措施不宜长期使用,否则易产生消极后果。

(5) 劳动力援助。为了减少衰退产业调整引起社会经济震荡,政府有必要建立完善社会化援助体系,帮助衰退产业职工转岗就业。劳动力援助措施主要有就业服务、转岗培训、消除劳动力流动的制度障碍等。

(6) 对制度性进入与退出壁垒进行彻底的体制改革。营造企业进入与退出的良好法律制度环境,促进合法的并购重组,维护市场公平竞争秩序。

四、产业布局政策

产业布局政策既是广义产业结构政策体系中不可或缺的重要内容,同时又是区域经济发展政策体系中非常重要的组成部分,而且后者更加侧重于建立和完善地区间的产业分工关系。

(一) 产业布局政策的目标

产业布局政策就是国家根据产业布局理论与实践经验,通过区域产业发展战略和产业规划及相关措施,统筹部署、调整或实现不同产业的各种要素在不同地域空间的配置和组合的产业政策。其实质是政府通过战略布局、规划及相关的政策措施,引导和干预产业整体布局、局部布局和个体布局,实现国民经济各区域间协调发展,促进国民经济稳定增长、社会稳定和生态平衡的目标。

产业布局政策和其他经济政策一样,有其特定目标,一般表现为经济、社会、生态三大方面①。

1. 经济增长目标

该政策包括三个具体目标:一是提高综合国力。不合理的产业布局,必然影响区域经济发展,进而影响综合国力的增强。通过产业布局政策能够实现产业合理布局,并使各种生产要素在适宜的区域进行优化组合,形成产业地理集中和合理的分工专业化与协作,产生集聚效应或离散效应,促进区域经济增长及其国民经济发展发展目标的实现。二是平衡产业地理分布。区域经济的发展对综合国力是有影响和制约作用的。在经济发展的初级阶段,区域不平衡发展可能是促进经济增长或提高综合国力的途径和政策目标之一。而当这种目标到一定阶段,随着区域需求收入弹性的增加和经济增长,平衡性产业布局就逐渐成为区域经济政策的重要目标。三是协调区域间经济利益。不同的产业布局政策会给不同区域和不同产业部门带来不同的经济利益。通过各种政策手段来协调区际经济利益,避免产业总体布局中的区域雷同化现象和区域经济发展差距,协调各地区和各产业部门的经济利益关系,

---

① 龚仰军,应勤俭.产业结构与产业政策[M].上海:立信会计出版社,1999.

便构成了产业布局政策的重要目标。

2. 社会稳定目标

该政策目标主要包括：一是促进民族团结和社会稳定。我国是个多民族国家,加强民族团结的一条重要措施就是要高度重视少数民族地区的经济发展,并以经济发展来促进社会文化事业在这些地区的同步发展。二是消灭贫困,即通过合理的产业布局,更好地开发利用各区域的生产要素资源,使落后地区摆脱贫困。三是充分就业,即在农业产业化、农村城市化和工业现代化的进程中,妥善处理城乡大量的剩余劳动力。四是国防安全,这是促进社会发展的一个特殊政策目标,是实现其他政策目标的重要保障。产业布局既要求各产业在和平时期有利于社会、经济的发展,又要求其在战争时期有利于战略部署和战略转移,即在产业布局问题上正确处理集中与分散、分开与隐蔽、民用与军用等关系。

3. 生态平衡目标

它主要包括两个具体的政策目标：一是对自然生态环境的保护；二是对社会聚居环境的改善。产业布局政策的生态平衡目标,就是要通过合理的布局,从制度上、法律上制止无视自然规律的违法行为,实现自然环境和人类聚居环境的可持续发展。

产业布局政策的总目标,就是根据上述三大政策目标,并以中央政府对产业的宏观整体布局方针为指导,配之以地方政府的中观布局措施和微观布点方案,根据有利于发展生产力、有利于提高综合国力、有利于人民生活水平提高的总原则,逐步缩小地区收入差距,实现区域共同富裕；鼓励和促进区域有比较优势的产业的发展；提高产业国际竞争；实现区域产业结构优化及产业规模合理化,促进国民经济可持续发展。

(二) 产业布局政策的特点

产业布局政策的主要任务是研究并遵循有关经济规律,结合不同时期、不同地区、不同产业的特点,采用宏观、中观、微观等不同层次的布局政策,选择并实施生产力的最优布局,使可调动的生产要素在各区域空间中得到合理的配置。根据这一任务及上述政策目标,可以归纳出产业布局政策的三大特点：科学性和权威性,综合性和系统性,层次性和针对性。

1. 科学性和权威性

产业布局政策包括国家针对产业在区域空间中生存与发展而制定的一系列大政方针,以及与之相配套的经济、法律、行政手段等。这些政策对于产业发展具有明显的政策导向作用,并对一定时期的产业结构调整和产业布局合理化产生重大影响。因此,它必须具有科学性和权威性。所谓科学性,就是要产业布局政策导向必须符合区域经济实际和经济发展规律；所谓权威性,就是产业布局政策必须在各地区和各部门中真正能够得到贯彻落实。

2. 综合性和系统性

产业布局是一个复杂多变的系统,它涵盖了产业分布状态、地域分工、组织协调和战略部署诸多内容。因此,旨在实现产业区域协调发展的产业布局政策必然具有综合性和系统性。一方面,产业布局政策要涉及自然、经济、社会和环境诸多因素,既要处理中央与地方及企业的关系,又要处理城市和农村、沿海与内地的关系,甚至涉及民族团结和国防安全,是一项极为复杂的系统工程；另一方面,它还必须与投资、财政、金融、技术、劳动等各方面政策成龙配套,共同作用于国民经济的各子系统。

3. 层次性和针对性

产业布局涵盖了宏观总体布局、中观局部布局以及微观个体布局等内容。这种布局的层次性决定了产业布局政策的层次性,不同层次的产业布局政策具有不同的针对性。比如,中央政府主要负责制定总体布局战略和产业发展规划;地方政府主要负责产业布局战略与规划的实施和具体措施的制定;企业选址决策主要由企业根据中央与地方产业发展战略和布局规划来进行。中央、地方、企业三个层次的产业布局政策各自针对不同层次的问题,并形成一种持续相连的控制与反馈系统,它们相互影响、相互结合,成为产业布局政策的重要特征。

4. 动态性

区域优势是相对于一定发展条件而言的动态概念,某地区在一定时点上的产业分布状态是前一时期产业布局的结果,也是今后产业布局的依据,产业布局总是处于不断的运动状态之中,由此,产业布局政策必须符合产业结构演进的规律和产业优势转移规律的要求,根据各地区经济发展所处的不同水平和阶段,及时控制和调整产业布局,实现区域经济发展的动态平衡。

(三)产业布局政策的主要内容

我们可以从不同角度来确定政策内容,如从政策涉及的范围或政策体系来确定。但是,产业布局政策主要是通过以下三个方面的政策内容来实施。

1. 宏观总体布局政策

宏观总体布局政策是指中央政府为实施国家产业政策而对产业布局进行的总体谋划,主要是区域产业布局战略与规划及相应政策措施。其内容包括:一是重点区域的选择及其关系的统筹安排与协调,二是区域主导产业的选择及区域间产业分工与协作关系的统筹安排与协调。

在地区发展重点的选择上,产业布局政策主要有:① 制定国家产业布局战略,规定战略期内国家重点支持发展的地区,同时设计重点发展地区的经济发展模式和基本思路;② 以国家直接投资方式,支持重点发展地区的交通、能源和通信等基础设施,乃至直接投资介入当地有关产业的发展;③ 利用各种经济杠杆形式,对重点地区的发展进行刺激,以加强该地区经济自我积累的能力;④ 通过差别性的地区经济政策,使重点发展地区的投资环境显示出一定的优越性,进而引导更多的资金和劳动力等生产要素投入该地区的发展。

在产业集中发展战略方面,产业布局政策手段大致包括:通过政府规划的形式,确立有关具体产业的集中布局区域,以推动产业的地区分工,并在一定意义上发挥由产业集中所导致的集聚经济效益;建立有关产业开发区,将产业结构政策重点发展的产业集中于开发区内,既使其取得规模集聚效益,又方便政府扶持政策的执行。

2. 中观局部布局政策

中观局部布局政策主要是指地方政府为实现本地区产业布局的合理化,在国家宏观总体布局政策指导下采取的局部性产业布局政策。这种政策的目标与任务是通过区域优势和区域内部的分工协作,加强区际竞争与合作,实现布局的合理化。其内容具体包括:① 制订区域产业发展计划,确定具有比较优势和竞争优势的区域产业结构;② 选择适合区域特点的产业结构和产业组织结构,并确定区域不同规模和类型的产业发展基地和城镇体系的布局;③ 确定与区域产业布局相适应的产业技术体系和区域环境保护措施。中观局部布局政策的实现,同样需要宏观经济政策和相应产业政策体系的支撑。

3. 微观个体布局政策

微观个体布局政策主要是对企业而言,即政府通过对个体厂商的厂址选择、生产布局、服务网络布局的干预,促进个体厂商布局合理化的一种布局政策。其政策的目标任务是促使厂商在竞争中合理利用和开发资源;以较小的社会成本获取更大的收益。其具体任务是:① 统一规划城镇布局和工业基地的筹建和动迁;② 积极引导企业合理选择厂址、及时颁布区域发展的有关信息,以帮助企业确定最佳的建筑地段及生产和服务网络的分布;③ 鼓励清洁生产产业、环保产业和高科技产业的发展,并为其个体布局提供方便。

学习要点

1. 所谓产业结构政策,就是指一国政府针对本国在一定时期内产业结构的现状与问题,并遵循产业结构演进的一般规律,通过经济手段、法律手段和必要的行政手段,对产业结构状态进行调整,以促进产业结构合理化与升级,实现经济可持续发展的一系列政策的总称。

2. 产业结构政策的总体功能与目标是通过产业结构调整,实现产业结构的合理化和高度化,提升产业竞争力,促进经济社会可持续发展。具体而言,第一,促进产业结构合理化发展。第二,推动产业结构转换与升级。第三,推动产业技术进步、提升产业竞争力。第四,推动经济协调可持续发展。

3. 产业结构政策遵循以下几个方面的规律:一是政策内容从简单到复杂、从零星分散到系统化、规范化方向发展,政策对象从局部产业向全体产业发展;二是政策手段从直接干预为主向间接干预为主转变,政策推行方式从日常行政为主向法治化方向转变;三是政策目标从单一性向多元化转变,从局部向全局、从短期向长期、从纯经济领域向综合国力和生活质量领域扩展;四是产业政策决策方式向民主化、科学化发展。产业结构政策的演变规律体现了经济发展和时代进步对产业政策的总体要求。

4. 主导产业选择政策就是政府根据产业结构演变规律和一定的技术标准,选择和确定主导产业,并运用经济、法律、行政等各种手段,来支持和引导主导产业的健康发展,并使其发挥带动作用的所有政策的总和。战略产业扶持政策就是政府对事关国家与民族长远利益的产业采取各种经济的、法律的和行政的手段进行培育与扶持的各种政策的总和。

5. 主导产业选择一般有以下基准:关联度基准、需求收入弹性基准、技术进步和生产率上升基准、短缺替代弹性基准、增长后劲基准和瓶颈效应基准、科学发展基准。

6. 主导产业扶持政策必须达到如下目标:一是能够使战略产业迅速有效地吸收创新成果,并获得与新技术相关联的新的生产函数,推动战略产业升级;二是保证战略产业具有巨大的市场潜力,可望获得持续的高速增长;三是强化战略产业同其他产业的关联系关系,消除战略产业发展滞后所带来的瓶颈作用,使其能够带动相关产业的发展。

7. 主导产业选择和战略产业扶持政策的手段和措施包括,直接措施包括直接的行政规制,如价格补贴、配额规制和直接贸易保护、技术引进规制、政府直接投资和财政直接支持等;间接措施包括:税收减免、融资支持、信息与技术援助、间接诱导等。这些措施不仅仅体现了政府对产业的支持、保护或逐步调整的意图,更为重要的是表现为政府拟通过政策倾斜、鼓励产业创新、激发产业内在活力、利用产业关联效应带动整个产业结构高级化的长远战略构想。

8. 传统产业改造就是运用高新技术武装传统产业,实现传统产业的信息化、现代化和生产方式的转变。传统产业改造包括产业升级和区位调整两种方式与途径。衰退产业调整政策的主要措施包括:(1)促进转产和转移;(2)消除就业者退出障碍;(3)加速设备折旧;(4)采取保护和援助措施;(5)劳动力援助;(6)对制度性进入退出壁垒进行彻底改革。营造良好法律制度环境,促进合法的并购重组,维护市场公平竞争秩序。

9. 产业布局政策就是国家根据产业布局理论与实践经验,通过区域产业发展战略和产业规划及相关措施,统筹部署、调整或实现不同产业的各种要素在不同地域空间的配置和组合的产业政策。产业布局政策和其他经济政策一样,有其特定目标,一般表现为经济增长目标、社会稳定目标、生态保护三大方面。

10. 产业布局政策分为宏观、中观和微观三个方面。总体布局政策是指中央政府为实施国家产业政策而对产业布局进行的总体谋划,主要是区域产业布局战略与规划及相应政策措施。中观布局政策主要是指地方政府为实现本地区产业布局的合理化,在国家宏观总体布局政策指导下采取的局部性产业布局政策。微观布局政策主要是对企业而言,即政府通过对个体厂商的厂址选择、生产布局、服务网络布局的干预,促进个体厂商布局合理化的一种布局政策。

思考:

1. 简述产业结构政策的含义与功能。
2. 简述产业结构政策的演变规律。
3. 什么是主导产业,其选择标准有哪些?
4. 战略产业扶持政策的主要内容与措施一般有哪些?
5. 简述传统产业改造的实质和措施。
6. 简述产业政策的分类。

参考文献

[1] 苏东水. 产业经济学[M]. 北京：高等教育出版社，2005.
[2] 杨治. 产业经济学导论[M]. 北京：中国人民大学出版社，1985.
[3] 臧旭恒，徐向艺，杨慧馨. 产业经济学[M]. 北京：经济科学出版社，2005.
[4] 杨公朴. 产业经济学[M]. 上海：复旦大学出版社，2005.
[5] 李善明. 外国经济学家辞典[M]. 深圳：深圳海天出版社，1993.
[6] 斯蒂芬·马丁，等. 高级产业经济学[M]. 史东辉，译. 上海：上海财经大学出版社，2003.
[7] 丹尼斯·卡尔顿. 杰弗里·佩罗夫. 现代产业组织[M]. 黄亚钧，译. 上海：上海人民出版社，1998.
[8] 刘易斯·卡布罗. 产业组织导论[M]. 胡汉辉，译. 北京：人民邮电出版社，2002.
[9] 多纳德·海，德里克·莫瑞斯. 产业经济学与组织（上册）[M]. 北京：经济科学出版社，2001.
[10] 费方成. 企业的产权分析[M]. 上海：上海人民出版社，1998.
[11] 哈特. 企业、合同与财务结构[M]. 费方域，译. 上海：上海人民出版社，1998.
[12] 赫伯特·A. 西蒙. 管理行为[M]. 詹正茂，译. 北京：机械工业出版社，2004.
[13] 科斯，阿尔钦，诺斯. 财产权利与制度变迁[M]. 刘守英，译. 上海：上海人民出版社，2004.
[14] 李明义，段胜辉. 现代产权经济学[M]. 北京：知识产权出版社，2008.
[15] 杨瑞龙，周业安. 企业的利益相关者理论及其应用[M]. 北京：经济科学出版社，2000.
[16] 李明志，柯旭青. 产业组织理论[M]. 北京：清华大学出版社，2004.
[17] 张维迎. 博弈论与信息经济学[M]. 上海：上海人民出版社，2004.
[18] 谢识予. 经济博弈论[M]. 上海：复旦大学出版社，2002.
[19] 彼特·德鲁克. 后资本主义社会[M]. 傅振焜，译. 北京：东方出版社，1993.
[20] 周振华. 现代经济增长中的结构效应[M]. 上海：上海人民出版社，1995.
[21] 龚仰军. 产业结构研究[M]. 上海：上海财经大学出版社，2002.
[22] 蒋昭侠. 产业结构问题研究[M]. 北京：中国经济出版社，2004.
[23] 邓伟根. 产业经济学研究[M]. 北京：经济管理出版社，2001.
[24] 刘志彪，王国生，安国良. 现代产业经济分析[M]. 南京：南京大学出版社，2001.
[25] 魏后凯. 现代区域经济学[M]. 北京：经济管理出版社，2006.
[26] 张墩富. 区域经济开发研究[M]. 北京：中国轻工业出版社，1998.
[27] 梁琦. 产业集聚论[M]. 北京：商务印书馆，2004.
[28] 王缉慈. 创新的空间，企业集群与区域发展[M]. 北京：北京大学出版社，2001.
[29] 刘斌. 产业集聚竞争优势的经济分析[M]. 北京：中国发展出版社，2000.
[30] 凌云，王军. 先进制造业基地建设的理论与实践[M]. 北京：中国经济出版社，2004.
[31] 随映辉. 产业集群成长、竞争与战略[M]. 青岛：青岛出版社，2005.
[32] 李春林. 区域产业竞争力：理论与实证[M]. 北京：冶金工业出版社，2005.

[33] 金培. 中国工业国际竞争力——理论、方法与实证研究[M]. 北京：经济管理出版社，1997.

[34] 张竹昕，让·拉丰，安·路易斯塔什. 网络产业：规制与竞争理论[M]. 北京：社会科学文献出版社，2000.

[35] 陈富良. 放松规制与强化规制——论转型经济中的政府规制改革[M]. 上海：上海三联书店，2001.

[36] 王俊豪. 政府管制经济学导论[M]. 北京：商务印书馆，2003.

[37] 张红凤. 西方规制经济学的变迁[M]. 北京：经济科学出版社，2005.

[38] 夏大慰，史东辉. 政府规制：理论、经验与中国的改革[M]. 北京：经济科学出版社，2003.

[39] 刘小兵. 政府管制的经济分析[M]. 上海：上海财经大学出版社，2004.

[40] H·钱纳里，等. 工业化与经济增长的比较研究[M]. 吴奇，等译. 上海：上海人民出版社，1995.

[41] 罗斯托. 从起飞进入持续经济增长的经济学[M]. 何力平，等译. 成都：四川人民出版社，1988.

[42] 库兹涅茨. 现代经济增长[M]. 戴睿，易诚，译. 北京：北京经济学院出版社，1989.

[43] 瓦西里·里昂惕夫. 投入产出经济学[M]. 崔书香，译. 北京：中国统计出版社，1990.

[44] 亚当·斯密. 国民财富的性质与原因的研究（节选本）[M]. 郭大力，王亚楠，译. 范家冀选编. 北京：商务印书馆，2002.

[45] 大卫·李嘉图. 政治经济学及赋税原理[M]. 周洁，译. 北京：华夏出版社，2005.

[46] 贝蒂尔·俄林. 区际贸易与国际贸易[M]. 晏智杰编，逯宇铎，等译. 北京：商务印书馆，1986.

[47] 保罗·克鲁格曼. 地理与贸易[M]. 张兆杰，译. 北京：北京大学出版社，2000.

[48] 迈克尔·波特. 国家竞争优势[M]. 李明轩，等译. 北京：华夏出版社，2002.

[49] 迈克尔·波特. 竞争战略[M]. 陈小悦，译. 北京：华夏出版社，1997.

[50] 植草益. 微观规制经济学[M]. 朱绍文，译. 北京：中国发展出版社，1992.

[51] 丹尼尔·史普博. 管制与市场[M]. 余晖，等译. 上海：上海人民出版社，1999.

[52] 斯蒂格勒. 产业组织与政府管制[M]. 潘振民，译. 上海：上海人民出版社，1997.

[53] 让-雅克·拉丰，让·梯若尔. 政府采购与规制中的激励理论[M]. 石磊，王永钦，译. 上海：上海人民出版社，2004.

[54] 江小娟. 理论、实践、借鉴与中国经济学的发展——以产业结构理论研究为例[J]. 中国社会科学，1999(6).

[55] 牛丽贤，张寿庭. 产业组织理论研究综述[J]. 技术经济与管理研究，2010(6).

[56] 梁媛，冯昊. 委托代理理论综述[J]. 中国经济评论，2004(1).

[57] 熊贤良. 区分规模经济的层次及其对策[J]. 管理世界，1997(4).

[58] 李怀，高良谋. 新经济的冲击与竞争性垄断市场结构的出现[J]. 经济研究，2001(3).

[59] 迈克尔·波特. 簇群与新竞争经济学[J]. 经济社会体制比较，2000(2).

[60] 王缉慈. 地方产业集群战略[J]. 中国工业经济，2002(3).

[61] 魏守华，石碧华. 论企业集群的竞争优势[J]. 中国工业经济，2002(1).

[62] 魏守华. 集群竞争力动力机制以及实证分析[J]. 中国工业经济,2002(10).

[63] 蔡宁,吴结兵. 企业集群的竞争优势：资源的结构性整合[J]. 中国工业经济,2002(7).

[64] 符正平. 论企业集群的产生条件与形成机制[J]. 中国工业经济,2002(10).

[65] 刘义圣,林其屏. 产业集群的生成与运行机制研究[J]. 东南学术,2004(6).

[66] 盖文启. 产业的柔性聚集及其竞争力[J]. 经济理论与经济管理,2001(10).

[67] 钱平凡. 产业集群. 经济发展新战略[N]. 经济日报,2003-9-22.

[68] 陈剑锋,唐振鹏. 国外产业集群研究综述[J]. 国外经济与管理,2002(8).

[69] 朱春奎. 产业竞争力评价评价方法与实证研究[D]. 华中科技大学博士论文,2002.

[70] 韦福雷,胡彩梅. 中国战略性新兴产业空间布局研究[J],经济问题探索,2012(9).

[71] J. S. Bain, Industrial Organization, New York: John Wiley, 1959.

[72] R. H. Coase. The Nature of the Firms[J]. Economics(Blackwell Publishing), 1937, 4(16): 385-405.

[73] O. E. Williamson. The Economic Institutions of Capitalism[M]. New York: Free Press, 1985.

[74] M. C. Jensen, William, H. Meckling. Theory of the Firm: Manngerial Behavior Rgency Costs and Ownership Structure[J]. Journal of Finiancial Economics, 1976, 3(4): 305-360.

[75] D. Needham. The Economics of Industrial Structure. Conduct and Performance[M]. New York: St. Martin's Press, 1978.

[76] H. Demsetz, Industry Structure. Market Rivalry and Public Policy [J]. The Journal of Law and Economics, 1973(16): 1-8.

[77] John C. Panzer and Robert D. Willig, Economics of Scope[J]. American Economics Review, 1981, 71(2): 268-272.

[78] M. Porter. Clusters and the New Economics of Competition[J]. Harvard Business Review, 1998, 76(6): 77-90.

[79] J. S. Coleman. Social Capital in the Creation of Human Capital[J]. American Journal of Sociology, 1988, 1(94): 95-120.

[80] R. Gordon and P. McCann. Industrial clusters: complexes, agglomeration and/or social networks? [J]. Urban Studies, 2000, 37(3): 513-532.

[81] P. Ahokangas, M. Hyey and P. Rasanen. Small Technology-based Firms in Tastgrowing Regional Cluster[J]. New England Journal of Entrepreneurship, 1999, 2.

[82] M. Storper. The Limits to Globalization: Technology Districts and International Trade[J]. Economic Geography, 1992, 68(1): 60-91.

[83] J. Scott. Industrial Organization and Location: Division of Labor, the Firm and Spatial Process[J]. Economic Geography, 1986, 62(3): 215-231.

[84] Harrison. Industrial District: Old Wine in New Bottles[J]. Regional Studies, 1992, 26(4): 49-483.

[85] P. Krugman. Increasing Returns and Economic[J]. Geography Journal of Political Economy, 1991, 99: 483-499.

[86] A. E. Kahn. The Economics of Regulation: Principles and Institutions [M]. New York: Wiley, 1970, 3.

[87] G. J. Stigler and C. Friedland. What Can Regulation Regulate? The Case of Electricity[J]. Journal of Law and Economic, 1962, 5(10): 1-16.

[88] B. Mitnick. The Political Economy of Regulation[M]. New York: Columbia University Press, 1980.

[89] G. J. Stigler. The Theory of Economics Regulation[J]. Bell Journal of Economics, 1971, 2: 3-21.

[90] S. Peltzman. The Economic Theory of Regulation after a Decade of Deregulation[J]. Brookings Papers on Economic Activity. Special Issue, 1989, 1-41.

[91] G. S. Becker: A Theory of Competition among Pressure Groups for Political Influence[J]. Quarterly Journal of Economics, 1983, 98(3): 371-400.

[92] G. S. Becker. Public Policies, Pressure Groups and Dead Weight Costs[J]. Journal of Public Economics, 1985, 28(3): 329-47.